农业产业化经营丛书

中国小麦产业化

主　编

尹　钧

编著者

尹　钧　李巧云　唐华仓　王　翔

周苏玫　牛吉山　李　磊　尹明理

金盾出版社

内 容 提 要

本书由国家小麦工程技术研究中心专家编写。内容包括：小麦产业化的概念、模式与发展概况，小麦的生产需求与优势种植区域，小麦良种及良种繁育体系建设，小麦的标准化生产，小麦安全生产质量控制，小麦产业的经营与管理，小麦产业的社会化服务，小麦产业技术服务平台与典型案例。本书以理论与实践相结合，全面系统地阐述了我国小麦产业化的内涵和所取得的新成就、新进展、新技术及对发展前景的展望，是一部集专业性、技术性、知识性于一体的综合性和实用性参考书，可供从事小麦生产经营、技术推广、加工贸易相关管理人员和农业院校师生阅读。

图书在版编目(CIP)数据

中国小麦产业化/尹钧主编 . --北京:金盾出版社,2010.7
（农业产业化经营丛书）
ISBN 978-7-5082-6440-0

Ⅰ.①中… Ⅱ.①尹… Ⅲ.①小麦—作物经济—农业产业化—研究—中国
Ⅳ.①F326.11

中国版本图书馆 CIP 数据核字(2010)第 095345 号

金盾出版社出版、总发行

北京太平路 5 号(地铁万寿路站往南)
邮政编码:100036 电话:68214039 83219215
传真:68276683 网址:www. jdcbs. cn
封面印刷:北京凌奇印刷有限责任公司
正文印刷:北京军迪印刷有限责任公司
装订:北京东杨庄装订厂
各地新华书店经销
开本:787×1092 1/16 印张:15.75 字数:328 千字
2010 年 7 月第 1 版第 1 次印刷
印数:1~8 000 册 定价:29.00 元

前　言

小麦是我国的主要粮食作物,也是重要的商品粮和战略储备粮品种,在国家粮食安全中占有举足轻重的地位。新中国成立60年来,小麦生产有了较快的发展,单位面积产量从1949年的每公顷642千克提高到2008年的4762.5千克,增长了6.4倍,年均增长率达到12%;小麦年总产量从1949年的1380.9万吨增加到2008年的11334.8万吨,增长了7.2倍,年均增长率达到13.7%。随着粮食生产的发展、温饱问题的解决,小麦生产的商品化程度越来越高。为满足人们生活水平不断提高和市场日益增长的需求,我国小麦从原粮生产、产品加工到市场贸易都得到了快速发展。全国小麦优势产区逐步形成,黄淮海麦区小麦播种面积和产量占到全国的70%以上;优质小麦生产规模逐步扩大,2007年优质专用小麦播种面积达到1460万公顷,占全国小麦播种面积的61%;小麦面粉加工和深加工企业快速发展,形成了一大批日处理能力超过1000吨的龙头企业,规模以上面粉加工企业年生产面粉达到3480万吨,方便面年产量385万吨,挂面年产量250万吨,饼干年产量397万吨。小麦产业各环节的快速发展,促进了小麦产业体系的形成与规模的不断扩大。

为解决小麦产业体系发展、运行中存在的质量保证、科学管理、市场供求、企业增效与农民增收等问题,保证小麦产业体系的健康发展,金盾出版社邀请国家小麦工程技术研究中心组织编写了《中国小麦产业化》一书。全书内容根据小麦产业体系特点、结合我国小麦产业发展实际,涵盖了我国小麦产业化发展的历程与现状,小麦种植分布与优势生产区域,小麦的生产发展与市场需求,小麦良种及良种繁育体系建设,小麦的标准化生产技术,小麦安全生产与环境、产品质量控制技术,小麦种子、生产和加工等产业各个环节的经营与管理,小麦的产业化政策与社会化服务以及国家小麦产业技术服务平台建设与典型案例等。考虑到读者面向,该书表达深入浅出、通俗易懂,具有系统性、实用性、前瞻性的特点。我们希望此书的出版发行,对推动我国小麦产业科技与管理水平的提高,促进小麦产业的全面健康发展与保障国家粮食安全,发挥积极的作用。

编著者

2010年6月1日

注:本书主编尹钧教授为我国著名小麦专家、国家小麦工程技术研究中心常务副主任。

目　录

第一章　小麦产业化的概念、模式与发展概况

第一节　小麦产业化的概念、特征与意义

一、小麦产业化的概念

小麦产业化是小麦生产、加工与流通组成的完整的产业系列体系,是一种新型的小麦生产经营方式和管理体系。小麦产业化体系包括科研开发、教育培训、生产基地、产品加工和商业贸易等领域,是第一、二、三产业紧密结合、相辅相成的综合性产业体系。该体系以市场需求为导向,按照互惠互利原则,把小麦产业的产前、产中、产后的各环节有机结合,形成集经济、科研、教育、生产、加工、销售于一体的利益共同体,通常的经营模式有"公司＋农户"、"企业＋基地"、农村合作组织等多种形式,这类经营形式以龙头企业或公司为主,外连国内外市场,内接千家万户。

小麦产业化是一种以生态学原理、经济学原理、市场机制功能与系统工程为指导的多功能、多目标与多层次的小麦产业经营系统。其目的是既达到小麦产业经济总体效益最高,又实现可持续发展;既满足社会生产、生活的多种需要,又最大限度地实现经济效益、社会效益与生态效益的统一。

二、小麦产业化的特征

小麦产业化与传统的小麦生产经营相比,具有以下五大基本特征。

(一)生产专业化与集约化

通过小麦专业化生产与集约化经营,使小麦产业的生产经营活动达到"三高"的要求,即科技含量高、资源利用效率高、经济效益高,实现提高劳动生产率、土地生产率、资源利用率和产品商品率的目标。

(二)布局区域化与规模化

小麦产业化具有与自然资源特点相适应的区域布局。按照比较优势原则进行资源优化配置,确立优势主产区,实行连片开发,建立生产基地,将一家一户的分散种植联合成千家万户的规模化经营,逐步形成小麦区域化产业带,发挥区域资源优势和规模效益。

(三)管理市场化与企业化

市场是小麦产业化的起点和归宿。小麦产业化必须以国内外市场的需求为导向,通过规模化经营改变传统农业中自给自足的小农经济与自我服务的封闭状态,使其资源配置、生产要素组合、生产资料和产品购销等通过市场机制进行配置和实现。

同时,小麦产业化要实行企业化管理,不仅小麦产业的龙头企业应是规范的企业化运作,而且生产基地也要适应龙头企业在生产规范化、技术标准化和管理制度化等方面的要求。

(四)经营规模化与一体化

生产经营规模化是小麦产业化的必要条件,其生产基地和加工企业只有达到相当的规模,才能进行产业化生产与经营,才能具有辐射力、带动力和竞争力,实现规模效益。一体化经营是小麦产业化的基本特征,只有产加销一条龙,把农业的产前、产中、产后环节有机地结合起来形成较完整的产业链,才能真正形成风险共担、利益均沾、同兴衰、共命运的利益共同体。

(五)服务社会化

小麦产业化经营,要求建立社会化的服务体系,为一体化的各成员在产前、产中、产后各环节提供信息、技术、资金、物资、经营、管理等的全程服务,促进各生产经营要素直接、紧密、有效的结合和运行。作为小麦产业化的龙头企业可发挥其资金、技术和管理优势,为共同体内各成员提供信息、技术和经营管理等方面的全面服务,并且随着小麦生产专业化的发展,服务职能将更多地独立于生产环节之外,形成具有市场化特点的社会化服务体系。

三、小麦产业化的意义

小麦产业化是解决我国农业发展问题、农村经济问题、农民增收问题的必然选择,也是解决国家粮食安全和社会稳定问题的一项战略举措,其意义具体体现在以下方面。

(一)解决小生产与大市场的矛盾,加快城乡一体化发展

农民在走向市场的过程中,面临自然风险和市场风险。农民生产规模小,主体分散,信息不灵,经济实力脆弱,难以抵御小麦生产"双重风险"的压力。农民的家庭经营方式,不仅对市场陌生、对信息迟钝,而且开拓市场的能力有限。狭小的经营规模,原始的市场信息传播机制,给小麦生产带来很大的盲目性;落后的生产经营方式增加生产成本,产品缺乏市场竞争力。

小麦产业化是引导农民进入市场的有效组织形式。通过农工商联合公司、加工企业、农民专业合作经济组织、供销合作社和农民专业协会等形式,形成龙头企业,带动小麦产业生产经营体系。龙头企业上接国内外市场,下连生产基地和千家万户的农民,将小麦生产、加工、销售环环相扣,为农民走向市场牵线搭桥。贸工农一体化和产加销一条龙的经营模式是联系城乡的纽带,它把小麦生产和城市市场联系起来,既保证了产品的销售,也保证了城市的供应,是一种现代化的产品流通方式,加快了农村城镇化进程,推进了新农村建设。小麦产业企业在小城镇的相对集中又吸引了城市的技术、资金、人才和设备,促进了城乡之间的经济交融,这种经济联合有利于缩小城乡差距,实现城乡共同富裕,加快实现城乡一体化进程。

（二）确保粮食安全、农民增收、农业增效，提高农民的组织化程度

小麦产业在相当程度上是社会效益高、经济效益低的弱势产业，如果不加以引导，资金、技术、人才等要素往往向比较利益高的产业流动，使小麦生产处于投入不足、发展后劲乏力的困境，直接影响国家的粮食安全。我国是传统的小农经济国家，在实行家庭联产承包责任制后，农户分散经营，规模小，妨碍了农业机械化和新技术推广利用，不仅生产力低下，缺乏规模效益，很难致富，而且还面临着自然风险、市场风险和社会风险等多重风险，收入低而不稳，是近年来我国小麦种植面积递减、农民缺乏种粮积极性的根本原因。小麦产业化经营将第一、二、三产业融为一体，延长了小麦生产的链条，提高了专业化生产水平，并通过规模经营与多层次加工，既提高流通效率又实现产品增值，从而增加农民收入。小麦产业化是在小麦规模化生产基础上的专业化生产，其社会化分工越来越明确，各种形式的农民专业合作组织、专业协会应运而生，又有完善的社会化服务体系提供保证，因此小麦产业化是小麦生产从传统落后状态走向现代农业过程中的一种组织上的创新。

我国是农业大国，农村剩余劳动力约有 1.3 亿人，以后每年还将增加 1 000 万人左右，在金融危机的影响下，农村劳动力就业将面临越来越大的压力。小麦产业化的发展、生产规模的不断扩大，小麦产品深加工、精加工的新产品将不断得到开发，一体化经营组织不断完善，生产、加工、运输、仓储、销售等环节逐步配套，小麦产业化带来生产能力的扩大和生产领域的不断扩展，必将对农村的剩余劳动力形成很大的吸纳能力，有利于扩大就业、增加收入，促进社会稳定。

（三）促进传统农业向现代农业转变，加快农业科技进步

我国耕地资源有限，农业资金使用分散，小麦产业生产方式还是一种不稳定的低效率的生产方式，没有摆脱传统农业的生产格局。农民文化程度低，先进的农业科学技术在小规模的经济方式下难以有效实施，使现有科技成果大量被搁置，极大地制约着现代农业的发展。社会主义市场经济要求大规模、大批量生产，人们生活水平的提高要求农产品生产将从数量型向质量型转变，市场价格竞争逐渐向价格和质量竞争并重转变，对小麦产品的需求从单一化向多样化转变。因此，必须彻底改变目前生产要素组合不合理的局面，创新资源占有和配置方式。小麦产业化将促进资金、土地、技术等生产要素的流动重组，改变传统小麦产业的生产经营方式，带动和促进小麦产业规模经营的形成和发展，有利于解决小规模经营与科技进步不适应的矛盾，形成新的科技成果推广应用体系，这不仅适应现代化大生产的需要，也必将对转变小麦产业增长方式、促进传统农业向现代农业的转变产生积极作用。

第二节　小麦产业化的要素与模式

小麦生产从传统模式向产业化模式转变，一般应具备六方面的基本条件。一是要具备符合市场需求的主导产品；二是要具有相对资源优势，包括具备一定的规模和区域特色,并具有较高的商品率;三是要有系列的开发项目,通过深度开发延长产业链条,增加科技含量,提高产品附加值;四是要有运作灵活的产业化经营组织;五是要建立产业化运行机制;六是政府要有引导和扶持小麦产业化的意识,并有发展小麦产业化的规划和配套措施。根据各地发展小麦产业化的实践经验,了解和掌握小麦产业化的构成要素,对实现小麦产业化具有重要作用。

一、小麦产业化的构成要素

小麦产业化的构成一般应包括龙头企业、生产基地、主导产品、市场体系和社会服务体系五大要素。

(一)龙头企业

小麦产业化的龙头企业是指在小麦产业化中,依托小麦产品生产基地建立的、规模较大、辐射带动作用较强,具有引导生产、深化加工、服务基地和开拓市场等综合功能,与基地农户形成"风险共担、利益均沾"的小麦产品加工企业、流通企业、专业批发市场或合作经济组织。

1. 龙头企业的特征 小麦产业的龙头企业具有三个明显特征:①以小麦产品为原料或货源;②具有较大的生产经营规模和较强大的带动辐射作用;③具有一体化的经营机制,与基地农户之间"风险共担、利益均沾"。

2. 龙头企业的类型 龙头企业有以下五种:第一种是加工企业做龙头,加工企业按照合同收购生产基地的小麦产品之后,进行加工和销售,与基地和农户形成产加销一体化;第二种是流通企业做龙头,即由商贸公司代购或收购生产基地的小麦产品,经过分检、贮藏、包装之后销售;第三种是批发市场做龙头,即以小麦产品的批发市场做龙头,带动基地千家万户的生产经营活动;第四种是合作经济组织,由专业协会、专业合作社等合作经济组织,通过组织、管理与服务,将千家万户分散的小农户与千变万化的大市场连接起来;第五种是科技实体做龙头,依托科技企业、高新技术推广服务体系,把基地和农户联合起来,生产高科技含量产品,并进行加工、销售。

3. 龙头企业必备的素质和能力 产业化龙头企业还必须具备以下素质和能力:一是雄厚的资金。这是决定小麦产业化组织能否稳定运作的重要条件。二是较强的技术创新能力。这是决定小麦产业化组织绩效优劣的关键性因素。技术创新能力可以大大提高产品的附加值,并从市场上获得超额利润,使参与小麦产业化的各方分享技术创新所带来的利益,并使小麦产业化组织有了内在的生命力。三是强有力的市场开拓能力。是指企业在广泛收集和整理市场信息,对市场需求做出准确判断,不断开发新项目并开展市场营销网络等工作基础上,最终实现生产与市场的对接,有效提高农产品附加值和市场占有率。

4. 龙头企业的主要作用 龙头企业的主要作用体现在五个方面:①支柱作用。龙头企业是小麦产业化的支柱,它的生产经营规模和水平,决定着整个小麦产业化链的规模和水平。龙头企业的建设是小麦产业化发展的关键,龙头企业凭借自己的技术优势和先进设备,可以对小麦产品进行深度加工、系列开发、多次转化增值,提高小麦产业的整体利益。②桥梁和纽带作用。分散经营的农户势单力薄,难以抵御市场经济大潮,通过龙头企业,可以把分散经营的小农户联合起来,从而提高小麦生产的社会化和组织化程度,实现与千变万化的国内外大市场的联结,增强抵御自然风险和市场风险的能力。③引导作用。龙头企业具有引导生产的导向功能,它凭借自己信息灵通的优势,通过国内外的市场需求信息,引导生产基地和农户调整品种结构,生产适销对路的小麦产品。④支持作用。龙头企业具有重要的扶持和服务功能,它凭借自己较强的经济实力与技术水平,从互惠互利的原则出发,对小麦生产基地进行适当的扶持与服务。⑤开拓作用。龙头企业具有开拓国内外市场的作用,它凭借自己的经济实力强、规模大、信息灵、产品优、销售体系健全等全方面的优势,可以开拓、扩大和占领国内外市场,而市场的开拓又可以为产业规模的进一步扩大奠定坚实的基础。

(二)生产基地

生产基地是指围绕龙头企业或市场建立的,联合众多农户形成的小麦专业生产区域或生产组织形式,是龙头企业与农户联结的桥梁。做好生产基地建设,对小麦产业化发展有着重要的基础作用。

1. 生产基地建设的重要意义 做好生产基地建设有如下重要意义:①有利于充分发挥自然资源优势。各地的气候、土壤条件不同,小麦生产效率自然不同,按照因地制宜生产的原则进行区域布局,建设生产基地,可以充分发挥各地的自然条件优势,扬长避短,做到以最少的消耗获得最大的产出。②有利于生产要素的优化组合。建设生产基地能够改善地区产业布局状况,促进地区之间的分工协作,推动农业社会化大生产,带动生产要素的优化组合,从而提高基地资源的配置效率。③有利于扩大经营规模。通过基地建设,在家庭联产承包责任制基础上,形成小群体、大规模生产格局,形成批量商品,提高小麦产业规模效益。④有利于先进技术的应用。基地建设促进小麦专业化生产,扩大经营规模,为农户和服务组织提高技术装备水平创造条件,也对农业劳动者提高技术水平提出了新的要求,先进技术的广泛应用,必然有利于提高小麦产业的劳动生产率,增强小麦产业自我积累、自我发展的能力。⑤有利于提高小麦产品商品率和竞争力。基地建设是一种地区专业分工,必然带来产品商品率的提高,充分利用自然条件优势,形成规模化基地生产,做到你无我有、你有我多、你多我优、你优我廉,从而提高产品在市场上的竞争力。⑥有利于提高农民的组织化水平。基地不仅是一种区域化布局,而且是一种生产组织形式,它把分散的千家万户联合起来,为了维护共同的利益,采取共同的行动提高谈判能力,改变一盘散沙、任人摆布的状况,在走向市场的过程中提高农民的组织化程度。

2. 生产基地的特点 生产基地应该具备以下四个特点:①生产基地是区域化布局的具体表现形态。区域化布局是小麦生产的地区专业分工,把一定的小麦生产部门固定在一定的区域,各地区根据各自的自然条件和社会经济条件优势,形成各具特色的主导产品,从而呈现出小麦生产的区域化布局。②生产基地是主导产品在地域上的表现形态。主导产品是小麦产业化的基础,是小麦生产专业化分工的结果,在地域上的表现形态就是小麦生产专业化布局,在小麦产业化过程中的表现就是生产基地,而每个基地生产的产品更为专一,特色更为突出。③生产基地是扩大农户规模的一种形式。生产基地是以环境与资源条件的趋同性、生产特点和发展方向的一致性、开发方法和生产手段的类似性为依据组建的,可以在家庭经营的基础上,在一定区域内形成专业户、专业村、专业乡的集合。④生产基地是联结农户的一种组织形式。生产基地不是一定区域内众多农户的简单相加,而是以一定的组织形式将众多农户联合成一个利益共同体。

3. 生产基地的类型 根据基地与农户的联结方式,可以把生产基地分为五种类型:①协会型生产基地,即以协会方式将农户联结起来的生产基地;②合作社型生产基地,即以合作社方式将农户联结起来的生产基地;③统种分管型生产基地,即以集体统一服务的农户联结起来的生产基地;④服务型生产基地,即以专业化系列化服务联结起来的生产基地;⑤行政指导型生产基地,即以行政指导方式组织而成的生产基地,按照不同功能划定生产小区,由农户自愿选择生产方向,进行生产经营。

4. 生产基地建设的原则 建设生产基地要依据以下五条原则:①适地布局原则。遵循地区分工的要求,把生产基地布局在最佳的区域内,做到自然条件适宜、经济合理、技术可行、生态平衡与可持续发展。②技术先行原则。要掌握可靠的技术在自然条件适宜的地区进行小麦产品生产。③可持续发展原则。基地建设必须考虑生态系统的结构和功能、演变和平衡、改造和调控,利用生态平衡的规律因势利导、避害兴利,做到可持续发展。④集中化生产原则。就是把有限的人力、物力与财力集中于一定地区和一定产品,形成商品批量。⑤一体化管理原则。必须将小麦生产基地置于整个小麦产业化体系中进行管理。

(三)主导产品

主导产品是指小麦产业体系中,市场需求量大、生产技术先进、生产规模大、商品率高、经济效益显著,能够大幅度的增加农民收入,对产业整体发展具有强烈推动作用的产品。主导产品一旦形成,就将成为小麦产业体系的支柱和发展的龙头。

1. 主导产品的重要作用 主导产品在小麦产业化过程中起着上联市场、下接农户、建设中介组织、培植生产基地的重要作用,是小麦产业化的载体。具体表现在以下三个方面:①主导性作用。主导产品有很强的关联效应,把生产基地和中介组织紧密结合起来,将小麦生产者、加工者与供销者紧密结合成一个"风险共担、利益共享"的经济共同体,并带动基础产业和辅助产业的发展,逐步形成种养加、产供销、技工贸有机结合的产业群体,促进小麦生产向产业化方向发展。②区域性作用。主导产品在地区资源优势与市场要求结合的基础上确立,有明显的区域性;主导产品与带动千家万户的区域经济结合起来,使资源优势得以充分发挥,有利于提高小麦产业的总产值和农民收入。③开放性作用。主导产品的运行机制是开放的而不是封闭的,这不仅能够促进各种要素的合理流动,加快城乡一体化进程,而且促进由单一接受外来辐射向既接受辐射又对流发展,由单纯利用本地资源、国内资源向善于利用国内、国际资源发展。这种开放式的机制会产生激活效应和升级效应。

2. 确立主导产品遵循的原则 确立主导产品应遵循以下原则:

(1)市场需求原则 国内外市场的需求是确立小麦产业化项目的重要前提和最高准则。在市场经济条件下,一个产业能不能迅速形成并发展壮大,关键在于其产品的市场前景和占有市场的能力,因此必须遵循价值规律,对国内市场需求进行科学的分析、研究和预测,按照市场需求结构变动趋势调整产品结构,选择和确立主导优势产品。

(2)资源优势原则 发挥资源优势是选择和确立主导产品所必须遵循的重要原则之一。首先,要全面正确认识资源优势。资源优势是指某一区域内发展经济所特有的优势条件,不仅包括气候资源、地理位置、土地资源等自然资源方面的优势,而且包括交通、电力、通讯、经济基础等社会资源方面的优势,还包括人才资源、技术资源、劳动力资源、传统文化资源、关系资源等方面的优势。其次,要准确把握和利用资源优势,要看资源的开发是否具有市场前景、是否具有规模开发的优势、是否具有开发该资源所必需的生产要素的聚集手段,这三条缺一不可。

(3)统筹规划、合理布局原则 主导产品布局合理可以使产业化项目本身和相关产业协调发展,节省物耗与能耗,提高总体功能和总体经济效益。遵循统筹规划、合理布局原则要注意:①在选择小麦主导产品时,各级政府要进行综合协调。②合理布局小麦产业化项目,做到微观合理、宏观协调,基地规模、加工能力与市场容量相适应。③根据各种条件,选择成本最低点配置小麦产业化项目,要符合科学进步的要求,能够最大限度地运用现代科学技术。④注意地区之间的协调发展,既要考虑资源条件,又要注意地区之间协调发展,以逐步缩小地区之间的差距,促进共同富裕。

(4)优势产品优先原则 各地在长期的小麦产业化发展过程中,形成了一批在当地农村经济发展中占有重要地位的优势产品,这为小麦产业化体系的形成和发展奠定了重要基础。经过考察论证与筛选,从已经形成的优势产品中,选择和确立主导产品,目标明确,投资少、见效快,比较容易形成一个较为完整的产加销一体化的生产经营体系。

(5)国家产业政策导向原则 国家的产业政策是根据国民经济发展的需求,调整产业组织形式和产业结构,使供给结构能够适应需求结构所制定的政策措施和手段的总和。选择和确定主导产品时,必须坚持国家产业政策的导向原则,即必须是国家产业政策所支持、鼓励发展的产品,而不是国家产业政策所限制发展的产品。

(四)市场体系

市场体系是指以商品市场为中心,以资金、土地、技术、劳动力、信息等多种市场要素组成的有机统一体。市场体系是小麦产业化的重要要素之一,只有加强市场体系建设,以市场为导向,培育主导产业,带动区域化生产,把生产与销售联结起来,才能提高小麦产业化的市场化水平。

1. 市场体系的功能　市场体系除了具有促进和引导社会资源合理配置的功能外，还有交换功能、实现功能与检验、评定功能。交换功能是指市场为商品交换提供场所；实现功能是指生产商品的耗费和商品的价值只有通过市场的交易，完成商品所有权的转移，才能得到补偿和实现；检验、评定功能是指商品进入市场后，没有被销售，表明商品的有用性不被社会承认，生产商品的耗费也就得不到补偿。

2. 市场体系的要素　市场体系的要素主要有三个方面：①市场主体。是指参加市场活动的有自身经济利益的人或集团，包括参与市场活动的全部生产者、经营者与消费者。市场主体的发育成熟表现为其素质的不断提高，市场活动能力的逐步增强，能够根据市场运动、变化和发展的规律性进行自己的生产、经营与消费活动。②市场客体。是指市场主体在市场上生产、经营与消费的对象，主要包括商品、资金、技术、信息与劳动力等。市场客体的发育成熟主要表现为其数量的不断增加和质量的不断提高，能够满足市场的需求，能够按照经济规律的需求自由流动。③市场运行机制。主要有市场供求机制、竞争机制、风险机制和调控机制。它的发育，一方面依赖于市场主体与市场客体的市场功能不断增强、发育不断成熟，另一方面还受宏观调控部门对市场进行调节和控制的政策、方式和手段等的影响。发育成熟市场的运行机制是流畅和有序的。

3. 市场体系的建立　建立适合于我国国情的市场体系，是推进小麦产业化，实现经济发展目标的必然要求。目前，我国农村市场体系面临许多新矛盾与新问题，如市场体系不健全、基础设施落后、市场主体发育程度低、市场运行不规范、市场环境不完善等。根据目前我国市场体系建设中存在的问题，应着重抓好以下工作。

（1）完善小麦产品市场　重点是完善小麦产品批发市场。要根据商品的流向、仓储设施与交通运输条件合理布局，形成以全国性的批发市场为龙头、多种经营方式并存、设施完备的市场网络。在此过程中，一方面要加强小麦产品加工、贮藏、运输等设施建设，完善质量检测、金融、保险、治安等服务机构，以提高市场运行效率；另一方面，应健全包括信息的收集、整理、加工、传递、发布、咨询等内容的信息服务系统。

（2）建设要素市场　农村要素市场有三大支柱。一是土地市场。政府部门要尽快以立法的形式明晰农用土地产权关系，明确界定土地所有权的代表机构，推动土地经营权的合理流转，支持土地集中规模经营；同时要进一步明确地租和地价，尽早结束目前税、费、租不分的混乱现象，使地租与地价进入农产品成本。二是劳动力市场。其关键在于政府要消除和改革限制农村劳动力流动的现行户籍制度、就业制度与福利制度，消除由其造成的各种经济与社会差别，努力使农村居民真正获得统一的社会身份，逐步实现就业市场化、供给商品化、保障社会化和迁居自由化。三是金融市场。它是农村市场运行的灵魂所在，政府有关部门应当致力于改变目前农村资金配置不合理、信贷质量不高、金融体制改革滞后的局面，尽快形成国家政策银行、商业银行和合作金融组织相互配套、竞争有序、严格管理的农村金融体系。

（3）培育市场主体　应从以下几方面着手：一是要根据建立现代企业制度的要求，将国有与集体农产品生产经营企业改造成产权明晰、具有法人资格的独立主体，直接参与市场竞争。二是加快流通体制改革，实行政府宏观调控下的市场化经营。三是积极培育农村市场中介组织，发挥其沟通信息、协调生产、调控价格、保护农民利益与保护农业生产的作用。四是鼓励和引导农民适当扩大生产规模，提高专业化水平和组织化程度。

（4）建立良好的市场秩序　良好的市场秩序不仅能维护生产者、经营者、消费者与国家的权益，而且能保护市场公平竞争，促进生产、流通效益的提高和资源的合理利用。建立良好的市场秩序，首先要对已有的法规不断完善，使市场法规的内容配套、协调；其次是采取切实可行的措施，树立起市场法规的权威性；最后是要加强法制宣传教育，引导人们改变传统的法制观念，使新的市场规范迅速转化为市场参与者的自觉行为。

（5）强化政府对市场的监督与管理　政府的有效监督与调控对市场的发育和运行有着举足轻重的作用，不仅能保护市场主体的合法权益、保护公平竞争，而且能维护良好的市场秩序。政府发挥良好的市场监督与调控作用，应做好以下方面的工作：一是要建立健全统一的规范化市场监管机制，即要建设一个权威性的、具有全面市场监管职能的农产品市场监管机构，制定统一的市场监管法规，做到有法可依、有法必依、执法必严、违法必究。二是要建立健全政府对市场的调控机制，把政府对市场的调控行为规范化，使政府对市场的调控建立在法规的基础上。三是应建立和完善各项调控制度，特别要建立和健全市场运行监测制度、重要农产品的储备制度、价格调节基金制度、农产品进出口调控制度等。

（五）社会服务体系

小麦产业化社会服务体系，是指为满足小麦产业化的需要，为小麦产业提供产前、产中、产后各项服务的国家各级有关部门、农村合作经济组织和社会服务机构。

1. 社会化服务体系的作用　社会化服务体系在小麦产业化中具有以下重要作用：一是农民走向市场的桥梁。社会化服务体系能够提高农民的组织化程度，为广大农民提供有效的指导，特别是专业服务组织通过签订产销合同，在引导农民生产、帮助农民购销、组织农民顺利走向市场方面发挥重要作用。二是政府联系农民的"传感器"。社会服务化体系把贯彻国家政策与服务农民有机结合起来，既有利于国家宏观调控、规范农民经济行为，又能及时反映农民呼声，保护农民利益。三是龙头企业联接农户的纽带。龙头企业一方面通过为农民提供系列化服务，吸引农民团结在自己周围；另一方面它还联合有协作关系的社会化服务组织，按照龙头企业对小麦产品的特定要求引导农户生产、组织统一供货。四是小麦产业规模化的"黏合剂"。通过社会服务体系，能够在家庭联产承包责任制基础上，把农民组织起来合作经营，形成区域化布局、规模化生产，取得规模效益。五是农业科技推广应用的"催化剂"。社会服务体系，特别是专业服务组织，以科技服务为重要内容，加快了农业科技推广应用步伐,提高了农业发展中的科技贡献率。六是小麦产业化的新生长点和有效载体。社会化服务体系把贸工农、产供销、农科教各环节连接在一起,有力推动了小麦产业化。另外,社会服务体系,特别是专业协会与专业合作经济组织,以市场为导向,依托主导产业和优质产品兴龙头、建基地、搞服务,逐步形成贸工农一体化、产加销一条龙经营。

2. 社会化服务体系的类型　现有的农业服务体系的类型有五种:①国家经济技术机构。由政府各级部门创办,是我国社会服务化体系中最基本、功能最完备的系统。②龙头企业兴办的各种农业社会化服务机构。龙头企业利用自身资金、技术与信息上的优势,兴建社会化服务机构,通过"龙头企业＋农户"方式,有针对性地提供各种服务。③各种专业型合作经济组织兴办的农业社会化服务机构。专业性合作经济组织利用其上联教学科研单位,下联千家万户的优势,创办技术服务、信息咨询服务、购销服务等实体,有效缩短技术传播、信息周转的周期。④个人兴办的农业社会化服务机构。它能够有效弥补国家、集体等技术服务力量的不足。⑤合股、合作办的农业社会化服务机构。在一些政府部门之间、部门与企业之间、部门与个人之间通过合股、合作等方式兴建的社会化服务机构,形成功能齐全、手段先进的服务组织,能将各种主体间的优势聚合在一起,推进社会化大生产的社会进程。

3. 社会化服务体系的建立　在市场经济日益发展和全面推进农业产业化的新形势下,面临农业增产、农民增收的双重任务,我国农业社会化服务体系有诸多不适应之处,突出表现在:产权关系模糊,责权利不清,内部运行机制不规范;服务组织与政府的关系不清,带有比较浓厚的官办色彩,作为中介组织的角色不到位;经营意识差,福利色彩浓厚,造成资源浪费和集体资产流失;规模小、实力差,服务能力不强,带动力较弱,与农民的服务联结还不够紧密;社区局限性大,服务面不够宽,服务内容系列性差。所有这些问题和差距,都需要尽快建立健全农业社会化服务体系。在建立健全农业社会化服务体系过程中,尤其要注意以下几点。

(1)农业社会化服务要逐步形成产业化　农业服务产业化是农业服务商品化、社会化的必然结果。农业社会化服务体系能否建立和完善,既取决于农业生产和农民的需要,又取决于其自身能否在服务主体和服务对象自愿平等的前提下,充分满足服务对象的需要,实现服务的有偿化和经营的企业化,从而提高经济效益。因此,应根据产业化的要求,因势利导地加快社会分工,为农业社会化服务成为相对独立的产业创造条件。

(2)农业社会化服务要形成一个多层次、多渠道、多形式与多功能的服务网络要按照"改造官办组织、强化集体组织作用、发展新型合作组织、扶持引导民办服务、规范混合型和产业化服务"的原则进行分类指导,发挥国家有关部门、集体、个体经济等各类服务组织的特长和作用。一方面,实行放开经济成分和经济形势的灵活政策,形成国家、集体与个人一起上的"百花齐放"局面,在平等竞争中求得发展;另一方面,提倡因地制宜,真正形成县有农业综合服务公司或中心、乡镇有综合服务组、村组有综合服务联合体的扇形网络,发挥其协调生产、技术指导、信息服务、筹措与调配资金、落实购销政策、开办农业保险等功能,使农业社会化服务体系的组织机构不断完善。

(3)提高服务水平,增加农业社会化服务的技术含量　随着农业生产力的不断发展,对农业的服务水平和服务内容的要求越来越高,从最初的集中在生产资料供应方面转向了产品流通、贮运与加工等多方面。农业现代化的推进,使农业从劳动密集型向技术集约型转变,对农业技术服务的需求越来越多,这种服务要求高、难度大,因此在搞好劳务、物资、资金、信息等服务的基础上,强调产中技术服务,提高服务的技术含量,是提高农业社会化服务水平的关键。

(4)为农业社会化服务体系创造良好的外部条件　首先,要提供和完善相应的物质、技术和资金条件。由于农业社会化服务与专业化、商品化及社会化紧密相连,社会各部门与各种力量必须为其提供物质条件(如电力、农机、农药、化肥、地膜等生产资料和农产品贮藏、加工、运输等所需的设备、装备)、技术条件(如公共农业服务部门要为农业服务提供大量的适用技术)、资金条件(社会化服务和科技兴农需要资金作保证,有关部门要根据实际条件确保一定的资金投入)等。其次,政府部门要转变职能,制定优惠政策,保障农业社会化服务业的健康发展。政府应转变依靠行政手段直接参与的做法,要实现政府与服务组织脱节,发挥经济杠杆在服务体系中的作用。同时,因为小麦是弱势产业,比较利益低,因此国家应制定一系列的优惠政策加以扶持,以保障农业社会化服务体系的健康发展和完善。最后,要健全法制体系,为农业社会化服务体系的发展提供法律保障。农业服务行业也是一个需要有严格监督和法律保障的行业,完善的监督、约束机制是其得以正常运转的根本保证。当前农业社会化服务领域有一些不正常的现象和不正当的行为,如一些服务组织以服务为名向农民乱收费,甚至坑农害农等,这对社会化服务体系的健康发展产生了消极影响,因此应在强化对农业服务组织行政和社会监督的同时,加强立法、司法和执法工作,以保护农民利益,规范各种社会化服务组织的行为,促进小麦产业持续健康发展。

二、小麦产业化的模式

小麦产业化模式是实现小麦产业开发目标的重要形式。国内外在小麦产业化发展过程中,由于国情或条件不同有不同的产业组织形式。

(一)国外农业产业化经营模式

1. 美国、法国等发达国家的高度产业化模式　美国、法国等发达国家的农业已经形成了一种产前、产中、产后各环节紧密相扣、系列服务的体系。这种体系在纵向上大体有3种形式,即一体化的农业公司、大企业或大公司与农场主契约式的一体化组织,大农场主成立的加工与销售组织;在横向联合上有4种形式,即农业生产合作社、农业销售合作社、农业供应合作社、农业信贷合作社。这些纵向、横向的联合体支撑着高效率商品性现代农业发展。美国的经营模式概括起来主要有公司制企业、合同制联合企业、合作制联合企业及联营式的农工联合企业,法国的经营模式主要有互相控股公司、垂直的合同型企业、各种类型的合作社。美国是世界小麦最大的贸易国,也是最大的小麦加工转化国。美国小麦的基本流向是:出口占20%左右,加工占75%左右,其中加工业增值幅度最大,加工转化在小麦流向中一直占据主导地位。

2. 日本农业产业化经营模式 日本农业产业化经营模式主要有两类:①以工商业资本为主体的垂直一体化形式,包括直营型与委托型两种。直营型是大工商企业通过购买土地,建立大型农场;委托型是大工商企业通过合同形式委托农场主或农户进行,工商企业为农民规定使用的品种、农艺要求,农户在规定的时间内提供产品。②农户合作组织。这是以农协为主体的平行一体化形式,农协通过有机的组织和广泛的专业活动,同广大农户建立各种形式的联系。

3. 韩国的农协和产、学、研一体化模式 20世纪60年代以来,韩国农协在发展现代农业过程中一直起着举足轻重的支撑、联系作用。它模仿美国的科研、教育、推广三结合部分体制,将科技与农业紧密结合在一起。

4. 泰国的"农业工业化战略"与"政府＋公司＋银行＋农户"模式 该模式要点是以农产品加工业作为国民经济高速发展启动阶段的突破口,以出口为导向的农产品加工业既带动了农业的发展,又带动了贸易的发展。政府、银行、公司、农户四大方面在互利的基础上通过契约实行优势互补。

(二)我国实现小麦产业化的基本模式

借鉴国外的先进经验,结合我国在推动农业产业化过程中创造的各具特色的农业产业化发展模式,我国小麦产业化发展的基本模式可以归纳为龙头企业带动型、合作经济组织带动型、主导产品带动型、中介组织带动型、市场带动型、科技带动型与生产基地带动型7种。

1. 龙头企业带动型 即"龙头企业＋基地＋农户"。该模式以小麦产品加工、贮藏、运销企业为龙头,围绕一项产品,形成"龙头企业＋基地＋农户"的产加销一体化经营,形成"风险共担、利益共享"的经济共同体。

该模式具有实力强、带动范围大、产业链延伸、原料供给有保障、利益分配机制较完善等特点。实力强是指龙头企业具有较强的经济实力、具有长期投资和抗拒市场风险的能力,能使产业化稳健进行,使新产品的开发和综合利用有实质性进步,形成较强的技术创新能力、积极开拓市场,通过小麦产品的加工和流通环节,大大提高了农产品附加值,使小麦产业化组成成员分享增值利益。带动范围大是指龙头企业的建立既依托了当地小麦产品资源优势,又考虑了周边甚至更为广阔地域内小麦产业资源的配置,使小麦生产及小麦产品加工在更为广阔地域内优化配置。产业链延伸是指该模式不仅参与小麦产品加工、贮藏,而且涉足流通营销,形成从产品加工到产品销售,再到消费者手中的产业链,不仅涉及第一、第二产业,还涉及第三产业。原料供给有保障是指龙头企业不仅从市场上收购小麦产品,还通过与农民或生产基地签订合同,确保原料满足需要,龙头企业对自己的原料供应基地实行各种保护或优惠措施。利益分配机制完善是指形成了一套"风险共担、利益共享"的利益分配机制,主要措施有:通过将利润的一部分直接用于帮助农民或基地发展生产,建设一些生产设施;将利润的一部分按惠顾返还给农户提供一些贷款贴息;提供优质品种、技术服务;实行保护价收购初级小麦产品等。

该模式适合在市场风险大、技术水平高、分工细、专业化程度高以及资金和技术密集型生产领域实施。它要求小麦产品深度加工、增值率高;龙头企业有一定的资金投入、一定的技术、一定的规模;还要求龙头企业有丰富的市场经验,有进入国内外市场的良好渠道。

2. 合作经济组织带动型　即"合作经济组织＋农户"型。该模式依托农业合作社或农民专业协会等合作经济组织,或者村委会,把分散经营的农户组织起来,与农户以契约形式结成产、供、销的统一体,从事小麦生产的生产资料供应、产品收购、运输、贮藏和加工等一系列产前、产中、产后的一体化经营。目前,大多数农业合作社或农民专业协会实行会员制管理方式,通过入股或收取固定的服务费,成为产前、产中、产后为农民提供各种服务的经济实体。

合作经济组织比其他的组织更为农民所信赖和接受,充分显示出在市场交易中合作经济组织的优势,具有非常广阔的发展前景,是小麦产业化的重要组织模式。

农业合作社或农民专业协会是农民面向社会大市场、为发展商品经济而自愿或在政府引导下组织起来的农民自己的组织,具有明显的群众性、专业性、互利性和自助性等特点,作为广大农民联合自助性组织,组织农民共同进入社会化大市场,将市场关系内部化,形成合作机制,有效地调节和实现成员之间的合法权益,合理分享市场交易利益。

3. 主导产品带动型　主导产品带动型是指区域主导产业发展到一定规模,围绕着主导产品,开展初级小麦产品的加工、贮藏、营销等,形成以主导产品为主体、向产后延伸增值产业链的一种组织模式,有大型小麦加工企业集团参与国内外市场竞争,引导社会力量增加对农业生产的投入,力求在平稳中实现小麦产业的升级和转化发展,争取实现小麦流通与小麦生产的平衡发展。

主导产品带动型将资金主要投向小麦加工业,重点发展小麦深加工。其具有4个明显的特征:一是主导产品规模大。即主导产品产量大、质量高、竞争优势明显。二是主导产品专业化水平高。三是区域性强。主导产品在辖区内,形成一村一品的格局。四是产后增值作用明显。该模式采取延伸农业主导产品产后加工链的的方法,使加工产值、利税留在产区,并通过产业化经营机制的调节,把加工、流通等环节获利的一部分,分配给主导产品的生产者,实现了主导产品的增值和农民的增收。

该模式要求该地区资源独特,能大量生产各种名、特、优小麦产品;要求农民及其领导有较高的素质,能了解和针对国内外市场需求,正确选择和确立主导产品,创造品牌和名牌。但该模式也有发展思路过窄、产业发展不协调的缺点。

4. 中介组织带动型　即"行业协会＋企业或经纪人＋农户"型。行业协会是指在小麦行业生产全过程的各个环节中,实行跨区域联合经营,逐步形成以占领国际、国内市场为目标的协会组织。行业协会按照自愿互利原则,通过政府引导、市场推动、企业联动谋求整个区域专业化生产的发展,对小麦产业化发展具有较大的推动作用。而以信息、流通、技术服务为主的中介机构和经纪人,则充当了加工企业、营销企业和农户之间的中介和纽带作用,由此实现产销衔接,组织农户从事小麦产品生产、或为农户生产的产品寻找销路。由于中介组织或个人掌握市场信息,并与当地农民保持着经常性的联系,有较强的亲和力,所以他们在小麦产品营销中发挥着重要作用。

5. 市场带动型 即"专业市场＋农户"。该模式通过发展小麦产品交易市场,特别是专业化批发市场,带动区域专业化生产或产销一体化经营。

市场带动型的基本特征是以专业化市场或交易中心为依托,拓宽小麦产品流通渠道,充分发挥专业化市场的辐射带动作用,节省小麦产品交易成本,提高小麦产品运销效率和经济效益,达到"发展一处市场、带动一个产业、繁荣一方经济、富裕一方农民"的目的。专业化市场可以引导经济实体以及所在地区的农户,按照市场需求调整产业结构,及时提供质量合格、数量充足的小麦产品,同时做好产前、产中、产后服务,包括提供市场信息,提供小麦优良品种、化肥、农药、农机具等各种生产资料,并提供生产技术服务。

郑州粮食批发市场是全国著名的农产品交易市场,被誉为全国粮油供求关系的"晴雨表",它将全国粮食吸引到市场上来进行交易。这种大覆盖面的交易市场,基本上可以形成全国粮食的价格走向,形成比较清晰的供需动态趋势,以指导基地生产和组织农产品运销。

6. 科技带动型 即"科技园区、科技人员或开发中心＋农户"。该模式以农业科技园区或开发区为龙头,通过不断引进先进适用新技术,成为高新技术成果的"孵化器",促进区域小麦产品的开发和更新换代,辐射和带动周边地区农户的生产,推动区域小麦产品的生产、加工、销售等产业化开发。这种模式的基本特征是通过园区科技示范带动和更大范围的开发,用科学技术武装和优化小麦生产的其他要素,发展高产、优质、高效小麦产业,推动产加销、贸工农、经科教一体化发展。

"科技人员＋农户"是科技综合服务体系的延伸形式。科技人员双向选择,指标单项承包,联产达标报酬按效益分成。把技术作为商品出售,成为农村技术市场的初级形式,既较好地解决了科技人员的报酬,稳定了农业第一线的科技队伍,又切实增加了小麦产业科技含量,加快了专业技术的应用和农业技术进步的步伐。"开发中心＋农户",即围绕市场需求,兴办新科技、新产品开发中心,为农民提供技术服务。

7. 生产基地带动型 即"生产基地＋农户"。根据资源优势和基础条件,在条件适宜的地区建立成果示范基地或农业科技园,把多项成果集成配套,应用于一定地域。大力培育和发展小麦产业区域化或特色化的产品商品生产基地,以基地为基础,发展专业化生产,实行多村一品,集中连片开发,形成群体规模,推动小麦产品的专业化、商品化发展。通过基地规模生产的示范作用向周边地区扩散,加快所在地区小麦产业化的步伐。

各地要根据自己的实际情况,选择合适的小麦产业化发展模式。在小麦产业化发展中必须考虑:①满足社会需求。小麦产业开发必须在努力解决粮食安全问题的大环境与大背景下进行,未来经济发展的重要促进因素和保障社会稳定的重要因素是粮食,粮食在我国是一个极为特殊的商品,小麦产业化开发模式的选择必须能实现增产保供。②促进经济发展。小麦产业开发就是在现有资源、技术条件和政策界定范围内,尽可能使小麦高幅增值,保证农民增收,促进国民经济发展。③保护生态环境。小麦产业开发必须做到社会、经济、生态效益的统一,确保可持续健康发展。

第三节 小麦产业化发展的历程、现状与对策

一、小麦产业化发展的历程

我国小麦产业化的发展历程,既受社会、经济体制的影响,又受粮食市场供求关系的制约。只有在市场经济条件下,小麦生产从自给自足到商品化生产,小麦的产业化才得以形成与发展。到目前为止,大致经历了以下 3 个发展阶段。

(一)萌芽阶段

自 20 世纪 80 年代初,我国农村推行家庭联产承包责任制、改革农产品计划购销体制以来,我国大量农产品开始逐步摆脱计划经济体制的束缚,自主地走向市场。但由于我国粮食生产还处于解决"温饱"的初级阶段,农民小麦生产以自给自足为主,商品化生产比例较低,可供市场的商品小麦和深加工的小麦数量较少,因此小麦产业化仅仅处在一种萌芽阶段。

该阶段农村实行的家庭联产承包责任制大大调动了农民的生产积极性,农民科学种田的热情高涨,小麦产量也连年增加。全国小麦单产 1980 年为 1 914kg/hm²,1986 年首次突破 3 000kg/hm²,1997 年达到 4 104kg/hm²,比 1980 年增长了 1.14 倍。全国小麦总产量 1980 年为 5520 万 t,1986 年和 1993 年分别突破 9000 万 t 和 1 亿 t,1997 年达到历史最高的 1.23 亿 t,基本满足了全国年消费小麦 1 亿 t 的需求。与此同时,小麦的商品量不断增加,丰收年往往出现农民"卖粮难"的被动局面。为引导农民顺利走向市场,帮助农民最大限度地避免市场风险,各地在小麦生产的产前、产中和产后的信息、技术以及加工、贮运、流通等服务环节上采取了多种措施,试图为分散经营的小麦产品开辟一条通向市场的通道;但此时的贸、工、农三方都尽力追求自身利益的最大化,特别是长期习惯于靠价格"剪刀差"积累的工、贸部门和企业,实质上仍然把小麦产业当作攫取利益的对象。也就是说,小麦产业化要获得真正的发展,就必须以市场为导向,建立起公平的利益约束机制,达到真正意义上的风险共担、利益均沾的贸工农一体化。小麦产业化萌芽阶段,小麦产业尚未完全形成,但小麦生

产的快速发展、商品化生产规模迅速扩大,以及市场经济体制的完善,为我国小麦产业化奠定了重要基础,提供了必要的条件。

(二)摸索阶段

20世纪90年代末,我国"温饱"问题基本解决,小康社会建设启动,我国市场经济改革进程日益加快,为小麦产业化发展提供了必要的条件。一方面,小麦商品生产的发展、人民生活水平的提高,促进了小麦加工业的发展,延长了小麦的产业链条,小麦加工企业、种子企业等在市场经济下迅速形成,不断壮大;另一方面,经济体制的改革逐步向建立社会主义市场经济体制迈进,促进了小麦产业化的发展,也为农、工、贸三方结成利益共同体提供了实现的可能。于是,一些加工企业、种子企业等率先与农民结盟,创造出机制灵活、形式多样的小麦生产、加工和市场开拓一体化联合体。由于它们下联千家万户、上接国内外市场,解决了小生产与大市场的矛盾;并且有效地增加了小麦的产值,降低了交易成本,提高了经济效益;同时较好地处理了农、工、贸三者的利益分配关系,具有广阔的市场前景与强劲的生命力,因此这种全新的组织形式得到了广泛的响应,形成了90年代末小麦产业领域的新景观。这种小麦产业雏形以"利益均沾、风险共担"为宗旨,将小麦生产、加工和市场开发按其产业关系整合成完整的经济联合体,从而为家庭小规模生产与市场大规模流通构建起顺利对接的稳定通道,适合亿万农民和市场的需求,符合中国社会经济发展的基本国情。

(三)发展阶段

进入21世纪以来,小麦产业化进入了快速发展的阶段。特别是在我国小麦主产区,陆续建立了"种子公司+农户"、"加工企业+农户"、"粮食企业+农户"等小麦产业联合体,形成了"育繁推一体化"、"产加销一条龙"、"订单农业"等小麦生产经营的产业化模式,且范围不断扩展,规模迅速扩大,逐步发展成为小麦生产经营的主体模式。与此同时,小麦产业化经营管理体系也在不断完善,尤其是我国加入世界贸易组织后,小麦产业受到全球粮食市场一体化趋势的影响,小麦产业化对农业增长方式转变的巨大推动作用已引起各级政府和学术界的高度关注与重视,2004年成立了中国小麦产业化专业委员会,开展了中国小麦产业化论坛与学术研讨,加强了对小麦产业化发展的组织、引导、协调与指导。在小麦及其加工产品的质量监控、市场准入、企业的规范化管理、提高产业的科技支撑作用、保证农民的丰产增收等方面也进行了全方位积极地探索,促进了我国小麦产业化的较快发展和行业经济的快速增长。可以预料,经过较长一段时间的发展,中国小麦产业化将进入成熟阶段。

二、小麦产业化发展的现状

(一)小麦产业的重要地位

小麦适应性强、分布广、用途多,是世界上最重要的粮食作物,其分布、栽培面积及总贸易额均居粮食作物第一位,全世界35%的人口以小麦为主要食粮。小麦提供了人类消费蛋白质总量的20.3%、热量的18.6%、食物总量的11.1%,超过其他任何作物。小麦是谷物中最重要的贸易商品,它在世界总贸易量中的比重约为46%。小麦产业几乎是所有发达国家农业的支柱,小麦食品也是这些国家餐桌主食的核心。小麦无论从营养价值还是加工性能看,都是世界公认的最具加工优势的谷类作物。从营养看,小麦粉所含蛋白质是大米的2～3倍,是玉米粉的2倍左右,尤其是其含钙量约为大米的4倍、玉米粉的8倍以上。维生素B_1、维生素B_2、尼克酸等含量均为大米的3～4倍。从可利用性看,小麦制品有面包、饼干、糕点、面条、馒头、饺子、馄饨等。中国面条的种类有上千种,蒸制、烙制面制品更是不胜枚举。其他任何谷物的粉都加工不出如此多的、如此形态复杂的产品。

20世纪50年代,日本甚至把推广小麦食品看成是赶上现代化国家的战略标志。日本1955年的"经济安定本部"制定了一个粮食发展战略。文件中有一段有趣的分析:"纵观世界各民族的主食,可分为食米民族和食面包民族,而发展中国家都属于前者,发达国家属于后者。食米民族的日本要通过快速经济成长赶上先进国家,决定于日本的饮食生活以多大速度向吃面包的民族接近。"这一战略使传统上只以大米为主食的日本人,面包、面条消费大幅度增加。配合这一战略实行了学校标准面包供给制,对日本经济的起飞和人民体质,特别是青少年体质的改善起了重要的作用。

我国小麦播种面积、总产量和库存量均居世界首位。小麦在我国粮食中占有重要地位,主要表现在:①小麦是最重要的口粮之一。在当前我国的口粮消费总量中,小麦占到了43%左右。②小麦是最重要的贸易粮之一。在过去的几十年里,小麦始终是我国最主要的进口贸易粮品种;绝大多数年份里,我国小麦进口量基本占到三大粮食品种(小麦、大米和玉米)进口总量的2/3以上。从1980—2005年的26年中,我国进口小麦量超过1 000万t的年份就有11年,1989年进口小麦最多,为1 488万t,占当年世界小麦总进口量15%以上。③小麦在粮食安全中的地位日益突出。从20世纪中后期开始,我国的粮食综合生产能力逐步提高到一个新的水平,玉米等粗粮逐渐退出口粮范围,为了更好地利用市场来配置资源,中央政府的粮食安全政策正在逐步作出相应调整,口粮供求安全将成为国家粮食安全政策的核心,小麦在粮食安全中的地位也将日益突出。

(二)我国小麦产业化发展的特点

1. 种植面积回升、区域布局趋于集中　由于种植小麦经济效益较低,自1998年开始,我国小麦种植面积呈明显的连续下降趋势,至2003年全国小麦种植面积为2 200万hm^2,仅相当于建国初期的种植规模,比1997年减少了26.8%。在价格回升、政府粮食直补政策等有利因素影响下,我国小麦播种面积开始逐步恢复性增加,2005—2008年连续4年增加,2005年约为2 288万hm^2,比2003年增长了4%。

近10年来,随着我国市场经济的逐步发育、市场配置资源的效率不断提高,中央政府在20世纪末及时出台了农业结构调整的一系列政策,我国小麦生产的区域结构发生了很大变化。小麦种植区划和品质区划共有10个亚区,目前正逐步向黄淮海麦区和长江中下游麦区两大优势产业带集中,这两个麦区分别占全国小麦种植面积、总产、单产的 60%、68%、115%和 11%、9%、88%。其中,河北、江苏、安徽、山东、河南是我国 5 个小麦主产省,至 2007 年,五省小麦面积与总产分别占全国的 65.4%与75.5%左右。在区域集中的基础上,我国小麦生产还呈现出高产南移与春麦北移等特点。我国优质小麦生产已经跳出就生产论生产的模式,探索了以销定产,通过产销结合把农业部门、粮食部门和加工企业结合起来的产业化生产模式,部分麦区已组成不同形式的联合体,使优质麦的规模化生产、优质优价和提高企业经济效益相结合,但是不同地区间差距较大。

2. 小麦总产量和单产多年连续增长 相对于种植面积平缓的变化,近年来我国小麦的总产量呈波动中快速增长的趋势。1949 年,全国小麦产量仅为 1 380.9 万 t,1995—1997 年,全国小麦年总产达到 1.2 亿 t 以上,占世界 6 亿 t 的近 1/5;1997 年,我国小麦总产达历史最高水平,为 12 328.7 万 t,随后呈现连续下降趋势,2003 年降至最低(8 648.8 万 t);2004—2008 年,我国小麦连续 5 年增产;2004—2007 年,我国小麦年总产量分别为 9 195 万 t、9 744 万 t、10 446 万 t 与 10 930 万 t;2008 年预计为11 334.8 万 t,比 1949 年增长了 8 倍多。半个多世纪以来,影响我国小麦总产量变化的最主要的因素就是小麦单产,两者变化高度相关,相关系数为 0.99。我国小麦单产已由 1949 年的 645kg/hm² 提高到 2003 年 3930kg/hm²,特别是 2003—2008 年我国小麦单产连续 6 年增加;2004—2008 年,连续 5 年小麦单产创历史新高,分别达到:4 252.5kg/hm²、4 275.0kg/hm²、4 549.5kg/hm²、4 608.3kg/hm² 与 4 762.5kg/hm²。

3. 小麦品种、品质结构得到改善,栽培技术逐渐成熟 我国从 20 世纪 80 年代开始重视小麦品质性状的研究,由只重视产量转变为产量与品质一起抓,小麦品种优质化程度有了较大幅度的提高。小麦主产区育种单位已选育出若干个适宜于不同生态条件和生产条件的优质强筋、中筋和弱筋小麦品种,均表现为产量潜力大、综合抗性好。2004 年 8 月,农业部种植业管理司组织有关专家,根据当前生产发展对小麦品种的高产、优质、抗性等总体要求,综合评选推荐出 35 个适合当前推广的高产优质小麦品种,其中冬小麦 27 个,春小麦 8 个。同时,各省根据本省的情况,也公布了一批本省的主推品种。2009 年 9 月,农业部评选推荐出 29 个比较适合当前推广的优质专用小麦品种,其中基本符合国标的优质强筋小麦品种 26 个、优质弱筋小麦品种 3 个,改变了我国长期以来中间类型小麦品种偏多、强筋和弱筋类型小麦品种偏少而基本依赖进口以及强筋不强、弱筋不弱的局面。

随着这些优质专用小麦品种的快速推广,全国小麦品质提高很快。2003 年,全国优质专用小麦面积达到 797.1 万 hm²,占小麦总面积的 36.5%;2004 年,全国优质专用小麦面积达到 966.6 万 hm²,比 2003 年增长 21.2%;2008 年,我国优质小麦面积已达 1 446.7 万 hm²,占小麦总面积的 63.2%。这些优质专用小麦在很大程度上替代了以往进口的国外小麦,保证了我国小麦产业的健康发展。

经过长期的研究与生产实践,我国已形成较为成熟的小麦增产主推技术,有适应于北纬 33°～35°麦区低中产变高产、35°～38°黄淮海麦区中产变高产和高产更高产、西北和华北旱作麦区低产变中产和东北春麦区小麦高产优质栽培技术。这些技术是：冬小麦精播半精播高产栽培技术、冬小麦氮肥后移延衰高产栽培技术、小麦节水高产栽培技术、南方旱茬麦高产栽培技术、小麦小窝疏株密植高产栽培技术、稻茬麦少免耕栽培技术、旱地小麦地膜覆盖与秸秆覆盖技术、东北春麦区尿素秋施与氮素后移技术等。

4. 小麦产业链初步形成　近年来，小麦粉制品工业以方便面为代表，每年都以 10％以上的速度增长，挂面和烤馍片产业也在增长，烘焙业制品更加普及，规模面包厂、超市面包房及连锁店、洋快餐和餐饮业都在发展中提升自己。随着馒头等主食品产业化的进程，在未来几年中我国将推出一个拥有创新精神，拥有自主知识产权的主食品加工、保鲜、配送、连锁经营的产业。同时，麦麸与麦胚深加工综合利用会进一步发展，当前利用麦胚制油、提取维生素 E 等技术已经过关，关键是在面粉厂的灭酶稳定化处理要及时，需要建立一个机制加以统筹解决。此外，小型的麦胚食品加工，如"麦维康"和"麦胚饿"等加工技术要求不高、也有一定市场需求的产品，面粉厂可以自行开发。如中餐连锁经营的"全聚德"已发展到多个城市，并建立了自己的"烤鸭卷饼"中央工厂；河南南阳天冠的谷朊粉＋淀粉＋无水乙醇＋酒糟干燥高蛋白（DOGS）饲料的项目和周口莲花味精项目，都是以小麦为原料的发酵工程综合利用的代表。

5. 机械化与市场化　随着农业机械化的快速发展，过去小麦"三夏"期间那种"男女老幼齐上阵，收打抢种忙不停"的现象不见了，取而代之的是机器的轰鸣，农民感觉"现在种地很清闲，村里农机多了，收割、耕种样样都是机械干，在外打工的青壮年麦收时可以不回家"。通过农机跨区作业服务实现生产规模化，参加跨区作业的联合收割机逐年增加。2007 年，参加跨区作业的联合收割机达到 41.8 万台，完成机械化收割 2 333.3 万 hm²，小麦综合机械化水平超过 81％，实现了小麦收获的机械化。与此同时，小麦订单化在逐年增加，2008 年小麦订单率达 31.5％，较上年提高 3.1 个百分点。

我国小麦生产效益和市场竞争力上升。与美国相比，我国小麦成本高、效益低。据统计，我国小麦平均单产比美国高 65％，但我国小麦百元产值成本比美国高 57％。近年来，随着世界小麦减产、国际市场小麦价格大幅上涨，进口小麦成本增加，价格趋于上涨，多数企业在国内寻求优质小麦进行代替，国产小麦价格上的劣势开始转变，在国内的竞争力得到加强。2002 年，我国首次成为小麦净出口国，首次实现了制粉用小麦出口，首次进入路透社全球小麦报价体系，首次成功推出优质强筋小麦期货和现货规范化交易，进一步提升了我国小麦的市场竞争力。

(三)我国小麦产业化发展存在的问题

全国各地小麦产业化都有了较快的发展，特别是小麦主产区发展势头良好，但是在发展过程中也存在一些不容忽视的问题，主要表现在以下方面。

1. 优质小麦已形成规模种植，但是品质质量不稳定、生产效益低　2008 年，我国优质小麦种植面积达到 1 446.7 万 hm²,占小麦种植总面积的 63.2%,其中黄淮海、大兴安岭、长江下游三个小麦带的优质强筋和优质弱筋小麦占全国优质小麦面积的40% 以上,实现了基本满足国内对优质小麦数量上的需求。例如,河南省提出"建设以优质专用小麦为主的全国重要的优质粮生产和加工基地"目标,形成了豫北、豫西优质强筋小麦种植区,豫中、豫东、豫东南、豫西南优质强筋、中筋小麦种植区,豫南淮河两岸优质弱筋小麦种植区,2008 年全省优质专用小麦种植面积达到 347.2 万hm²,占麦播总面积的 66.5%,优质专用小麦种植面积居全国第一位。

由于土地家庭联产承包责任制,小麦一家一户种植,生产经营规模小,种子供应不统一,栽培生产条件不一致,生产技术无统一标准等,造成小麦质量户间、收购批次间差异大、不稳定,无法实现按质量、分品种收购和贮藏,给企业产后加工的产品质量保证带来较大影响。此外,目前农民种植小麦成本偏高,按平均产量 6 000kg/hm²计,约需种子费 450 元,氮、磷、钾肥费用分别为 1 200 元、600 元、150 元,农药费 150元,灌溉费 450 元,机械收获费 600 元,耕种费 600 元,工时费 1 200 元(以上均按目前市场价格计),收入 8 400 元/hm²,成本 5 400 元/hm²,利润只有 3 000 元/hm²,人均规模小、效益低,影响农民小麦生产积极性。

2. 生产加工与销售已开始起步,但是产业化经营滞后 近年来,为了适应加入世界贸易组织后国际国内市场的新形势,及时调整发展思路,实施名牌战略,通过项目的实施,优质小麦生产规模逐步由一家一户的零星种植向以乡镇为单位的成片种植转变,利于小麦品质提高,便于推行订单生产。粮食销售商及一些加工企业也根据自身实际情况,建立了各自不同的加工营销网络,优质小麦及加工品销往全国各地。

目前,从市场经济的发展要求来看,小麦产业还缺乏产业化龙头企业和有效的中介服务组织,不能实现产销衔接和优质优价,无法调动农民发展优质专用小麦的积极性,优质品种布局、保优节本栽培等标准化生产技术很难落实,这就给生产合格的优质专用小麦造成很大困难。

小麦在生产上具有明显的规模效益,是最适合于大规模机械化作业的粮食作物,美国、加拿大、澳大利亚、阿根廷等小麦产销强国的市场竞争优势有很大一部分来自于规模化生产经营。我国小麦生产经营规模小,生产方式、要素投入各异,生产技术的专业化、标准化、规范化无法保证,优良品种的品质特征难以统一,产品质量更是千差万别。生产专业化与经营规模化、企业化的严重脱节,已经成为我国进行优质小麦生产的"瓶颈"。

3. 小麦市场定位趋同,产品结构不合理,营销对策单一 在小麦主产区,不同层次的面粉加工企业林立,由于市场定位趋同,不同规模的面粉加工厂争原料、抢市场,市场定位严重重叠,营销手段简单,大打价格战,恶化了小麦产业化发展的市场环境。另一方面,片面趋同的市场定位使一些重要的小麦产业化市场被忽视,出现了市场空缺现象,如医药、化工等小麦深加工产品。其原因在于:第一,企业素质差,经营规模小,产品质量不过关;缺乏现代市场营销观念,经营效率低,不少小麦企业亏损经营。

第二,产业化水平低,小麦加工企业、生产基地、麦农之间尚未形成高效率的产销利益体系。各小麦企业缺乏应有的组织协调,难以满足市场竞争要求,难以与国际小麦产销强国进行正面竞争。第三,小麦产品结构不合理,我国小麦产品结构呈"五多五少"的局面,即:非市场化小麦多,市场化小麦少;面粉等初级加工用小麦多,医药、化工等深加工用小麦少;低价值小麦产品多,高附加值的小麦产品少;大宗小麦产品多,特色小麦产品少;普通小麦产品多,高质量小麦产品少。

4. 小麦生产的市场导向作用弱,生产与市场长期脱节　市场是小麦产业化的起点和归宿,小麦产业化必须以国内外市场的需求为导向,但我国小麦产业中,生产与市场作用倒置,由于每年小麦总产量的 70% 以上不进入市场流通,国家收购的小麦也只占小麦总产量的 20%～30%,只有大约 10% 的小麦通过自由渠道进入小麦市场。小麦市场化份额在小麦总产量中过小,形不成对小麦生产应有的导向作用,直接影响我国小麦产业化的健康发展。

5. 政府扶持亟待优化,经济收入与生产发展需要兼顾　近年来,为了应对世界金融危机,保障国家粮食安全,中央和地方财政对粮食生产给予较大的支持,粮食直接补贴、良种补贴、农机具购置补贴、农资增支补贴以及最低收购价政策等政策措施的实施,对小麦生产的发展起到了重要推动作用,但要促进小麦产业化的科学健康发展,牵涉到农民、粮食部门、科研机构、农技推广部门、种子部门、银行信贷以及加工企业等多部门,不仅要提高农民及多部门生产积极性,也要注重促进综合生产能力的提高。因此,要进一步完善我国粮食政策框架体系,既要建立对种粮农民的收入补偿制度,并逐步提高补贴的规模和标准,保障农民收入,也要根据财力的许可,采取各种专项补贴政策改善农业生产条件,加快农业技术进步,提高粮食综合生产能力,稳定和增加粮食产量,保障粮食供应,达到兼顾国家粮食安全和农民增收的双重目标。

三、小麦产业化发展的对策

(一)扩大小麦产业规模,组建小麦行业协会

推动小麦产业化经营要通过有效途径扩大小麦产业化经营规模,促进小麦产业的横向和纵向整合,提高小麦产业的经营、赢利和市场竞争能力。在国际上,美国的农场小麦平均生产规模在 5 000hm² 以上,法国平均也在 30hm² 以上,英国在 50hm²左右,而我国的小麦生产规模在经过土地流转、集中承包后平均不到 1hm²。国际小麦食品加工企业的规模更大,英国知名的面粉加工厂不超过 5 家,美国、加拿大、法国等国的面粉加工厂都是规模化经营。我国小麦主产区也建有大型面粉厂,但达到满负荷运行的不多,许多大型面粉厂由于缺少原料,产能和经营能力处于闲置状态,而小型、超小型的家庭作坊式的面粉和食品加工厂,由于投资少、经营灵活,在与大面粉企业争原料、争市场方面又比较主动,形成小麦面粉加工业"小鱼吃大鱼"的局面。所以,在做大小麦产业规模的同时,要积极借鉴国际经验,积极组建中国小麦产业行业协会。政府应提倡、鼓励和引导民间小麦行业协会的发展,加强行业自律,规范我国

小麦产业市场,促进小麦产业的健康发展。

(二)发展小麦加工产业,推动产业升级增值

小麦加工是实现加工增值、延长小麦产业链、做大小麦产业规模、提高小麦产业化水平的重要途径。在西方发达国家,小麦加工业十分发达,普通家庭已经很少直接购买和消费小麦面粉,小麦食品加工企业的面粉消费一般占到国内面粉消费总量的80%以上,小麦加工食品种类繁多,档次齐全。我国小麦加工食品消费正在成为食品消费的潮流,方便面已经进入普通百姓家庭,各种饼干、面包、水饺、面条、馒头等成品或半成品加工方兴未艾,小麦食品加工已经成为我国小麦主产区的支柱产业。我国小麦加工产品市场的优势明显、发展潜力巨大,是未来小麦产业化发展的主战场,也是推动小麦产业化发展的战略性选择。

(三)构建市场准入制度,发挥小麦市场导向功能

针对我国小麦企业规模和素质参差不齐、市场运作不协调的局面,政府需加强小麦产业化市场建设,实行小麦企业资质管理,全面推行市场准入制度。在加强市场制度建设的同时,要充分发挥市场的功能。以期货市场和中央粮食批发市场为龙头、省级粮食批发市场为骨干、初级粮食批发市场和农村集市贸易为基础,逐步形成较完整的小麦市场体系。坚持小麦商品化、流通市场化的基本方向,逐步建立以政府调控价格为支撑、以批发市场价格为基础、以期货市场价格为指导的小麦价格体系。把我国小麦产业化发展真正纳入市场化轨道。

(四)加快科技进步,提高小麦产业效率

要推动小麦产业化发展,需要加强农业技术推广工作,建立大型小麦种子公司、生产服务组织,向农户提供育种、栽培、品质、加工、市场、营销等各个环节的全方位、全天候服务;建立大型小麦生产资料公司,根据不同的土壤和气候条件研究和生产不同的复合肥料,为农户提供田间诊断和施肥方案等服务。要改革现行小麦育种、区试、推广制度,以小麦生态和种植区划为依据开展专属区小麦育种工作,建立小麦良种储备制度,建立科学的育种评价体系,利用市场机制鼓励育种工作,改变一个小麦生产区有过多生产品种的局面。小麦产业化发展必须以知识和技术创新为先导,必须具有强有力的教育、科研支撑。各级政府要增加科研、教育投入。高等农业院校需要开设粮食与小麦产业科学与工程专业,在有条件的农业大学设立专门进行小麦产业科学与工程研究的硕士和博士点,加快小麦产业化所需高级人才的培养。要组织科研人员,对小麦产业化涉及诸多理论和实践问题进行联合公关,加强多学科交叉与综合。推动小麦知识、技术和产品创新,为小麦产业的调整升级提供强大的科研支撑。从教育、科研、技术等基础层次,加强我国小麦产业的竞争能力、内生增长能力和持续发展能力。

(五)调整小麦种植结构,发挥小麦比较优势

未来的5～10年,是我国小麦产业市场化发展的关键时期,我国小麦市场存在的供给缺口为小麦生产的发展提供了市场机遇。要抓住这一历史机遇,必须以市场为导向,全面规划和调整小麦的区域、品种、品质、专用种植结构,构建与市场对接的小麦生产体系。首先,要根据区域比较优势,调整小麦的种植结构。其次,要根据市场对小麦品质、种类和质量的需求,调整小麦的品种、品质和专用种植结构,使小麦生产真正以市场需求为导向。当前我国小麦市场的品种、品质、种类、用途等结构性矛盾突出,品质结构与市场需求失调,强筋和弱筋小麦品种相对不足,饲料用小麦属于空白,某些专用小麦还依赖进口。我国要采取措施鼓励小麦的规模化生产,进一步完善优质优价政策,促进小麦产业品质优势的形成。

(六)建立完善的产业政策,促进小麦产业健康发展

1. 增加资金投入规模,扩大专项补贴范围和补贴环节　扩大良种补贴和农机具购置补贴的覆盖面。按照农业部优势农产品布局规划,把小麦良种补贴尽快扩展到所有优势主产区。把农机具购置补贴实施范围扩展到全国所有县份,并针对我国水资源短缺的实际情况,将旱作节水灌溉机械列入农机具购置补贴的目录。设立针对农业保险和农产品购销的专项补贴。通过对农业保险给予经费补贴,促进农业保险试点尽快在全国范围推开,建立农业保险与灾害救助相结合的农业风险抵御机制。以粮食购销补贴的方式,对销区的企业到主产区收购粮食给予运费补贴,或者对于主产区粮食购销企业采取分品种、分级别收购、贮存给予一定的补贴,促进主产区粮食生产实现高产、优质、高效。

2. 完善粮食补贴政策的操作方式　一是统一各地综合性收入补贴的标准和发放办法。在补贴标准上,粮食直接补贴和农资增支综合直补应全国统一,实现对所有种粮农民的公平,也便于社会监督。二是进一步规范生产性专项补贴的操作办法。采取各项专项补贴发放与农户生产行为相挂钩的方式,尽量在全国实行统一的补贴标准,并通过报纸、电视和网络向社会公布,做到公平、公正和公开。为了适应各地区的实际需要,把农机具购置补贴的具体内容分为耕作类、收获类、灌溉类等几个大类,并根据不同类型地区的特点提出补贴的主要类别。农业部和财政部等可以在总结各地经验的基础上,分别针对良种补贴、农机具购置补贴和其他生产性专项补贴,出台比较规范的操作细则和办法。

3. 进一步完善小麦的最低收购价政策体系　一是尽快建立完备的粮食最低收购价预案体系,实现对主要粮食品种价格的宏观调控。二是完善现行最低收购价发布和预案启动制度。建议每年秋季公布下一年小麦最低收购价;或者借鉴美国无追索权贷款的做法,各品种的最低收购价一定三年或五年不变。

4. 逐步建立综合性收入补贴与农产品价格、农资价格的联动机制　为了真正发挥种粮直接补贴和农资增支综合补贴对于种粮农民收入的保障作用,应根据国家财力逐步增加综合性收入补贴资金规模,并逐渐把补贴标准与农资价格的变化、粮食价格变化联系起来,不断提高补贴标准,缩小种粮农民与其他产业劳动者之间的收入差距。

尽管小麦产业化过程中存在一些问题,但我国小麦产业化发展也有诸多优势条件:一是生产规模大,小麦总产量占世界小麦总产量的 16% 左右,居世界第一,有实现大规模生产的条件;二是市场需求量大,消费量居世界第一,有广阔的销售市场;三是小麦的深加工产品多,如小麦可加工专用面粉、小麦淀粉、谷朊粉、水溶性白蛋白、变性淀粉、生物发酵制品、二十八碳醇、谷胱甘肽、小麦胚芽油、戊聚糖等产品,通过延长加工产业链,有较大加工增值潜力;四是我国地域广阔、生态条件多样,可适应不同类型小麦生产的需求,满足多样化小麦加工的原料供应;五是小麦产业科技具有较好的基础,对小麦产业发展将提供重要的技术支撑;六是政府对小麦产业化发展高度重视,并有较大的财政支持力度和较强的宏观调控能力。因此,只要对策措施落实,政策导向对路,我国小麦产业化将具有广阔的发展前景。

第二章　小麦的生产需求与优势种植区域

第一节　小麦生产与需求

我国小麦总产量与消费量均占世界的 16％左右,是世界上小麦总产量最高、消费量最大的国家。我国小麦种植面积占粮食作物总面积的 22％左右,产量占粮食总产量的 20％以上,是我国主要的粮食作物和重要的商品粮、战略储备粮品种,在粮食生产、流通和消费中具有重要地位。随着我国人口的增长和人民生活水平的提高,小麦需求不断增加。同时,由于小麦单产的提高,小麦总产量与粮食商品率也同步快速的增加,为小麦产业化发展奠定了重要的基础。

一、小麦生产发展的历程

新中国成立 60 年来,我国小麦生产有了长足的发展(图 2-1)。在小麦面积稳定在 2 000 万～3 000 万 hm² 的情况下,全国小麦平均单产从 1949 年 642kg/hm²,增加到 2008 年的 4 762.5kg/hm²,增加 6.4 倍,年均增长率 12％。同时,小麦总产量从 1949 年的 1 380.9 万 t,增加到 2008 年的 11 334.8 万 t,增加 8.2 倍,年均增长率 13.7％。单产提高对总产增长的贡献率达到 88％。

(一)我国小麦发展的三个阶段

新中国成立 60 年来,我国小麦生产发展总体可分为 3 个阶段,即建国到改革开放前的 30 年(1949－1978 年),改革开放到解决温饱的 20 年(1978－1997 年)和小康建设的 10 年(1997－2008 年)。

1. 第一阶段:建国到改革开放前的 30 年(1949－1978 年)呈缓慢发展趋势　该阶段全国小麦总产量从 1949 年的 1 380.9 万 t 增加到 1978 年的 5 384 万 t,净增加 4 000 万 t 用了 30 年,年均总产增加量 133.5 万 t,年均增长率 13％;全国小麦平均单产从 1949 年的 642kg/hm² 增加到 1978 年的 1 845kg/hm²,年均增产 40kg/hm²,年均增长率 9.6％;全国小麦播种面积由 1949 年的 2 151.56 万 hm² 增加到 1978 年的 2 918.26 万 hm²,年均增加播种面积 25.56 万 hm²,年均增长率 4.5％。在总增产量中,由于单产提高的贡献率为 68％,面积增加的贡献率为 32％。

2. 第二阶段:改革开放到解决温饱的 20 年(1978－1997 年)呈快速发展趋势　该阶段全国小麦总产量从 1978 年的 5 384 万 t 增加到 1997 年的 12 328.7 万 t,也是我国小麦历史最高水平,增加约 7 000 万 t 用了 20 年,年均总产增加量 347.2 万 t,是前 30 年的 2.6 倍,年均增长率 11.4％;全国小麦平均单产 1997 年增加到 4 102.5kg/hm²,年均增产 1 12.9kg/hm²,是前 30 年的 2.8 倍,年均增长率 11.1％;全国小麦播种面积由 1978 年至 1997 年仅增加 87.44 万 hm²,年均增加播种面积 4.37 万 hm²,仅为前 30 年的 17%,年均增长率 0.15%。单产提高对总产增长的贡献率为 99%,面积增加的贡献率仅为 1%,小麦生产的快速发展主要依靠科技进步与综合生产能力的提高。

3. 第三阶段:小康建设的 10 年(1997—2008 年)呈曲折发展趋势 此阶段全国小麦总产量出现前 5 年的连续下滑与后 5 年的恢复增长。1998—2003 年的下滑阶段,至 2003 年小麦总产量仅 8 648.8 万 t,年均总产量降低 464.8 万 t,年均下降 5.4%。5 年中全国小麦平均单产基本稳定,而小麦播种面积大幅度下滑,5 年减少 798 万 hm²,年均下降 160 万 hm²,即 5.4%,2004 年,小麦生产进入恢复性增长阶段,到 2008 年小麦总产量增加至 11334.8 万 t,年均总产量增加 537.2 万 t,比快速增长的第二阶段提高 55%,年均增长率 6.2%。这 5 年中,全国小麦平均单产增加到 4 762.5kg/hm²,达到历史最高水平,年均增产 166.2kg/hm²,比快速增长的第二阶段提高 47%,年均增长率 4.2%;全国小麦播种面积增加 180.3 万 hm²,年均增加播种面积 36.17 万 hm²,年均增长率 1.6%。单产提高对总产增长的贡献率为 72.5%,面积增加的贡献率仅为 27.5%。该阶段前 5 年小麦总产量的连续下滑主要是播种面积的大幅度减少,同时优质小麦面积有了大幅度提高;后 5 年不仅小麦总产量恢复性增长,而且优质小麦生产也得到快速发展,是小麦生产发展又快又好的 5 年。

(二)小麦主产区向黄淮海麦区集中

新中国成立 60 年来,全国小麦生产虽然存在缓慢发展,甚至有阶段性减产,但总体呈持续稳定发展的态势。在全国小麦生产稳定发展的同时,小麦产区向黄淮海麦区集中,以全国 5 个主要小麦生产省河南、山东、河北、安徽、江苏为例(表 2-1),建国初期(1949—1953 年平均)五省小麦总产占全国小麦总产的 55.26%,改革开放以后的第二阶段(1986—1990 年平均)占全国小麦总产的比例增加到 60.7%,近 5 年(2004—2008 年平均)占全国小麦总产的比例又进一步增加到 70.89%。在 5 个主要小麦生产省中,河南省小麦占全国小麦的比重增加尤为突出,从建国初期占全国小麦不足 1/5(17.67%),近 5 年增加到占全国小麦的 1/4 强(26.79%)。特别是 1998 年至 2003 年全国小麦生产大幅度下滑阶段(图 2-1,图 2-2),全国小麦单产稳定在 3 750 kg/hm² 的水平,由于播种面积年均减少 160 万 hm²,年均下降 5.4%,导致总产量每年平均减少 464.8 万 t,年均下降 5.4%。而在此期间,河南省小麦单产稳定提高,由 1998 年的 4 170kg/hm² 增加到 2003 年的 4 770kg/hm²,每年平均增产 120kg/hm² (2.9%);虽然播种面积由 496 万 hm² 降至 481 万 hm²,年均降低 3 万 hm²(0.6%),但小麦总产量仍由 2074 万 t 增加至 2 293 万 t,平均每年增产 43.8 万 t(2.1%)。

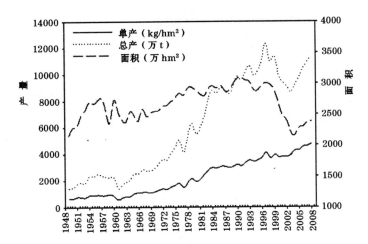

图 2-1　新中国成立 60 年来小麦面积、单产、总产变化

表 2-1　全国小麦总产区域分布变化

省　份	1949—1953 年平均		1986—1990 年平均		2004—2008 年平均	
	总产（万 t）	占全国（%）	总产（万 t）	占全国（%）	总产（万 t）	占全国（%）
河　南	289.50	17.67	1609.98	17.82	2784.26	26.79
山　东	256.82	15.67	1505.38	16.64	1817.60	17.60
河　北	109.38	6.67	825.14	9.11	1136.68	11.00
安　徽	122.70	7.49	648.36	7.20	919.08	8.90
江　苏	127.26	7.77	899.41	9.96	801.95	7.76
其　他	733.12	44.74	3553.30	39.30	2671.80	29.11
全　国	1638.78	100.00	9045.00	100.00	10330.20	100.00

　　正是由于此阶段全国小麦生产大幅度下滑与河南省小麦生产稳定增长,使河南省小麦实现了以下三大突破:

　　一是单产显著高于全国平均平水,居主产省前茅。建国后的前 30 年,河南省小麦单产与全国接近,均在 1 500kg/hm² 以下徘徊;改革开放后的 20 年,河南省小麦单产连续跨越 2 000kg/hm²、3 000kg/hm²,达到 4 000kg/hm²,有了较快的发展,但比全国小麦单产高出不到 10%;近 10 年来,河南省小麦平均单产达到 5 085kg/hm²,全国小麦平均单产仅 4 155kg/hm²,河南省小麦单产比全国平均高 22.4%。至 2006 年,河南省小麦单产率先达到 5 639kg/hm²,为全国小麦主产省最高(图 2-3)。

　　二是总产增长幅度大,占全国 1/4 强。建国 60 年来,河南省小麦总产从 1949 年的 253.9 万 t 增加至 2008 年的 3 060 万 t,增长了 11.05 倍;全国小麦总产从 1949 年的 1 380.9 万 t 增加至 2008 年的 11 334.8 万 t,增长了 7.21 倍。其中,1998 年以前的 50 年,河南省小麦总产增长 8.34 倍,全国小麦总产增长 7.93 倍;近 10 年,河南省

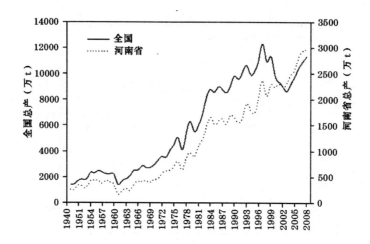

图 2-2　新中国成立 60 年来全国与河南省小麦总产变化比较

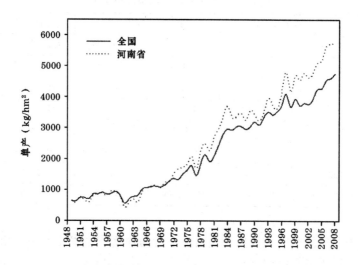

图 2-3　新中国成立 60 年来全国与河南省小麦单产变化比较

小麦总产增长了 29%，全国小麦总产下降了 8%。同时，1998 年以前，河南省小麦占全国小麦总产一直在 19% 以下，不足 1/5；1999 年达到 20%；2004 年以后平均达到 27%，超过 1/4。因此，河南省小麦总产快速发展主要是近 10 年。

　　三是优质小麦发展快，对国家粮食安全贡献大。河南省 1998 年开始大面积发展优质小麦（1998—2001 年小麦播种面积分别为 18.9 万 hm²、56.8 万 hm²、101 万 hm²、143 万 hm²），通过采取更换优质品种、规模种植、产销衔接、加工市场拉动等措施，至 2005 年全省优质小麦播种面积达 200 多万 hm²，占到小麦总播种面积的 40% 以上。2006 年和 2007 年优质专用小麦播种面积分别达到 307.74 万 hm² 和 326.67 万 hm²，占小麦播种面积的 65%。近年来有继续快速扩大的趋势，基本解决了优质小麦短缺的问题，为小麦深加工奠定了基础，以小麦为主的粮食加工能力已达到 345

亿 kg。味精、面粉、方便面、挂面、面制速冻食品等产量均居全国首位,创出了"三全"、"思念"、"莲花"、"白象"等一批小麦加工产品知名品牌。同时,河南省总产快速增长与占全国比例的增大,使河南省小麦商品率与外调数量在不断增加,在全国 7 个小麦调出省中,河南省年调出小麦在 1000 万 t 以上,占到全国调出小麦总量的 50%,为国家的粮食安全做出突出贡献。

二、小麦生产发展的特点

(一)生产能力稳步提升

新中国成立 60 年来,我国小麦生产依靠科技进步和行政推动,单产生产能力稳步提升。每 hm² 小麦产量从 1949 年的 642kg 提高到 2008 年的 4 762.5kg,平均每 10 年单产增加 1 倍(687kg),共增长 6.4 倍,年均增长率 12%。在小麦种植面积总体稳定的情况下,单产提高带动我国小麦总产持续增长。小麦总产从 1949 年的 1 380.9 万 t,增加至 2008 年的 11 334.8 万 t,平均每 10 年总产增加 1.2 倍(1 659 万 t),共增长 8.2 倍,年均增长率 13.7%。近 10 年来,小麦生产呈现出如下特点:一是面积恢复增加。1998—2004 年,我国小麦种植面积连续 7 年下滑,由 1997 年的 3 005 万 hm² 下降至 2004 年的 2 162 万 hm²,面积减少了 842 万 hm²,减幅 28.1%。2005—2007 年小麦种植面积有所恢复,2008 年恢复到 2 380 万 hm²,增加 218 万 hm²,增幅达 9.7%。二是单产连创新高。2004—2008 年,我国小麦单产分别达到 4 252kg/hm²、4 282kg/hm²、4 549kg/hm²、4 608kg/hm² 和 4 763kg/hm²,连续 5 年超过 1997 年 4 102kg/hm² 的历史最高纪录,走出了多年徘徊的局面,连年突破 4 500kg/hm² 大关。三是总产持续增长。2008 年我国小麦总产 11 334.8 万 t,比 2003 年增加 2 686 万 t,增幅 31%,实现连续 5 年增产,恢复至 20 世纪 90 年代总产水平,在面积减少的情况下,再次超过 1 亿 t。

(二)优势区域逐步形成

在《专用小麦优势区域发展规划(2003—2007 年)》的引导下,黄淮海、长江中下游和大兴安岭沿山麓三大优质专用小麦产区逐步形成,且各具特色。2007 年,三大优势区小麦种植面积 1 900 万 hm²,占全国小麦面积的 80%。黄淮海麦区已成为我国最大的中强筋小麦生产基地。2007 年,冀、鲁、豫、苏、皖五省小麦面积占全国比重达到 65.4%,产量占 75.5%,与 2003 年相比分别提高 3.0 个和 4.7 个百分点。长江中下游优质弱筋麦区加快形成。2007 年,江苏省弱筋小麦种植面积达到 41 万 hm²,产量 222 万 t,分别比 2003 年增加 30 万 hm² 和 175 万 t,成为全国优质弱筋小麦的主产区;按标准化生产和管理的弱筋小麦从少到多,2007 年达到 36 万 hm²,产量 140 万 t,分别比 2003 年增加 16 万 hm² 和 100 万 t。大兴安岭沿山麓已成为我国优质硬红春小麦主产区,所产硬红春小麦品质优良、商品性能稳定,市场反映对进口硬麦替代性增强,目前商品率保持在 80% 以上。

(三)小麦品质明显改善

1996年,我国优质专用小麦面积只有106万hm²。1998年以来,随着农业结构战略性调整,在小麦面积、产量调减的同时,专用小麦面积快速扩大。2001年,全国专用小麦面积达600万hm²,比1996年增加近500万hm²。其中,达到强筋、弱筋小麦国标(GB/T17892—1999和GB/T17893—1999)的专用小麦面积达213万hm²。

2007年,优质专用小麦面积1 460万hm²,优质率达61.6%,比2002年提高31.2个百分点。据农业部谷物品质监督检验测试中心检测,2005—2007年3年检测结果平均,我国小麦蛋白质含量达到13.93%,比1982—1984年3年检测结果平均值提高了3.9个百分点;容重达到792g/L,提高了2.3%;尤其是小麦湿面筋含量平均达到30.2%,提高了5.9个百分点;面团稳定时间达到6.5min,增加了4.2min;小麦籽粒的物化特性、面团流变学特性以及烘焙、蒸煮性状显著改善,产品质量显著提高,较好地满足了市场需求。

(四)产业化水平不断提高

一是加工能力不断增强。我国小麦加工业从弱到强,逐渐向规模化、集约化、深加工和综合利用方向发展,形成了一大批日处理能力超过1 000t的龙头企业。据国家粮食行业及食品协会统计,目前我国规模以上面粉加工企业年生产面粉达到3 480万t,方便面年产量385万t,挂面年产量250万t,饼干年产量397万t。二是专业合作组织不断壮大。近年来,各地涌现出一批优质小麦协会、谷物协会、优质小麦订单专业合作社等专业合作中介服务组织,为农民和企业搭起了桥梁,有效促进了订单生产的发展。2007年,全国专用小麦订单面积达674万hm²,订单率达28.4%。三是产销衔接不断加强。农业部连续7年举办优质专用小麦产销衔接会、中国(郑州)小麦交易会、中国小麦产业发展年会等活动,发布质量信息,搭建产需平台,促进产销衔接。各地也通过各种形式,加大小麦产销衔接工作力度,使生产、收购、贮藏、加工、销售等各环节实现有序衔接。

三、小麦的消费需求

我国既是粮食生产大国,也是粮食消费大国,但随着人口刚性增长和耕地面积减少,虽然粮食生产有持续稳定的发展,但满足温饱需求、保障市场粮食供给的压力一直较大(图2-4)。

解放初期我国人均粮食仅200多kg,20世纪50年代中后期达到300kg,1959年又大幅下滑,1960年到最低,人均粮食仅216.74kg,此后人均粮食呈逐年上升的趋势,70年代中期达到300kg,80年代中期达到350kg,90年代中期达到400kg,1996年人均粮食达到历史最高的412.24kg,超过联合国粮农组织确定的人均粮食安全警戒线,中国首次宣布解决全国人民的温饱问题,进入小康建设;但在农业结构调整过程中,1999年以后粮食生产又开始大幅下滑,2003年降至80年代初以来的最低水平,人均粮食333.29kg;此后在国家一系列粮食政策的激励下,人均粮食实现了恢复

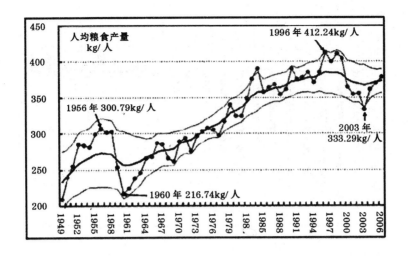

图 2-4　1949 年以来我国人均粮食变化

性增长。

小麦是我国人民主要口粮之一,占粮食直接消费量的 40% 以上,其需求状况既受粮食需求的影响,又在整个国家粮食安全中发挥着重要作用。

(一)小麦的产需平衡情况

20 世纪 90 年代中期以前,我国小麦生产不能满足消费需求,一直是国际上重要的小麦进口大国,平均年进口量保持在 1 000 万 t 以上(图 2-5)。90 年代中期以后,我国小麦年消费量保持在 1 亿 t 左右,1996—1999 年,由于小麦连年获得丰收,生产能力逐步提高,小麦年生产量达到 1 亿 t 以上,且主要用于国内消费,因此小麦基本保持供求平衡格局。同时,小麦进口数量逐年减少,出口有所增加。2000—2005 年,我国小麦连续 6 年产不足需,2004 年产需缺口 700 万 t 以上。2004 年以后,由于我国小麦连续 6 年增产,至 2007 年小麦总产达到 10 923 万 t,当年小麦出口 207 万 t,进口仅 8 万 t,产需基本达到平衡,且实现了小麦的净出口。

(二)小麦的消费结构

我国小麦主要用于食用(表 2-2)。第一消费为制粉,一般约占小麦产量的 85% 以上,饲用消费和种用消费各约占 4%,工业消费比例约 2%。制粉消费中,约 75% 的小麦形成面粉,5% 形成次粉,20% 形成麸皮。据有关数据显示,目前全国各类面粉企业 4 万多家,年加工能力 1.7 亿 t 以上,其中日加工小麦 50t 以上的面粉企业 9 883 家;方便面生产线 1 800 多条,年产量 360 多万 t;挂面生产企业 2 500 多家,年产能力 410 多万 t;饼干、糕点的年产量分别达到 153 万 t 和 144 万 t;饺子、包子、馒头等传统食品加工业稳定发展。

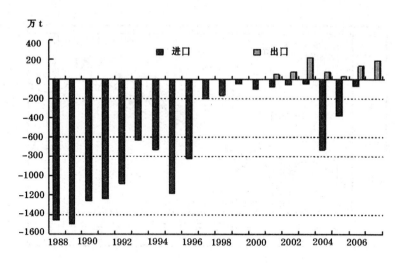

图 2-5 近 20 年我国小麦进出口情况

表 2-2 中国小麦供需平衡与消费结构 （单位：kt）

年　度	2001/02	2002/03	2003/04	2004/05	2005/06	2006/07	2007/08	2008/09
生产量	93876	90290	86488	91952	97445	104460	106000	112500
进口量	911	373	1752	8211	1338	399	300	50
年度供给量	94787	90663	88240	100163	98783	104859	106300	112550
制粉消费	92000	90000	90000	91000	87000	86000	85000	7800
其中面粉	66240	64800	63900	63700	65250	64500	63750	58500
其中次粉	4600	4500	4500	4550	4350	4300	4250	3900
其中麸皮	21160	20700	21600	22750	17400	17200	17000	15600
饲用消费	5500	6000	5500	2500	3800	5600	6800	11000
工业消费	2500	2500	2800	2800	1800	2250	2500	11000
种用量	4800	4400	4500	4600	4150	4130	4100	4680
年度国内消费	108300	106100	105800	103900	99850	100380	100600	104680
出口量	703	982	2164	355	493	1447	1500	500
年度总需求量	109003	107082	107964	104255	100343	101827	102100	105180
年度结余量	−14216	−16419	−19724	−4092	−1560	3032	4200	7370

说明：小麦的市场年度是当年 6 月至翌年 5 月（资料来源：国家粮油信息中心）

（三）小麦消费的区域性分布

　　我国小麦供需的区域性分布表现为生产集中，消费分散。小麦生产主要集中在黄淮海小麦产区，而小麦消费分散到全国各地，同时小麦生产大省基本也是消费大省。年度小麦消费量较大的省份依次是河南、山东、河北、安徽，年消费小麦均在 500万 t 以上，山西、陕西、广东、四川、湖北、新疆年消费小麦也在 300 万 t 以上。我国小麦各省产消不平衡,结余较多的有 7 个省份,总结余量在 2000 万 t 以上。2007/08 年河南小麦结余量 1015.4 万 t,占全国小麦总结余量的 50%;安徽结余量 444.2 万 t,占全国 21%;江苏结余量 181.8 万 t,占全国 9%;河北结余量 154.8 万 t,占全国 7%;四川结余量 109.6 万 t,占全国 5%;山东结余量 100.6 万 t,占全国 5%;新疆结余量 59.8 万 t,占全国 3%。小麦存在缺口的有 17 个省份,总需缺口量在 1 700 万 t 左右。缺口较大的省份是:广东缺口 361.7 万 t,占全国 22%;上海缺口 263.9 万 t,占全国 16%;北京缺口 145.1 万 t,占全国 9%;辽宁缺口 137.9 万 t,占全国 8%;山西缺口 126.5 万 t,占全国 8%;其他缺口 643.5 万 t,占全国 37%(数据来源:国家粮油信息中心)。省、自治区、直辖市间余缺调剂,基本可达到供需平衡。

根据国务院 2008 年发布的《国家粮食安全中长期规划纲要》和 2009 年发布的《全国新增 1 000 亿斤粮食生产能力规划》,我国粮食需求将呈刚性增长。至 2010 年和 2020 年,小麦消费需求量将分别达到 1 015 亿 kg 和 1 025 亿 kg,小麦综合生产能力分别将达到 1 070 亿 kg 和 1 135 亿 kg。至 2020 年,需新增小麦 85 亿 kg,其中主产区 81 亿 kg,占新增小麦任务的 95% 以上。《纲要》要求必须加强耕地与水资源保护,强化科技支撑,力争单产有较大突破,加强主产区粮食综合生产能力建设,确保新增粮食产量达到 1 000 亿 kg。

第二节　小麦生产的优势区域与生产潜力

小麦是我国主要的粮食作物,在全国各地均有种植,北至黑龙江省黑河地区(53°N)和新疆阿勒泰地区(48°N),南至海南省(18°N),西至新疆喀什地区(75°E),东至黑龙江省东部(134°E)。海拔高至西藏浪卡子(4 460m),低至吐鲁番盆地(−150～−100m)。南北纵跨纬度 35°、东西横跨经度 59°,海拔高低差异达 4 600m,都有小麦种植。由于各地气候条件的差异,全国冬小麦从 9～11 月份、春小麦从 3～4 月份都有播种,从 5～8 月份都有小麦收获,全国全年都有小麦生长。小麦生产的时空变化对小麦生长发育、产量品质形成以及我国粮食安全都有重要的影响。根据我国小麦生产的时空变化特征,探寻小麦生产区域比较优势的动态变化规律,确定小麦优势产区,为合理利用资源,优化小麦布局提供决策依据。

一、全国小麦气候资源变化趋势

气候生态条件是决定小麦产量的主导因素。分析全国主要气候生态条件的变化特点,是小麦合理布局的基础,也是确定小麦优势产区的主要依据。

(一)太阳总辐射能变化趋势

小麦生产是将太阳辐射能转化为化学能的过程,太阳辐射能的高低直接影响小麦光合生产潜力。研究分析了全国不同纬度地区 47 年(1961—2007 年)的年平均太阳总辐射能变化情况。以八个代表地区初期五年和末期五年变化为例(图 2-6,表 2-

3),初期五年(1961—1965年)大多地区太阳总辐射能平均在$500\sim550kJ/cm^2$,到2003—2007年平均在$450kJ/cm^2$左右,太阳总辐射能呈降低的趋势。40年降幅在$24\sim100kJ/cm^2$,其中降幅较大的有北京、拉萨、成都,太阳总辐射能降低$90\sim100kJ/cm^2$;降幅较小的是东北,太阳总辐射能降低$24kJ/cm^2$。太阳总辐射能的降低直接影响着小麦的光合生产潜力。

表2-3　全国代表地区年均太阳总辐射能变化情况分析　(kJ/cm^2)

项　目	哈尔滨(49.13°N)	北京(39.48°N)	济南(36.45°N)	拉萨(29.40°N)	成都(30.40°N)	郑州(34.43°N)	武汉(30.37°N)	广州(23.10°N)
1961—1965年平均	477.729	582.471	536.523	838.671	396.727	503.823	489.112	495.813
2003—2007年平均	452.769	481.334	464.670	747.812	305.080	457.576	438.844	432.229
降　幅	24.960	101.137	71.853	90.859	91.647	46.247	50.269	63.583

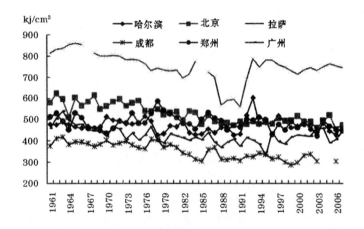

图2-6　全国代表地区47年太阳总辐射能变化分析

(二)平均气温变化趋势及对小麦生育期的影响

小麦是喜低温长日作物,气温升高直接影响小麦生长发育。研究分析了全国不同纬度地区55年(1951—2006年)的年平均温度变化情况。以五个代表地区为例(图2-7),随着全球性的气候变暖,年平均温度呈上升趋势,特别是20世纪60年代以后的上升更为明显。1970—2006年年平均温度增幅全国在2.0℃左右,其中哈尔滨由3.2℃增至5.3℃,增幅2.1℃;北京由10.9℃增至13.4℃,增幅2.5℃;郑州由13.6℃增至15.8℃,增幅2.2℃;成都由16.0℃增至17.6℃,增幅1.6℃;广州由21.2℃增至23.2℃,增幅2.0℃。

根据冬小麦适宜播期的气温要求(冬性品种18℃,春性品种16℃)和成熟期气温(25℃~26℃),测算全国代表性冬麦区的小麦生育期(图2-8),结果表明,40年间由于气温升高使小麦播种期推迟、收获期提早,小麦生育期均明显缩短,北京、济南、郑州、合肥和广州的小麦生育期分别缩短25天、33天、41天、18天和36天。

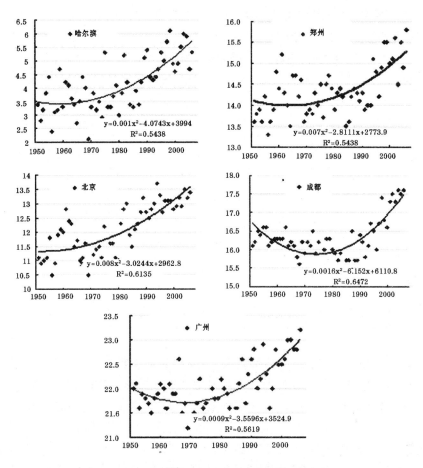

图 2-7 全国代表地区 55 年均温变化分析

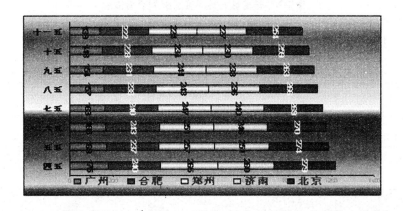

图 2-8 不同纬度地区小麦生育期的变化 （d）

进一步分析小麦不同生育阶段的变化表明（表 2-4），小麦生育期缩短主要是越冬期的缩短（25 天左右），北方冬麦区冬前和冬后有效生长期分别保持在 55 天和 102

天左右,黄淮冬麦区(郑州)冬前和冬后有效生长期均缩短,直接影响小麦苗期生长对光热资源的利用和小麦生产潜力的正常发挥。

表 2-4　不同纬度地区小麦生育时期的变化　　(d)

规划期	北　京			郑　州			济　南		
	冬前	越冬	冬后	冬前	越冬	冬后	冬前	越冬	冬后
四五	55	122	102	80	58	127	68	86	106
五五	55	117	102	77	54	126	65	80	106
六五	54	115	101	76	50	125	65	74	107
七五	56	111	102	75	47	125	62	71	107
八五	56	107	103	75	44	124	60	69	105
九五	56	103	104	73	42	126	61	63	109
十五	54	102	103	71	38	125	60	62	108
十一五	54	99	101	70	33	121	61	59	107
平均	55	110	102	75	46	125	63	71	107
缩短	0	23	1	10	25	6	7	27	0

随着全球性的气候变暖,年平均温度上升,小麦生育期缩短的同时,生育期平均温度也呈上升的趋势,春麦区各地小麦生育期 1951—1955 年平均温度为 15.84℃,2001—2007 年上升至 17.77℃,57 年平均上升 1.93℃(表 2-5),上升幅度较大的呼和浩特增加 3.18℃,较小的西宁增加 0.75℃;冬麦区各地小麦生育期 1951—1955 年平均温度为 9.8℃,2001—2007 年上升至 11.44℃,57 年平均上升 1.64℃(表 2-6),上升幅度较大的西安、太原、喀什增加 2.5℃以上,较小的南宁、贵阳增加不足 0.5℃。

表 2-5　春麦区各地小麦生育期资源变化

地　区	温度(℃)		降水(mm)	
	1951—1955 年	2001—2007 年	1951—1955 年	2001—2007 年
哈尔滨	17.14	18.90	369	311
长　春	15.66	17.98	292	252
沈　阳	17.57	19.43	363	300
呼和浩特	15.05	18.23	115	143
银　川	15.59	17.80	67	92
喀　什	17.85	20.08	396	346
西　宁	12.20	12.95	245	297
兰　州	15.65	16.78	117	156
平　均	15.84	17.77	245.46	237.13

表 2-6 冬麦区各地小麦生育期资源变化

地 区	平均温度(℃)		总降水(mm)		日照(%)	
	1951—1955 年	2001—2007 年	1951—1955 年	2001—2007 年	1951—1955 年	2001—2007 年
喀 什	8.10	10.68	59	60	56	64
拉 萨	7.27	8.50	340	412	70	68
北 京	7.11	9.24	188	167	63	59
石家庄	8.67	10.59	230	203	63	52
太 原	4.91	7.55	192	183	64	55
济 南	8.45	9.97	204	250	62	53
西 安	7.63	10.71	252	201	40	40
郑 州	8.85	10.72	236	213	49	43
南 京	8.92	10.50	442	432	45	41
合 肥	8.61	10.62	425	554	44	39
武 汉	9.04	11.38	512	546	36	38
成 都	11.53	12.58	183	142	24	21
贵 阳	10.55	10.03	427	361	24	21
福 州	13.96	15.36	546	479	33	31
广 州	16.28	17.34	310	280	33	31
南 宁	15.77	16.12	227	191	29	24
昆 明	11.02	12.65	61	93	76	65
平 均	9.80	11.44	284.36	280.37	48	44

进一步分析小麦不同生育期的气温变化表明(图 2-9),河南省从豫南的信阳(32.07°N)到豫北的浚县(35.41°N),小麦各生育期的平均气温变化特点是:播种至返青阶段从南到北平均气温降低,年际间有较大的变化;返青至拔节阶段从南到北差异不大,但平均气温有明显的上升趋势,20 年各地平均气温升高 6℃左右;拔节至开花阶段从南到北平均气温降低,各地差异小于播种至返青阶段,同时各地平均气温也有上升趋势,但增幅小于返青至拔节阶段,一般在 5℃以下;开花至成熟阶段不同地区和变化趋势均不明显,平均气温均在 20℃～23℃。各生育期气温的变化直接影响小麦的生长速度、发育进程、器官建成及产量品质的形成。

(三)降水量变化趋势分析

研究分析了全国不同纬度地区 55 年(1951—2006 年)的年平均降水量变化情况。以五个代表地区为例(图 2-10,表 2-7),55 年全国年平均降水量变化不一,北方年降水量呈降低趋势,其中华北的北京降幅最大达 325mm,比 20 世纪 50 年代降低45.3%;中南部地区年降水量呈增加趋势,增幅在 100～200 mm,均在当地降水量的

10%以上。因而，全国降水量变化形成"北旱南涝加剧"的格局，对作物生产将有不利的影响。

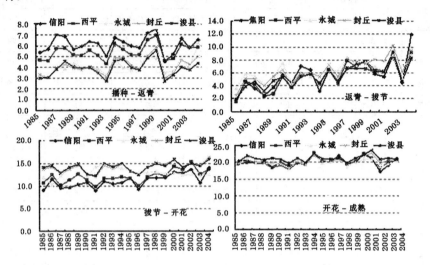

图 2-9　河南省不同地区小麦各生育时期平均温度变化(℃)

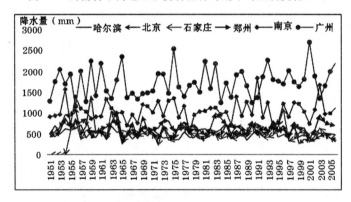

图 2-10　全国代表地区 55 年降水量变化趋势

表 2-7　全国代表地区 55 年降水量变化分析　（mm）

项　　目	哈尔滨	北京	石家庄	太原	兰州	成都	济南	郑州	南京	广州
1951—1955 年平均	587	718	578	421	335	934	637	606	1014	1730
2001—2006 年平均	504	394	452	377	308	788	792	691	1161	1947
变幅(mm)	−83	−325	−126	−44	−27	−146	+155	+85	+17	+217
变幅(%)	−14.1	−45.3	−21.8	−10.5	−8.1	−15.6	+24.3	+14.0	+14.1	+12.5

　　分析小麦生育期降水量变化趋势表明：春麦区各地小麦生育期 1951—1955 年平均降水量为 245mm，2001—2007 年为 237mm(表 2-5)；冬麦区各地小麦生育期 1951

—1955年平均降水量为284mm,2001—2007年为280mm(表2-6)。全国不同纬度地区小麦生育期平均降水量虽然也有降低趋势,但降低幅度不明显,多数地区在50mm以内,全年降水量"北旱南涝加剧"变化的格局主要是在小麦收获后到播种前夏秋季节,小麦生育期降水量主要表现为年际间变异幅度较大,春麦区各地小麦生育期57年降水量最大值为425.8 mm,最小值为89.7mm,平均相差4.74倍;冬麦区各地小麦生育期57年降水量最大值为488.7mm,最小值为131.8mm,平均相差3.42倍。生育期降水量年际间变异幅度大,是影响小麦产量年际不稳的重要原因。

(四)日照百分率变化分析

全国不同地区小麦生育期平均日照百分率有从北向南下降的趋势,北部日照百分率在60％～70％,南部日照百分率多在20％～30％(表2-6)。57年来,全国不同地区小麦生育期平均日照百分率均呈明显下降趋势(图2-11),1951—1955年平均为48％,2001—2007平均为44％,降幅为4％。日照百分率是影响太阳总辐射量的主要因素,进而影响小麦的生产潜力。

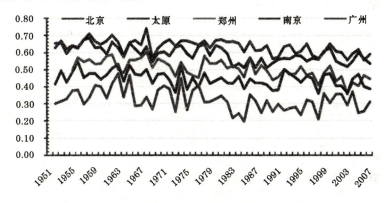

图2-11　各地小麦生育期日照变化

二、全国小麦生产的区域性分析

(一)各生态区域小麦生产

按照全国小麦生态区划,小麦种植分为春麦区、冬麦区和冬春兼播麦区3个主区和10个亚区。根据小麦生产的区域特点和分布,同时考虑省份统计资料的完整性,将我国小麦按北方春麦区、北方冬麦区、南方冬麦区、新疆冬春麦区、青藏春冬麦区5个生产区分析。北方春麦区包括东北春麦区、北部春麦区和西北春麦区3个亚区,主要有黑龙江、吉林、辽宁、甘肃、内蒙古和宁夏6个省、自治区;北方冬麦区包括北部冬麦区和黄淮冬麦区,主要有河北、北京、天津、山西、陕西、山东、河南7个省、直辖市;南方冬麦区包括长江中下游冬麦区、西南冬麦区和华南冬麦区,主要有江苏、安徽、湖北、湖南、上海、浙江、江西、贵州、四川、重庆、云南、福建、广东、广西14个省、自治区、直辖市;新疆冬春麦区为新疆维吾尔自治区;青藏春冬麦区包括西藏自治区和青海省。

5个生产区的小麦生产情况见表2-8。从表2-8可以看出：北方冬麦区的播种面积和总产在全国小麦生产中居于首位，2005—2007年小麦播种面积平均为1 291.39万hm²，总产平均为6 546万t，分别占全国的57.69%和65.58%；其次是南方冬麦区，小麦播种面积和总产分别占全国小麦面积和总产的29.7%和24.1%。按粮食主产区的定义，这两大区域小麦播种面积和总产分别占全国小麦面积和总产的87.39%和89.68%，不仅是我国小麦的主产区，而且是五大生态区中总产和播种面积最稳定的区域。特别是北方冬麦区，小麦总产占据全国小麦总产的近2/3，南方冬麦区小麦总产占全国小麦总产近1/4，其他3个麦区分别仅占全国小麦面积和总产的1/10强。

表2-8　全国各小麦产区2005—2007年平均种植面积、单产和总产

麦　区	面积(万 hm²)		单产 (kg/hm²)	总产(万 t)	
	数　量	所占%		数量	所占%
北方春麦区	197.43	8.82	2930.40	578.5	5.80
北方冬麦区	1291.39	57.69	5068.95	6546.0	65.58
南方冬麦区	664.92	29.70	3617.70	2405.4	24.10
新疆冬春麦区	69.03	3.08	5499.30	379.6	3.80
青藏春冬麦区	15.77	0.70	4605.00	72.6	0.73
合　计	2238.53	100.00	4344.27	9982.1	100.00

五大生态区小麦单产从高至低依次排列为：新疆冬春麦区、北方冬麦区、青藏春冬麦区、南方冬麦区、北方春麦区。新疆冬春麦区虽然单产水平最高，但面积只有全国小麦面积的3.8%，具有较大的单产优势；北方冬麦区不仅单产水平高出全国平均水平的16.7%，而且面积占到全国小麦面积的近60%，是我国小麦的优势生产区域。南方冬麦区的长江中下游冬麦区也有一定的规模优势，青藏春冬麦区的西藏自治区有较大的单产优势。

(二)各省、自治区、直辖市小麦生产

全国31个省、自治区、直辖市中(台湾省未统计在内)，除海南省没有种植小麦外，其余均种植小麦(表2-9)。全国现有小麦种植面积2 296万hm²，平均单产4 550kg/hm²，总产1.045亿t。

表 2-9 全国各省、自治区、直辖市 2006 年小麦面积、单产和总产比较

排序	小麦面积			小麦单产		小麦总产		
	省份	面积（万 hm²）	占全国比例（%）	省份	单产（kg/hm²）	省份	总产（万 t）	占全国比例（%）
1	河南	500.7	21.80	西藏	6385.5	河南	2822.7	27.02
2	山东	335.5	14.61	河南	5638.5	山东	1889.8	18.09
3	河北	242.0	10.54	山东	5633.7	河北	1149.5	11.00
4	安徽	211.7	9.22	新疆	5513.7	安徽	966.8	9.25
5	江苏	173.5	7.56	天津	4823.7	江苏	817.8	7.83
6	四川	127.4	5.55	北京	4754.4	四川	439.0	4.20
7	陕西	120.5	5.25	河北	4750.1	陕西	415.7	3.98
8	甘肃	99.5	4.33	江苏	4713.75	新疆	401.4	3.84
9	湖北	79.5	3.46	安徽	4567.5	甘肃	260.7	2.50
10	山西	73.4	3.19	吉林	4000.1	山西	252.6	2.42
11	新疆	72.8	3.17	青海	3912.6	湖北	243.2	2.33
12	云南	51.5	2.24	辽宁	3869.1	内蒙古	145.7	1.39
13	内蒙古	40.9	1.78	黑龙江	3735	云南	110.1	1.05
14	贵州	40.3	1.75	上海	3598.8	黑龙江	93.0	0.89
15	重庆	26.1	1.14	内蒙古	3561.4	宁夏	75.7	0.72
16	黑龙江	24.9	1.08	浙江	3455.6	重庆	75.4	0.72
17	宁夏	22.7	0.99	陕西	3451.2	贵州	74.5	0.71
18	天津	10.8	0.47	四川	3446.7	天津	52.0	0.50
19	青海	9.8	0.43	山西	3443.3	青海	38.5	0.37
20	浙江	7.1	0.31	福建	3392.9	北京	30.0	0.29
21	北京	6.3	0.27	宁夏	3329	西藏	26.5	0.25
22	湖南	6.2	0.27	湖北	3059.6	浙江	24.5	0.23
23	西藏	4.2	0.18	重庆	2888.9	湖南	13.1	0.13
24	上海	3.1	0.14	广东	2881.4	上海	11.3	0.11
25	辽宁	1.7	0.07	甘肃	2619.6	辽宁	6.5	0.06
26	江西	1.2	0.05	云南	2139.2	吉林	3.0	0.03
27	广西	1.2	0.05	湖南	2112.9	江西	2.0	0.02
28	吉林	0.8	0.03	贵州	1850.4	福建	1.9	0.02
29	广东	0.8	0.03	江西	1613	广西	1.8	0.02
30	福建	0.6	0.02	广西	1525.4	广东	1.7	0.02
	全国	2296.1	100.00	全国	4549.7 ·	全国	10446.7	100.00

比较各省、自治区、直辖市小麦生产情况,河南小麦面积和总产均居全国第一,分别占全国的 21.8% 和 27.02%,单产仅次于西藏位居第二,比全国平均单产高 23.8%,为全国第一小麦生产大省;山东、河北、安徽、江苏小麦面积和总产分别列为第二、三、四、五名。5 个小麦主产省小麦面积占全国的 63.73%,总产占全国的 73.19%,平均单产均高于全国平均水平。五省中除安徽、江苏南部外,小麦生产主要集中在黄淮海小麦产区,该区小麦面积和总产分别占全国的 60% 和 65%,是全国最大的小麦主产区。除 5 个小麦主产省外,其他 25 个省、自治区、直辖市的小麦面积仅占全国的 1/3,总产只有全国的 1/4 左右,相当于河南一个省的小麦总产量。在非主产省份中,西藏小麦生产的自然生态条件得天独厚,光、温、水资源极为丰富,生产潜力明显高于其他省份。“九五”以来,西藏小麦种植面积一直稳定在 4 万～5.3 万 hm²,但小麦单产快速增长,小麦平均单产突破 6 000kg/hm²,2007 年达到 6 576kg/hm²,单产水平稳居全国第一。

三、小麦的生产潜力

小麦产量潜力是指在理想生产条件下所能达到的最高理论产量。全国范围内由于降水地域变化大、土壤条件比较复杂,主要测算小麦的光合生产潜力和光温生产潜力。按照光合生产潜力计算的方法,小麦的光合生产潜力 $Y_P = C_H \cdot \sum_{i=1}^{n} Y_{pi}$,(其中小麦生长季内各月光合生产速率为 Y_{pi},$Y_{pi} = (E \cdot Q_i)/[h(1-C_A)]$,$E = \xi(1-\alpha)(1-\beta)(1-\gamma)(1-\rho)(1-\omega)\varphi$,$C_A$ 为小麦灰分含量,取值为 0.08;h 为每形成 1g 干物质所需的热量,等于干物质燃烧热;E 为理论光能利用率;ξ 为光合有效辐射占总辐射的比例,取值为 0.49;α 为小麦生长季的叶面反射率,平均取值为 0.08;β 为小麦群体对太阳辐射的漏射率,平均值为 0.06;γ 为光饱和限制率,在自然条件下一般不构成限制,取值为 0;ρ 为小麦非光合器官对太阳辐射的无效吸收,取值为 0.1;ω 为小麦(玉米)呼吸消耗率,取值为 0.3;φ 为量子转化效率,取值为 0.224,C_H 为小麦收获指数),可以测算小麦的光合生产潜力。小麦光温生产潜力,是在光合生产潜力的基础上考虑温度限制作用后,小麦可能达到的产量。小麦生长季各月的光温生产潜力 (Y_{PTi})采用 $Y_{PTi} = Y_{Pi} \cdot f(T_i)$ 公式计算[$f(T_i)$ 是各月温度影响函数]。

分析全国从北纬 45°45′ 的哈尔滨,到北纬 20° 的海南等 18 个代表性地区小麦的光合生产潜力。小麦的光合、光温生产潜力分析结果表明(图 2-12):北方的东北、华北、西北及拉萨等地由于光能资源比较丰富,小麦的光合、光温生产潜力较高。其中拉萨最高,小麦光合生产潜力达到 49 740kg/hm²,光温生产潜力超过 22 500kg/hm²,且小麦生育期长,降水量平均在 381mm,因而为全国小麦生产潜力最高的地区;华北、西北等地小麦光合生产潜力超过 33 000kg/hm²,光温生产潜力超过 15 000kg/hm²,但由于降水量偏少、水分资源贫乏,小麦生育期多年平均降水量不足 200mm,受水分的限制小麦生产潜力较低;东北地区小麦光合生产潜力达到 18 000kg/hm²,

光温生产潜力达到 13 500kg/hm²,小麦生育期多年平均降水量 280～350mm,有一定的小麦生产优势。南方各地虽然水分资源较好,小麦生育期多年平均降水量多在 300mm 以上,但由于光能资源偏少,小麦的光合生产潜力多在 15 000kg/hm² 以下,光温生产潜力在 7 500～12 000kg/hm²,因而小麦生产潜力较低。中部地区小麦生育期具有光、温、水组合优势,小麦的光合生产潜力多在 19 500kg/hm² 以上,光温生产潜力在 10 500～15 000kg/hm²,小麦生育期平均降水量在 350～400mm。其中河南郑州的光合、光温生产潜力在中部地区最高,分别达到 25 650kg/hm² 和 14 145kg/hm²,高于南方各地;小麦生育期多年平均降水量 270mm,高于北方各地,因此河南具有较高的小麦生产潜力。

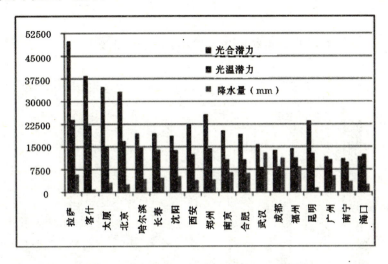

图 2-12　全国各地小麦生产潜力分析 （kg/hm²）

以小麦生产潜力较高的、全国最大的小麦主产省河南为例,进一步对小麦生产潜力与现实生产能力进行比较(图 2-13)。河南小麦平均单产从"六五"的 3 221kg/hm² 增加到"十一五"的 5 712kg/hm²,平均单产增长了 77％,有了较大的增长。但与全省小麦生产潜力比较,仍有较大的差距,"十一五"小麦平均单产只有气候生产潜力的 47％、光温生产潜力的 40％、光合生产潜力的 22％,表明目前河南小麦生产水平仍有较大的待开发潜力。

为快速提高黄淮南部小麦生产水平,保证国家粮食安全,2004 年以来国家小麦工程技术研究中心组织实施了"十五"、"十一五"粮食丰产科技工程,通过综合栽培技术等研究,项目区小麦单产得到明显提高(图 2-14),千万亩辐射区、百万亩示范区和万亩核心区小麦单产分别比全省平均产量提高 27％、44％和 60％,小麦超高产田单产达到 11 278kg/hm²,比全省平均产量提高近 1 倍,比土壤生产潜力高 39％,接近河南省小麦气候生产潜力,充分证明了通过科技进步实现生产潜力的可行性。

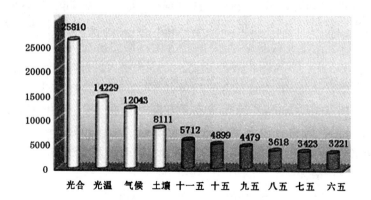

图 2-13　河南省小麦生产潜力与生产水平比较（kg/hm²）

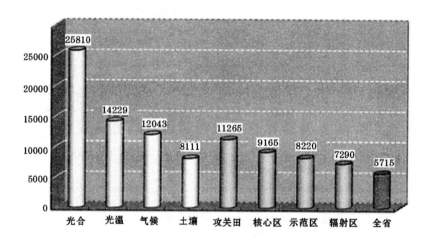

图 2-14　河南省小麦生产潜力与项目区产量水平比较　（kg/hm²）

第三节　全国小麦生产优势区域规划

根据我国小麦生产发展与自然生态条件的特点、以及国家粮食安全与国家中长期粮食发展纲要的要求，农业部制定发布了 2008—2015 年全国小麦优势区域布局规划。

一、小麦发展的思路、目标与任务

(一)发展思路

小麦生产以市场为导向，以科技为支撑，以产业化开发为带动，强化行政推动，稳定面积，主攻单产，增加总产，提高品质，节本增效。加快实施区域化布局、规模化种植、标准化生产、产业化经营，"抓两头（强筋、弱筋）、促中间（中强筋、中筋）"，实现我国小麦生产的高产、优质、高效、生态、安全，全面提升小麦综合生产能力和竞争力。

（二）发展目标

2010 年，全国小麦种植面积稳定在 2 280 万 hm²，平均单产达到 4 654kg/hm²，总产稳定在 10 630 万 t 以上，小麦优质率达到 80％左右。其中，小麦优势区种植面积 2 133 万 hm²，占全国总面积的 93.6％，总产 10 130 万 t，占全国总产的 95.3％；小麦优势区重点发展县种植面积 1 592 万 hm²，占全国总面积的 69.8％，总产 7 750 万 t，占全国总产的 72.9％。

2015 年，全国小麦种植面积稳定在 2 267 万 hm²，平均单产达到 4 875kg/hm²，总产稳定在 11 050 万 t 以上，小麦优质率达到 85％左右。其中，小麦优势区种植面积 2 120 万 hm²，占全国总面积的 93.6％，总产 10 523 万 t，占全国总产的 95.2％；小麦优势区重点发展县种植面积 1 583 万 hm²，占全国总面积的 69.8％，总产 8 060 万 t，占全国总产的 72.9％。

（三）保证规划顺利实施的主要工作任务

1. 加快优良品种繁育和推广　针对各地小麦生产条件和影响小麦生产的病虫害、自然灾害等障碍因子，筛选、更新、推广一批具有区域特色的高产、优质、抗病、抗倒、抗逆性强的品种；推进原原种、原种、良种"三圃田"建设，加强现有品种提纯复壮，为统一供种提供优质种源，充分发挥良种的增产潜力。

2. 集成推广优质高产栽培技术　整合农业科研、教学、推广技术力量，以高产、优质、高效、生态、安全为目标，集成组装适合不同优势区域、不同栽培模式、不同品种类型的优质高产、节本增效栽培技术和应对区域性气候变化的防灾减灾技术体系；加快推广测土配方施肥、少（免）耕栽培、节水栽培、病虫草害综合防治、机械化生产等先进实用技术；在各小麦优势区创新具有重大突破的关键技术，进一步挖掘技术增产潜力。

3. 加强质量检验监测工作　对区域试验中的小麦品系进行品质测定，为筛选确定新品种提供品质依据；对审定后的优质专用小麦品种进行跟踪鉴定，检测小麦品种的品质稳定性；定期对大面积推广的小麦品种进行质量抽查、品质检验和综合评价，编制全国和各优势区小麦质量年度报告，提供有关检验检测信息；研究新的检验技术和方法，制定和修订有关标准，提高小麦品质检测的质量和水平。

4. 推进小麦产业化经营　坚持产加销相结合，加大龙头企业扶持力度，通过"企业＋基地＋中介"等有效形式，积极发展订单生产，引导龙头企业与优势区农民建立利益共享、风险共担的合作关系。通过期货、现货交易方式，大力促进产销衔接。按照依法、自愿、有偿的原则，扶持壮大小麦优势区各种专业合作经济组织，及时发布品种、技术、价格等信息，稳步推进小麦生产稳定发展、种麦农民持续增收。

二、全国小麦优势区域布局

根据自然资源条件和小麦产业发展特点，将我国主要小麦产区划分为黄淮海、长江中下游、西南、西北和东北5个优势区(图2-15)。优势区内选择小麦种植面积稳定在20万亩以上(农场5万亩以上)的558个县(市、区、旗、农场)作为重点发展县,抓大带小,促进优势区小麦生产全面发展。

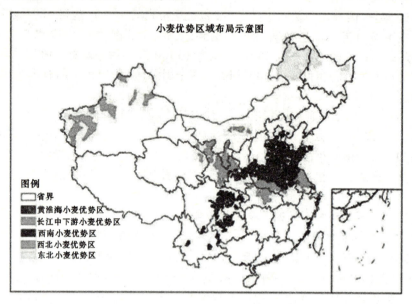

图2-15 全国小麦五大优势产区分布

(一)黄淮海小麦优势区

1. 基本情况 该区包括河北、山东、北京、天津全部,河南中北部,江苏和安徽北部,山西中南部以及陕西关中地区,是我国最大的冬小麦产区。该区光热资源丰富,年降水量400～900mm,地势平坦,土壤肥沃,耕地面积2368万hm²,其中水浇地面积1669万hm²,生产条件较好,单产水平较高,有利于小麦蛋白质和面筋的形成与积累,是我国发展优质强筋、中筋小麦的最适宜地区之一。种植制度以小麦、玉米一年二熟为主,小麦10月上中旬播种,翌年5月底至6月上中旬收获。2007年,小麦种植面积1402万hm²,占全国种植面积的59.1%;单产5060kg/hm²,比全国平均单产高451.5kg;产量7093万t,占全国总产量的64.9%。影响小麦生产的主要因素是水资源短缺,干旱、冻害、干热风等自然灾害频发,条锈病、纹枯病、白粉病害较重。

2. 目标定位 该区是我国优质强筋、中强筋和中筋小麦的优势产区,市场区位优势明显,商品量大,加工能力强。力争建成我国最大的商品小麦生产基地和加工转化聚集区,基本满足国内食品加工业需求。该区优先发展适合加工优质面包、面条、馒头、饺子粉的优质专用小麦。

至2010年,小麦种植面积稳定在1408万hm²,平均单产达到5160kg/hm²,总产量达到7273万t,优质专用小麦种植比例达到85%。至2015年,小麦种植面积稳定在1400万hm²,平均单产达到5400kg/hm²以上,总产量达到7560万t,优质专用小麦种植比例达到90%以上。

3. 主攻方向　一是选育、繁育和推广高产、优质强筋小麦品种和广适、节水、高产中筋小麦品种,加强优质专用小麦良种繁育体系建设,提高统一供种水平;二是集成组装强筋小麦优质高效栽培技术,重点推广测土配方施肥、秸秆还田、精播半精播、节水栽培、中强筋小麦氮肥后移、病虫害综合防治等技术、示范推广小麦少(免)耕栽培技术;三是加强农田基本建设,培肥地力,优化区域内的品种和品质结构,实行规模化种植、标准化生产;四是加快推广小麦生产全程机械化作业技术,推进农机农艺结合,稳步实施保护性耕作;五是扶持小麦龙头企业,提升产业化开发水平,增强小麦市场竞争力。根据生态条件、种植规模和比较优势,优先发展种植面积在 20 万亩以上的 336 个重点县。

(二)长江中下游小麦优势区

1. 基本情况　该区包括江苏和安徽两省淮河以南、湖北北部以及河南南部,是我国冬小麦的主要产区之一。该区气候湿润,热量条件良好,年降水量 800～1400mm;地势低平,土壤以水稻土为主,有机质含量 1% 左右,耕地面积 1 406 万 hm^2。小麦生育后期降水偏多,有利于低蛋白质含量的形成和弱筋小麦的生产,是我国发展优质弱筋小麦的适宜地区之一。种植制度以水稻、小麦一年二熟为主,小麦10 月下旬至 11 月中旬播种,翌年 5 月下旬收获。2007 年,小麦种植面积 284 万 hm^2,占全国种植面积的 12.0%;单产 4 700kg/hm^2,比全国平均单产高 6.1kg;总产量 1335 万 t,占全国总产量的 12.2%。影响小麦生产的主要因素是渍害和高温逼熟,穗发芽时有发生,赤霉病、白粉病、纹枯病危害较重。

2. 目标定位　该区是我国优质弱筋、中筋小麦的优势产区,市场区位优势明显,交通便利,小麦商品量大,加工能力强。弱筋小麦生产条件得天独厚,实施"抓弱筋、促中筋"战略,建成我国最大的弱筋小麦生产基地,满足国内食品加工业需求。该区优先发展适合加工优质饼干、糕点、馒头的优质专用小麦。

至 2010 年,小麦种植面积稳定在 255 万 hm^2,平均单产达到 4 725kg/hm^2,总产量达到 1 204 万 t,优质专用小麦种植比例达到 85%。至 2015 年,小麦种植面积稳定在 253 万 hm^2,平均单产达到 4 905kg/hm^2 以上,总产量达到 1 243 万 t,优质专用小麦种植比例达到 90% 以上。

3. 主攻方向　一是选育、繁育和推广高产、优质、抗逆性强的弱筋和中筋品种,加快抗赤霉病、白粉病和穗发芽品种的推广应用,加强优质专用小麦良种繁育体系建设,提高统一供种水平;二是集成组装弱筋、中筋小麦优质高效栽培技术,重点推广稻茬麦少(免)耕栽培、测土配方施肥、精播半精播、专用小麦品质调优栽培和病虫害综合防治等技术,挖掘稻麦两茬均衡高产潜力;三是优化区域内的品种和品质结构,实行规模化种植,标准化生产;四是加强沟系建设,提高排涝降渍能力;五是加快推广小麦生产全程机械化作业技术,推进农机农艺结合;六是扶持小麦龙头企业,提升产业化开发水平,增强小麦市场竞争力。根据生态条件、种植规模和比较优势,优先发展种植面积在 20 万亩以上的 73 个重点县。

(三)西南小麦优势区

1. 基本情况　该区包括重庆、四川、贵州、云南三省一市,以冬小麦为主。该区气候湿润,热量条件良好,年降水量 800～1 100mm;地势复杂,山地、高原、丘陵、盆地相间分布,海拔 300～2 500m;土壤以红壤、黄壤、紫色土、水稻土为主,耕地面积 1 886 万hm²。生态类型多样,以生产中筋小麦为主,兼顾弱筋小麦。种植制度以水田稻麦两熟、旱地"麦/玉/苕"间套作为主。小麦 10 月下旬至 11 月上旬播种,翌年 5 月中下旬收获。2007 年,小麦种植面积 215 万 hm²,占全国种植面积的 9.1%;平均单产 3 026kg/hm²,比全国平均单产低 1 583kg/hm²;产量 652 万 t,占全国总产量的 6.0%。影响小麦生产的主要因素是日照不足,雨多雾大晴天少,易旱易涝,是我国小麦主要条锈病越夏、越冬区之一,条锈病危害严重。

2. 目标定位　该区是我国优质中筋小麦的优势产区之一,对确保区域口粮有效供给作用突出。建成我国西南地区中筋小麦生产基地,满足区域内口粮需求,提高西南地区小麦自给率。该区适宜发展馒头、面条加工用优质专用小麦。

至 2010 年,小麦种植面积稳定在 227 万 hm²,平均单产达到 3 270kg/hm² 以上,总产量达到 741 万 t,优质专用小麦种植比例达到 65%。至 2015 年,小麦种植面积稳定在 226 万 hm²,平均单产达到 3 375kg/hm²,总产量达到 763 万 t,优质专用小麦种植比例达到 70% 以上。

3. 主攻方向　一是选育、繁育和推广高产、优质、抗条锈病强的中筋小麦品种,加强优质专用小麦良种繁育体系建设,推进统一供种,提高单产,改善品质;二是加快小麦条锈病综合防治技术的集成创新与推广应用,集成组装中筋小麦优质高产栽培技术,重点推广小麦稻草覆盖少(免)耕栽培、测土配方施肥、小窝疏株密植、小麦套作高产栽培和病虫害综合防治等技术;三是优化区域内的品种和品质结构,实行标准化生产;四是因地制宜推进小麦机械化生产,推进农机农艺结合;五是加强中低产田改造,培肥地力,提高抗旱排涝能力;六是扶持小麦龙头企业,提升产业化开发水平。根据生态条件、种植规模和比较优势,优先发展种植面积在 20 万亩以上的 59 个重点县。

(四)西北小麦优势区

1. 基本情况　该区包括甘肃、宁夏、青海、新疆全部及陕西北部、内蒙古河套土默川地区,冬、春麦皆有种植。该区气候干燥,蒸发量大,年降水量 50～250mm;光照充足,昼夜温差大,有利于干物质积累;地势复杂,有高原、盆地、沙漠,土壤以灰钙土、棕钙土、栗钙土为主,耕地面积 1 280 万 hm²,其中水浇地面积 398 万 hm²。适宜发展优质强筋、中筋小麦。种植制度以一年一熟为主。冬小麦 9 月中下旬播种,翌年 6 月底至 7 月初收获;春小麦 2 月下旬至 4 月上旬播种,7 月上旬至 8 月下旬收获。2007年,小麦种植面积 182 万 hm²,占全国种植面积的 7.7%;单产 3 771kg/hm²,比全国平均单产低 837kg/hm²;总产量 688 万 t,占全国总产量的 6.3%。影响小麦生产的主要因素是土壤瘠薄、干旱少雨,同时甘肃和新疆部分地区是我国小麦主要条锈病越夏、越冬区,对小麦生产安全影响较大。

2. 目标定位 该区是我国优质强筋、中筋小麦的优势产区之一,对确保区域口粮有效供给、老少边贫地区社会稳定作用突出。建成我国西北地区优质强筋、中筋小麦生产基地,满足区域内口粮需求,提高西北地区小麦自给率。该区适宜发展优质面包、面条、馒头加工用优质专用小麦。

至 2010 年,小麦种植面积稳定在 198 万 hm²,平均单产达到 3 765kg/hm²,总产量达到 745 万 t,优质专用小麦种植比例达到 65%。至 2015 年,小麦种植面积稳定在 197 万 hm²,平均单产达到 3 900kg/hm² 以上,总产量达到 767 万 t,优质专用小麦种植比例达到 70%以上。

3. 主攻方向 一是选育、繁育和推广高产优质、抗旱节水、高抗条锈病的中筋小麦品种,加强优质专用小麦良种繁育体系建设,推进统一供种,提高单产,改善品质;二是加强保护性耕作、秸秆地膜覆盖、耕耙结合的蓄水保墒节水栽培技术,集成组装强筋、中筋小麦优质高产栽培技术,重点推广测土配方施肥、半精量播种、覆盖沟播等技术,加快小麦条锈病综合治理;三是优化区域内的品种和品质结构,实行规模化种植、标准化生产;四是加强中低产田改造,培肥地力,改善灌溉条件,提高抗旱保墒能力;五是扶持小麦龙头企业,提升产业化开发水平。根据生态条件、种植规模和比较优势,优先发展种植面积在 20 万亩以上的 74 个重点县。

(五)东北小麦优势区

1. 基本情况 该区包括黑龙江、吉林、辽宁全部及内蒙古东部,是我国重要的优质硬红春小麦产区。该区气候冷凉,无霜期短,年降水量 450～650mm,日照充足;土壤肥沃,以黑土和草甸土为主,有机质含量多在 3%～6%;耕地面积 2 296 万 hm²,人均、劳均耕地面积大,具备规模种植的优势,以大型农场和大面积集中连片种植为主,农业机械化程度较高,生产成本相对较低。适宜发展优质强筋、中筋小麦。种植制度以一年一熟为主。春小麦 4 月中下旬播种,7 月下旬至 8 月下旬收获。2007 年,小麦种植面积 44 万 hm²,占全国种植面积的 1.9%;单产 3 978kg/hm²,比全国平均单产低 630kg/hm²;总产量 175 万 t,占全国总产量的 1.6%。影响小麦生产的主要因素是春季干旱;收获期常遇阴雨,影响商品品质。

2. 目标定位 该区是我国优质强筋、中筋小麦的优势产区之一,籽粒品质好,商品率高。建成我国东北地区优质强筋、中筋小麦生产基地和商品麦基地。该区适宜发展优质面包、面条、馒头加工用优质专用小麦。

至 2010 年,小麦种植面积提高到 47 万 hm²,平均单产达到 3 990kg/hm²,总产量达到 187 万 t,优质专用小麦种植比例达到 85%。至 2015 年,小麦种植面积稳定在 47 万 hm²,平均单产达到 4 065kg/hm²,总产量达到 190 万 t,优质专用小麦种植比例达到 90%以上。

3. 主攻方向 一是选育、繁育和推广高产、优质、早熟、抗逆性强的硬红春强筋和中筋小麦品种,加强优质专用小麦良种繁育体系建设,推进统一供种,提高单产,改善品质;二是集成组装强筋、中筋小麦优质高产栽培技术,重点推广深松耕蓄水保墒节水栽培、测土配方施肥、保护性耕作、病虫害综合防治等技术;三是优化区域内的品种和品质结构,实行规模化种植、标准化生产、机械化作业;四是加强基本农田建设,培肥地力,提高抗旱保墒能力。根据生态条件、种植规模和比较优势,优先发展种植面积在20万亩以上的16个重点县。

三、推进小麦生产发展的主要措施

(一)良种选育与繁育基地建设

根据小麦优势区域布局特点,积极扶持有条件的小麦育种单位,改善科研条件,加强协作攻关,实现资源共享,采取常规育种与生物技术相结合的方法,选育、引进适宜不同生态区和用途的高产优质专用品种。在优势区内,每省重点扶持1~3个良种选育机构,每年选育新品种5~10个。

积极推进小麦良种繁育体系建设,完善基础设施,提高集约供种能力,加快新品种推广步伐。在五大小麦优势区,新建一批高标准优质专用小麦良种繁育中心。在优势区内的小麦主产省,每省重点建设10个以上万亩小麦繁种基地,每个主产县建设1个百亩新品种展示示范田。力争到2015年,优势区内小麦良种覆盖率达到100%,统供率达到95%以上。

(二)技术创新与推广体系建设

依托科研院所、大学及企业,组建国家、优势区小麦技术创新中心,围绕小麦生产中需要解决的问题进行重大技术研究与创新,试验示范适合不同优势区的小麦高产优质节本增效栽培技术,制定完善优势区小麦生产技术规程,促进标准化生产;坚持农机农艺结合,实现机械化生产。

依托小麦主产地区和县级农业技术推广部门,创建新型农业技术推广模式,改善装备条件,建立新品种、新技术展示示范基地,开展新技术、新成果的引进试验,示范推广优良品种和配套栽培技术,广泛开展优质高产创建活动,使其成为主导品种、主推技术的展示平台,技术培训和咨询服务的纽带。力争到2015年,新技术入户到位率达到90%以上。

(三)标准化生产基地建设

加强中低产田改造和标准粮田建设,重点完善农田道路、沟渠桥涵、排灌设备等基础设施,平整土地,培肥土壤,改善生产条件,提高农田生产能力和防灾抗灾水平,建设一批商品小麦标准化生产基地。加强农业机械装备,重点推广耕种、施肥、喷药、收获、秸秆还田等机械化生产技术,研制示范推广小麦少(免)耕、覆盖节水、高效施肥等省工节本机械,推进小麦生产全程机械化进程。

(四)品质监督检验测试中心建设

在农业部谷物品质监督检验测试中心(北京)、农业部谷物及制品质量监督检验测试中心(哈尔滨)和农业部谷物品质监督检验测试中心(泰安)3个现有部级检测中心的基础上,在长江中下游、西北和西南小麦优势区各建立1个品质监督检验测试中心。配备检测设施,加强人员培训,完善检测标准,提高检测水平,建立和完善覆盖五大小麦优势区的质量监督检测网络,定期、定点对小麦生产品种和产品进行样品抽检、品质鉴定和综合评价,发布小麦质量信息。

(五)产业化服务体系建设

扶持发展各类小麦中介和专业合作组织,加强产前、产中、产后服务,提高小麦生产的组织化程度;强化小麦病虫害防治和生产全过程农机作业等专业化服务组织,提高统一耕种、统一管理、统一收获水平;积极发展订单农业,从税收、信贷等方面扶持龙头企业,促进产销衔接,实现优质优价,增加农民收入。

第三章 小麦良种及良种繁育体系建设

小麦优良品种的推广应用是小麦生产水平提高的重要措施,对小麦产量的贡献率为16%~46%。在优良品种的使用过程中,种子繁育是优良品种推广的关键环节。小麦种子繁育历来受到广大小麦工作者的重视。新中国成立以来,随着小麦生产水平的提高,不断提出与之相适应的种子繁育程序。当前,小麦生产经营体制正在朝着以集约化生产、规模化经营为特征的小麦产业化方向发展。因此,建立科学合理的小麦种子繁育程序,对保证我国小麦产业化健康发展具有重要的意义。

第一节 小麦良种与类型

一、小麦良种和选育方法

(一)小麦良种概念

简单地说,小麦良种就是小麦的优良品种。良种具有适应当时当地的特定土壤环境、气候条件、耕作制度、抗常见的小麦病虫害、具有高产潜力、符合人们需求的营养和加工品质的小麦品种。在小麦生产中,良种特指通过全国或本省品种审定、经种子繁育程序生产的、符合国家种子生产质量标准的用于大田生产的优良小麦种子。

(二)小麦良种的选育方法

小麦良种选育是在现有小麦品种、古老的地方品种、与小麦有一定亲缘关系的物种(如一粒小麦、硬粒小麦、黑麦、甚至山羊草、偃麦草)等材料基础上,通过一定的技术和方法,培育出符合人民需要的高产、优质、抗病、抗逆境的优良小麦品种的过程。据研究发现,7500年前人类就已经开始利用麦类植物,但人类有意识地改良小麦的生产性状、选育符合人民要求的新品种的活动是从19世纪开始的。随着小麦生产水平的发展,在小麦育种史上出现了很多育种技术和方法,典型的有下列几种。

1. 引种 依据当地当时小麦生产实际需要,从本地区以外引入小麦品种,通过适应性试验,直接在本地区推广种植。引种实际上没有选育过程,只进行适应性和产量比较试验。引种在生产水平比较低的情况下是可行的,如我国建国初期从国外引进了大量小麦品种,在当地试种后直接应用到生产中,对我国的小麦生产做出了很大贡献。随着小麦生产水平的提高,直接引种推广的可能性已经很小,但引进小麦品种作为育种材料对当地新品种的选育仍具有重要价值。

2. 系统育种 是根据育种目标,从现有小麦品种群体中选出一定数量的优良个体,分别脱粒和播种,每一个个体的后代形成一个系统(株系),通过试验鉴定,选优去劣,育成新品种的方法。这种方法也是小麦育种初期采用的技术,目前通过该技术选育新品种的可能性很小,但系统选择技术仍是小麦常规育种和种子繁育纯化的重要技术。通过这种方法选育的品种属于常规的纯合品种。

3. 杂交育种　通过小麦品种间杂交、从后代中筛选优良重组个体,获得新品种的方法。杂交育种是小麦品种选育的主要途径,国内外绝大多数育成和推广品种是通过这一途径育成的,因此称为常规育种方法。这种方法是目前选育常规纯合品种的主要途径。

4. 诱变育种　利用物理或化学物质诱导小麦遗传物质发生突变,从后代选育符合要求的变异类型,获得新品种的方法。在小麦育种史上有大量通过诱变选育的新品种。诱变育种在抗病性提高、植株矮化等简单性状的改良方面具有较好的效果,但对于大幅度提高小麦产量和品质方面效果有限。主要采用的物理诱变途径有 χ-射线、γ-射线、快中子和宇宙飞船搭载的太空辐射处理。化学诱变剂有甲基磺酸乙酯(EMS)、叠氮化物钠等。通过诱变方法选育的品种属于常规的纯合品种。

5. 远缘杂交　普通小麦与禾本科中其他物种杂交,将其他物种的有益遗传物质转入普通小麦遗传背景,培育新品种的方法就是远缘杂交。远缘杂交一般不能直接培育新品种,需要逐步改造才能达到生产水平。国际上广泛推广的携带 1BL/1RS 易位染色体的小麦品种就是将黑麦的 1RS 染色体通过远缘杂交转入小麦中培育出来的。这类品种一度成为全世界小麦生产上的主导推广品种。小偃 6 号、小偃 54 等是从普通小麦与偃麦草杂交后代中选育出来的。通过这种方法选育的品种属于常规的纯合品种。

6. 杂种优势利用　植物的杂交第一代种子播种后,植株的生长发育和产量水平比它们的双亲高出很多的现象就是杂种优势。杂种优势利用途径就是用杂交第一代种子进行生产。目前,小麦杂种品种主要是通过核质互作雄性不育技术和化学杀雄来生产的。雄性不育系含有阻止小麦花粉发育的基因,植株不能产生花粉,这种材料可以接受其他小麦品种的花粉,从而高效地生产杂交种子。化学杀雄是用化学物质如"化学杀雄剂 SQ-1"将小麦的花粉杀死,从而接受其他小麦品种的花粉生产杂交种子。由于杂种品种种子生产仍存在困难,目前杂种品种推广还很有限。陕西省 2000 年正式审定了一个小麦杂种品种"西杂一号"。

7. 单倍体育种　普通小麦植株是双倍体性质的,小麦花粉是单倍体,通过对常规品种杂交第一代植株的花药进行培养,使单倍体的花粉粒发育成单倍体幼苗,再用化学药品处理使染色体加倍,获得与一般小麦相同的二倍体植株,再经过对优良植株筛选、试验选育新品种的方法,就是单倍体育种。单倍体育种可以大大缩短育种年限,选育的品种属常规纯合品种。在豫麦 6 号、豫麦 37 和豫麦 60 的选育中都使用了花药培养技术。

8. 分子标记辅助育种　利用分子标记跟踪目标性状进行小麦新品种选育的方法就是分子标记辅助育种。小麦品种有自身的特征作为身份的标记,如长芒、黑芒、红叶耳等,这些可见的标记称为形态标记。分子标记是在控制农艺性状的遗传物质——DNA 水平上的标记,它可以直接反映小麦植株的遗传物质差异。分子标记可以有效跟踪控制形态、抗病性、产量、品质等农艺性状的基因。与形态标记等其他类型标记相比,分子标记具有很多优点,可以在不同组织、不同发育时期对目标性状进行检测,而不受季节、环境等因素的影响,结合温室加代培养,可以大大缩短杂交育种后代材料的纯合年限,加快育种进程。分子标记在单性状改良和多系品种选育中具有独特作用。

9. 转基因育种 植物转基因技术就是将外源控制一定有益性状的遗传物质(DNA)通过特殊的手段导入到植物细胞中去,使之成为植物遗传基础的一部分,并随植物稳定遗传下去。早在 20 世纪 70 年代,人们就开始探索植物转基因技术,但小麦却是最后成功获得转基因植株的禾谷类作物。最近 20 年有各种不同的方法用来将外源 DNA 导入小麦,其中最重要的是基因枪法和农杆菌法。Vasil 等 1992 年通过基因枪法首次成功地获得了转基因小麦。目前,转基因技术已经开始应用到小麦育种中,并获得了一些转基因小麦。转基因在小麦抗病、抗逆改良中具有独特作用。国家小麦工程技术研究中心采用基因枪法获得了抗穗发芽转基因小麦。

二、小麦品种的类型

根据小麦遗传特性、生态特性和品质特性的不同,小麦品种可有遗传特性类型、生态特性类型和品质特性类型不同的分类,在生产上有不同的利用目标。

(一)小麦品种的遗传类型

根据小麦种子的基因型组成和遗传物质的特性,可将小麦品种分为常规品种、杂种品种和混合品种 3 个类型。

1. 常规品种 小麦常规品种群体的个体间遗传基础一致,后代不发生分离,是纯合体,属遗传纯合的品种。家系品种和多系品种的各个系都是纯合系。家系品种是当前小麦品种的主要类型。多系品种是由遗传背景基本相同,而各系携带对一种或几种病害的不同抗性基因的品种混和而成。

2. 杂种品种 小麦杂种品种是由普通常规品种杂交获得的杂交一代种子,目的是利用小麦的杂种优势。与玉米杂种品种相同,小麦杂种品种群体的个体遗传位点不纯合,后代要分离,不能留种,生产上只能利用杂交一代种子进行生产。

3. 混合品种 混合品种是遗传基础不同的常规品种种子混合而成用于生产的品种,个体间的遗传基础、性状表现不同,具有稳产性的特点。

(二)小麦品种的生态类型

小麦品种的生态类型一般是以品种发育特性和对气候生态条件的反应特性为主要依据,结合品种的抗逆性、生理特性、形态特征和经济性状等进行分类。

1. 根据品种感温特性划分 在诸多生态因子中,温光因子是对小麦生育进程起决定作用的气候生态因子。小麦完成生活周期对温度反应的不同表现出冬、春性特性,根据小麦品种的感温特性,即春化发育阶段对低温敏感性的不同,可将小麦划分为 3 大类型。

(1)春性品种 北方春播品种在 5℃～20℃,秋播地区品种在 0℃～12℃的条件下,经过 5～12 天可完成春化阶段发育。未经春化处理的种子在春季播种能正常抽穗结实。如扬麦 5 号、扬麦 158、徐州 21、豫麦 18、偃展 4110、豫麦 70、豫麦 34、郑麦 9023 等。

(2)半冬性品种 在 0℃～7℃的条件下,经过 15～35 天即可通过春化阶段。未经春化处理的种子春播,不能抽穗或延迟抽穗,抽穗极不整齐。如周麦 9 号、晋麦 45、冀麦 5418、宝丰 7228、豫麦 54、百农矮抗 58、豫麦 41、豫麦 49、周麦 16、周麦 18、新麦 9 号、新麦 9408、高优 503、藁麦 8901、济麦 20 等。

(3)冬性品种 对温度要求极为敏感,在 0℃～3℃条件下,经过 30 天以上才能完成春化阶段发育。未经春化处理的种子春播,不能抽穗。如京 841、京冬 1 号、京冬 6 号、农大 146、矮丰 3 号等。

随着世界范围内品种的交流,使小麦品种的遗传基因不断丰富,生态类型日趋多样化。根据金善宝主持的"全国小麦生态研究"课题研究(1991 年),小麦品种的感温特性是一个由强春性到强冬性连续分布的序列,提出了普通小麦品种生态型分类体系,由 9 个品种生态型等级组成(图 3-1)。I-0 型为春型超强春性品种生态型;I-1 型为春型强春性品种生态型;I-2 型为春型春性品种生态型;I-3 型为春型弱春性品种生态型;Ⅱ型为过渡型品种生态型;Ⅲ-1 型为冬型弱冬性品种生态型;Ⅲ-2 型为冬型冬性品种生态型;Ⅲ-3 型为冬型强冬性品种生态型;Ⅲ-4 型为冬型超强冬性品种生态型。这是一个连续变化的品种生态型等级系列。

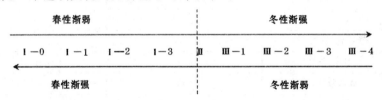

图 3-1 小麦品种生态型等级

2. 根据对光照阶段的反应划分 小麦在完成春化阶段后,在适宜条件下进入光照阶段。这一阶段对光照时间长短反应特别敏感。小麦是长日照作物,一些小麦品种如果每天只给 8h 光照,则不能抽穗结实,给以较长时间光照,则抽穗期提前。根据小麦对光照阶段的反应,可分为 3 大类型:

(1)反应迟钝型 在每天 8～12h 的光照条件下,经 16 天以上就能顺利通过光照阶段而抽穗,不因日照长短而有明显差异。

(2)反应中等型 在每天 8h 的光照条件下,不能通过光照阶段,但在 12h 的光照条件下,经 24 天以上可以通过光照阶段。

(3)反应敏感型 在每天 8～12h 的光照条件下,不能通过光照阶段,每天 12 小时以上光照,经过 30～40 天才能通过光照阶段,正常抽穗。

温度对小麦的光反应也有较大的影响。据研究,温度在 4℃ 以下时光照阶段不能进行,20℃ 左右为最适温度。因此,有的冬小麦品种冬前可以完成春化阶段发育,但当时气温低于 4℃,便不能进入光照阶段。小麦进入光照阶段后,新陈代谢作用明显加强,抗寒力降低。所以,掌握小麦温光反应特性,有利于防止冬小麦遭受冻害。

以上对春化阶段和光照阶段的划分,在目前生产中仍然是适用的。在小麦生产上,品种生态型划分的越细,各地适宜的品种类型就越具体,对当地品种利用的指导性越强。

(三)小麦品种的品质类型

根据小麦籽粒的营养和食品加工品质,小麦品种可分为强筋、中筋和弱筋小麦。

1. 强筋小麦 强筋小麦的籽粒角质率大于 70%,籽粒硬度大,蛋白质含量高,面筋质量好,吸水率高,具有很好的面团流变特性,即面团的稳定特性较好,弱化度较低,评价值较高,面团拉伸阻力大,弹性较好,适于生产面包粉及搭配生产其他专用粉的小麦。目前生产上应用的主要强筋小麦品种如高优 503、藁麦 8901、豫麦 34、郑麦 9023、济麦 20、小偃 54、陕优 225、皖麦 38 等。强筋小麦国家标准见表 3-1。

表 3-1　强筋小麦品质指标(GB/T 17892—1999)

项　目		指　标	
		一　等	二　等
籽　粒	容重(g/L)	≥770	<770
	水分(%)	≤12.5	>12.5
	不完善粒(%)	≤6.0	>6.0
	杂质(%)	总量≤1.0	>1.0
	矿物质(%)	≤0.5	>0.5
小麦粉	色泽、气味	正常	正常
	降落数值(s)	≥300	<300
	粗蛋白质(%)(干基)	≥15.0	14.0~15.0
	湿面筋(%)(14%湿基)	≥35.0	32.0~35.0
	面团稳定时间(min)	≥10.0	7.0~10.0
	烘焙品质评分值	≥80	<80

注:1999 年国家质量技术监督局颁发

强筋小麦主要用于生产面包专用粉,中国行业标准(SB)或国家标准(GB)对面包小麦粉做了相应要求(表 3-2),农业部 1993 年制定了面包小麦品质检测项目分析标准(表 3-3)。

表 3-2 中国面包专用粉质量标准（SB/T 10136-93）

项 目		精制级	普通级
水分（%）		≤14.5	≤14.5
灰分（干基,%）		≤0.60	≤0.75
粗细度	CB 36 号筛	全部通过	全部通过
	CB 30 号筛	留存量不超过 15.0%	留存量不超过 15.0%
湿面筋（%）		≥33.0	≥30.0
降落数值（s）		250～350	250～350
稳定时间（min）		≥10	≥7
含砂量（%）		≤0.02	≤0.02
磁性金属物（g/kg）		≤0.003	≤0.003
气 味		无异味	无异味

注：1993 年国家商业部行业标准

表 3-3 面包小麦品种品质分级标准

等 级	籽粒品质		面粉品质		面团品质				烘烤品质	
	容重 (g/L)	粗蛋白质 (干基%)	沉淀值 (ml)	湿面筋 (%)	吸水率 (%)	形成时间 (min)	稳定时间 (min)	评价值	100g 面包体积 (cm³)	面包评分（分）
一 级	≥770	15.0	≥45	≥36	≥62	≥6.0	≥12.0	≥65	≥750	≥90
二 级	≥770	14.0	≥40	≥32	≥60	≥4.5	≥9.0	≥55	≥700	≥80
三 级	≥770	13.0	≥35	≥28	≥58	≥3.0	≥6.0	≥45	≥650	≥70

注：国家农业部 1993 年制定颁布实施

2. 中筋小麦 中筋小麦的籽粒硬度中等，籽粒结构属半角质率，也包括全角质率小麦（硬度中等），蛋白质含量中等，面筋含量大约在 28%～32% 或更高一些，面筋质量比较高。反映在面团流变学特性方面，吸水率应大于 57%，稳定时间应在 3.5min 以上，弱化度最好不超过 100 B.U.，最大拉伸阻力 400 E.U. 左右，不低于 300E.U.，延伸性与水煮性能好。适于制作中国传统面食品，如面条、馒头、饺子等。馒头体积大（或比容大），外形挺立，内部结构和口感较佳。中筋小麦是中国居民需要量最多的品种类型，目前生产上应用的品种较多，如豫麦 49、周麦 12、新麦 18、周麦 16、周麦 18、豫麦 70、烟农 19、皖麦 52、扬麦 158、绵阳 26、偃展 4110 等。中筋小麦国家标准见表 3-4。

表 3-4 中筋小麦品质指标 （GB/T 17320－1998）

项 目		指 标
籽 粒	容重（g/L）	≥770
	蛋白质含量（%）（干基）	≥13.0

项　目		指　标
面　粉	湿面筋含量(%)(14%湿基)	≥28.0
	沉降值(Zeleny,ml)	30.0～45.0
	吸水率(%)	56.0～60.0
	面团稳定时间(min)	3.0～7.0
	最大抗延阻力(E.U.)	200～400
	拉伸面积(cm²)	40～80

注:1998 年国家质量技术监督局颁发

中筋小麦适于制作馒头、面条、饺子等中国传统食品。馒头要求体积较大,表皮光滑、色白、形状对称、挺而不摊、清香、无异味、瓤心色白、空隙小而均匀、结构较致密、弹韧性好、有咬劲、爽口不粘牙,国家商业部在 1993 年制定了中国的馒头专用粉质量标准(表 3-5)。品质优良的面条指标为结构细密光滑,耐煮,不宜糊汤和断条、色泽白亮、硬度适中,富有弹性和韧性,有咬劲,滑爽适口,不粘牙,具有麦清香味,面条专用粉质量标准见表 3-6。水饺专用粉要求耐煮性好,在煮熟过程中饺子皮不破损,口感细腻,有咬劲、不粘牙。商业部制定的水饺专用粉质量标准见表 3-7。

表 3-5　馒头专用小麦粉质量标准(根据 SB/T 10139—93 资料整理)

项　目		精制级	普通级
水分(%)		≤14.0	≤14.0
灰分(干基,%)		≤0.55	≤0.70
粗细度(CB36 号筛)		全部通过	全部通过
湿面筋(%)		25.3～30.0	25.3～30.0
面团稳定时间(min)		≥3.0	≥3.0
降落值(s)		≥250	≥250
含砂量(%)		≤0.02	≤0.02
磁性金属物(g/kg)		≤0.003	≤0.003
气　味		无异味	无异味

注:1993 年国家商业部行业标准

表 3-6　面条专用小麦粉质量标准(根据 SB/T 10137—93 资料整理)

项　目		精制级	普通级
水分(%)		≤14.5	≤14.5
灰分(干基,%)		≤0.55	≤0.70
粗细度	CB 36 号筛	全部通过	全部通过
	CB 42 号筛	留存量不超过 10.0%	留存量不超过 10.0%
湿面筋(%)		≥28	≥26

续表 3-6

项　目	精制级	普通级
面团稳定时间(min)	≥4.0	≥3.0
降落数值(s)	≥200	≥200
含砂量(%)	≤0.02	≤0.02
磁性金属物(g/kg)	≤0.003	≤0.003
气　味	无异味	无异味

注:1993 年国家商业部行业标准

表 3-7　水饺专用粉质量标准(根据 SB/T 10138—93 资料整理)

项　目	精制级	普通级
水分(%)	≤14.5	≤14.5
灰分(干基,%)	≤0.55	≤0.70
粗细度(CB36 号筛)	全部通过	全部通过
湿面筋(%)	28～32	28～32
面团稳定时间(min)	≥3.5	≥3.5
降落值(s)	≥200	≥200
含砂量(%)	≤0.02	≤0.02
磁性金属物(g/kg)	≤0.003	≤0.003
气　味	无异味	无异味

注:1993 年国家商业部行业标准

3. 弱筋小麦　弱筋小麦特点是籽粒结构为粉质,角质率小于 30%,质地松软,硬度较低,蛋白质和面筋含量低,面团形成时间、稳定时间短,软化度高,粉质参数评价值低。该类品种适合做饼干、糕点等食品的原料。但不同地区对这类食品质量的要求不同,并带有较多的习惯性和主观性。目前生产上应用的品种较少,主要有宁麦 9号、皖麦 48、豫麦 50、郑麦 004 等。弱筋小麦国家标准见表 3-8。

表 3-8　弱筋小麦品质指标 (GB/T 17320—1999)

项　目		指　标
籽　粒	容重(g/L)	≥750
	水分(%)	≤12.5
	不完善粒(%)	≤6.0
	杂质总量(%) 矿物质	≤1.0 ≤0.5
小麦粉	色泽、气味	正常
	降落数值(s)	≥300
	粗蛋白质(%)(干基)	≤15.0
	湿面筋(%)(14%湿基)	≤22.0
	面团稳定时间(min)	≤2.5

注:1998 年国家质量技术监督局颁发

第二节 小麦良种繁育技术体系

一、小麦种子繁育程序

小麦为自花授粉作物,其混杂的主要原因是剩余变异、机械混杂和基因突变。针对小麦种子的混杂退化特点,广大农业科技工作者在几十年的种子生产实践中,探索出了多种小麦种子繁育技术,形成了各具特色的种子繁育程序,这些程序的基础是循环选择和重复繁殖。代表性种子繁育程序有三圃制、两圃制、一圃制、株系循环法、四级种子繁育程序和一圃三级种子繁育程序。

(一)三 圃 制

三圃制是我国应用时间最长、使用最广泛的种子生产程序,至今仍在广泛应用。其程序是:单株(穗)选择→株(穗)行鉴定→株(穗)系比较→混系繁殖原种。第一年从育种者种子田或基础种子田中选择单穗,第二年种成穗行,即穗行圃。一般穗行按行长 2m,行距 0.25m,走道宽 0.5m,每 667m² 播 1 000 行左右。第二年将上年当选株行种成株系圃,一般每系播种 5m×8m,每 667m² 播量 5kg,基本苗 10 万左右,应按系种成小区,每排间留走道 0.5~1m。第三年将上年混收种子稀播繁殖即为原种圃,生产的种子即为原种。三圃制经过一次单穗选择,一次分系比较,实现优中选优,提纯复壮的效果好,原种纯度高,适于在品种混杂退化较严重的情况下采用。

(二)两 圃 制

两圃制是由三圃制简化而来,与三圃制相比,它少了一圃,即穗系圃。两圃制的穗行圃不单收单脱,只是严格去除杂行,然后对当选穗行混合收获脱粒,种于原种圃生产原种。

(三)一 圃 制

一圃制生产程序可概括为:单株点播、分株鉴定、整株去杂、混合收获。种源一般为育种家种子或原种,田间去杂拔除了少量的杂株,保留的是大量的本品种的标准株,因而能保持品种群体的遗传平衡和遗传稳定性,提高群体选择效果。一圃制生产原种的关键技术是:种源必须具有较高的纯度,精细整地,足墒下种,一播全苗,严格去杂去劣。一般每 667m² 播 1.5 kg,行距 30cm,株距 7cm。

(四)株系循环法

该程序是以育种家种子或育种单位的原种为材料,经过第一轮的单株和株行选择后,在每个当选株系中留出一部分植株作下一年的株系材料,其余混合繁殖原种。以后每年从株系中选一部分单株继续种成株系,其余混合繁殖原种,如此反复循环。株系循环法当种子生产进入株系后,建立保种圃。保种圃的株行一般不超过 100 个,长期保留,每个株系种一个小区,鉴定淘汰杂系和劣系。保种圃分系留种,下一年继续种植保种圃,其余种子混系繁殖,下一年即可生产原种。

(五)四级种子繁育程序

四级种子繁育程序应用的是重复繁殖技术路线。该程序根据世代把小麦种子划分为育种家种子、原原种、原种和良种。由育种家种子开始,按稀播技术依次种植成原原种圃、原种圃、良种生产田,经几代重复繁殖而成。四级种子繁育程序中的育种家种子,指该品种通过审定时,育种者所掌握的那部分遗传性质稳定的优质种子。四级种子繁育程序的核心是育种家种子,它是以后各代种子繁殖的基础,因此应采用低温贮藏,以延长种子寿命,每年拿出一部分种子供繁殖原原种之用,条件不具备时,也可由育种家通过单株选择、分系鉴定的程序生产。

(六)一圃三级种子繁育程序

该程序从育种者种子开始,选择遗传性状稳定、具有该品种典型性的单穗,设立穗行圃,在全生育期中根据品种的特性,严格去除育种者种子中的分离行、变异行和混杂行。成熟时在具有该品种典型性的众多穗行内选择单穗,扩大其遗传基础,用于下一年穗行圃。其他种子混收;第二年,将混收的种子精量点播(1.5kg/667m²),扩大繁殖系数,生产原原种;第三年,将原原种精量稀播(4kg/667m²)生产原种。该技术借鉴了三圃制中的穗行圃强有力的选择压力,应用了一圃制的单粒点播、分株鉴定、整株去杂、混合收获的又一次选择技术,将株系循环法改为穗行循环,扩大了遗传基础,最大限度地解决了因选择范围过窄而发生的遗传转移。

二、小麦种子生产的一般原理和通用程序

(一)小麦纯系品种种子生产的一般原则

小麦纯系品种是小麦生产的主导类型,也是杂种品种和混合品种的基础,纯系小麦种子繁育是任何小麦品种类型种子繁育的基础。小麦品种是一个大群体,小麦基因组有数万个控制不同性状的基因位点,要在有限的时间内使每个基因位点完全纯合是不可能的。可见,在小麦新品种通过审定进入生产时,品种群体的个体间仍存在遗传差异,有继续选择提高的需要。根据小麦遗传和纯系小麦品种特征,小麦种子繁育应遵循的一般原则如下。

1. 保持种性　是种子繁育的基本准则,使通过繁育的种子保持小麦品种审定时的特征。

2. 选择提高　小麦品种繁育是一个动态过程,由于存在遗传背景的少量差异、基因突变、异交等原因,在种子繁育过程的育种家种子生产中应充分利用时间和地域优势,持续对品种的农艺性状、抗病性、抗逆性等进行选择提高,变被动种子繁育为主动种子繁育,使每一轮用于原原种生产的育种家种子都有一定的遗传提高,如同新品种更新。

3. 确保纯度　原原种以后世代的种子生产环节的关键是保证纯度。

4. 有限代数繁殖　根据种子需求确定繁殖系数和代数,可以用原种或良种进行小麦生产。

(二)小麦种子生产的通用程序

依据纯系品种种子生产的原则,形成一个通用的种子繁育程序(图3-2),在纯系种子繁殖基础上,根据不同类型种子特征生产其他类型种子。

1.育种家种子生产

(1)育种家种子生产的目的　对在生产上有推广价值的小麦品种进行提纯、保纯、选优、复壮、提高质量、延长品种使用年限,提高大田用种纯度,充分发挥品种的增产潜力。育种家种子是种子繁殖的唯一种源。

(2)育种家种子的生产程序　从育种家种子或选种田,根据该品种的特征特性,选择该品种的典型穗(一般每 667m² 选 1 200 穗),经室内脱粒考种后,淘汰劣穗,保留 800~1 000 穗,种成穗行圃。

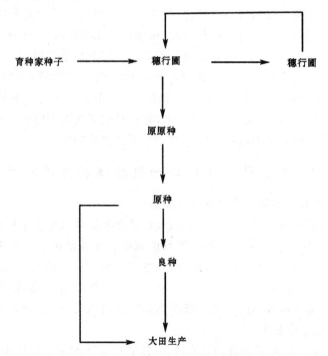

图 3-2　纯系小麦品种种子繁育通用程序

穗行圃一般按行长 2m、走道宽 0.5m、行距 0.25m 种植。要适时播种,并按高产田的水肥标准进行管理。经苗期、抽穗期和成熟前三次检查,标记变异行,并提前收割变异行,在当选行中选择下年的单穗。当选行混收,用于下年种植原原种圃。要点是:①单株选择。在小麦成熟前,选择具有本品种特征特性,生长整齐一致、穗大粒多、籽粒饱满、无病虫害的优良单株,单收、单脱、单贮、单种,种植穗行圃。②分系比较。对表现优良的穗行按行单收、单脱、单贮、种植穗行圃,并对各株系田间长势和丰产性能、抗逆性能等综合性状进行分析比较。③优系合并,选择生长旺盛、抗逆性强、产量高的优良株系分圃单收,混脱种植原原种田。

（3）育种家种子标准　其种性最好,纯度最高。是由育种家直接生产、保纯和控制,能代表该品种纯系后代的原始种子或亲本的最初一批种子,具有该品种典型性,遗传性稳定,品种主要农艺性状的纯度应达到或接近100%,产量及其他主要性状符合确定推广时的原有水平。

2. 原原种生产

（1）原原种生产的目的　是把育种家种子高倍扩繁,得到更多数量种子,为生产原种提供种源。

（1）原原种的生产程序　原原种圃采用稀播扩繁技术,每 667 m^2 播量 1.5～2.5kg,基本苗 3 万～5 万株,采用行距 0.3m,应尽量用气吸式点播机单粒点播。栽培上做到多施有机肥、配方施肥、适时播种、足墒下种、化学除草与中耕相结合消灭田间杂草,越冬和拔节期两次追肥,并搞好病虫害综合防治。抽穗后认真检查,拔除杂株。收割晒扬中严格防杂,确保纯度,所产种子即为原原种。

（3）原原种标准　具有该品种的典型性,遗传性稳定,比育种家种子高一个世代,产量及其他性状与育种家种子基本相同。纯度≥99.9%,净度≥99.0%,发芽率≥85.0%,水分≤13%(参照国家粮食作物种子标准 GB 4404.1—1996)。

3. 原种

（1）原种生产的目的　是将原原种扩繁获得原种,为生产良种或直接供大田生产提供种源。

（2）原种的生产程序　将原原种进行稀播扩繁,种成原种圃。原种圃的主要技术要点是:以保纯为重点,以扩大种量为主要目的。要精细整地,配方施肥,适时早播,稀播匀播,病虫草害综合防治。一般每 667 m^2 播量 4～5kg,基本苗 8 万～10 万株。抽穗后检查,拔除杂株。收获时按专机收割、专场扬晒、专库保存的要求进行防杂保纯工作。种子需求紧迫、市场行情看好时,即可以原种供应市场,也可供应原种场进一步扩繁,生产大田用种。

（3）原种标准　是由原原种繁殖的第一代种子,遗传性状与原原种基本相同,产量及其他主要经济性状指标仅次于原原种。纯度≥99.8%,净度≥98.0%,发芽率≥85.0%,水分≤13%。

4. 良种

（1）良种生产的目的　是将原种扩繁,为小麦生产提供种子。

（2）良种的生产程序　将原种进行扩繁,一般每 667m^2 播量 5kg,基本苗 10 万株。抽穗后检查,拔除杂株。收获时按专机收割、专场扬晒要求进行防杂保纯工作,种子供应市场,用于大田生产。

（3）良种标准　是由原种繁殖的第一代种子,遗传性状与原种基本相同,产量及其他各项经济性状指标仅次于原种,种子供应大田生产。种子种到农田里,就不允许再回到种子生产流程内。纯度≥99.0%,净度≥98.0%,发芽率≥85.0%,水分≤13%。

第三节　小麦良种繁育基地建设

小麦良种繁育基地建设是加快良种推广应用、提高小麦生产水平的主要环节,要求基地建设要与种子繁育程序相适应。育种家种子要由品种选育者亲自繁殖,或在其指导下由具有小麦品种选育技术水平的原种场繁殖。原原种应在原种场繁殖,原种和良种可在具有一定品种选育技术水平的技术员指导下在具有种子繁育条件的农户繁殖。原种场建设要具备《中华人民共和国种子法》规定的种子生产许可证,有小麦品种选育基本知识和技术水平的专业技术人员,有种子繁育中质量检测、检疫、隔离、种子加工、仓储等场地和设备。

一、小麦良种繁育基地的选择与类型

小麦良种繁育基地要选择交通便利、便于管理、联系与参观指导、收购等的农田,基地单位或农户经济条件和农业生产状况良好。土壤肥力基础要求中上等,农业基础设施健全,能灌能排。农业机械化程度高,综合农业生产水平达到中等偏上或较高水平。目前我国的小麦良种繁育基地主要有国营良种繁育基地、企业良种繁育基地和专业户良种繁育基地等。

(一)国营良种繁育基地

主要包括国营农场、良种场、科研单位或大专院校的试验农场等。这类基地的专业技术力量雄厚、农业基础设施健全,适合繁育育种家种子或原原种。

(二)企业良种繁育基地

主要包括种子企业、乡村农场等。这类基地的土地经营规模较大,容易统一管理,适合繁育原种和良种。

(三)专业户良种繁育基地

主要是种粮大户、土地承包户等。这类基地要在技术人员的指导下进行良种的繁育。

二、小麦良种繁育基地应具备的条件

良种繁育基地要有良好的自然条件、农业生产条件和社会经济条件。

(一)自然条件

基地的气候生态条件适宜小麦的生长发育,灾害性天气较少,有利于小麦高产丰收;交通便利,便于种子收购运输。

(二)农业生产条件

基地的土壤质地好、肥力高,农田集中连片,便于统一管理;农业基础设施健全,栽培管理措施容易实施;土壤无污染源,无检疫性病虫草害,安全的隔离条件较好;基地组织者要有较强的种子生产和组织能力,有基本的种子生产知识和技术,能做到

"一村一品",能统一进行拌种、播种、田间管理、去杂、收割等种子生产环节,有条件的还应统一进行运输、晾晒、贮藏、收购、精选等,保证种子繁殖的纯度,能顺利完成各项种子生产管理任务。

(三)社会经济条件

基地的领导和人员要高度重视,有责任感;基地要有一定的技术力量,在繁种单位的技术指导下进行种子生产;有一定的经济条件,能及时进行施肥、浇水、机械作业等必要的田间管理措施,满足种子生产的基本要求。

三、小麦良种繁育基地建设的程序

小麦良种繁育基地确定后,繁种单位要进行基地建设规划,确定基地建设实施方案,对基地生产规模、种子类型、数量和质量要求及种子繁育技术程序进行统一规划。在合理规划的基础上,基地负责实施方案的落实,包括各项种子生产技术措施和田间质量控制措施的实施,按质按量完成规划要求的各项种子生产任务。田间检验要执行相关的技术规程,如河南省 DB41/T 381—2003 规程。种子田间生产技术与田间质量控制的主要环节有:

(一)签订合同

根据基地建设规划与实施方案,繁种单位要与基地签订种子繁育合同。在签订种子繁育合同后,各签约基地要提供繁种田的田间种植示意图、面积及周边环境、生产设施和条件等基本情况。

(二)繁种材料与管理

基地所用的繁种材料质量必须达到国家标准原种以上质量标准。对繁种材料要求专机统一播种,播前彻底清洁机具,出苗后有缺苗断垄的必须补种。基地要按种子生产技术操作规程认真组织田间去杂除草,一般分 3 次进行。

(三)种子收打质量控制

为保证种子纯度,基地必须实行专机统一收获。收打机具进地作业前须彻底清洁,中途不得退出。收打机具籽口要松紧适中,防止破碎粒过多。对不经监收人员检查批准擅自收打的繁种户种子以报废处理。种子收获后及时晾晒,防霉防杂。凡种子发芽率不达标,秕粒、破碎率过高、商品性差的,不得作种子入库。

四、种子的入库加工与质量控制

(一)种子入库的质量控制

种子入库前要根据种子收获早晚、晾晒的程度、籽粒色泽等具体情况,进行 10% 农户的抽样检验,如发现有发芽率不合格现象,要对所有繁种户种子进行扦样检验,然后按检验结果验收入库。仓库要严格清理消毒,不得有漏雨、返潮、火灾、鼠害、盗窃隐患,并做到一种一库,严防混杂。种子入库由基地质检员根据田间档案记载、田间验收结果、发芽率检验结果,逐户对照农户的繁种面积、产种数量等,逐袋进行严格验收测定水分、目测籽粒色泽、饱满度等。数量与预测产量差距较大或有质量问题的种子，拒绝验收入库。

(二)种子加工前的质量控制

种子入库结束要及时熏仓处理。处理前基地质检人员按照 GB/T 3543.2—1995 规程扦样，按照 GB 3543.4—1995 规程做发芽试验。同批次种子加工前要充分混合，质量要均匀一致。

(三)种子加工质量控制

1. 为了保证种子加工质量，加工设备必须风筛、比重选配套使用，并视种子籽粒大小饱满程度配置底筛。操作人员要始终坚守工作岗位，随时检查加工质量，调整喂料速度、前后风力等；还要经常检查包装计量的准确性和包装的封口质量。加工好的种子必须符合 GB 4404.1—1996 标准和《农作物商品种子加工包装规定》。

2. 在加工的种子流中按每 10 袋取样 1 次，每次取量相同，每 2.5 万 kg 为一批次取样编号。编号要与种子库存批次号相同并具有唯一性，样品交质检人员检验。

3. 加工好的成品种子按 2.5 万 kg 一个批次进行码垛，并进行批次编号，严格执行仓库保管制度，保证种子的贮藏质量。

4. 仓库要建立加工贮藏档案，载明各环节的责任人、仓库处理记录，种子来源和去向等内容。

5. 成品种子按照 GB/T 3543.1～GB/T 3543.7—1995 检验规程检验；质量要符合国家和公司自定的企业质量标准，如检验结果不合格，要及时通知仓库进行重新加工或报废处理；要建立种子质量档案，样品编号要与仓库种子批次号联系起来，检验记录和检验结果按规定妥善保管，以便查询和检查。

第四节　小麦良种的种植区划

小麦良种有不同的发育特性和品质特性，只有将小麦良种种植在适宜的气候生态区域，才能实现小麦高产、优质、高效、安全的生产。同时，小麦品种适宜种植区域确定也是各地区开展小麦育种、良种繁育的基本依据和小麦品种推广利用、优势产业区域建设和小麦产业化的基础。为了确定不同小麦品种适宜种植区域，根据全国小麦种植区的生态环境、气候特征、适宜栽培的小麦类型(冬春性、产量、品质)、主要病害流行特征等因素对种植区域进行了划分，形成小麦种植区划。小麦种植区划包括小麦的生态区划和品质区划。

一、小麦的生态区划

根据我国地理生境、种植制度和品种特性及播期特性，我国小麦可分为 3 大分布区域，即春播区、秋播区及秋冬播区。冬性小麦品种主要种植在北方冬麦区，半冬性小麦品种主要分布于黄淮平原冬麦区，春性小麦品种主要分布于北方春麦区和钱江以南冬麦区。其中小麦温光特性的分布呈"冬性中心式"向春性扩散过渡的现象，即以秋播麦区中的黄淮中早熟冬麦，向南冬性逐渐减弱，由冬性→弱冬性→春性→强春性，向北由冬性→强冬性→春性→强春性；形成愈向南北两端，品种春性愈强的特点。由于自然温光受纬度、海拔、地形变化的影响，因此品种温光类型的分布也具有区域间、区域内相互交叉分布的特点，特别是在区域间的过渡带更为明显。如强春性与春性品种，在同一区可能交叉分布，冬性与强冬性品种在同区也可能交叉分布。具体来讲，全国小麦种植区域可划分为 3 个主区，10 个亚区和 29 个副区（《中国小麦学》，金善宝主编，1996 年），见表 3-9。

表 3-9　中国小麦生态区域划分

主　区	亚　区	副　区
春(播)麦主区	Ⅰ. 东北春(播)麦亚区	1. 北部冷凉副区；2. 东部湿润副区；3. 西部干旱副区
	Ⅱ. 北部春(播)麦亚区	4. 北部高原干旱副区；5. 南部丘陵平原半干旱副区
	Ⅲ. 西北春(播)麦亚区	6. 银宁灌溉副区；7. 陇西丘陵副区；8. 河西走廊副区；9. 荒漠干旱副区
冬(秋播)麦主区	Ⅳ. 北部冬(秋播)麦亚区	10. 燕太山麓平原副区；11. 晋冀山地盆地副区；12. 黄土高原沟壑副区
	Ⅴ. 黄淮冬(秋播)麦亚区	13. 黄淮平原副区；14. 汾渭谷地副区；15. 胶东丘陵副区
	Ⅵ. 长江中下游冬(秋播)麦亚区	16. 江淮平原区麦副区；17. 沿江滨湖副区；18. 浙皖南部山地副区；19. 湘赣丘陵副区
	Ⅶ. 西南冬(秋播)麦亚区	20. 云贵高原副区；21. 四川盆地副区；22. 陕南鄂西山地丘陵副区
	Ⅷ. 华南冬(晚秋播)麦亚区	23. 内陆山地丘陵副区；24. 沿海平原副区
冬、春麦兼播主区	Ⅸ 新疆冬、春兼播麦亚区	25. 北疆副区；26. 南疆副区
	Ⅹ. 青藏春、冬兼播麦亚区	27. 环湖盆地副区；28. 青南藏北副区；29. 川藏高原副区

(一) 春(播)麦主区

本区包括东北各省、内蒙古自治区、宁夏回族自治区和甘肃省全部或大部，以及河北、山西、陕西各省北部地区。大部分地区处于寒冷、干旱或高原地带，冬季严寒，其最冷月(1 月)平均气温及年极端最低气温分别在−10℃左右及−30℃上下，秋播小麦均不能安全越冬，因此种春小麦。全区依据降水量、温度及地势差异划分为下列 3 个亚区。

1. 东北春(播)麦亚区　本区包括黑龙江、吉林两省全部，辽宁省除南部大连、营口两市和锦州市个别县以外的大部，内蒙古自治区东北部呼伦贝尔市、兴安盟和通辽市以及赤峰市。全区地势东、西、北部较高,中、南部属东北平原,地势平缓。通常海拔200m左右,山地最高1000m。土地资源丰富,土层深厚,地面辽阔,适于机械化作业。全区气候南北跨越寒温和中温两个气候带,温度由北向南递增,差异较大。最冷月平均气温北部漠河为-30.7℃,中部哈尔滨为-19℃,南部锦州为-8.8℃,是我国气温最低的一个麦区。

本区无霜期最长达160余天,最少仅90天,大于10℃积温为1600℃~3500℃。无霜期偏短且热量不足是本区的一个主要特点。年降水量通常在600mm,小麦生育期降水主要麦区可达300mm左右,为我国春麦区降水最多的地区。但地区间及年际间分布不均,沿江东部地区多而西部少,6~8月份降水占全年降水量65%以上,以致部分地区小麦收获时雨多受涝。种植制度受热量资源不足影响,种植制度为一年一熟。小麦适播期为4月中旬,成熟期在7月20日前后。适宜的小麦品种类型为春性,对光照反应敏感,灌浆期短,生育期短,多在90天左右,分蘖力和耐寒性较强,前期耐旱,后期耐湿,籽粒红皮,休眠期中等。本区又可分为北部冷凉副区、东部湿润副区和西部干旱副区。

(1)北部冷凉副区 该副区是我国纬度最高的麦区。全副区属寒温带,气温偏低,冬季严寒漫长,无霜期100天左右,春旱、夏涝、病害、倒伏是影响小麦产量的不利因素。生产上应选用前期耐旱,后期耐湿、耐肥、抗倒伏、不早衰、抗病的中早熟品种。

(2)东部湿润副区 该副区属于中温带,东北部的三江平原是主要集中的产麦区,小麦生育期的降水量均高于相邻的两个副区。土壤瘠薄、后期雨涝、赤霉病、根腐病、叶枯病等是影响小麦产量的不利因素。生产上应选用耐瘠、耐湿,抗多种病害、抗倒伏、不易落粒、不易穗发芽的品种。

(3)西部干旱副区 该副区西靠大兴安岭,中为松嫩平原及松辽平原,南为丘陵或高原,属中温带。雨量少,特别是春季降雨少,风沙多。苗期干旱,中后期多雨高温,是影响小麦产量的不利因素。生产上应选用苗期抗旱,后期耐湿、耐高温,抗病早熟、种子休眠期长、抗穗发芽、高产性好的品种。

2. 北部春(播)麦亚区 全区以内蒙古自治区为主,还包括河北、山西、陕西三省北部地区。地势起伏缓和,海拔通常700~1500m。全区日照充足,年日照2700~3200h,是我国光能资源最丰富的地区。该区最冷月平均气温-17℃~-11℃,绝对最低气温-38℃~-27℃。降水量一般低于400mm,不少地区则在250mm以下,小麦生育期降水量只有94~168mm,属半干旱及干旱区。寒冷少雨、气候干燥、土壤贫瘠,自然条件差。小麦播种期从东南向西北,由低海拔向高海拔,从2月中旬开始逐渐推迟到4月中旬,成熟期由6月中旬顺延至8月下旬。全区早春干旱,后期高温逼熟及干热风为害,青枯早衰,以及灌区的土壤盐渍化,是小麦生产中的主要问题。选用抗旱优质品种,实行抗旱播种,轮作休闲,注意保墒,增施有机肥,培肥地力,开发水源,节水灌溉,防止干热风及合理施用氮肥是提高本区小麦产量和改善品质的主要措施。依据降水量的差异,本区又分为北部高原干旱副区和南部丘陵平原半干旱副区。

（1）北部高原干旱副区　该副区包括从内蒙古自治区东部锡林郭勒盟起,经乌兰察布市而西至巴彦淖尔市全部,为内蒙古高原主体。海拔 1 000～1 500m,最高达 2 000m。年降水量 142～412mm,小麦生育期内降水量只有 61～160mm。气候冷凉、干燥多风,风蚀沙化严重,尤其是后期干热风是影响小麦产量的不利因素。生产应选用抗旱、分蘖力强、早熟、抗倒、后期抗干热风、不易落粒、不易穗发芽的丰产稳产品种。

（2）南部丘陵平原半干旱副区　该副区是指除北部高原干旱副区以外的北部春（播）麦亚区的全境。全区由高原、丘陵、平原、滩地以及盆地组成,是我国春小麦的生产区之一。全境海拔 1 000～1 500m,年降水量由 250mm 向 400mm 变化,即由干旱向半干旱地区过渡。小麦生育期间降水量 110～270mm,多数地区 220mm 左右。生产上应选用耐旱、耐瘠、苗期生长发育慢、对光照反应敏感、丰产稳产性较好的品种。

3. 西北春（播）麦亚区　本区地处黄河上游三大高原（黄土高原、青藏高原、内蒙古高原）的交叉地带,包括青海省的东部、甘肃省的大部和宁夏回族自治区。属中温带,地处内陆,大陆性气候强烈。主要由黄土高原和内蒙古高原组成,海拔 1 000～2 000m,多数为 1 500m 左右。全亚区自东向西温度递增,降水量递减。最冷月平均气温为 −9℃。降水量常年不足 300mm,最少年仅几十 mm,水热资源严重不协调,加剧了无灌溉区干旱的危害。由于全区主要麦田分布在祁连山麓和有黄河过境的平川地带,小麦生长主要靠黄河河水及祁连山雪水灌溉,辅之以光能源丰富、辐射强、日照时间长、昼夜气温日差较大等有利条件,成为我国春小麦主要商品粮基地之一。全亚区≥10℃年积温为 2 840℃～3 600℃,无霜期 118～236 天,热量不足,种植制度以一年一熟为主。适宜的小麦品种类型为春性,对光照反应敏感,生育期 120～130 天,穗大、茎长、耐寒性强、种子休眠期长。春小麦通常在 3 月上旬至下旬播种,7 月中下旬至 8 月中旬收获。

全亚区依据主要生态特点又分为银宁灌溉副区、陇西丘陵副区、河西走廊副区和荒漠干旱副区。各个副区对小麦品种的要求是:银宁灌溉副区宜选用抗锈病（主要是条锈病）、较早熟、丰产稳产品种。陇西丘陵副区应选用抗旱、耐瘠、丰产、抗锈病品种。河西走廊副区则应选用抗干旱、抗风沙、耐水肥、抗倒伏的中早熟高产品种。荒漠干旱副区应选用耐寒、抗病虫、抗倒伏、不易穗发芽、早熟丰产的品种。

（二）冬（秋播）麦主区

冬（秋播）麦主区是我国小麦的主产区,冬小麦播种面积大,产量高,分布范围广。北起长城以南,西自岷山、大雪山以东。由于分别处在暖温带及北、中、南亚热带,致使南、北自然条件差异较大,主要受温度和降水量变化的影响。以秦岭为界,其北为北方冬（秋播）麦区,以南则属南方冬（秋播）麦区。北方冬麦区为我国主要麦区,包括山东省全部,河南、河北、山西、陕西省大部,甘肃省东部和南部及苏北、皖北。除沿海地区外,均属大陆性气候。最冷月平均气温−10.7℃～−0.7℃,极端最低气温−30.0℃～−13.2℃。全年降水量在 440～980mm,小麦生育期降水 150～340mm,多数地区在

200mm 左右。全区以冬小麦为主要种植作物,其他还有玉米、谷子、豆类、棉花等作物。种植制度主要为一年二熟,北部地区有二年三熟,旱地有一年一熟。依地势、温度、降水和栽培特点等不同,可分为 5 个亚区。

1. 北部冬(秋播)麦亚区 本区包括北京、天津、河北省中北部、山西省中部与东南部、陕西省北部、甘肃省陇东地区、宁夏回族自治区固原地区一部分及辽东半岛南部,海拔通常 500m 左右,高原地区为 1 200～1 300m,近海地区则为 4～30m。本区属温带,除沿海地区比较温暖湿润外,主要属大陆性气候,冬季严寒少雨雪,春季干旱多风,且蒸发强,旱、寒是小麦生产中的主要问题。最冷月平均气温 -10.7℃～-4.1℃,绝对最低气温通常为 -24℃,其中以山西省西部的黄河沿岸、陕西省和甘肃省陇东地区气温最低,正常年份一般地区小麦可安全越冬,低温年份或偏北地区则易受冻害。全年降水 440～710mm,主要集中在 7～9 月份,小麦生育期降水量约 210mm,常有春旱发生。日照比较充足,全年平均日照时数最多达 2 053～2 900h。陇东和延安地区春季常有晚霜冻害。麦熟期间绝对最高气温为 33.9℃～40.3℃,个别年份小麦生育后期有高温旱风危害。种植制度一般为两年三熟。小麦播种期多在 9 月初至下旬,由北向南逐渐推迟;收获期在 6 月中旬至 7 月中旬,由南向北逐渐推迟。该区适宜的小麦品种类型为冬性或强冬性,具有较好的抗寒性,早春对温度反应迟钝,对光照反应敏感,返青快、起身晚,而后期发育和灌浆较快,分蘖力、耐寒、耐旱性强,籽粒多为硬质、白皮、休眠期短,生育期 260 天左右。依据地势、地形和气温变化,该区又分为燕太山麓平原副区、晋冀山地盆地副区和黄土高原沟壑副区。

(1)燕太山麓平原副区 该副区北起长城沿燕山南麓,西依太行山,东达海滨,南迄滹沱河及沧州一线以北地区。主要由燕山及太行山山前冲积平原组成,地势开阔平坦,海拔 3～97m,大部属河北大平原。由于有燕山及太行山作屏障,气候温暖,最冷月平均气温 -9.6～-4.1℃,绝对最低气温为 -27.4℃～-20.6℃。正常年份冬小麦均可安全越冬。年降水量 440～710mm,小麦生育期为 150～215mm,春旱严重。境内不少地区水资源较丰富,除偏东地区外,水质良好,可用以灌溉。大面积生产上要求种植的是适于水浇地栽培的冬性或强冬性、越冬性好、分蘖力强、成穗率高、适应春旱条件、后期灌浆快、丰产稳产的中熟多穗型品种。

(2)晋冀山地盆地副区 该副区包括山西省的晋中地区、长治市、阳泉市全部,忻州地区南部各县,太原市、吕梁、临汾地区部分县;河北省沿太行山的涞源、阜平、平山、井陉等山区县。全副区为太行、太岳、吕梁等山脉环绕,海拔 740～1 100m,主要由丘陵山地组成,其间分布着晋中和晋东南盆地。全副区以旱坡地为主,土壤贫瘠,灌溉不便。雨少干旱,低温冬冻,早春霜冻,地力瘠薄,以及后期干热风为害均为小麦生产中的重要问题。生产上选用的品种耐寒、耐旱性较强,一般分蘖成穗较多,穗粒数中等,多为白皮,休眠期短,对光照反应中等至敏感,生育期 230 天左右。

(3)黄土高原沟壑副区 该副区包括山西省沿黄河西岸的吕梁、临汾地区部分县;陕西省榆林、延安地区全部,咸阳、宝鸡和铜川市部分县;甘肃省庆阳地区全部及平凉地区部分县。全副区地势较高,海拔1000m左右,陇东地区多数为1200~1400 m,属黄土高原,70%以上属坡地,水土流失严重,地面支离破碎,耕作不便。生产上需选用抗冬寒、耐霜冻、抗旱、耐瘠,对光照敏感、起身拔节晚、分蘖力强、成穗多,抗倒、抗病,适于旱地种植的冬性或强冬性品种。

2. 黄淮冬(秋播)麦亚区 本区位于黄河中下游,南以淮河、秦岭为界,西至渭河河谷直抵春麦区边界,东临海滨。包括山东省全部,河南省大部分地区(信阳地区除外),河北省中、南部,江苏及安徽两省的淮河以北地区,陕西省关中平原及山西省南部,甘肃省天水市全部和平凉及定西地区部分县。全区除鲁中、豫西有局部丘陵山地外,大部地区平原坦荡辽阔,地势低平,海拔平均200m左右,西高东低,其中西部通常400~600m,河南省全境100m左右,苏北、皖北仅数十米。气候适宜,是我国生态条件最适宜于小麦生长的地区。全亚区地处暖温带,南接北亚热带,为由暖温带向亚热带过渡的气候类型。本区大陆性气候明显,尤其北部一带,春旱多风,夏秋高温多雨,冬季寒冷干燥;南部情况较好。区内最冷月平均气温−4.6℃~−0.7℃,绝对最低气温−27.0℃~−13.0℃,北部地区的华北平原,在低温年份仍有遭受冷害的可能;以南地区气温较高,冬季小麦仍继续生长,无明显的越冬返青期。年降水量520~980mm,小麦生育期降水量约280mm。日照略少于北部冬麦区,但热量增多,无霜期约200天,种植制度以一年二熟为主。丘陵旱地以及水肥条件较差地区,多行二年三熟,间有少数一年一熟。全区小麦播期先后不一,西部丘陵、旱地多在9月中下旬播种,广大平原地区多以9月下旬至10月上中旬为播种适期。成熟期由南向北逐渐推迟,多在5月底至6月上旬成熟。品种分布,北部以冬性或半(弱)冬性品种为主,南部淮北平原则为半冬性和春性品种兼有的地带。本区是我国小麦最主要的产区,其种植面积和产量居各麦区之首。全亚区分为黄淮平原副区、汾渭谷地副区和胶东丘陵副区。

(1)**黄淮平原副区** 包括山东(不含胶东地区)、河南(信阳地区除外)两省,江苏省和安徽省淮河以北地区,以及河北省邢台、衡水地区全部和沧州、石家庄地区的大部分县。其范围位于海河平原南部及黄淮平原全部。地势平坦,地形差异小,幅员辽阔,由黄河、淮河及海河冲积而成,为我国最大的冲积平原。黄河以南的淮北平原则由暖温带渐向亚热带过渡,形成气温南高北低。降水量亦南多北少,黄河以北地区一般年降水量在600mm左右,小麦生育期降水量约200mm,常有干旱危害。黄河以南地区年降水700~900mm,小麦生育期降水一般有300mm左右,常年基本不受旱害,但由于年际变化大和季节间分布不均,南部有时也受旱,还可能发生涝害。种植制度以一年二熟为主。本区的偏北部地区生产上应选用半冬性的抗寒、抗旱、分蘖力较强,抗条锈病、叶锈病,前期生长慢而中期生长快和后期灌浆迅速、落黄好的品种。高产区品种除具有上述性状外,还要具有耐肥、矮秆、抗倒、抗白粉病的特性。偏南部则宜选用具有较好的耐寒性,分蘖成穗率中等,抗病、抗干热风的半冬性(早茬)和弱春性(晚茬)品种。

（2）**汾渭谷地副区**　包括山西省汾河下游晋南盆地的运城地区全部及临汾地区大部,晋东南盆地的晋城市大部;陕西省关中平原的西安市和渭南地区全部,咸阳及宝鸡市大部;甘肃省天水市全部和定西、平凉地区大部。全副区属黄土高原,由一系列河谷盆地组成。平川区为一年两熟,旱塬区多为一年一熟或二年三熟。年降水量518～680mm,但季节间分布不均及年际间变率大,干旱常形成灾害。平川地区有良好的水利设施可补充灌溉。旱塬土层深厚,蓄水保墒能力强,土壤耕性好,通过多年生产实践已形成一整套旱地农作制度。生产上应选用冬性或半冬性的品种,具有春化阶段长、光照反应较敏感、光照阶段中等偏长、耐旱、耐瘠、耐寒力强的特点。

（3）**胶东丘陵副区**　位于山东半岛。它的北、东、南三面环海,只西南与潍坊市为邻。小麦主要分布在丘陵及滨海平原。土壤为褐土,土层深厚、质地较好,肥力较高。为黄淮冬(秋播)麦亚区的稳产高产基地。气候属暖温带,四季分明,季风进退明显,受海洋气候影响,气候温和湿润。最冷月平均气温-4.6℃～-3.6℃,早春气温回升缓慢,寒潮频繁,常有晚霜冻害。年降水量600～844mm,但季节间分布不均,致使小麦常受春旱威胁。热量较低,≥10℃积温一般为3 855℃,一年二熟略不足,故多实行套种,以确保有充足的热量;西部地区热量稍高,麦收后可抢茬直播下茬作物。后期干热风也偶有发生,但不严重。生产上应选用冬性或半冬性品种。

3. 长江中下游冬(秋播)麦亚区　本区北以淮河、桐柏山与黄淮冬麦区为界,西抵鄂西及湘西山地,东至东海,南至南岭。包括浙江省、江西省及上海市全部,河南省信阳地区以及江苏、安徽、湖北、湖南各省的部分地区。全区地域辽阔,地形复杂,平原、丘陵、湖泊、山地兼有,而以丘陵为主体,面积约占全区3/4左右。海拔2～341m,地势不高。本区位于北亚热带,全年气候湿润,水热资源丰富。年降水量在830～1 870mm,小麦生育期间降水量340～960mm,常受湿渍危害。日照不足,小麦生育中后期常有湿害发生和高温危害。本区≥0℃积温高达4 800℃～6 900℃,种植制度以一年二熟以至三熟。全区小麦适宜播期为10月下旬至11月中旬,成熟期北部为5月底前后,南部地区略早。全区以气候、地形不同可分为江淮平原区麦副区、沿江滨湖副区、浙皖南部山地副区、湘赣丘陵副区。

本区湿涝和病害危害是制约小麦生产的重要因素,须选用抗病优质高产品种,生产上应选用春性或半冬性品种,光照反应中等至不敏感,生育期200天左右,具耐湿性、种子休眠期长的特点。

4. 西南冬(秋播)麦亚区　本区包括贵州省全境,四川省、云南省大部,陕西省南部,甘肃省东南部以及湖北、湖南两省西部。全区地势复杂,山地、高原、丘陵、盆地相间分布,其中以山地为主,约占总土地面积的70%左右,海拔一般为500～1500m,最高达2 500m以上。其次为丘陵,盆地面积较少。平坝少,丘陵旱坡地多,是本区小麦生态环境中的一个特点。全区冬季气候温和,高原山地夏季温度不高,雨多、雾大、晴天少,日照不足。最冷月平均气温为4.9℃,绝对最低气温-6.3℃。本区无霜期长,约260余天。日照不足是本区自然条件中对小麦生长的主要不利因素,其年日照

1620h,日均仅4.4h,为全国日照最少地区。种植制度除四川部分冬水田为一年一熟外,基本一年二熟。小麦播种期一般为10月下旬至11月上旬,成熟期在5月上中旬。全区以气候、地形分云贵高原副区、四川盆地副区和陕南鄂西山地丘陵副区。

生产上应选用半冬性或春性品种,冬季无停滞生长现象,对光温反应迟钝,生育期180～200天,具有灌浆期长、大穗、多花、多实、耐瘠和耐旱、休眠期长等特性。

5. 华南冬(晚秋播)麦亚区　包括福建、广东、广西和台湾四省、自治区全部。全区气候温暖湿润,冬季无雪,最冷月平均气温7.9℃～13.4℃,绝对最低气温-5.4℃～-0.5℃,小麦生育期降水量为250～450mm。水热资源丰富,但季节雨量分配不均,苗期雨水较少,中期次之,灌浆期多雨寡照、湿度大,影响开花、灌浆和结实。成熟期多雨,穗发芽、病害严重。种植制度主要为一年三熟,部分地区为稻麦两熟或两年三熟。小麦播种期在11月中下旬,成熟期为3月中下旬至4月上旬。全区可分为内陆山地丘陵副区和沿海平原副区。

生产上应选用春性品种,苗期对低温要求不严格,灌浆期较长,抗寒性和分蘖力较弱,籽粒较大,休眠期长,对光照反应迟钝,生育期120天左右。内陆山区应选用弱冬性品种,分蘖力较弱,麦粒红皮,休眠期较长,不易在穗上发芽。各个副区对小麦品种的要求也不相同,沿海平原副区水稻小麦轮作田应选用耐湿性好、抗病的早熟春性小麦品种;丘陵坡地要选用耐旱性强、抗风、不易落粒、抗病的春性早熟品种;内陆山地丘陵副区,湿、冷、阴、病和倒伏是小麦生产的限制因子,因此应选用耐湿、耐阴、抗倒伏、不易穗发芽的早中熟弱冬性或春性小麦品种。

(三)冬、春麦兼播主区

本区位于冬、春分界线以西,包括新疆维吾尔自治区、西藏自治区全部,青海省大部和四川、云南、甘肃省部分地区。全区虽以高原为主体,但受境内山势阻断,江河分切,使局部地区地势地形差异较大,并导致温度、雨量等生态环境因素发生变化,影响冬春小麦分布和生长发育。本区内有高山、盆地、平原和沙漠,地势复杂,气候多变,变异极大。本区又分两个亚区。

1. 新疆冬、春兼播麦亚区　本区包括新疆维吾尔自治区全部。为大陆性气候,昼夜温差大,日照充足,雨量稀少,气候干燥,主要靠冰山、雪水灌溉。北疆低温冻害、干旱、土壤盐渍化以及生育后期干热风危害等均是影响本区小麦产量的重要因素。全区又可分为南疆和北疆两个副区。

(1)南疆副区　南疆副区以冬小麦为主,最冷月平均气温-12.2℃～-5.9℃,绝对最低气温为-28℃～-24.3℃。9月份播种,翌年7月底8月初收获,生育期280天左右。年降水量107～190mm,小麦生育期间降水量8～48mm。生产上应选用强冬性品种,对光照反应敏感,分蘖力强,穗较长,小穗结实性好,耐寒、耐旱、耐瘠、耐盐性好。

(2)北疆副区　北疆副区以春小麦为主。最冷月平均气温-18℃～-11℃,绝对最低气温为-44℃～-33℃。4月上旬播种,8月上旬收获,生育期120～130天。年降水量83～106mm,小麦生育期间降水量7～39mm。生产上应选用春小麦品种,对光照反应敏感,具有耐寒、耐旱、耐瘠薄、耐霜冻的特性。

2. 青藏春、冬兼播麦亚区　包括青海省祁连山以南,日月山以西,四川省的西北部阿坝、甘孜两自治州的大部,云南省迪庆藏族自治州的中甸、德钦两县和西藏自治区的全部。本麦区海拔最高,日照最长,气温日较差最大,小麦的生育期最长,千粒重也最高。全区又可分为环湖盆地副区、青南藏北副区和川藏高原副区。

(1)**环湖盆地副区**　该副区气候干燥、冷凉,盐碱和风沙危害较为严重,生产上应选用强春性品种。位于该副区的香日德农场等,曾创造过我国春小麦单位面积产量最高纪录。

(2)**青南藏北副区**　该副区气候寒冷、干燥、多风,种植小麦全靠灌溉。小麦生育期间极少发生病虫害。土壤盐碱、大风和早霜对小麦生产常造成严重危害。生产上应选用强春性品种,具有耐春寒、灌浆期长、籽粒大、早熟高产的特点,生育期140～170天。

(3)**川藏高原副区**　该副区冬无严寒,夏无酷暑,冬春干旱,夏秋雨水集中,种植小麦也要靠灌溉,几乎周年地里生长小麦。冬小麦播期在9月下旬,春小麦播期在3月下旬至4月上旬,均在8月下旬至9月中旬收获,冬小麦全生育期320～350天。生产上冬小麦应选用耐寒、抗锈病、早熟丰产的品种,春小麦应选用抗白秆病和锈病、品质好的中晚熟品种。

(四)各麦区主要品种介绍

各麦区主要品种介绍见表3-10。

表3-10　我国各麦区可选用的主要小麦品种

品种名称	选育单位	特征特性	生育期 适播期	产量表现 （kg/hm²）	适宜地区
矮抗58	河南科技学院小麦育种中心	半冬性 中筋	中熟 10月上中旬	7500～8500	黄淮冬麦区南部,河南省中北部、安徽省北部、江苏省北部、陕西省关中地区、山东省菏泽等地
郑麦9023	河南省农业科学院小麦研究所	春性强筋	中早熟 10月中旬至11月上旬	7000～8000	黄淮冬麦区南部长江中下游麦区
豫麦49-198	河南省温县平安农业科技有限公司	半冬性 中筋	中熟 10月5～15日	7400～8400	黄淮冬麦区南部
周麦18	河南省周口市农业科学院	半冬性 中筋	中熟 10月10～25日	7500～8500	河南省中北部、安徽省北部、江苏省北部、陕西省关中地区、山东省西北部
郑麦366	河南省农业科学院小麦研究所	半冬性 强筋	早熟 10月10～25日	7000～8500	黄淮南片冬麦区

续表 3-10

品种名称	选育单位	特征特性	生育期 适播期	产量表现 （kg/hm²）	适宜地区
周麦 16	河南省周口市农业科学院	半冬性中筋	中晚熟 10 月上中旬	7500～8500	河南省、江苏省北部、安徽省北部和陕西省关中地区
偃展 4110	河南省豫西农作物品种展览中心	春性中筋	早熟 10 月中旬至11 月上旬	7000～8000	黄淮冬麦区南部、长江中下游麦区
新麦 18	河南省新乡市农业科学研究所	半冬性中筋	中晚熟 10 月上中旬	8500～8500	河南省、江苏省北部、安徽省北部和陕西省关中地区
豫麦 70	河南省内乡县农业科学研究所	半冬性中筋	中熟 10 月 10～25 日	8000～8500	黄淮冬麦区南片
豫麦 34	河南省郑州市农科所	半冬性强筋	中熟 10 月中旬	7000～8000	黄淮冬麦区高水肥地
郑育麦 9987	河南省农业科学院小麦研究所	半冬性中筋	中熟 10 月中旬	7500～8000	黄淮冬麦区南部
周麦 22	河南省周口市农业科学院	半冬性中筋	中熟 10 月上中旬	8000～9000	黄淮冬麦区南部
众麦 1 号	河南省商丘市睢县农业科学研究所	半冬性中筋	中熟 10 月上中旬	7500～8000	黄淮冬麦区南部
郑麦 004	河南省农业科学院小麦研究所	半冬性中筋偏粉	中熟 10 月上中旬	6700～7700	河南省、安徽省北部、江苏省北部及陕西省关中地区
郑农 16	河南省郑州市农林科学研究所	弱春性强筋	中熟 10 月 15～30 日	6200～6800	河南省、安徽省北部、江苏省北部及陕西省关中地区
豫农 949	河南农业大学	弱春性中筋	中熟 10 月 10～25 日	7200～8300	河南省中北部、安徽省北部、江苏省北部、陕西省关中地区、山东省菏泽等地
豫农 202	河南农业大学	半冬性中筋	中熟 10 月上中旬	7200～8500	黄淮冬麦区南部
烟农 19 号	烟台市农业科学院	冬性强筋	中熟 10 月上中旬	7500～8500	山东、江苏、安徽等省中上等肥力地块
济南 17	山东省农业科学院作物研究所	半冬性强筋	中晚熟 10 月上中旬	7500～8500	河北省中南部、山东省、河南省北部高中产水肥地
济麦 20	山东省农业科学院作物研究所	半冬性强筋	中晚熟 10 月上中旬	7500～8500	河北省中南部、山东省、河南省北部高中产水肥地种植

品种名称	选育单位	特征特性	生育期 适播期	产量表现 （kg/hm²）	适宜地区
济麦 21	山东省农业科学院作物研究所	半冬性 中筋	中晚熟 9 月下旬至 10月上中旬	7500～8000	河北省中南部、山东省、河南省北部高中产水肥地
泰山 22	山东省泰安市农业科学研究院	半冬性 中筋	中熟 10 月上旬	7500～8500	黄淮冬麦区北片的山东省,河北省中南部,河南省北部
泰山 23	山东省泰安市农业科学研究院	半冬性 中筋	中熟 10 月上旬	7500～8100	黄淮冬麦区北片的山东省,河北省中南部,河南省北部
烟农 21	山东省烟台市农业科学研究院	半冬性 中筋	中晚熟 9 月下旬至 10月上旬	7000～8500	黄淮冬麦区的山西东南部、山东省西南部、河南省西北部、陕西省渭北旱塬、河北省东南部、甘肃省天水地区旱地
烟农 24	山东省烟台市农业科学研究院	半冬性 中筋	中晚熟 9 月下旬至 10月上旬	7000～8500	黄淮冬麦区的山西省东南部、山东省西南部、河南省西北部、陕西省渭北旱塬、河北省东南部、甘肃省天水地区旱地
洲元 9369	山东洲元种业股份有限公司	半冬性 强筋	中熟 10 月上中旬	7500～8500	河北省中南部、山东省、河南省北部高中产水肥地
中优 9507	中国农业科学院作物育种栽培研究所	冬性强筋	中熟 10 月上旬	5250～6000	北部冬麦区保定市以北的中等以上肥力、有灌溉条件的地区
京冬 8 号	北京市农林科学院作物研究所	冬性强筋	中早熟 9 月下旬至 10月中旬	6000～7000	北京市、天津市、河北省保定以北,山西省晋中、晋东南等广大地区
轮选 987	中国农业科学院作物所	冬性中筋	偏晚熟 9 月下旬至 10月上旬	6500～7500	北京市、天津市、河北省保定以北,山西省晋中、晋东南等广大地区
石家庄 8 号	河北省石家庄市农科院	半冬性 中筋	中熟 10 月上旬	7500～8500	黄淮冬麦区北部、新疆南部、河北省中部及黑龙港流域麦区

续表 3-10

品种名称	选育单位	特征特性	生育期适播期	产量表现（kg/hm²）	适宜地区
石新 733	石家庄市小麦新品种新技术研究所	半冬性中筋	中熟 10月上旬	7200～7800	河北省中南部中高等肥力地
衡 7228	河北省农林科学院旱作农业研究所	半冬性中筋偏粉	中晚熟 10月5～15日	7200～7700	黄淮冬麦区北片的河北省中南部、山东省中南部、山西省南部、河南省安阳和濮阳市
京冬 12	北京杂交小麦工程技术研究中心	冬性中筋	中熟 10月上旬	5800～6500	北部冬麦区的北京市、天津市、河北省北部、山西省北部等地中上等肥力地
临优 145	山西省农业科学院小麦研究所	冬性强筋	中早熟 10月1～10日	5200～6000	山西省南部中等水肥地
长 4640	山西省农业科学院谷子研究所	冬性中筋偏粉	中早熟 9月上中旬	4400～5000	北部冬麦区的山西省中北部、陕西省北部及甘肃省平凉和庆阳地区等旱地
运旱 22-33	山西省农业科学院棉花研究所	弱冬性中筋	中早熟 10月上中旬	5000～5400	黄淮冬麦区的山西省、陕西省、河北省旱地和河南省旱薄地
秦农 142	陕西省宝鸡市农业科学研究所	弱春性	中早熟 10月15～25日	6700～7800	黄淮冬麦区南片的河南省中北部、安徽省北部、江苏省北部、陕西关中地区、山东菏泽中高产水肥地
西农 979	西北农林科技大学	半冬性中筋	早熟 10月上中旬	6800～8100	黄淮冬麦区南片的河南省中北部、安徽省北部、江苏省北部、陕西省关中地区、山东省菏泽中高产水肥地
皖麦 48 号	安徽农业大学	弱春性弱筋	中熟 10月中下旬	7000～8000	黄淮冬麦区南片的河南省中南部、安徽省淮北、江苏省北部高中产肥力水地晚茬
皖麦 52 号	安徽省宿州市农业科学研究所	半冬性中筋	中晚熟 10月10旬至25日	7500～8500	黄淮冬麦区南片的河南省中北部、安徽省北部、江苏省北部、陕西省关中地区、山东省菏泽中高产水肥地中茬

品种名称	选育单位	特征特性	生育期 适播期	产量表现 （kg/hm²）	适宜地区
皖麦 56 号	蒙城县农业技术推广中心	弱春性 弱筋	中熟 10 月中下旬	600～7500	黄淮冬麦区南片的河南省中南部、安徽省淮北、江苏省北部高中产肥力水地晚茬
扬麦 15	江苏省里下河地区农业科学研究所	春性弱筋	中熟 10 月下旬至～ 11 月初	4300～6200	长江中下游冬麦区的安徽省、江苏省淮南地区、河南省信阳地区及湖北省部分地区
金麦 8 号	郑州浏虎种子有限公司	半冬性 中筋	中熟 10 月上中旬	7500～8500	黄淮冬麦区南片的河南省中北部、安徽省北部、江苏省北部、陕西省关中地区、山东省菏泽地区高中水肥地块早中茬种植
连麦 2 号	江苏省连云港市农业科学院	半冬性 中筋	中熟 10 月上中旬	7200～8200	黄淮冬麦区南片的河南省中部、安徽省北部、江苏省北部、陕西省关中地区、山东省菏泽地区
徐麦 29	江苏省徐淮地区徐州农业科学研究所	弱春性 中筋	中熟 10 月 10～25 日	6800～7900	黄淮冬麦区南片的河南省中北部、安徽省北部、江苏省北部、陕西省关中地区、山东省菏泽地区
淮麦 21	江苏省徐淮地区淮阴农业科学研究所	弱春性 中筋	中熟 10 月中下旬	7500～8500	黄淮冬麦区南片的河南省中北部、安徽省北部、江苏省沿淮地区、陕西省关中地区中高肥力地块中晚茬
川农 19	四川农业大学	春性中筋	中熟 11 月上中旬	4500～5600	长江上游冬麦区的四川省、重庆市、贵州省、云南省、陕西省南部
川麦 39	四川省农业科学院作物研究所	春性中强筋	中熟 10 月下旬至 11 月上旬	4500～5400	长江上游冬麦区的四川省、重庆市、贵州省、云南省、陕西省南部、河南省南阳、湖北省北部

续表 3-10

品种名称	选育单位	特征特性	生育期 适播期	产量表现 （kg/hm²）	适宜地区
川麦 42	四川省农业科学院作物研究所	春性弱筋	中早熟 10 月下旬至 11 月上旬	4200～6000	长江上游冬麦区的四川省、重庆市、贵州省、云南省、陕西省南部、河南省南阳、湖北省西北部
鄂麦 15	湖北省襄樊市农科所	春性中筋	中熟 10 月中下旬	4200～6000	湖北省北部麦区
鄂麦 18	湖北省农业科学院作物所	半冬性中筋	中熟 10 月下旬至 11 月上旬	5000～6000	湖北省恩施州等山区以外的麦区
辽春 17	辽宁省农业科学院作物研究所	春性强筋	早熟 4 月上旬	4200～4600	东北春麦区的辽宁省、吉林省南部和西北部、内蒙古自治区赤峰市和通辽市、河北省张家口市旱肥地
四春 1	吉林省四平市硬红春麦研究所	春性强筋	晚熟 4 月中上旬	3200～4000	东北春麦区的黑龙江省西北部和内蒙古呼伦贝尔盟等地中等以上肥力地
龙辐麦 14	黑龙江省农业科学院作物育种研究所	春性中筋	晚熟 4 月中上旬	3500～4400	东北春麦区的黑龙江省中北部和内蒙古东四盟中等肥力地
宁春 33	宁夏回族自治区永宁县小麦育种繁殖所	春性中筋	中熟 2 月下旬至 3 月中旬	6000～8000	宁夏回族自治区灌区中下至中上等肥力地及宁南山区水浇地
巴优 1 号	巴彦淖尔市农业科学研究所	春性中筋	中熟 3 月中旬	5600～6600	西北春麦区的内蒙古河套灌区，土默川平原，宁夏黄灌区，新疆伊犁、昌吉地区
高原 314	中国科学院西北高原生物研究所	春性中筋	中早熟 3 月上旬至 4 月上旬	6750～8500	青海省东部以及甘肃省河西地区、宁夏西海固地区等海拔较高的地区
新冬 22	新疆生产建设兵团农七师农业科学研究所	冬性中筋	早熟 9 月 15～25 日	6300～8400	北疆大部分地区

品种名称	选育单位	特征特性	生育期 适播期	产量表现 （kg/hm²）	适宜地区
新春 12	新疆维吾尔自治区农业科学院	春性中筋	早熟 3 月下旬至 4 月上旬	5200～6700	北疆春麦区
新春 21	新疆生产建设兵团农五师农科所	春性强筋	中早熟 3 月中下旬	6420～7000	北疆春麦区
甘春 20 号	甘肃农业大学	春性强筋	早熟 3 月中下旬	6500～7000	甘肃河西和中部等地区
高原 205	中国科学院西北高原生物研究所	弱春性强筋	中熟 3 月中旬	6900～8500	青海省川水地区、柴达木盆地及甘肃省中部地区
永良 15	宁夏永宁县小麦研究所	春性中筋	中熟 2 月下旬至 3 月中旬	7800～8500	宁夏、内蒙古、甘肃、新疆等省、自治区有灌溉条件的高肥力春麦地区
北麦 7	黑龙江省农垦总局红兴隆科学研究所	春性中筋	晚熟 适时播种	4500～5500	东北春麦区的黑龙江北部、内蒙古呼伦贝尔市地区
克旱 21	黑龙江省农业科学院克山分院	春性中筋	晚熟 适时播种	4500～5500	东北春麦区的黑龙江北部、内蒙古呼伦贝尔市地区
龙麦 29	黑龙江省农业科学院育种所小麦室	春性强筋	中熟 适时播种	4000～4700	东北春麦区，黑龙江省东、北部麦区，内蒙省东四盟旱作麦区更为适宜
藏春 667	西藏自治区农牧科学研究院农业研究所	春性弱筋	中熟 3 月下旬至 4 月初	4500～5500	川藏高原高海拔、高水肥地
藏冬 20	西藏自治区农牧科学研究院农业研究所	强冬性中筋	晚熟 10 月上中旬	6000～7500	川藏高原冬麦区

二、小麦的品质区划

　　随着我国食品工业迅速发展,人民生活水平不断提高,饮食习惯逐步从"温饱"向"小康"水平的方向发展,因而以小麦面粉为原料的各种优质高档、食用方便的保健食品、营养食品、精制食品如面包、蛋糕、饼干、方便面等需求量快速增长,国内粮食和食品加工企业对优质专用小麦原料的需求十分迫切。而在小麦产业化过程中,优质专用小麦生产是实现小麦深加工、延长产业链的基础。但要生产优质专用小麦,只有在适宜的区域种植,小麦品种的品质特性才能充分发挥,生产出适合加工需要的优质小麦。

我国小麦种植地域广阔,小麦品质因气候、土壤、耕作制度、栽培措施等环境条件的不同存在很大差异。根据生态因子、肥力水平及栽培措施等对品质特性的影响,品种品质的遗传特性与生态环境的协调性,以及我国小麦的消费状况、商品率和可操作性的原则,可将我国专用小麦生产划分为三大品质区域和10个亚区。

(一)北方强筋、中筋白粒冬麦区

本区包括北部冬麦区和黄淮冬麦区,主要地区有北京市、天津市、山东省全部,河北、河南、山西、陕西省大部,甘肃省东部和苏北、皖北。重点发展白粒强筋和中筋的冬性、半冬性小麦,主要改进磨粉品质和面包、面条、馒头等食品的加工品质;在南部沿河平原潮土区中的沿河冲积砂质轻壤土,也可发展白粒软质小麦。该区可进一步分为3个亚区。

1. 华北北部强筋麦亚区　主要包括北京、天津和冀东、冀中地区,年降水量约400～600mm,多为褐土及褐土化潮土,质地砂壤至中壤,肥力较高,品质较好,主要发展强筋小麦,也可发展中强筋面包、面条兼用麦。

2. 黄淮北部强筋、中筋麦亚区　主要包括河北省中南部、河南省黄河以北地区和山东省西北部、中部及胶东地区,还有山西省中南部、陕西省关中和甘肃省的天水、平凉等地区。年降水量500～800mm,土壤以潮土、褐土和黄绵土为主,质地砂壤至黏壤。土层深厚、肥力较高的地区适宜发展强筋小麦,其他地区发展中筋小麦。山东省胶东丘陵地区多数土层深厚,肥力较高,春夏气温较低,湿度较大,灌浆期长,小麦产量高,但蛋白质含量较低,宜发展中筋小麦。

3. 黄淮南部中筋麦亚区　主要包括河南省中部、山东省南部、江苏和安徽两省北部等地区,是黄淮麦区与南方冬麦区的过渡地带。年降水量600～900 mm,土壤以潮土为主,肥力不高,以发展中筋小麦为主,肥力较高的砂姜黑土及褐土地区也可种植强筋小麦,沿河冲积地带和黄河故道砂土至轻壤潮土区可发展白粒弱筋小麦。

(二)南方中筋、弱筋红粒冬麦区

南方冬麦区包括长江中下游和西南秋播麦区。因湿度较大,成熟前后常有阴雨,以种植较抗穗发芽的红皮麦为主,蛋白质含量低于北方冬麦区约2个百分点,较适合发展红粒弱筋小麦。鉴于当地小麦消费以面条和馒头为主,在适度发展弱筋小麦的同时,还应大面积种植中筋小麦。南方冬麦区的中筋小麦磨粉品质和面条、馒头加工品质与北方冬麦区有一定差距,但通过遗传改良和栽培措施大幅度提高现有小麦的加工品质是可能的。该区包括3个亚区。

1. 长江中下游麦亚区　包括江苏、安徽两省淮河以南、湖北省大部及河南省的南部。年降水量800～1 400 mm,小麦灌浆期间雨量偏多,湿害较重,穗发芽时有发生。土壤多为水稻土和黄棕土,质地以黏壤为主。本区大部分地区发展中筋小麦,沿江及沿海砂土地区可发展弱筋小麦。

2. 四川盆地麦亚区　大体可分为盆西平原和丘陵山地麦区,年降水量约1 100 mm,湿度较大,光照严重不足,昼夜温差小。土壤多为紫色土和黄壤土,紫色土以砂质黏壤土为主。黄壤土质地黏重,有机质含量低。盆西平原区土壤肥力较高,单产水平高;丘陵山地区土层薄,肥力低,肥料投入不足,商品率低。主要发展中筋小麦,部分地区发展弱筋小麦。现有品种多为白粒,穗发芽较重,经常影响小麦的加工品质,应加强选育抗穗发芽的白粒品种,并适当发展一些红粒中筋麦。

3. 云贵高原麦亚区　包括四川省西南部、贵州全省及云南省的大部分地区。海拔相对较高,年降水量 800～1 000 mm,湿度大,光照严重不足,土层薄,肥力差,小麦生产以旱地为主,蛋白质含量通常较低。在肥力较高的地方可发展红粒中筋小麦,其他地区发展红粒弱筋小麦。

(三)中筋、强筋红粒春麦区

本区主要包括黑龙江、辽宁、吉林、内蒙古、宁夏、甘肃、青海、西藏和新疆种植春小麦的地区。除河西走廊和新疆可发展白粒、强筋的面包小麦和中筋小麦外,其他地区收获前后降雨较多,穗易发芽影响小麦品质,以黑龙江省最为严重,宜发展红粒中至强筋春小麦。该区包括 4 个亚区。

1. 东北强筋、中筋红粒春麦亚区　包括黑龙江省北部、东部和内蒙古大兴安岭地区。这一地区光照时间长,昼夜温差大,土壤较肥沃,全部为旱作农业区,有利于蛋白质的积累。年降水量 450～600mm,生育后期和收获期降雨多,极易造成穗发芽和赤霉病等病害发生,严重影响小麦品质。适宜发展红粒强筋或中筋小麦。

2. 北部中筋红粒春麦亚区　主要包括内蒙古东部、辽河平原、吉林省西北部,还包括河北、山西、陕西省的春麦区。除河套平原和川滩地外,主体为旱作农业区,年降水量 250～400mm,但收获前后可能遇雨。土地瘠薄,管理粗放,投入少,适宜发展红粒中筋小麦。

3. 西北强筋、中筋春麦亚区　主要包括甘肃中西部、宁夏全部以及新疆麦区。河西走廊区干旱少雨,年降水量 50～250mm,日照充足,昼夜温差大,收获期降雨频率低,灌溉条件好,生产水平高,适宜发展白粒强筋小麦。新疆冬春麦兼播区,光照充足,年降水量少,约 150mm 左右,昼夜温差大,适宜发展白粒强筋小麦。但各地区肥力差异较大,由于运输困难,小麦的商品率偏低,在肥力高的地区可发展强筋小麦,其他地区发展中筋小麦。银宁灌区土地肥沃,年降水量 350～450mm,生产水平和集约化程度高,但生育后期高温和降雨对品质形成不利,宜发展红粒中强筋小麦。陇中和宁夏西海地区土地贫瘠,少雨干旱,产量低,粮食商品率低,以农民食用为主,应发展白粒中筋小麦。

4. 青藏高原春麦亚区　主要包括青海和西藏的春麦区。这一地区海拔高,光照充足,昼夜温差大,空气湿度小,土壤肥力低,灌浆期长,产量较高,蛋白质含量较其他地区低 2～3 个百分点,适宜发展红粒软质麦。但西藏拉萨、日喀则地区生产的小麦粉制作馒头适口性差,亟待改良。青海西宁一带可发展中筋小麦。

各麦区主要品种可以根据表 3-10 的介绍,根据品种的品质特性选择利用。

第四章　小麦的标准化生产

　　小麦生产是小麦实现产业化的基础,小麦产量的高低与品质的优劣直接影响到产业的效益与产品的加工,小麦的标准化生产技术是实现小麦高产、稳产、优质、高效、安全生产的重要手段。小麦标准化生产栽培技术,就是小麦从种到收的整个生育过程中,根据小麦生长发育规律及其对环境条件的要求和反应,用来协调、控制环境条件与小麦生长发育的关系,满足小麦对环境条件的要求,以达到不断增加产量、改进品质、充分发挥各种资源优势并获得最大的经济效益所采用的一系列技术措施。小麦标准化生产技术包括播前准备、整地技术、播种技术、施肥技术、灌溉技术、管理技术和收获贮藏技术等生产技术环节。各项技术相互配合,共同构成小麦标准化生产技术体系。

第一节　小麦生产的播前准备

　　要实现小麦高产高效标准化生产,生产条件是基础,种好小麦是关键,播前准备是改善条件、保证高质量播种的重要措施。一般播前准备应包括土地准备、种子准备、基肥准备、除草剂与播种机械准备等方面的工作。

一、土地准备

　　小麦生长发育所需要的主要营养物质和水分主要靠土壤供应,小麦生产过程中的栽培技术措施多数是通过改善土壤实施的,因此播前土壤准备对改善小麦生产的基本条件,获得稳产、高产都有十分重要的作用。

(一)小麦对土壤条件要求

　　小麦是适应性较广的作物,几乎所有农业土壤都可种植小麦;但要实现小麦高产、稳产、优质、高效、安全,还必须有一个良好的土壤条件,以满足小麦生育过程中对水、肥、气、热的要求。我国小麦产区土壤类型复杂多样,小麦产量水平差异较大,综合各地生产条件,一般高产麦田要求:

　　1. 耕层深厚,结构良好　高产麦田一般要求耕作层 20cm 以上;耕层土壤容重为 $1.1\sim1.35g/cm^3$,孔隙度为 $50\%\sim55\%$,非毛管孔隙 $15\%\sim20\%$;具有疏松、软绵的耕层结构,质地良好,有丰富的水稳性团粒结构,能蓄纳较多的肥水,为小麦根系生长、深扎创造有利的条件,能较强的抗御旱、涝及干热风对小麦的危害。同时,具备良好的耕性,耕作阻力小,适耕期长,有利于提高整地质量和播种质量。

　　2. 土壤肥沃,养分供应协调　高产小麦要求土壤耕作层有机质含量 $12.0\sim15.0g/kg$ 及以上,其中易分解有机质占 50% 左右。全氮含量 $80\sim110\mu g/g$,速效磷

$10\sim15\mu g/g$，速效钾 $140\mu g/g$ 以上。同时，要求土壤水解氮含量 $70\mu g/g$ 以上，碳：氮$=25：1$。

3. 土地平整，沟渠配套　高产麦田要求地面平整，坡降不超过 0.3%，保证排灌顺利，防止土、肥、水流失，同时也有利于保证各项田间作业的质量。麦田内外沟、渠、涵、闸要配套，确保及时排灌，增强抗灾减灾能力。

(二)耕作整地技术

小麦要达到高产稳产，必须要具有一个良好的土壤环境。耕翻整地质量直接影响小麦播种质量和幼苗生长。通过耕翻整地可以改良土壤结构，增强土壤蓄水性能，提高土壤供肥能力，从而促进小麦生长发育，有利于培育壮苗。良好的整地质量有利于培育早、全、齐、匀、壮苗。高产小麦要求深耕细整，达到耕层深厚，结构良好，有机质丰富，养分协调，土碎地平，上虚下实，水、肥、气、热协调。耕翻整地是小麦标准化生产的基本技术环节之一，也是其他技术措施发挥增产潜力的基础。

麦田的耕作整地一般包括深耕和播前整地两个环节。深耕可以加深耕作层，有利于小麦根系下扎，增加土壤通气性，提高蓄水保肥能力，协调水、肥、气、热，提高土壤微生物活性，促进养分分解，保证小麦播后正常生长。在一般土壤上，耕地深度为 $20\sim25cm$。播前整地可起到平整地表、破除板结、匀墒保墒、深施肥料等作用，是保证播种质量，达到苗全、苗匀、苗齐、苗壮的基础。耕作整地因小麦栽培类型不同有所区别。

1. 水浇地冬小麦整地技术　水浇地一般复种指数高，多为一年两作或二年三作。一年两作收获后种麦农时紧张，要在较短的时间内完成深耕、施肥、播种前整地3个环节，因此应在前作收获前尽量加强前作管理，促进早熟，并力争在前作收获前1周浇好穿茬水，前作收获后立即撒肥深耕，及时耙耱整地。二年三作的麦田前作收获较早，耕作整地时间较为充足，应在前作收获后立即浅耕灭茬保墒，施足基肥，遇雨深耕，无雨要先浇底墒水后，在宜耕期适时进行深耕耙，耕后耙耱，以后遇雨都要及时耙耱收墒。

2. 旱地小麦整地技术　北方旱地小麦，在年降水量为 $600mm$ 以上的地区，多为一年二作或二年三作区，耕作整地与水地基本相同，但要注意前作生长期间及收获以后的保墒技术。在年降水量为 $500mm$ 左右的地区，多为一年一作的休闲半休闲的麦田耕作制，麦收后正值雨季来临，要紧紧围绕夏季降水进行耕作。一般在麦收后立即浅耕灭茬打破表土板结层，待第一次透雨时，趁雨深耕，有利于接纳雨水。为了达到纳雨与保墒的双重目的，可以在雨季的每次降雨之后都进行粗犁，也可以用小型圆盘耙耙地。对联合收割机收获留高茬的麦田，麦收后要用灭茬机灭茬、麦秸覆盖，其纳雨蓄墒效果更好。在雨季过后，约8月中下旬，要结合施基肥进行深翻，耕后进行精细耙耱整地，达到既松土又保墒的目的。

3. 稻茬麦耕整地技术　稻茬麦前作为水稻，稻田长期浸水形成水稻土，土壤多黏重，固、液、气三相不协调。耕翻可翻转耕层，将耕层以下层次适度变换，掩埋有机肥料、作物残茬、杂草及病虫有机体等;可疏松耕层,松散土壤,降低土壤容重,增加孔隙度,改善通透性,促进好气性微生物活动和养分释放;提高土壤渗水、蓄水能力和保肥、供肥能力。要及时开沟排水,注意水稻收获后土壤干湿程度,及时耕翻,耕翻深度以 15～20cm 为宜。整地包括耙地、开沟、畦等。整地质量要求达到地面平整、混拌肥料、耙碎根茬、消除杂草、上松下实。

4. 春小麦整地技术　春小麦深耕要在冬前进行,一般秋耕越早越好,具有促进土壤晒垡熟化、接纳秋雨、消灭杂草的作用。秋深耕可结合施入基肥。灌溉地区在入冬前要进行筑畦和冬灌。播前要在解冻返浆期,及早进行耕耙保墒整地。

各种麦田耕作整地的质量标准应达到深、透、碎、平、实、足,即深耕深翻加深耕层,耕透耙透不漏耕漏耙,土壤细碎无明暗坷垃,地面平整,上虚下实,底墒充足,为小麦播种和出苗创造良好条件。

二、种子准备

(一)选用良种的原则

良种是小麦生产最基本的生产资料之一。良种包括优良品种和优良种子两个方面。提供高质量良种是实现小麦标准化生产和高产、稳产、优质和高效生产目标的重要手段。生产上选用良种必须根据品种特性、自然条件和生产水平,因地制宜用种。既要考虑品种的丰产性、抗逆性和适应性,又要防止用种的单一性。一般在品种布局上,应选用 2～3 个品种,以一个品种为主(当家品种),其他品种搭配种植,这样既可以防止因自然灾害而造成的损失,又便于调剂劳力和安排农活。选用小麦良种应做到:

1. 根据气候生态条件选种　选用生长发育特性适合当地条件的品种,避免春性过强的品种发生冻害,或冬性过强的品种造成贪青晚熟。

2. 根据当地的耕作制度与生产水平选种　根据耕作制度、茬口早晚等选择适宜当地种植的早、中、晚熟品种,还要根据当地生产水平、肥力水平、气候条件和栽培水平确定品种类型和不同产量水平的品种。

3. 要立足抗灾保收选种　高产、稳产和优质兼顾,尤其要抵御当地的主要自然灾害。

4. 慎换当家品种　更换当家品种或从外地引种时,要通过试种、示范再推广应用,以免给生产造成经济损失。

(二)种子的质量要求

优良种子是实现小麦壮苗和高产的基础。种子质量一般包括纯度、净度、发芽率、水分、千粒重、健康度、优度等。我国目前种子分级所依据的指标主要是种子净度、发芽率和水分,其他指标不作为分级指标,只作为种子检验的内容。

1. 品种纯度　是指一批种子中本品种的种子数占供检种子总数的百分率。品种纯度高低会直接影响到小麦良种优良遗传特性能否得到充分发挥和持续稳产、高产。小麦原种纯度标准要求不低于99.9%,良种纯度要求不低于99.0%。

2. 种子净度　是指小麦种子清洁干净的程度,具体地讲是指样品中除去杂质和其他植物种子后,留下的小麦净种子重量占分析样品总重量的百分率。小麦原种和良种净度要求均不低于98.0%。

3. 发芽力　是指种子在适宜的条件下发芽并长成正常幼苗的能力,常采用发芽率与发芽势表示,是决定种子质量优劣的重要指标之一。在调种前和播种前要做好种子发芽试验,根据种子发芽率高低计算播种量,既可以防止劣种下地,又可保证田间苗全、苗齐,为小麦高产奠定良好基础。种子发芽势是指在温度和水分适宜的发芽试验条件下,发芽试验初期(3天内)长成的全部正常幼苗数占供试种子数的百分率。种子发芽势高,表明种子发芽出苗迅速、整齐、活力高。种子发芽率是指在温度和水分适宜的发芽试验条件下,发芽试验终期(7天内)长成的全部正常幼苗数占供试种子数的百分率。种子发芽率高,表示有生活力的种子多,播种后成苗率高。小麦原种和良种发芽率要求均不低于85.0%。

4. 种子活力　是指种子发芽、生长性能和产量高低的内在潜力。活力高的种子,发芽迅速、整齐,田间出苗率高;反之,出苗能力弱,受不良环境条件影响大。种子的活力高低,既取决于遗传基础,也受种子成熟度、种子大小、种子含水量、种子机械损伤和种子成熟期的环境条件与收获、加工、贮藏和萌发过程中外界条件的影响。

5. 种子水分　种子水分也称种子含水量,是指种子样品中含有水分重量占种子样品重量的百分率。由于种子水分是种子生命活动必不可少的重要成分,其含量多少会直接影响种子安全贮藏和发芽力的高低。种子样品重量可以用湿重(含有水分时的重量)表示,也可以用干重(烘失水分后的重量)表示,因此种子含水量的计算公式有两种表示方法:种子水分(%)=(样品重-烘干重)/样品重×100(以湿重为基数);种子水分(%)=(样品重-烘干重)/烘干样品重×100(以干重为基数)。小麦原种和良种种子水分要求均不高于13.0%(以湿重为基数)。

(三)种子精选与处理

种子准备应包括种子精选和种子处理等环节。

1. 种子精选　在选用优良品种的前提下,种子质量的优劣直接关系到出苗与生长整齐度,以及病虫草害的传播蔓延等问题,对产量有很大影响。实施大面积小麦标准化生产,必须保证种子的饱满度好、均匀度高,这就要求必须对播种的种子进行精选。精选种子一般应从种子田开始。种子田就是良种繁殖田。良种繁殖田所用的种子必须是经过提纯复壮的原种,使其保持良种的优良种性,包括良种的特征特性、抗逆能力和丰产性等。种子田收获前还应进行严格的去杂去劣,保证种子的纯度。良种繁殖田的种子收获后,要进行严格的精选。目前精选种子的主要方法是风选、筛选、泥水选种、精选机械选种等。通过种子精选可以清除杂质、瘪粒、不完全粒、病粒及杂草种子,以保证种子的粒大、饱满、整齐,提高种子发芽率、发芽势和田间成苗率,有利于培育壮苗。

2. 种子处理　小麦播种前为了保证种子发芽出苗整齐、早发快长以及防治病虫害,还要进行种子处理。种子处理包括播前晒种、药剂拌种和种子包衣等。播前晒种一般在播种前2～3天,选晴天晒1～2天。晒种可以促进种子的呼吸作用,提高种皮的通透性,加速种子的生理成熟过程,打破种子的休眠期,提高种子的发芽率和发芽势,消灭部分种子所带病菌,使种子出苗整齐。药剂拌种是防治病虫害的主要措施之一。生产上常用的小麦拌种剂有50%辛硫磷,使用量为每10kg种子20ml;2%戊唑醇,使用量为每10kg种子10～20g;15%三唑酮,使用量为每10kg种子20g,可防治地下害虫和小麦病害。种子包衣就是把杀虫剂、杀菌剂、微肥、植物生长调节剂等通过科学配方复配,加入适量溶剂成糊状,然后利用机械均匀搅拌后并涂在种子上,成为"包衣"。包衣后的种子晾干后即可播种。使用包衣种子省时、省工、成本低、成苗率高,有利于培育壮苗,增产比较显著。一般可直接从市场购买包衣种子,生产规模和用种量较大的农场也可自己包衣。可用于小麦种子包衣的药剂有2.5%咯菌腈、3%苯醚甲环唑、12.5%全蚀净等,使用量为每10kg种子10～20ml。

三、基肥施用

在研究和掌握小麦需肥规律和施肥量与产量关系的基础上,依据当地的气候、土壤、品种、栽培措施等实际情况,确定小麦肥料的运筹技术,提高肥料利用效率。根据肥料施用的时间和目的等不同,我们将小麦肥料划分为基肥(底肥)和追肥。基肥一般在小麦播种前施用,追肥在小麦生长期施用。基肥可以提供小麦整个生育期对养分的需要,对于促进麦苗早发、冬前培育壮苗、增加有效分蘖和壮秆大穗具有重要的作用。基肥的种类、数量和施用方法直接影响基肥的肥效。

(一)基肥的种类与用量

1. 基肥的种类　基肥以有机肥、磷肥、钾肥和微肥为主,以速效氮肥为辅。有机肥具有肥源广、成本低、养分全、肥效缓、有机质含量高、能改良土壤理化特性等优点,对各类土壤和不同作物都有良好的增产作用。因此,基肥施用应坚持增施有机肥,并与化肥搭配使用。

2. 基肥的用量　基肥施用量要根据土壤基础肥力和产量水平而定。一般麦田每667m^{2}施优质有机肥5000kg以上,纯氮13～15kg(折合碳铵75～85kg或尿素28～30kg)、P_2O_5 6～8kg(折过磷酸钙50～60kg,或磷酸二铵20～22kg)、K_2O 9～11kg(折氯化钾18～22.5kg),硫酸锌1～1.5kg(隔年施用)。推广应用腐殖酸生态肥和有机无机复合肥,或每667m^{2}施三元复合肥50kg。大量小麦肥料试验证明,土壤基础肥力较低和中低产水平麦田,要适当加大基肥施用量,速效氮肥基肥与追肥的比例以7:3为宜;土壤基础肥力较高和高产水平麦田,要适当减少基肥施用量,速效氮肥基肥与追肥的比例以6:4(或5:5)为宜。

(二)基肥的施用技术

小麦基肥施用技术有将基肥撒施于地表面后立即耕翻和将基肥施于堡沟内边施

肥边耕翻等方法。对于土壤质地偏黏,保肥性能强,又无灌水条件的麦田,可将全部肥料一次作基肥施用,俗称"一炮轰"。具体方法是,把全量的有机肥、2/3 氮、磷、钾化肥撒施地表后,立即深耕,耕后将余下的肥料撒到垡头上,再随即耙入土中。对于保肥性能差的沙土或水浇地,可采用重施基肥、巧施追肥的分次施肥方法,即把 2/3 的氮肥和全部的磷肥、钾肥、有机肥作为基肥,其余氮肥作为追肥。微肥可作基肥,也可拌种。作基肥时,由于用量少,很难撒施均匀,可将其与细土掺和后撒施地表,随耕入土。用锌、锰肥拌种时,每 kg 种子用硫酸锌 2～6g、硫酸锰 0.5～1g,拌种后随即播种。

四、播种机的选用

小麦播种机械化是保证高产小麦播种均匀、播深一致和出苗均匀整齐,实现苗齐、苗全、苗匀、苗壮的重要措施。播种机类型与播种质量有直接影响,一般播种机的选用要根据不同地区的生产、土壤条件和作物茬口等综合考虑。

(一)精量半精量播种机

适宜于水浇地高产麦田的精量、半精量播种。精量播种选用 2BJM-3-1 型精密播种机,行距 20～30cm,播种深度 3～5cm,每 hm² 播种量 45～75kg;半精量播种选用 2BJS-6 型半精量播种机,行距 20cm,播种深度 3～5cm,播种量 75～105kg/hm²。

(二)转盘式精量播种机

适宜于旱地小麦播种。可保证种子播种密度均匀,深浅一致,行距 20cm,播深 4～6cm,缩短始苗期到齐苗期的时间(2～3 天),并减少缺苗断垄和疙瘩苗,建立良好的苗情基础。

(三)浅旋耕条播机

适宜于稻茬小麦播种。稻茬田土壤板结、田面不平和留茬稻桩的存在,常规播种机条播时往往易堵塞排种孔,造成低播种量条件下不能均匀播种。在水稻收获后,土壤墒情适宜时,对稻板茬先浅旋耕灭茬,再镇压,使田面平整、土层严实,然后采用精量或半精良扩行机条播,或耕翻后再直接采用浅旋耕机条播。保证播种深度 2～3cm,落籽均匀,有利于早出苗、出全苗,且落籽在富含养分的土壤表层,有利于早发壮苗。

(四)地膜覆盖播种机

适宜于肥旱地和扩浇水地小麦播种,又分为穴播机和条播机两种。穴播一般采用机引 7 行穴播机,地膜为幅宽 140cm、厚度 0.007mm 的聚乙烯微膜,用量约 75～85kg/hm²,每幅播 7 行小麦,行距 20cm,穴距 10cm,幅间距 20～30cm,播种深度 3～5cm。穴播机可一次完成开沟、覆膜、打孔、播种、覆土等作业,播种时要注意机械牵引行走速度要均匀,防止膜孔错位。条播一般采用机引 4 行条播机,地膜为幅宽 40cm、厚度 0.007mm 的聚乙烯微膜,用量约 45～55kg/hm²,膜下起垄,垄宽 30cm,垄高 10cm,膜侧为沟,沟内播 2 行小麦,行距 20cm,形成宽窄行带状种植,机械牵引每次种两带,条播机可一次完成开沟起垄、施肥、播种、覆膜、覆土等作业。播种后要每隔 2～3m 压一条土腰带,防止大风揭膜。地膜覆盖播种机要求做到地面平整、上虚下实、无土块、无根茬,覆膜播种前要求墒情良好。播种期一般应比当地适宜播期推迟 5～7 天,以防止冬前旺长。

五、除草剂的选用

麦田草害是影响小麦产量的重要限制因子之一。草害会恶化田间小气候,加重小麦病虫害发生,影响小麦品质。防除麦田草害的措施除中耕除草外,化学除草是一种高效、及时、省工、省力、经济廉价、行之有效的防除草害的方法。

(一)麦田主要杂草

据调查,麦田常见杂草有 30 余种。其中,危害小麦的主要恶性杂草有:喜湿性禾本科杂草包括看麦娘、日本看麦娘、野燕麦、早熟禾、马唐、硬草和罔草等;旱生性阔叶类杂草包括猪殃殃、大巢菜、小巢菜、牛繁缕、繁缕、麦家公、荠菜、播娘蒿、婆婆纳、夏至草和泽漆等。

(二)化学除草

近 10 多年来,我国化学除草发展很快,在研究杂草的生物学特性和防除技术的同时,麦田杂草的防除和不同除草剂的应用也得到了推广普及。化学除草消灭杂草效果显著,但使用技术也要求严格。因此,要在了解主要杂草种类的基础上,掌握除草剂的特点与防除对象、使用方法和注意事项。

1. 禾本科杂草的防除　目前小麦生产上防除禾本科杂草的除草剂种类主要有:绿麦隆、精噁唑禾草灵(加入安全剂)(骠马)、异丙隆、甲磺隆、绿磺隆及甲磺隆、绿黄隆复配剂等。绿麦隆一般用量为 3 750～5 250g/hm^2,在播后芽前或出苗后对水 750～900L/hm^2 均匀喷雾。为了提高绿麦隆的防效,各地对绿麦隆的使用技术进行了一系列的改进。如大水量泼浇法、药肥混喷法、复配法等。随着骠马、异丙隆和黄酰脲类等高效除草剂的开发推广,绿麦隆使用量逐年减少。骠马是防除麦田看麦娘、野燕麦、早熟禾、马唐、硬草和罔草等的特效除草剂,具有防效高、用药适期宽、使用安全等优点。对控制恶性杂草看麦娘发挥了无可替代的作用。骠马是一种内吸传导型除草剂,主要通过杂草的绿色部位吸收,一般冬前用量为 6.9％浓乳油 600mg/hm^2,年后为 900～1 125mg/hm^2,对水 450～600L/hm^2 均匀喷雾,在看麦娘、野燕麦、硬草和罔草等出齐后或分蘖盛期对其茎叶喷雾,防效可达 95％以上。但骠马对阔叶杂草无效,且不能用于大麦、玉米和高粱田,否则会产生药害。异丙隆可防除麦田看麦娘、早熟禾、硬草、牛繁缕、碎米荠等一年生杂草,防效明显优于绿麦隆,尤其是对硬草防效突出。异丙隆属取代脲类除草剂,但在水中溶解度高,在土壤中比绿麦隆降解快,因此安全性也比绿麦隆高。异丙隆是选择性内吸传导型除草剂,杂草由根部和叶片吸收。冬前一般用量为 25％ 异丙隆 4 500g/hm^2,年后春季用量需增加到 7 500g/hm^2,对水 750L 均匀喷雾,最适用药期是在冬前麦苗三叶期出草高峰后。春季宜掌握在早春使用,麦苗拔节后不宜使用。

2. 阔叶杂草的防除 目前小麦生产上使用防除阔叶杂草的主要除草剂种类有:苯磺隆、2-甲-4-氯钠盐、灭草松、麦草畏、氯氟吡氧乙酸等。苯磺隆可防除以荠菜、繁缕、麦家公、播娘蒿为主的麦田杂草,一般用量为 75%苯磺隆干悬剂 15g/hm² 对水 900L,均匀喷雾。苯磺隆对荠菜防效优于氯氟吡氧乙酸,但苯磺隆最佳使用期宜在杂草齐苗至 3 叶期。应用苯磺隆的麦田在 60 天内不宜种植阔叶作物。麦草畏可防除猪殃殃、大巢菜、繁缕、藜、蓼等为主的麦田杂草。一般在春季小麦拔节前,气温回升到 6℃~8℃以上时,使用 48%麦草畏用量 150~200mg/hm²,加 20%2-甲-4-氯钠盐水剂 2 000mg/hm²,对水 900L 均匀喷雾。氯氟吡氧乙酸可防除以泽漆为主的麦田杂草。20%氯氟吡氧乙酸用量 600mg/hm²,加 20%2-甲-4-氯钠盐水剂 2 250mg/hm²,对水 900L 均匀喷雾,除草效果更好。

第二节 小麦的标准化生产技术

小麦的标准化生产技术就是在小麦从种到收的整个生产过程中,为实现小麦高产、稳产、优质、高效、安全生产所采用的一系列技术措施,主要包括播种技术、施肥技术、灌溉技术、田间管理技术、病虫害防治技术和防灾减灾技术等。

一、播种技术

播种技术是小麦标准化生产技术中的重要基础环节。播种质量直接关系到小麦出苗、麦苗生长和麦田的群体结构,也影响其他栽培技术措施的实施和产量的形成。衡量播种质量的标准是达到苗全、苗齐、苗匀和苗壮。播种技术主要包括播种期、播种量和播种质量等技术环节。

(一)适期播种

适期播种是使小麦苗期处于最佳的温、光、水条件下,充分利用光热和水土资源,达到冬前培育壮苗的目的。确定适宜播种期的方法为:根据品种达到冬前壮苗的苗龄指标和对冬前积温的要求初步确定理论适宜播种期,再根据品种发育特性、自然生态条件和拟采用的栽培体系的要求进一步调整,最终确定当地的适宜播种期。

1. 冬前积温 小麦冬前积温指标包括播种到出苗的积温及出苗到定蘖数的积温。据研究,播种到出苗的积温一般为 120℃左右(播深在 4~5cm),出苗后冬前主茎每片叶平均约需 75℃左右积温。这样,根据主茎叶片和分蘖产生的同伸关系,即可求出冬前不同苗龄与蘖数的总积温。一般半冬性品种冬前要达到主茎 6~7 片叶,春性品种冬前要达到主茎 5~6 片叶,如越冬前要求单株茎数为 5 个,主茎叶数为 6片,则冬前总积温为:75×6+120=570℃。得出冬前积温后,再从当地气象资料中找出昼夜平均温度稳定降到 0℃的时期,由此向前推算,将逐日平均高于 0℃的温度累加达到 570℃的那一天,即可定为理论上的适宜播期,这一天的前、后 3 天,即可作为适宜范围。

2. 品种发育特性　不同感温、感光类型品种，完成发育要求的温光条件不同。播种过早不适于感温发育，只适于营养生长，造成营养生长过度或春性类型发育过快，不利于安全越冬；播种过晚有利于春化发育，不利于营养生长。一般强冬性品种宜适当早播，弱冬性品种可适当晚播。

3. 自然生态条件　小麦一生的各生育阶段，都要求相应的积温。但不同地区、不同海拔地势地区的光热条件不同，达到小麦苗期所要求的积温时间也不同。一般我国随纬度与海拔的提高，积温累积时期加长，因而播种要适当提早。华北大部分地区都以秋分种麦较为适时，各地具体播种时间均依条件的变化进行调节。

4. 栽培体系及苗龄指标　不同栽培体系要求苗龄指标不同，因而播种适期也不同。精播栽培体系，依靠分蘖成穗，要求冬前以大苗龄越冬（主茎7～8叶龄），播期要早。独秆（主茎成穗为主）栽培体系要求控制分蘖，以主茎成穗（3～4叶龄），播期要晚。

可见适期播种是随其他栽培因素而改变的相对概念。由于播种期具有严格的地区性，在理论推算的前提下，根据实践各麦区冬小麦的适宜播期为：冬性品种一般在日平均气温16℃～18℃，弱冬性品种一般在14℃～16℃时，约在9月中下旬至10月中下旬，在此范围内，还要根据当地的气候、土壤肥力、地形等特点进行调整。北方春小麦主要分布在北纬35°以北的高纬度、高海拔地区，春季温度回升缓慢，为了延长苗期生长，争取分蘖和大穗，一般在气温稳定在0℃～2℃，表土化冻时即可播种，东北春麦区约在3月中旬至4月中旬，宁夏、内蒙古及河北坝上地区约在3月中旬左右。

(二)合理密植

合理密植包括确定合理的播种方式、合理的基本苗数，提出各生育阶段合理的群体结构，实现最佳产量结构等。大量研究结果和生产实践表明：穗数是合理的群体结构与最佳产量构成的主导因素，基本苗数是取得合理穗数的基础，单株成穗是达到合理穗数重要的调控途径。而在当前大面积生产条件下，通过播种量控制基本苗是合理密植的主要手段。

1. 确定合理播种量的方法　小麦生产上通常采取"以地定产，以产定穗，以穗定苗，以苗定籽"的方法确定实际播种量，即以土壤肥力高低确定产量水平，根据计划产量和品种的穗粒重确定合理穗数，根据计划穗数和单株成穗数确定合理基本苗数，再根据计划基本苗和品种千粒重、发芽率及田间出苗率等确定播种量。种子发芽率在种子质量的检验中确定，田间出苗率一般以80％计，根据整地质量与墒情在70％～90％范围内调整。实际播种量可按下式计算：播种量（kg/hm²）＝1hm² 计划基本苗（万）×千粒重（g）/发芽率（％）/种子净度（％）/田间出苗率（％）/10⁶。

2. 影响播种量的因素　在初步确定理论播种量的基础上，实际播种量还要根据当地生产条件、品种特性、播期早晚、栽培体系类型等情况进行调整。调整播种量时掌握的原则是:土壤肥力很低时,播种量应低些,随着肥力的提高,应适当增加播种量;当肥力达到一定水平时,则应相对减少播种量。对营养生长期长、分蘖力强的品种,在水肥条件较好的条件下可适当减少播种量;对春性强、营养生长期短、分蘖力弱的品种可适当增加播种量;大穗型品种宜稀,多穗型品种宜密。播种期早晚直接决定冬前有效积温多少,播种量应为早稀晚密。不同栽培体系中,精播栽培要求苗数少,播量低;独秆栽培由于播种晚,冬前基本无分蘖,要求播量增大;常规栽培,播期适宜,主穗与分蘖并重,播种量居中。

(三)高质量播种

在精细整地、合理施肥(有时包括灌水)、选择良种、适时播种和合理密植等一系列技术措施的基础上,要实现小麦高质量播种,还必须创造适宜的土壤墒情,采用机械化播种,选用适当的播种方式,才能够保证下籽均匀、深度适宜、深浅一致、覆土良好,达到苗全、苗齐、苗匀和苗壮的标准。避免"露籽、丛籽、深籽"现象。

播种深度一般以 3～5cm 为宜。在遇土壤干旱时,可适当增加播种深度,土壤水分过多时,可适当浅播。要防止播种过深或过浅。如果播种太深,幼苗出土消耗养分太多,地中茎过长,出苗迟,麦苗生长弱,影响分蘖和次生根发生,甚至出苗率低,无分蘖和次生根,越冬死苗率高;播种太浅,会使种子落干,不利于根系发育,影响出苗,丛生小蘖,分蘖节入土浅,越冬易受冻害。

土壤肥力较好的高产农田,一般适宜精量或半精量播种,播种方式多采用等行距条播,行距为 20～25cm,也可根据套种要求实行宽窄行播种,或在旱作栽培中进行沟播、覆盖穴播、条播等方式。精量或半精量播种可通过降低基本苗,促进个体健壮生长,培育壮苗,协调群体和个体的关系,提高群体质量,实现壮秆大穗。

二、施肥技术

(一)小麦的需肥特性

了解小麦的需肥特性是合理进行小麦施肥的基础。小麦生长发育所需要的营养元素有碳、氢、氧、氮、磷、钾、钙、镁、硫等和微量元素铁、锰、锌、钼、硼、铜等。其中,来自空气和水的碳、氢、氧大量元素通过光合作用而获得,约占小麦干物质重的 95% 左右;其他氮、磷、钾等元素主要依靠根系从土壤中吸收,占小麦干物质重不足 5%,其中氮、钾各在 1% 以上,磷、钙、镁、硫各在 0.1% 以上,微量元素均在 6mg/kg 以上。

大量研究分析表明(表 4-1),随着产量水平的提高,氮、磷、钾吸收总量相应增加。小麦每生产 100kg 籽粒,约需氮 $3.0\pm0.9kg$、磷(P_2O_5)$1.1\pm0.2kg$、钾(K_2O)$3.3\pm0.6kg$,三者的比例约为 2.8∶1∶3.1,但随着产量水平的提高,氮的相对吸收量减少,钾的相对吸收量增加,磷的相对吸收量基本稳定。

表 4-1　不同产量水平下小麦对氮、磷、钾吸收量

产量水平 (kg/hm²)	吸收总量(kg/hm²)			100kg 吸收量(kg)			吸收比 (N∶P∶K)	资料来源
	N	P_2O_5	K_2O	N	P_2O_5	K_2O		
1965	116.7	35.6	54.8	5.94	1.81	2.79	3.3∶1∶1.5	山东农业大学
3270	120.3	40.1	90.3	3.69	1.23	2.76	3.0∶1∶2.2	河南省农科院
4575	125.9	40.2	133.7	2.75	0.88	2.92	3.1∶1∶3.3	山东省农科院
5520	142.5	50.3	213.5	2.58	0.91	3.87	2.8∶1∶4.3	河南农业大学
5940	194.6	62.9	160.4	3.28	1.06	2.70	3.0∶1∶2.5	百泉农业专科学校
6180	179.3	55.7	234.9	2.90	0.90	3.80	3.2∶1∶4.2	山东省农科院
6420	159.0	73.6	166.5	2.48	1.15	2.59	2.2∶1∶2.3	烟台市农科所
7455	207.2	82.1	216.3	2.78	1.09	2.90	2.6∶1∶2.7	河南农业大学
7650	182.9	75.0	212.0	2.39	0.98	2.77	2.4∶1∶2.8	山东农业大学
7740	233.0	91.5	352.2	3.01	1.18	4.55	2.6∶1∶3.8	山东省农科院
8265	229.2	99.3	353.3	2.77	1.20	4.27	2.3∶1∶3.6	河南农业大学
9150	246.3	85.5	303.0	2.69	0.93	3.31	2.9∶1∶3.6	山东农业大学
9540	242.2	95.3	311.0	2.54	1.00	3.26	2.5∶1∶3.3	山东农业大学
9810	286.8	97.4	330.2	2.92	0.99	3.37	2.9∶1∶3.4	山东农业大学
平　均	190.4	69.7	216.6	3.05	1.09	3.28	2.8∶1∶3.1	

　　随着小麦在生育进程中干物质积累量的增加(表 4-2)，氮、磷、钾吸收总量也相应增加。起身期以前麦苗较小，氮、磷、钾吸收量较少。起身以后，植株迅速生长，养分需求量也急剧增加，拔节至孕穗期小麦对氮、磷、钾的吸收达到一生的高峰期。其中，小麦对磷的需求在开花后有第二次吸收高峰；对氮的吸收孕穗期后强度减弱，成熟期达最大累积量；对钾的吸收到抽穗期达最大累积量，其后钾的吸收出现负值。不同生育时期营养元素吸收后的积累分配，主要随生长中心的转移而变化(表 4-3)。苗期主要用于分蘖和叶片等营养器官(春小麦包括幼穗)的建成；拔节至开花期主要用于茎秆和分化中的幼穗；开花以后则主要流向籽粒。籽粒中的氮素来源于两个部分，大部分是开花以前植株吸收氮的再分配，小部分是开花以后根系吸收的氮约80%以上输向籽粒。磷的积累分配与氮的基本相似，但吸收量远小于氮。钾向籽粒中转移量很少。

表 4-2 小麦不同生育时期氮、磷、钾累积进程

（河北农业大学，1993）

生育时期	干物质 (kg/hm²)	N (kg/hm²)	N 累积量（%）	P₂O₅ (kg/hm²)	P₂O₅ 累积量（%）	K₂O (kg/hm²)	K₂O 累积量（%）
		N		P_2O_5		K_2O	
		（kg/hm²）	累积量（%）	（kg/hm²）	累积量（%）	（kg/hm²）	累积量（%）
三叶期	168.0	7.65	3.76	2.70	3.08	7.80	3.32
越冬期	841.5	30.45	14.98	11.55	13.18	30.75	13.11
返青期	846.0	30.90	15.20	10.65	12.16	24.30	10.36
起身期	768.0	34.65	17.05	14.55	16.61	33.90	14.45
拔节期	2529.0	88.50	43.54	25.20	28.77	96.90	41.30
孕穗期	6307.5	162.75	80.07	49.80	56.85	214.20	91.30
抽穗期	7428.0	170.10	83.69	54.00	61.64	234.60	100.00
开花期	7956.0	164.70	81.03	57.30	65.41	206.10	87.85
花后 20 天	12640.5	180.75	88.93	67.20	76.71	184.65	78.71
成熟期	15516.0	203.25	100.00	87.60	100.00	191.55	81.65

注：数据为冀麦 24、冀麦 7 号和丰抗 2 号品种的平均值，平均产量 6976.5kg/hm²

表 4-3 小麦不同生育时期氮、磷、钾在各器官中的分配比例 （%）

（河北农业大学，1993）

生育时期	N			P_2O_5			K_2O		
	叶	茎	穗	叶	茎	穗	叶	茎	穗
越冬期	100.0			100.0			100.0		
返青期	100.0			100.0			100.0		
起身期	100.0			100.0			100.0		
拔节期	93.8	6.2		89.2	10.8		88.7	11.3	
孕穗期	78.6	13.2	8.2	62.6	24.3	13.1	63.9	31.9	4.2
抽穗期	68.8	17.1	14.1	50.5	27.3	22.2	51.1	40.8	8.1
开花期	61.5	22.3	16.2	49.5	28.0	22.5	50.1	40.1	9.8
花后 20 天	36.2	13.4	50.4	23.3	12.8	63.9	36.2	43.6	20.2
花后 30 天	21.5	10.0	68.5	15.4	8.3	76.3	33.0	42.0	25.0
成熟期	16.1	6.5	77.4	12.6	7.1	80.3	29.2	43.1	27.7

注：数据为冀麦 24、冀麦 7 号和丰抗 2 号品种的平均值，平均产量 6976.5 kg/hm²

（二）合理施肥的原则

合理施肥是指通过施肥手段调控土壤养分，培肥地力，提高肥料利用率，经济有效地满足小麦高产对肥料的需求。合理施肥的一般原则为：

1. 坚持前茬作物秸秆还田增施有机肥，有机肥与无机肥配施 有机肥（农家肥）具有肥源广、成本低、养分全、肥效迟缓、有机质含量高、可改良土壤等优点，对各类土

壤和各种作物都有良好的增产作用。为确保小麦高产、稳产的需要,必须坚持增施有机肥,并与化肥配合施用。增施有机肥,关键在于开辟肥源,如采取过腹还田、秸秆还田、高温堆肥、种植绿肥、积攒土杂肥等措施。

2. 依据土壤基础肥力和产量水平,合理施肥 由于土壤基础肥力不同,施用同等肥料的增产效果不同。在施肥时应注意薄地、远地和晚茬地适当多施,肥地可适当少施,以有利于充分发挥肥料的增产效益,达到均衡增产目的。

3. 重施基肥,适时适量追施苗肥,培育冬前壮苗 施足基肥能促进麦苗早发,冬前培育壮苗、增加有效分蘖和壮秆大穗。根据全国各小麦地高产经验,以有机肥和磷、钾肥及氮素化肥用量的 50%～60% 用作基肥。如果基肥不足,可适量追施苗肥,以促进年前分蘖,提高分蘖成穗率。

4. 越冬晚弱苗中产田重施早施返青肥,越冬壮苗高产田重施晚施拔节孕穗肥 一般越冬期晚弱苗中产麦田重施返青肥,主要目的是促进分蘖成穗和成大穗。而越冬壮苗高产麦田由于前期土、肥、水条件较好,为了防止无效分蘖过多、茎叶旺长、群体过大而造成倒伏,因此要控制返青肥,而在拔节孕穗期基部节间定长、群体叶色转淡、植株以碳素代谢为主时,重施拔节孕穗肥,促进壮秆大穗,达到增穗、增粒及增重的目的。具体施肥时期要视土壤肥力、前期施肥状况、苗情长势长相(叶色、叶面积、茎蘖数等)及天气情况等而定。氮肥总用量的 40%～60% 用作拔节孕穗肥。大量实践证明,一般施肥量以 150kg/hm² 尿素增产效果显著。

5. 生育后期叶面喷肥防早衰,延长高效功能叶功能期,增加粒重 可结合小麦生长后期防治病虫害,喷施磷酸二氢钾和尿素混合液,延长功能叶功能期,有提高粒重的作用。

6. 优质专用小麦施肥应兼顾小麦产量和品质需要 面包专用小麦生产过程中,在选用优质小麦品种的基础上,一般都采取小群体、壮个体,施足基肥,重施拔节孕穗肥,辅以花期喷肥的氮肥施用策略。在中等肥力地块上,在有机肥、无机肥和各种肥料元素合理搭配的基础上,每 hm² 施氮总量要达 300kg 左右,基肥和追肥的比例一般为 6:4,在施足基肥的基础上,在小麦拔节后期,每 hm² 追施尿素 150～225kg,抽穗扬花期每 hm² 可根外喷施尿素 15～30kg。饼干用小麦与面包用小麦在施肥技术上有所不同,前者强调的是低蛋白栽培,后者要求高蛋白栽培,故饼干用小麦在施肥方式上强调施足基肥,重苗肥,后期少施或不施氮肥。从某种意义上说,一炮轰的施肥方式对生产饼干小麦非常实用,而小群体、氮肥后移、后期重追肥的栽培方式则可能降低饼干用小麦的品质。

(三)施肥技术

小麦的施肥技术应包括施肥量、施肥时期和施肥方法。

1. 施肥量 施肥量与小麦的需肥量、土壤供肥状况、肥料的养分含量及肥料的利用率等有关。计算公式为:

施肥量(kg/hm²)=[计划产量所需养分量(kg/hm²)−土壤当季供给养分量

(kg/hm²)]/[肥料养分含量(%)×肥料利用率(%)]。

计划产量所需养分量可根据小麦生产 100 kg 籽粒所需养分量来确定。土壤供肥状况一般以不施肥麦田产出小麦的养分量测知土壤提供的养分数量，并结合土壤养分全量和速效量估算土壤养分含量与供肥量的关系(表4-4)。肥料利用率受肥料种类、配比、施用方法、施肥时期、数量和土壤性质等因素的影响。在田间条件下，氮素化肥的当季利用率一般为 30%～50%(实验室试验可达 80%)，利用同位素相[15]N试验，冬小麦氮肥利用率为 44%～50%，土壤固定 27%～35%，气态损失率 6%～30%。磷肥当季利用率一般为 10%～20%，高者可达到 25%～30%。钾肥利用率多为 40%～70%。小麦氮肥利用率，随施肥期后延而提高；磷肥利用率受肥料与根系接触面大小的影响；有机肥的利用率因肥料种类和腐熟程度不同而差异很大，一般为20%～25%。此外，各地研究表明，土壤基础养分随着不断大量施用有机肥和化肥而提高。但土壤中磷素的含量，随氮素的消耗而相应减少(磷素循环属于矿质循环，自然循环周期甚长)。在北方原认为不缺磷的石灰性土壤，也发生磷素的亏缺，因而在中低产条件下，增施磷肥、氮磷配合，成为重要的增产措施。又据山东省农业厅土肥站研究，产量在 3 000kg/hm² 以下的低产田，氮磷比 1∶1 时效果最好，平均 1kg 磷肥增产 5.25kg，而产量在 3 000～6 000kg/hm² 时，氮磷比以 1∶0.5 效果最好，表明低产田磷素的突出作用。同样，在土壤缺钾低产田上，钾素的增产作用也很明显。

表 4-4 不同肥力麦田土壤的供肥状况
(《河南小麦栽培学》，1988)

不施肥麦田产量 (kg/hm²)	土壤提供养分量(kg/hm²)		施肥数量(kg/hm²)		施肥后产量 (kg/hm²)	土壤供肥占总吸收量(%)
	N	P₂O₅	N	P₂O₅		
1890～2850	52.5～82.5	18.8～30.0	120.0	60.0～120.0	4500～5775	
3000～3500	90.0～105.0	30.0～37.5	120.0	60.0	5250～6750	55 左右
3900～5000	112.5～150.0	37.5～52.5	120.0	少量	>6000	70 左右
>5600	165.0～210.0	56.3～67.5	<60.0	0	7500	85 左右

2. 施肥时期　施肥时期应根据小麦的需肥动态和肥效时期来确定。根据叶龄指标促控法，施肥时期与肥效作用部位的关系如表4-5。生育期间追肥，表现为随追肥时期出现相应的吸肥高峰和肥效作用。一般冬小麦生长期较长，播种前或播种时一次性施肥的麦田极易出现前期生长过旺而后期脱肥的现象。春麦由于营养生长过程很短，幼穗分化开始早，尤其是在没有灌溉的条件下，一次性重施种(或播前施肥)，有很重要的作用。氮肥施用期推迟，植株经济器官和非经济器官的蛋白质含量均随之提高。磷肥施用时期则表现为基肥(或种)效果较好。但在严重缺磷的麦田，苗期追磷可促进"小老苗"的转化，但效果不如基肥。在后期追肥(包括叶面喷施)，对提高粒重的效果较好。

3. 麦田施肥方法　在重视施用有机肥(一般 30～45m³/hm²)的基础上，对地力较瘦的农田,同时深施碳酸氢铵 375～750kg/hm² ,或用颗粒磷酸二铵 75～150kg/hm² 作种肥,均有显著的增产作用。

表 4-5 小麦不同叶龄时期的施肥效应

(北京市农林科学院,1993)

施肥时期 主茎叶龄	肥效作用部位						
	叶 位	鞘 位	节 位	分 蘖	穗 数	粒 数	粒 重
春一叶	2,3*,4	1,2*,3		增蘖*	增穗		
春二叶	3,4*,5	2,3*,4	1	增蘖	增穗*		
春三叶	4,5*,6	3,4*,5	1*,2		增穗*		
春四叶	5,6*	4,5*,6	1,2*,3		增穗	增粒	
倒二叶	6		5,6*	2,3*,4		增粒*	增重
旗叶	6		3,4*,5		增粒*	增重	
旗叶展开			4,5*			增粒	增重*

注:1. 施肥时期主茎叶龄为露尖 2cm 2. *表示肥效作用大,无*标记的次之

三、灌溉技术

(一)小麦的需水特性

1. 小麦的需水量 在旱生作物中,小麦是需水较多的作物,其一生中总耗水量大致为 400～600mm(约 3 900～6 000m³/hm²)。小麦的需水量(蒸腾系数)为每生产一个单位的干物质需要叶面蒸腾的水分量(kg/kg),约为 427～613。小麦的水分利用率通常以干物重(g)/1 000(g)水表示,其变幅为 2.36～1.63。单位面积上每 mm 降水的生产量为水分生产率[kg/(mm·hm²)]。每生产一个单位的籽粒需要消耗的水分量为耗水系数(kg/kg)。小麦从播种到收获整个生育期间对水分的消耗量为小麦的耗水量,其计算方法为:

耗水量(mm 或 m³/hm²)=播种时土壤贮水量+生长期总灌水量+有效降水量－收获期土壤贮水量

2. 小麦的耗水量 包括植株叶面蒸腾和棵间土壤蒸发,其中叶面蒸腾约占总耗水量的 60%～70%,棵间蒸发约占总耗水量的 30%～40%。根据各地研究分析(表4-6),在小麦产量 2 250～7 500kg/hm² 范围内,耗水量随产量的提高呈线性增加,耗水系数随产量的提高而降低,水分生产率则随产量的提高而提高。在灌溉条件下,小麦生长的水分来源包括降水、灌水、土壤供水 3 个方面。土壤供水与灌水量及气候条件有密切关系,灌水量增加或生育期降水较多时,土壤原有水分消耗减少。水地小麦不同生育时期土壤耗水深度不同(表 4-7),苗期主要消耗 0～40cm 的耕作层水分;中期耗水深度主要在耕作层以下至 100cm 的土壤水分;后期耗水主要在 40～140cm。耗水的变化与根系生长进程有密切关系,黄土高原旱地麦田根系发育深,土壤耗水量在拔节后达 2m 以下,最深可达 5m,并靠深层吸水保证旱地麦田后期正常生长。

表 4-6 小麦产量与耗水总量、耗水系数、水分生产率的关系

产 量 (kg/hm²)	耗水总量		水系数 (kg/kg)	水分生产率 [kg/(mm·hm²)]
	(m³/hm²)	(mm)		
2250	3690	369	1640	6.105
3000	4050	405	1350	7.41
3750	4380~4425	438~442.5	1168~1180	8.565~8.475
4500	4725	472.5	1050	9.525
5250	4875	487.5	929	10.77
6000	4920~4950	492~495	820~825	12.195~12.12
6750	5025	502.5	744	13.44
7500	5400	540	720	13.89

资料来源:单玉珊等编著《小麦高产栽培技术原理》第 60 页

表 4-7 小麦不同生育时期、不同土层的供水占全土层供水量的百分率 (%)

土层深度(cm)	苗期(播种至起身)	中期(起身至挑旗)	后期(挑旗至成熟)	全生育期
0~40	59.0±5.4	15.0±3.3	14.3±8.9	29.4±22.3
40~100	23.2±4.0	58.3±4.3	48.2±13.5	43.3±17.1
100~140	17.7±2.3	26.7±3.1	37.5±14.4	27.3±11.7

资料来源:王树安主编《作物栽培学各论》第 54 页

表 4-8 小麦各生育时期耗水量及模系数 (《河南小麦栽培学》,1988)

产量水平 (kg/hm²)	项 目	播种至越冬	越冬至返青	返青至拔节	拔节至抽穗	抽穗至成熟	全生育期
7030 (冬小麦)	阶段耗水(m³/hm²)	791.3	341.4	762.0	1351.5	2012.5	5258.3
	日耗水量(m³/hm²)	10.35	9.45	19.5	42.3	45.8	5258.3
	模系数(%)	15.04	6.47	14.51	25.71	38.27	
5485 (冬小麦)	阶段耗水(m³/hm²)	710.7	395.55	711.3	1373.4	1690.8	
	日耗水量(m³/hm²)	9.3	10.95	18.3	42.9	34.6	4881.8
	模系数(%)	14.56	8.10	14.57	28.13	34.64	
5240 (冬小麦)	阶段耗水(m³/hm²)	663.8	307.8	503.1	1343.4	1678.2	
	日耗水量(m³/hm²)	8.7	8.55	12.9	42.0	38.1	4496.3
	模系数(%)	14.76	6.85	11.19	29.88	37.3	
3000~5200 (春小麦)	阶段耗水(m³/hm²)		1153.3		1277.1	2375.3	
	日耗水量(m³/hm²)		19.21		70.98	51.63	4805.7
	模系数(%)		24.0		26.6	49.4	

注:春小麦为宁夏永宁,数据为平均值

　　小麦的需水与气候条件、冬春麦类型、栽培管理水平及产量高低有密切关系。其

特点表现在阶段总耗水量、日耗水量(耗水强度)及耗水模系数方面(各生育时期耗水占总耗水百分数)。由表 4-8 可以看出,冬小麦出苗后,随气温降低,日耗水量也趋下降,播种至越冬,耗水量占全生育期的 15%左右。入冬后,生理活动缓慢、气温降低,耗水量进一步减少,越冬至返青阶段耗水只占总耗水量的 6%～8%,耗水强度在 10m³/(hm²·d)左右,黄河以北地区更低。返青以后,随气温升高,小麦生长发育加快,耗水量随之增加,耗水强度可达 20m³/(hm²·d)。小麦拔节以前温度低,植株小,耗水量少,耗水强度在 10～20m³/(hm²·d),棵间蒸发占总耗水量的 30%～60%,150 余天的生育期内(约占全生育期的 2/3 左右),耗水量只占全生育期的 30%～40%。拔节以后,小麦进入旺盛生长期,耗水量急剧增加,并由棵间蒸发转为植株蒸腾为主,植株蒸腾占总耗水量的 90%以上,耗水强度达 40m³/(hm²·d)以上,到抽穗一个月左右时间内,耗水量占全生育期的 25%～30%;抽穗前后,小麦茎叶迅速伸展,绿色面积和耗水强度均达一生最大值,一般耗水强度在 45m³/(hm²·d)以上。抽穗到成熟约 35～40 天内,耗水量占全生育期 35%～40%。春小麦一生耗水特点与冬小麦基本相同,春小麦在拔节前 50～70 天内(约占全生育期的 40%～50%),耗水量仅占全生育期的 22%～25%,拔节到抽穗 20 天耗水量占 25%～29%,抽穗到成熟的 40～50 天内耗水量约占 50%。

(二)灌溉技术

1. 北方麦区　北方地区年降水量分布不均衡,小麦生育期间降水量只占全年降水量的 25%～40%,仅能满足小麦全生育期耗水量的 1/3～1/5,尤其在小麦拔节至灌浆中后期的耗水高峰期,正值春旱缺雨季节,土壤贮水消耗大。因此,北方麦区小麦整个生育期间土壤水分含量变异大,灌水与降水效应显著,小麦生育期间的灌溉是十分必需的。麦田灌溉技术主要涉及灌水量、灌溉时期和灌溉方式。

小麦灌水量与灌溉时期主要根据小麦需水、土壤墒情、气候、苗情等而定。灌水总量按水分平衡法来确定,即:灌水总量＝小麦一生耗水量－播前土壤贮水量－生育期降水量＋收获期土壤贮水量。

灌溉时期根据小麦不同生育时期对土壤水分的要求不同(表 4-9)来掌握,一般出苗至返青,要求为田间持水量的 75%～80%,低于 55%则出苗困难,低于 35%则不能出苗。拔节至抽穗阶段,营养生长与生殖生长同时进行,器官大量形成,气温上升较快,对水分反应极为敏感,该期适宜水分应为田间持水量的 70%～90%,低于 60%时会引起分蘖成穗与穗粒数的下降,对产量影响很大。开花至成熟期,宜保持土壤水分不低于田间持水量的 70%,有利于灌浆增重,若低于 70%易造成干旱逼熟,粒重降低。为了维持土壤的适宜水分,应及时灌水。一般生产中常年补充灌溉约 4～5次(底墒水、越冬水、拔节水、孕穗水、灌浆水),每次灌水量 600～750m³/hm²。从北方水分资源贫乏和经济高效生产考虑,一般灌溉方式均采用节水灌溉。节水灌溉是在最大限度地利用自然降水资源的条件下,实行关键期定额补充灌溉。根据各地试验,一般冻水和孕穗水最为关键。另外,在水源奇缺的地区,应采用喷灌、滴灌、地膜覆盖管灌等技术,节水效果更好。

表 4-9　冬小麦各生育时期的适宜土壤水分　（占田间持水量的百分数）

项　目	出苗	分蘖至越冬	返青	拔节	抽穗	灌浆至成熟
适宜范围(%)	75～80	60～80	70～85	70～90	75～90	70～85
显著受影响的土壤 水分含量(%)	60 以下 90 以上	55 以下	60 以下	65 以下	70 以下	65 以下
土层深度(m)	0.4	0.4	0.6	0.6	0.8	0.8

资料来源:王树安主编《作物栽培学各论》第 56 页

2. 南方麦区　小麦生育期降水较多,除由于阶段性干旱需要灌水外,一般春夏之交的连阴雨,往往出现"三水"(地面水、潜层水、地下水),易发生麦田涝渍害,一直是该地区小麦产量的制约因素,因此还必须实施麦田排水。麦田排涝防渍的主要措施有:一要做好麦田排涝防渍的基础工程,做到明沟除涝、暗沟防渍,降低麦田"三水";二要健全麦田"三沟"配套系统,要求沟沟相通,依次加深,主沟通河,达到既能排出地面水、潜层水,又能降低地下水位;三要改良土壤,增施有机肥,增加土壤孔隙度和通透性;四要培育壮苗,提高麦苗抗涝渍能力;五要选用早熟耐渍的品种及沿江水网地区麦田连片种植。

四、田间管理技术

在小麦生长发育过程中,麦田管理的任务有 3 项:一是通过肥水管理等措施满足小麦对肥水等条件的要求,保证植株良好发育;二是通过保护措施防御(治)病虫草害和自然灾害,保证小麦正常生长;三是通过促控措施使个体与群体协调生长,并向栽培的预定目标发展。根据小麦生长发育进程,麦田管理可划分为苗期(幼苗阶段)、中期(器官建成阶段)和后期(籽粒形成、灌浆阶段)3 个阶段。

(一)苗期管理

1. 苗期的生育特点与调控目标　冬小麦苗期是指年前(出苗至越冬)和年后(返青至起身前)两个阶段。这两个阶段的特点是以长叶、长根、长蘖的营养生长为中心,时间长达 150 余天。出苗至越冬阶段调控目标是:在保证全苗基础上,促苗早发,促根增蘖,安全越冬,达到预期产量的壮苗指标。一般壮苗的特点是,单株同伸关系正常,叶色适度。冬性品种,主茎叶片要达到 7～8 叶,4～5 个分蘖,8～10 条次生根;半冬性品种,主茎叶片要达到 6～7 叶,3～4 个分蘖,6～8 条次生根;春性品种,主茎叶片要达到 5～6 叶,2～3 个分蘖,4～6 条次生根。群体要求,冬前总茎数为成穗数的1.5～2 倍,常规栽培下约为 70 万～90 万,叶面积指数 1 左右。返青至起身阶段调控目标是:早返青,早生新根、新蘖,叶色葱绿,长势苗壮,单株分蘖敦实,根系发达。群体总茎数达 90 万～110 万,叶面积指数 2 左右。

2. 苗期管理措施

(1)查苗补苗,疏苗补缺,破除板结　小麦齐苗后要及时查苗,催芽补种或疏密补缺,出苗前遇雨及时松土破除板结。

(2)灌越冬水　越冬前灌水是北方冬麦区苗期管理的重要措施,保护麦苗安全越冬,并为早春麦田创造良好的生长条件。浇水时间在日平均气温稳定在 $3℃～4℃$ 时,此时浇水夜冻昼消,水分得以下渗,防止积水结冰造成窒息死苗。如果土壤含水量高而麦苗弱小,可以不浇。

(3)耙压保墒防寒　北方广大丘陵旱地麦田,在入冬停止生长前及时进行耙压覆沟(播种沟),壅土盖蘖保根,结合镇压,以利于安全越冬。水浇地如地面有裂缝造成失墒重时,越冬期间需适时耙压。

(4)返青管理　北方麦区返青时须进行顶凌耙压,起到保墒与促进麦苗早发稳长的作用。一般已浇越冬水的麦田或土壤不缺墒的麦田,不宜浇返青水,待墒情适宜时,进行锄划。对于缺肥黄苗,可趁春季解冻"返浆"之机开沟追肥。旱年、底墒不足的麦田可浇返青水。

(5)异常苗情的管理　异常苗情,一般指"僵苗"、"小老苗"、"黄苗"、"旺苗"。僵苗指生长停滞,长期停留在某一个叶龄期,不分蘖,不发根。小老苗指生长到一定数量叶片和分蘖后,生长缓慢,叶片短小,分蘖同伸关系被破坏。形成以上两种麦苗的原因是土壤板结,透气不良,土层薄,肥力差或磷、钾养分严重缺乏。可采取疏松表土,破除板结,结合灌水,开沟补施磷、钾肥。对生长过旺麦苗及早镇压,控制水肥;对地力差,由于早播形成的旺苗,要加强管理,防止早衰。因欠墒或缺肥造成的黄苗,酌情补肥水。

(二)中期管理

1. 中期生育特点与调控目标　小麦生长中期是指起身、拔节到抽穗前。该阶段的生长特点是,根、茎、叶等营养器官与小穗、小花等生殖器官分化、生长、建成同时并进。这个阶段由于器官建成的多向性,生长速度快,生物量骤增,带来了小麦群体与个体的矛盾,以及整个群体生长与栽培环境的矛盾,形成了错综复杂相互影响的关系。这个阶段管理不仅直接影响穗数、粒数的形成,而且也将关系到中后期群体和个体的稳健生长与产量形成。这个阶段的栽培管理目标是:根据苗情类型,适时、适量地运用水肥管理措施,协调地上部与地下部、营养器官与生殖器官、群体与个体的生长关系,促进分蘖两极分化,创造合理的群体结构,实现秆壮、穗齐、穗大,并为后期生长奠定良好基础。

2. 中期管理措施

(1)起身期　小麦基部节间开始伸长活动,麦苗由匍匐转为直立,故叫起身期。起身开始生长加速,而此时北方正值春旱、风大、蒸发量大的缺水季节,因此水分调控十分重要。它可提高分蘖成穗,提高穗层整齐度,促进第三、四、五节伸长,腰叶、旗叶与倒二叶的增大,还可提高分蘖成穗,提高穗粒数。对于群体较小、苗弱的麦田,要适当提早施用起身肥水,提高成穗率;但对旺苗、群体过大的麦田,可控制肥水,在第一节刚露出地面 1cm 时进行镇压,深中耕切断浮根,也可喷洒植物生长延缓剂,促进分蘖两极分化,改善下部透光条件,防止过早封垄而发生倒伏;对于一般生长水平的麦田,在起身期浇水施肥,追施氮量的 1/3～1/2。旱地麦田起身期要进行中耕除草、防旱保墒。

(2)拔节期　结实器官加速分化,茎节加速生长,要因苗管理。对于起身期用过水肥的麦田,只要生长正常,一般拔节水肥可适当偏晚,在第一节定长第二节盛长的时期进行;对旺苗及壮苗亦须推迟拔节水肥;对弱苗及中等麦田,应适时施用拔节肥水,促进弱苗转化。拔节前后正是旱地小麦红蜘蛛为害高峰期,要及时防治,同时要做好吸浆虫的掏土检查与预防工作。

(3)孕穗期　小麦旗叶抽出后,就进入孕穗期。此时是小麦一生叶面积最大、幼穗处于四分体分化、小花向两极分化的需水临界期,又正值温度骤然升高、空气十分干燥的土壤水分亏缺期(旱地)。此时水分需求量不仅大,而且要求及时,往往由于延误浇水,造成较明显的减产。因此,旺苗田、高产壮苗田,以及独秆栽培的麦田,要在孕穗前及时浇水。孕穗期追肥,要因苗进行,起身拔节已追肥的可不施,麦叶发黄、氮素不足及株型矮小的麦田,也可适量追施氮肥。

(三)后期管理

1. 后期生育特点与调控目标　后期指从抽穗开花到灌浆成熟的过程。这是以籽粒形成为中心的开花受精、养分运输、籽粒灌浆、产量形成的阶段,抽穗后,根茎叶生长基本停止,生长中心转向籽粒发育。据研究,小麦籽粒产量 70%～80% 来自抽穗后的光合产物累积,其中旗叶及穗下节是主要光合器官,对粒重作用最大。因此,该阶段的调控目标是:保持根系活力,延长叶片功能期,抗灾防病虫,防止早衰与贪青晚熟,促进光合产物向籽粒运转争粒重。

2. 后期管理措施

(1)浇好灌浆水　抽穗至成熟耗水量占总耗水量的 1/3 以上,日耗水量达 35m³/hm² 左右。据中国农业科学院新乡灌溉所测定,在抽穗期,土壤(黏土)含水量 17.4% 时,比含水量 15.8% 的旗叶光合强度高 28.7%。在灌浆期,土壤含水量 18% 时,比含水量 10% 的光合强度高 6 倍;茎秆含水量降至 60% 以下时灌浆速度非常缓慢;籽粒含水量降至 35% 以下时灌浆停止。因此,应在开花后 15 天左右即灌浆高峰前及时浇好灌浆水,同时注意掌握灌水时间和灌水量,以防倒伏。

(2)叶面喷肥　小麦后期仍需保持一定营养水平,延长叶片功能与根系活力。如脱肥早衰,造成灌浆强度提早下降;后期氮素过多,碳氮比失调,易贪青晚熟,叶病与蚜虫危害也较严重。对抽穗期叶色转淡,供氮、磷、钾不足的麦田,可用 2%～3% 尿素溶液,或用 0.3%～0.4% 磷酸二氢钾溶液,用量 750～900kg/hm² 进行叶面喷施,可增加千粒重。

(3)防治病虫害　后期白粉病、锈病、蚜虫、黏虫、吸浆虫等都是导致粒重下降的重要因素,应及时进行防治。

五、防灾减灾技术

小麦生产上,由于气候、天气的异常变化或栽培技术的运用不当等多方面的原因,经常会发生多种灾害,直接影响着小麦的正常生长发育或产量、品质的形成,必须采取有效措施才能减轻灾害的危害。目前,小麦生产上经常发生的主要灾害有:冻害、前期旺苗、后期倒伏、干旱、湿(渍)害、干热风与高温逼熟等。

(一)小麦冻害

小麦冻害是我国小麦生产上的主要气象灾害之一。它发生频繁、面积大、危害重,严重影响和制约小麦的生产。近年来,小麦冻害发生有加重的趋势,如 2003 年、2005 年我国冬小麦主产区大面积发生早霜冻害,面积共达 80 多万 hm^2,近 10 万 hm^2 几乎绝收。2007 年,小麦主产区在 3、4 月份又连续两次发生大面积晚霜冻害,小麦生产损失惨重。

1. 小麦冻害类型与特征

(1)冬季冻害及特征　冬季冻害指小麦进入冬季后至越冬期间,由于降温引起的冻害。在我国北方气候严寒,常因冬季最低气温下降至 $-20℃$ 左右,小麦常会被冻死,麦田死苗现象较为普遍。适期播种的小麦冬季遭受冻害,一般只冻干叶片,只有在冻害特别严重时才出现死蘖、死苗现象。分蘖受冻死亡的顺序为:先小蘖、后大蘖、再主茎,最后冻死分蘖节。冬季冻害的外部症状表现明显,叶片干枯严重,一般叶片先发生枯黄,而后分蘖死亡。根据小麦冻害程度受极端最低气温、低温持续时间和是否冷暖骤变 3 个因素影响,将冬季小麦冻害分为冬季严寒型、初冬温度骤降型和越冬交替冻融型 3 个类型。一是冬季严寒型。指冬季麦田 3cm 深处地温降至 $-5℃$ ～ $-25℃$ 时发生的冻害。冬季持续低温并多次出现强寒潮,风多雪少,加剧土壤干旱,小麦分蘖节处在冷暖骤变的上层土壤中致使小麦严重死苗、死蘖,甚至导致地上部严重枯萎,成片死苗。二是初冬温度骤降型。又称早霜冻害,指在小麦刚进入越冬期,日平均气温降至 0℃ 以下,最低气温达 $-10℃$ 以下,麦苗因未经抗寒锻炼,叶片迅速青枯,早播旺苗可冻伤幼穗生长锥。三是越冬交替冻融型。指小麦正常进入越冬期后,虽有较强的抗寒能力,但一旦出现回暖天气,气温增高,土壤解冻,幼苗又开始缓慢生长,抗寒性减弱,暖期过后,若遇大幅度降温,当气温降至 $-13℃$ ～ $-15℃$ 时,就会发生较严重的冻害。一般多发生在 12 月下旬至翌年 1 月底。

(2)春季冻害及特征　春季冻害,也称晚霜冻害,是小麦在返青至拔节时期,因寒潮来临降温发生的晚霜冻危害。根据发生冻害的早晚又可分为早春冻害和春末晚霜冻害。早春冻害发生较为频繁,且程度重,多发生在 2 月中下旬至 3 月上旬;春末晚霜冻害多发生于 3 月下旬至 4 月上旬。由于此时气温已逐渐转暖,小麦已先后完成了春化阶段与光照阶段发育,完成春化阶段发育后抗寒能力显著降低,通过光照阶段后开始拔节,完全失去抗御 0℃ 以下低温的能力,当寒潮来临时,夜间晴朗无风,地表温度骤降至 0℃ 以下,便会发生春季冻害。通常又把晚霜冻害叫"倒春寒"。近几年,随着品种的更换,春性品种的比例增大,小麦春季冻害已成为限制产量的重要因素,有时比冬季冻害更为严重。因此,做好春季冻害预测预报,并采取相应措施加以防御或补救,是春季麦田管理的重要措施之一。根据地表寒潮气流发生的不同,霜冻可分为平流型、辐射型和混合型。平流型指由北方冷空气南下,寒潮大量侵入所引起的低于或接近 0℃ 的剧烈降温所导致的霜冻,危害地区比较大,地区小气候差异小,持续时间可达 3～4 天。地势较高和风坡面的小麦危害尤为严重。辐射型是由夜间辐射降温引起的,通常发生在晴朗无风的夜晚,地面辐射强烈,近地层急剧降温而产生,对低洼、谷地和盆地的小麦危害严重。混合型通常是由于北方冷空气侵入引起气温急剧降低,夜间又遇天晴、风静、强烈的辐射降温而发生的霜冻。一般是在天空浓云密雾或含水量很大时,由于地表散失热量的反射因素,减少了地面热的散失,当寒潮过后天气转晴时,夜晚地面温度骤然降低而形成的。目前小麦霜冻致害多属此种类型。由于盆地和谷地易积聚冷空气,霜冻重于高地和坡地,霜冻后升温越快受害越重。

(3)低温冷害及特征　低温冷害指小麦生长进入孕穗阶段,因遭受 0℃ 以上低温发生的,致使幼穗和旗叶遭到伤害,气象上称之为冷害。此时穗分化处于花粉母细胞减数分裂时期,时间多发生在 4 月中下旬。由于小麦拔节后至孕穗挑旗阶段,处于含水量较多、组织幼嫩时期,抵抗低温能力大大削弱。小麦幼穗发育至四分体形成期(孕穗期)前后,要求日平均气温 10℃～15℃,此时对低温和水分缺乏极为敏感,尤其对低温特别敏感,若最低气温低于 5℃ 或 6℃ 就会受害,一般 4℃ 以下的温度就可能对其造成伤害。小麦发生低温冷害的特点是茎叶部分无异常表现,受害部位多为穗部,主要表现为:小穗枯死,形成"哑巴穗",即幼穗干死在旗叶叶鞘内;出现白穗,抽出的穗只有穗轴,小穗全部发白枯死;出现半截穗,抽出的穗仅有部分结实,不孕小花数大量增加,减产严重。

2. 影响小麦抗寒性的因素　影响小麦抗寒性的因素很多,包括由遗传基因决定的品种抗寒性和由外界环境条件影响的抗寒锻炼、解除抗寒性以及农艺措施的调控。

(1)品种抗寒性　不同小麦品种间抗冻耐寒能力差异很大,一般情况下,品种抗寒性:冬性品种＞半冬性品种＞弱春性品种＞春性品种。目前国内外大多以小麦分蘖节临界致死温度(LD_{50})作为小麦冻害的生理指标,同时也是小麦抗冻能力的标志。由于小麦群体中通常是弱株先死亡,壮株则要到更低的温度时才会死亡,因此一般以50％植株死亡时的低温强度作为临界致亡温度指标。

(2)播种期与生育进程　播期与小麦的抗寒抗冻性有着密切关系。播种过早,使冬前积温过高,冬前生长期加长,有的品种尤其是弱春性或春性品种,冬前通过春化阶段,进入光照阶段,提前拔节,幼穗过早进入伸长期,抗寒能力大大降低,冻害严重,特别在暖冬年份冻害更为严重。晚播麦由于冬前积温不足,出苗迟,苗小苗弱,地面覆盖不充分,地温变化剧烈,且易失墒,植株体内贮藏养分少,其抗寒能力降低。适期播种的小麦可以充分利用冬前的有效生长积温,积累足够的营养物质,利于形成壮苗,抗寒能力强,有利于麦苗安全越冬和春后稳健生长。小麦不同生育时期的耐寒能力差异很大,总的趋势是自拔节后,抗寒能力迅速减弱,尤其是扬花期对低温最为敏感。

(3)温度变化 小麦冻害发生程度主要取决于降温强度、低温持续时间、低温来临早晚和反复次数。降温强度越大,持续时间越长,反复次数越多,冻害越重。初冬低温来临越早,春季低温来临越晚,冻害越重。遭受长期低温是发生冻害的根本原因,因此选育和引进抗寒能力强的品种,并抓好冬前低温锻炼,培育冬前壮苗是减轻和避免冻害的关键。

(4)土壤类型与水分 在低温条件下,气候多风干旱,冷空气侵入麦苗根际土壤,地温昼夜变幅大,麦苗常遭受冻害。麦田水分过高或干旱都不利于提高麦苗抗寒性。通过浇灌冬水防冻害的效果取决于当时当地的麦田底墒情况、麦苗生长状况及当年冬季冷暖的相互影响。土壤质地重的黏土、砂姜黑土、漏风淤土,小麦冻害重,尤其是在耙地不实的情况下,冻害更重;黏壤土、壤土小麦冻害轻。

(5)播种量与播种深度 播量过大,单株的营养面积太小,个体发育不良,其分蘖节和叶鞘内养分含量少,抗寒能力差;特别是早播麦田,播量越大,越易造成大群体,麦苗旺而不壮,易受冻害。因此,适当降低播量,采取综合措施培育壮苗越冬,是减轻冻害的根本措施。播种深度直接影响分蘖节深度,播种过浅,分蘖节距地表近,甚至暴露于地表,受冷暖气候交替变化影响,极易发生冻害;播种过深出苗缓慢,消耗养分多,生育迟缓,苗细苗弱,抗寒能力差,冻害亦较重。

(6)肥水管理 对播期偏早的高产麦田,单纯施氮肥作基肥,其量越大,越冬死苗率越高,而氮、磷肥或氮、磷、钾肥配合使用,小麦越冬死苗率大大降低;对晚茬麦田,磷肥的施用量对越冬死苗率影响不大,而增施氮肥可明显降低死苗率。增施有机肥料及氮、磷、钾肥配合使用,适当减少高肥力麦田基肥中氮肥施用量,有利于培育壮苗,提高小麦抗寒力。冻害后及时采取中耕、追肥和灌水等农艺补救措施均能使小麦恢复生长,发挥小麦自身的调节能力,显著减轻春性品种因早播而造成冻害的损失,保证春季高位分蘖成穗,减少小穗小花的退化,对增加穗粒数和粒重也有明显作用。

3. 小麦冻害的防御措施 冻害是由于越冬生态条件超出了冬小麦抗寒能力而引起的。小麦受冻害程度主要取决于降温强度和低温持续时间长短,与品种、播期、播量、土壤、耕作质量及水肥管理等方面有很大关系。因此,防御冻害总起来说就是使麦苗与越冬生态条件相适应。防御冻害可采取以下措施:

(1)选用抗寒品种,搞好品种合理布局 选用抗寒耐冻品种,是防御小麦冻害的根本保证。各地要严格遵循先试验再示范、推广的用种方法,结合当地历年冻害发生的类型、频率和程度及茬口早晚情况,调整品种布局,半冬性、春性品种合理搭配种植。对冬季冻害易发麦区,宜选用抗寒性强的冬性、半冬性品种;对易发生春霜冻害麦区,应选用和搭配种植耐晚播、拔节较晚而抽穗不晚的品种。这些品种表现较强的抗寒性,而对一些拔节早的偏春性品种只可作为搭配品种种植。

（2）根据品种春化特性，合理安排播期和播量　根据历年多次小麦冻害调查发现，冻害减产严重的地块多是使用春性品种且过早播种和播种量过大而引起的。特别是遇到苗期气温较高年份，麦苗生长较快，群体较大，春性品种易提早拔节，甚至会出现年前拔节的现象，因而难以避过初冬的寒潮袭击。因此，生产上要根据不同品种，选择适当播期，并注意中长期天气预报，暖冬年份适当推迟播种，人为控制小麦生育进程，且结合前茬作物腾茬时间，合理安排播期和播量。

（3）提高整地质量和播种质量，培育壮苗越冬　土壤结构良好、整地质量高的田块冻害轻；土壤结构不良，整地粗糙，土壤翘空或龟裂缝隙大的田块受冻害重。机播和人工撒播冻害程度不同，机械条播由于播种深浅一致，出苗整齐，苗壮，群体与个体生长协调，冻害轻；撒播田块冻害重。播种时麦田不平整，低处易播浅或积水，高处易播深或受旱。因此，平整土地有利于提高播种质量，减少"四籽"（缺籽、深籽、露籽和丛籽）现象，可以降低冻害死苗率。旺苗、老弱苗易遭受冻害，壮苗则很少受冻，壮苗是麦苗安全越冬的基础。适时适量适深播种、培肥土壤、改良土壤性质和结构、施足有机肥和无机肥、合理运筹肥水和播种技术等综合配套技术，是培育壮苗的关键技术措施。实践证明，小麦壮苗越冬，因植株内养分积累多，分蘖节含糖量高，壮苗与早旺苗、晚弱苗相比，具有较强的抗寒力，即使遭遇不可避免的冻害，其受害程度大大低于早旺苗和晚弱苗。由此可见，培育壮苗既是小麦高产技术措施，又是防灾减损重要措施。

（4）灌水防霜冻　由于水的热容量比空气和土壤热容量大，灌水能使近地层空气中水汽增多，在发生凝结时，放出潜热，可缓冲地面温度变幅。同时，灌水后土壤水分增加，土壤导热能力增强，使土壤温度增高。据调查，霜冻前灌水可提高麦田近地面温度 2℃～4℃，具有减轻霜害的作用。因此，防止冻害可根据天气预报在初霜冻和倒春寒到来之前 1～2 天突击小水浇灌麦田（有喷灌条件的地方提倡喷灌）。一般砂地、高岗地应晚浇，黏土地、低洼地应早浇，土壤墒情好的可以不浇。

（5）适时中耕保墒、镇压防冻　中耕松土，蓄水提温，能有效增加分蘖数，弥补主茎损失。冬锄与春锄，既可以消灭杂草，使水肥得以集中利用，减少病虫发生，还能消除板结，疏松土壤，增强土层通气性，提高地温，蓄水保墒。镇压能有效调节土壤水分、空气、温度，是小麦栽培的一项重要农艺措施。它能够破碎土块，塌实土壤，增强土壤毛管作用，提升下层水分，调节耕层孔隙，弥封土壤裂缝，防止冷空气入侵土壤，增大土壤热容量和导热率，平抑地温，增强麦田耐寒、抗冻和抗旱性能，减少越冬死苗。镇压时应结合土质、墒情、苗情与天气灵活掌握。盐碱地镇压后容易引起返盐，恶化土壤透气性，影响麦苗生长，不能镇压。土质黏重、表土板结干硬的麦田不宜镇压，以免对麦苗损伤过重。漏风淤地透风跑墒，可重压；两合土、砂壤土耕性好，应轻压；风沙土跑墒、吊根，应适当重压。整地质量差，土壤翘空要重压；整地质量好的可轻压。土壤墒情差的应重压，墒情好的可轻压，土壤过湿不能压，一般 0～10cm 土壤含水量达到田间持水量 60%～70% 的地块可镇压。旺苗控上促下连续压，壮苗促根防旺酌情压,弱苗防旱防冻宜轻压。一般情况下弱苗不镇压,苗小无蘖不能压,苗大无蘖宜重压,拔节以后不能压。冬季镇压一般应在封冻前的晴天午后进行,春季镇压在土壤解冻后进行。

(6)增施磷、钾肥,做好越冬覆盖 增施磷、钾肥,能增强小麦抗低温能力。"地面盖层草,防冻保水抑杂草",在小麦越冬时,将粉碎的作物秸秆撒入行间,或撒施暖性农家肥(如土杂肥、厩肥等),可保暖、保墒,保护分蘖节不受冻害,对防止杂草翌春旺长具有良好作用。

4. 小麦冻害的补救措施 小麦生产上冻害往往很难预防,一旦冻害发生,要根据小麦受冻的情况不同,应采用不同的补救技术措施,可以有效地减轻冻害的损失。

(1)严重死苗麦田 对于冻害死苗严重,茎蘖数少于 300 万/hm² 的麦田,尽可能在早春补种,点片死苗可催芽补种或在行间串种。存活茎蘖数 300 万/hm² 以上且分蘖较均匀的麦田,不要轻易改种,应加强管理,提高分蘖成穗率。对于 3 月份才能断定需要翻种的地块,只好改种春棉花、春花生、春甘薯等作物。

(2)旺苗受冻麦田 对受冻旺苗,应于返青初期用耙子狠搂枯叶,促使麦苗新叶见光,尽快恢复生长,但要禁止牲畜啃吃麦苗。同时,应在日平均气温升至 3℃ 时适当早浇返青水并结合追肥,促进新根新叶长出。虽然主茎死亡较多,但只要及时加强水肥管理,保存活的主茎、大分蘖,促发小分蘖,仍可争取较高产量。

(3)晚播弱苗受冻麦田 加强对晚播弱麦田的增温防寒工作,如撒施农家肥,保护分蘖节不受冻害。同时,早春不可深松土,以防断根伤苗。

(4)对年前已拔节的麦苗 土壤解冻后,应抓紧晴天进行镇压,控制地上部生长,延缓其幼穗发育并追加土杂肥等,保护分蘖节和幼穗。或结合冬前化学除草喷一次矮壮素、多效唑或壮丰胺,控制基部节间伸长,增强麦株抗寒能力。

(二)小麦旺苗

1. 旺苗的形成与特征 气温偏高、播种期偏早、播量偏大都容易形成小麦旺长。小麦旺长可以从个体形态、群体状况及生育指标上判断。近看麦苗叶片长而大,叶鞘长而薄,假茎长而扁,叶片披散,植株很高;远看郁郁葱葱,麦田封垄。越冬期麦苗主茎 8 叶以上,群体总茎蘖数 1500 万个/hm² 个以上的麦田可视为旺长麦田。旺苗小麦生育进程加快,提前结束春化阶段,开始拔节,使小麦抗寒性降低,越冬期和早春如遇低温寒潮,主茎和大分蘖容易冻死。旺苗由于叶片、分蘖和叶鞘旺盛生长,消耗大量养分,经过一段时间后会转化为弱苗。如控制不好或温度持续偏高,可能在春节前后拔节,易受冻害。旺苗群体大,常造成田间郁闭,小麦株内行间通风透光不良,茎秆软弱,生育后期易发生倒伏。

2. 控制麦田旺长的主要技术措施

(1)重镇压 冬前镇压可以抑制叶片和叶鞘生长,控制分蘖过多增生,同时可以破碎坷垃,弥合裂缝,保温保墒,促进根系发育。可用石磙或机械(如将耙翻过来),在晴好天气、上午 10 时以后、无霜冻时镇压。镇压次数视苗情而定,一般旺苗麦田镇压

1~2次即可。

(2)深中耕　中耕可以切断部分根系,减少植株吸收养分,抑制地上部分生长。可在封冻之前进行深中耕,深度可掌握在10cm左右。一般先中耕后镇压的效果更好。

(3)化学控制　对旺长严重的麦田可在越冬期和春季拔节前化控。早春群体过大、有倒伏危险的麦田,可在小麦返青后中耕和镇压,小麦起身后、拔节前适当喷施植物生长延缓剂(如壮丰胺、多效唑等),控制麦苗旺长,缩短基部节间,降低株高,防止倒伏。例如,目前生产上应用较多的是20%壮丰胺乳油,每hm²用量450~600mg,对水450~600L进行叶面喷洒。特别注意要掌握好喷药时期,过早过晚都不利,同时要注意合理用量并喷洒均匀,防止产生药害。

(三)小麦倒伏

1. 小麦倒伏类型与原因　随着产量水平的提高、群体的增大,小麦倒伏的危险性越大,对小麦品种和栽培技术的要求越高。如果品种选用或栽培技术运用不当,极易发生倒伏。小麦倒伏分为根倒伏和茎倒伏。根倒伏是由于耕作层太浅,土壤结构不良,播种过浅或土壤水分过多不利于根系发育造成的。而茎倒伏则由于选用基部节间过长、过软,不抗倒伏的高秆品种,或氮肥施用过多,密度过大,追肥时间不当,造成田间郁闭,通风透光不良,使得小麦基部节间过长柔嫩所致。另外,不良气候(如大暴风雨等)和小麦纹枯病也是引起小麦倒伏的重要原因。尽管小麦倒伏现象出现在生育后期,但造成倒伏的原因却发生在前中期。小麦倒伏会使后期功能叶加快死亡,籽粒灌浆受阻,干物质积累减少;同时由于倒伏会使根系与基部茎秆受伤,吸收功能和输导组织均受影响,光合产物向穗部运输受阻,因而导致小麦粒重降低,产量下降,且倒伏发生越早,减产幅度越大。另外,倒伏还影响正常的收获作业,造成较大的收获损失,如遇连阴雨天气更易发生穗发芽。

2. 预防倒伏的技术措施　预防小麦倒伏必须从选用良种和优化栽培技术全面考虑。预防倒伏的主要技术措施是:一要提高整地、播种质量,选用高产、耐肥、抗倒伏的中矮秆品种;二要科学运筹肥水,防止氮肥施用过量,实行配方平衡施肥,严格掌握追肥时间,避免在起身期追肥;三要扩行精播,合理密植,培育壮苗,建立适宜的群体结构,协调群体、个体健康生长;四要防治小麦病虫害,特别是要及时防治小麦纹枯病;五要应用化控技术,看苗喷洒多效唑、壮丰胺等植物生长调节剂以缩短基部节间长度,增加茎壁厚度和茎秆抗倒性能。

(四)小麦干旱

在小麦生长发育过程中,由于经常遭遇长期无雨,土壤水分匮缺,导致小麦生长发育异常乃至萎蔫死亡,造成大幅度减产。

1. 小麦干旱形成的原因与发生的时期　干旱是由于大气干旱和土壤干旱所造成的。大气干旱是由于在小麦生长季节降水太少,空气过度干燥,相对湿度低于20%,或者是由于大气干旱伴随高温而造成的。如上述情况持续时间较长,就会引起土壤干旱。土壤干旱是指土壤中缺乏植株可利用的有效水分,一般认为土壤水分低于田间持水量的50%以下时,就会发生小麦旱灾。小麦受旱主要发生在播种出苗期和孕穗至灌浆结实期。播种出苗期北方麦区遇旱往往形成"种不下、出不来、保不住"的局面。由于播种期遭遇干旱,土壤水分不足,种子不能吸足水分满足出苗需要,往往不能实现播后一次出苗;出苗后麦苗发根少、出叶速度慢、分蘖迟迟不发且经常出现缺位蘖,不利于壮苗的形成,严重时甚至会死苗。孕穗至灌浆结实期发生干旱会直接影响小麦正常开花结实和光合产物形成、运转和分配,经常会导致小麦早衰,使小麦灌浆期缩短而影响粒重,甚至早枯死亡。

2. 小麦干旱预防措施　抵御小麦干旱要立足于改良土壤结构,增施有机肥料,增加土壤蓄水保水能力,提高自然降水的利用效率;对水源缺乏地区要选用抗旱性较强的品种、培育壮苗和采用保护性栽培技术等;对有浇灌条件的地区要及时灌水。对播种期干旱要围绕争五苗(早、全、齐、匀、壮苗),做到:

(1)抢墒播种　只要土壤含水量在15%以上或虽达不到15%但播后出苗期有灌溉条件的田块,均应抢墒播种。旱茬麦要适当减少耕耙次数,耕、整、播、压作业不间断的同步进行;稻茬麦采取免少耕机条播技术,一次完成灭茬、浅旋、播种、覆盖、镇压等作业工序。

(2)造墒播种　对耕层土壤含水量低于15%,不能依靠底墒出苗的田块,要采取多种措施造墒播种。主要有以下5种方法:一是有自流灌溉地区实行沟灌、漫灌,速灌速排,待墒情适宜时用浅旋耕机条播;二是低蓄水位或井灌区,采取抽水浇灌(水管喷浇或泼浇),次日播种;三是水源缺乏地区,先开播种沟,然后顺沟带水播种,再覆土镇压保墒;四是稻茬麦地区要灌好水稻成熟期的跑马水,以确保水稻收获前7~10天播种,收稻时及时出苗;五是对已经播种但未出苗或未齐苗的田块窨灌出苗水或齐苗水,注意不可大水漫灌,以防烂芽、闷芽。对于地表结块的田块要及时松土,保证出齐苗。

(3)物理抗旱保墒　持续干旱无雨条件下,底墒或造墒播种,播种后出不来或出苗保不住的麦田,可在适当增加播种深度2~3cm前提下再采取镇压保墒。一般播种后及时镇压,可使耕层土壤含水量提高2%~3%。播后用稻草、玉米秸秆或土杂肥覆盖等,不仅可有效地控制土壤水分的蒸发,还有利于增肥改土、抑制杂草、增温防冻等;如果在小麦出苗后结合人工除草搂耙松土,切断土壤表层毛细管,减少土壤水分蒸发,达到保墒的目的。

(4)化学抗旱　根据目前试验结果,在干旱程度较轻的情况下,通过选用化学抗旱剂拌种或喷施,不仅可以在土壤含水量相对较低条件下早出苗、出齐苗,而且促根、增蘖、快叶,具有明显的壮苗增产效果。当前应用比较成功的有抗旱剂FA和保水剂两种。

(5)播后即管　由于受到抗旱秋播条件的限制,播种水平、立苗质量、技术标准难以到位,必须及早抓好查苗补苗等工作,确保冬前壮苗,提高土壤水分利用率。出苗分蘖后遇旱,坚持浇灌、喷灌、或沟灌,避免大水漫灌,防止土壤板结而影响根系生长和分蘖的发生;中后期严重干旱的麦田以小水沟灌至土壤湿润为度,水量不宜过大,浸水时间不应过长,以防气温骤升而发生高温逼熟或遭遇大雨后引起倒伏。

(五)小麦湿(渍)害

所谓小麦湿(渍)害,是指土壤水分达到饱和时对小麦正常生长发育所产生的危害。湿(渍)害是世界许多国家的重大灾害,我国也是受湿(渍)害严重的国家。长江中下游麦区是我国的主产麦区之一,播种面积约占全国小麦总面积的15%左右,小麦中后期降水过多而造成的湿(渍)害是该麦区小麦高产、稳产的主要限制因子。一方面,由于稻麦两熟耕作制大面积扩大推广,前作水稻使土壤浸水时间长,土壤黏重,排水困难,透气性差而出现湿害。另一方面,由于本地区常年降水量的大部分(500～800mm)集中于小麦生长的中后期,大大超过了小麦正常需水量,造成湿(渍)害。如江苏省淮南麦区,小麦拔节至成熟阶段有些年份平均约2～2.5天就有一个雨日。另据江苏省气象资料统计表明,10年中有7年都是因湿害而导致小麦严重减产。安徽省稻麦两熟区达66万hm^{2}以上,每年因湿害造成小麦减产幅度达20%左右,严重年份甚至造成大面积绝收。湿(渍)害也是湖北省小麦生产上最常见的自然灾害之一。河南省34年资料统计分析,豫南地区因湿(渍)害造成减产年份有24年,占75%,因湿(渍)害而严重影响小麦籽粒形成、灌浆与成熟,降低产量和品质。许多学者研究认为,中后期湿(渍)害造成小麦减产的主要原因是根系生长发育受阻,根系活动衰老加快,小麦早衰、病虫草害加剧,使矿质营养和体内有机营养失调,大量的小花退化,结实粒数锐减,粒重和产量下降,品质也变劣。

1. 影响小麦耐湿(渍)性的因素

(1)品种(基因型)特性 不同基因型耐湿(渍)性有显著差异。一般耐湿(渍)性强的基因型有较强的根系活力、光合能力和有机物合成能力,湿(渍)害解除后这些指标均可得到一定程度恢复。另外,还可保持一定的气孔开张度并有迅速恢复的能力。

(2)生育进程 小麦不同生育阶段湿(渍)害的影响不同,许多学者在小麦不同生育阶段给予湿(渍)害处理,发现孕穗期(拔节后15天至抽穗期)湿(渍)害对产量的影响最大。主要表现为单穗实粒数锐减,粒重剧降。因此,认为孕穗期是小麦湿(渍)害临界期,其次是开花期和灌浆期。孕穗期以前小麦发根力强,新老根系的更替快,所以湿(渍)害较轻。孕穗期后小麦根系已趋衰老,所以湿(渍)害重,以致产量下降。

(3)温度 温度升高,氧气在水中的溶解度下降。据吴建国研究报道,小麦抽穗期遇湿(渍)害逆境,平均水温分别为19.2℃、21.0℃、22.0℃时,其水中含氧量则分别为9.23mg/L、8.90mg/L、8.73mg/L。此时,土壤微生物和小麦的呼吸耗氧量增加,因此湿(渍)害随之加重,后期湿(渍)害减产更大。

(4)土壤与地下水位 湿(渍)害与土壤质地、结构、有机质含量、矿质组成、pH值等有关。土壤培肥、改良土壤结构,提高土壤保肥能力,可有效提高小麦抗湿(渍)性。地下水位高低主要影响根系的生长和分布及吸收能力。据江苏省多点多年试验,返青拔节期地下水位以 1.0～1.2m 为宜,越冬期以 0.6～0.8m 为宜,播种期以 0.5m 为宜。

2. 预防或减轻小麦湿(渍)害的途径与措施

(1)建立良好的麦田排水系统　"小麦收不收,重在一套沟"。从农业措施来说,麦田内外排水沟渠应配套,田内采用明沟与暗沟(或暗管、暗洞)相结合的办法。前者排除地面水,后者降低地下水位。秋季开好畦沟,腰沟或出水沟都应逐级加深。春季及时疏通三沟,做到沟沟相通,达到雨停田干。这些措施不仅可以减轻湿(渍)害,而且能够减轻小麦白粉病、纹枯病和赤霉病及草害。

(2)选用抗湿(渍)性品种　不同小麦良种以及处于不同生育时期的小麦,对湿害的反应都存在差异。已经筛选出的农林 46、pato、水里占等品种在孕穗期间的耐湿(渍)性均极强,显示培育抗湿(渍)品种对提高小麦抗湿(渍)性具有重要作用。

(3)采用抗湿(渍)耕作措施　改良耕作制度,避免水旱田交错、插花种植,实行连片种植;特别是注意选择水稻秧田的位置,避免"旱包水";加深耕作层,消除犁底层;增施有机肥料;改良土壤结构,增加土壤通透性;减少土壤中有毒物质;以及培育壮苗,建立合理的群体结构,协调群体和个体关系,发挥小麦自身的调节作用,提高小麦的群体质量:这些都是提高小麦耐湿(渍)能力的措施。

(4)合理施肥　由于湿(渍)害造成叶片某些营养元素亏缺(主要是 N、P、K)、C、N 代谢失调,从而影响小麦光合作用和干物质的积累、运输、分配,以及根系生长发育、根系活力和根群质量,最终影响小麦产量和品质。为此,在施足基肥(有机肥和磷、钾肥)的前提下,当湿(渍)害发生时应及时追施速效氮肥,以补偿氮素的缺乏,延长绿叶面积持续期,增加叶片的光合速率,从而减轻湿(渍)害造成的损失。

(5)适当喷施生长调节物质　在湿(渍)害逆境下,小麦体内正常的激素平衡发生改变,产生"逆境激素"——乙烯。乙烯和脱落酸(ABA)增加,致使小麦地上部衰老加速。所以在渍水时,可以适当喷施生长调节物质,以延缓衰老进程,减轻湿(渍)害。

(六)小麦干热风

干热风是我国北方麦区在小麦灌浆成熟阶段发生的一种自然灾害。在高温、干旱、大风的干热风气候条件下,常使小麦灌浆过程受阻,青枯逼熟,粒重降低,造成减产。

1. 干热风的发生条件与危害　干热风发生条件是日最高气温大于 30℃,空气相对湿度低于 30%,风力 3 级以上,风速大于 3m/s;主要危害是小麦受环境高温、低湿的胁迫,根系吸水不能及时补充叶片蒸腾耗水,导致叶片蛋白质破坏,细胞膜受损,叶组织的电解质大量外渗。北方麦区小麦在灌浆期间,常遇高温、低湿伴随着强烈的西南风而形成大气干旱,若此时土壤水分不足,会使小麦植株体内水分供求失调,导致籽粒灌浆不足,灌浆历期缩短,千粒重大幅度下降,从而使小麦减产。干热风对小麦的危害程度与其强度和持续时间有关,干热风越强、持续时间越长,危害越重。同一次干热风对小麦危害程度因品种、生育期、土壤特性、管理技术措施等条件而不同。

一般来说,早熟品种受害轻,晚熟品种受害重;乳熟后期和蜡熟期受害重,蜡熟后期因灌浆快结束,受害就相对轻;沙岗薄地、盐碱地受害较重,黏土地次之,壤土地最轻;适期播种成熟早受害轻,晚播晚熟受害重;增施磷、钾肥并早施氮肥的受害轻,施氮肥过晚和过量贪青晚熟的受害重;中后期浇水适宜的受害轻。

2. 干热风危害后的症状 受干热风危害的小麦,初始阶段表现旗叶凋萎,严重凋萎1~2天后逐渐青枯变脆。初始芒尖白干,继而渐渐张开,即出现炸芒现象,由于水分供求失衡,穗部脱水青枯,变成青而无光泽的灰色,籽粒萎蔫但还有绿色,此时穗茎部的叶鞘上还保持一点绿色。根据小麦遭受干热风侵袭的程度不同,大致出现3种类型的症状:一是轻度干热风危害。一般是从中午12时至下午2时,穗部气温达31℃,叶面温度超过32℃,饱和差超过3 200Pa,空气相对湿度低于30%,此时小麦植株叶片开始萎蔫,出现炸芒现象。如果干热风强度不再增加,上述症状持续5~6小时后,小麦植株可恢复正常,对小麦产量影响较小。二是重度干热风危害。一般是从中午11时出现上述情况,下午2时株间气温比早晨6时高14℃~16℃,饱和差达2 800~3 500Pa,空气相对湿度猛降27%~30%,于是小麦植株叶片卷曲,发生严重炸芒现象,芒和顶端小穗青枯,整片麦田变成灰黄色。三是青枯死亡。在小麦收获前遇到大于5mm的降水,3天内气温在30℃以上,突然遭受干热风袭击,小麦植株青枯而死。

3. 防御干热风的措施 一是农业综合防御措施。首先要建立农田防护林带,达到农田林网化,可减弱风速,降低温度,提高空气相对湿度,减少地面水分蒸发量,提高土壤含水量,显著降低干热风的危害;其次要加强农田基本建设,改良和培肥土壤,提高麦田保水和供水能力。二是栽培防御措施。选用早熟、丰产、耐干热风、抗逆性强的品种;调整作物布局,适时播种,尽量减少晚茬麦,争取尽早使小麦进入蜡熟期,可以躲避或减轻干热风危害;建立合理群体结构,培育壮苗,提高小麦抗旱性;因地制宜浇好麦田拔节孕穗水,防止灌浆期干旱。三是化学防御措施。在小麦生育中后期叶面喷洒化学制剂,是防御干热风最经济、最有效和最直接的方法。即在孕穗至扬花期喷洒0.2%~0.4%磷酸二氢钾稀释液;或者结合后期防治病虫害,药肥(剂)混喷,一喷多防。尤其在生育后期使用化学制剂防御干热风,具有较好的增产效果。

(七)高温逼熟

高温逼熟是在小麦灌浆成熟阶段,遇到高温低湿或高温高湿天气,特别是大雨后骤晴高温,使小麦植株提早死亡,提前成熟,粒重减轻、产量下降的现象。

1. 高温逼熟的发生条件与危害 小麦灌浆的适宜温度为20℃~23℃,高于23℃就不利于小麦灌浆,超过28℃基本停止。当小麦灌浆期遇到27℃以上的高温,就会引起植株蒸腾强度大增,水分入不敷出;高温还引起小麦叶片气孔关闭能力丧失,加速叶片干枯,光合作用受抑制。如果小麦遭受湿害,根系发生早衰,吸水、吸肥能力减弱,高温逼熟会更加严重。特别是乳熟期以后连续降水后出现最高温度30℃以上的天气,导致小麦突然死亡,千粒重大幅度下降而导致减产。

2. 高温逼熟的症状　根据气温和相对湿度高低可将高温逼熟分为高温低湿、高温高湿两种。高温低湿危害后的症状是在小麦灌浆阶段,如连续出现 2 天或 2 天以上 27℃以上的高温,3～4 级及以上的偏南或西南风,下午空气相对湿度在 40％以下时,小麦叶片即出现萎蔫或卷曲,茎秆变成灰绿色或灰白色,小麦灌浆受阻,麦穗失水变成灰白色,千粒重下降。高温高湿危害后的症状是在小麦灌浆阶段连续降水后使土壤水分过多,透气性差,氧气不足,此时植株根系活力衰退,吸收能力减弱;而紧接着又是高温暴晒,叶面蒸腾强烈,水分供应不足,植株体内水分收支失衡,很快脱水死亡。麦株受害后,茎叶出现青灰色,麦芒灰白色、干枯,籽粒秕、粒重低,产量和品质下降。

高温逼熟的防御措施可参考干热风的防御措施。

第三节　小麦的收获与贮藏

小麦的收获与贮藏是小麦标准化生产的最后环节,及时收获是决定小麦产量高低、品质优劣的重要措施之一。一般成熟的小麦籽粒从田间收获,到进仓贮藏的过程包括收割、脱粒、清粮、干燥和贮藏等环节。

一、小麦的收获技术

小麦的收获技术主要包括收获时间和收获方法,而各地的具体收获时间和收获方法主要是根据小麦的成熟程度、品种特性、生产条件以及当地的农事安排和天气特点等综合情况而定。

(一)小麦的收获期

小麦的收获期主要是依据小麦籽粒的成熟程度而决定的。小麦成熟期分为乳熟期、蜡熟期和完熟期。乳熟、蜡熟期又分为初、中、末 3 个阶段,并依据植株和籽粒的色泽、含水量等指标来判定。乳熟期的茎叶由绿色逐渐变为黄绿色,籽粒有乳汁状内含物。乳熟末期籽粒的体积与鲜重都达到最大值,粒色转淡黄、腹沟呈绿色,籽粒含水量约 45％～50％,茎秆含水量 65％～75％。蜡熟期籽粒的内含物呈蜡状,硬度随熟期进程由软变硬。蜡熟初期叶片黄而未干,籽粒呈浅黄色,腹沟褪绿,粒内无浆,籽粒含水量 30％～35％,茎秆含水量 40％～60％。蜡熟中期下部叶片干黄,茎秆有弹性,籽粒转黄色、饱满而湿润,种子含水量 25％～30％,茎秆含水量 35％～55％;蜡熟末期,全株变黄,茎秆仍有弹性,籽粒黄色、稍硬、含水量 20％～25％,茎秆含水量 30％～50％。完熟期叶片枯黄,籽粒变硬,呈品种本色,含水量在 20％以下,茎秆含水量 20％～30％。

小麦适宜的收获期是蜡熟末期至完熟期。适期收获产量高,质量好,发芽率高。过早收获,籽粒不饱满,产量低,品质差;收获过晚,籽粒因呼吸及雨水淋溶作用使蛋白质含量降低,碳水化合物减少,千粒重、容重、出粉率降低,在田间易落粒,遇雨易穗上发芽,有些品种还易折秆、掉穗。人工收割和机械分段收获宜在蜡熟中期至末期进行;使用联合收割机直接收获时,宜在蜡熟末至完熟期进行;留种用的麦田在完熟期收获。若由于雨季迫近,或急需抢种下茬作物,或品种易落粒、折秆、折穗、穗发芽等原因,则应适当提前收获。此外,生产上还应根据品种特性、生产条件以及当地的农事安排和天气特点等综合情况适当调整。

全国小麦收获期由于生育期的不同自南向北逐渐推迟。一般华南冬麦区收获期在3月中旬至5月上旬,西南冬麦区在4月底至6月上旬,长江中下游冬麦区在5月中旬至6月上旬,黄淮冬麦区在5月底至6月中旬,北部冬麦区在6月中旬至6月下旬,东北春麦区在7月中旬至8月中旬,北方春麦区在7月上中旬,部分地区迟至8月,西北春麦区在7月中旬至8月中旬,新疆冬春麦区的冬小麦在6月底至7月初,北疆春小麦在8月上旬,南疆春小麦在7月中旬,青藏高原的成熟期一般推迟到8月下旬至9月中旬。

(二)小麦的收获方法

小麦收获方法分为分别收获法、分段收获法、直接联合收获法。分别收获法是用人力、畜力或机具分别进行割倒、捆禾、集堆、运输、脱粒、清选等各项作业,可根据各自生产条件灵活运用。此法投资较少,但工效低,进度慢,且一般损失较大,适宜于联合收割机无法收割的丘陵山区和小块地。分段收获法是利用在蜡熟中期至末期割倒的小麦茎秆仍能向籽粒输送养分的原理,把收割、脱粒分两个阶段进行。第一阶段用割晒机或经改装的联合收割机将小麦植株割倒铺放成带状,进行晾晒,使其后熟;第二阶段用装有拾禾器的联合收获机进行脱粒、初步清选。分段收获的优点是比直接联合收获提早5~7天开始,提高作业效率与机械利用率,加快收获进度;提高千粒重、品质和发芽率;减少落粒、掉穗及破碎率等损失;减少晒场及烘干机作业量;便于提前翻地整地;减少草籽落地。分段收获不但产量较高、质量好,而且成本低。分段收获的技术要点在于,除应注意割倒的适期外,还需掌握割茬高度为16~22cm,放铺宽度1.2~1.5m,麦铺厚度6~15cm,放铺角度10°~20°,割后晾干2~5天内及时拾禾脱粒等。

随着农业机械化的普及,目前大部分地区普遍采用直接联合收获法。此法是采用联合收割机在田间一次完成割刈、脱粒、初清,具有作业效率高、劳动强度小、损失少、收割质量好的优点。直接联合收获的技术要求,割茬高度适宜,籽粒总损失率及破碎率低,清洁率高,作业进度快。为更好地适应农业技术要求,谷物联合割获机的发展趋势是大马力自走式,增大割刀行程和转速,加大滚筒直径及宽度,增加麦秆分离面积,改进清选装置,对割台高度、喂入量、转速等进行自动控制和监视;有的收割机还装有麦秆切割、撒施设备,有利于秸秆还田。

二、小麦的清选与干燥技术

小麦收获后,由于杂质多、含水量高(20%以上)容易发生出汗、发热、霉烂变质,必须经过清选、干燥或晾晒才能入库贮藏。小麦安全入库的标准为含水量不超过12.5％，杂质不超过1％。因此，小麦收获后，必须要经过清选、干燥等环节，才能入库安全贮藏。

（一）籽粒清选

小麦籽粒清选一般采用气流、筛床、重力、振动等不同类型的清选机。作为种用的可采用种子清选机，除清除杂质外，还可按籽粒大小、形状等分选。农户也可采用风车扬、木锨扬等方法清选。

（二）籽粒干燥

籽粒干燥广泛采用的是晒场晾晒，每天可使籽粒含水量降低1％～2％，但自然晾晒完全依赖天气好坏，天气不好时必须进行人工干燥。人工干燥通常有：高温快速干燥、低温慢速干燥、高低温组合干燥和高温缓苏干燥。高温快速干燥可使干燥介质温度等于或高于被干燥物料所允许的温度（塔式干燥机为90℃左右，喷泉干燥机为200℃以上），特点是速度快、生产率高，但耗能多、质量不易保证；低温慢速干燥要求干燥介质温度比当时气温高5℃左右，属贮粮为主、烘干为副的批量式工艺，特点是耗能低、烘干质量好，但速度慢，适合农村小规模生产；高低温组合干燥是利用高温干燥工艺使麦粒快速升温，待水分降至17％左右后，不进行通风冷却，直接送入低温干燥仓内进行干燥，特点是耗能低，又能保证质量；高温缓苏干燥是将高温干燥过的麦粒送入缓苏仓缓苏3h以上，使其温度梯度和湿度梯度在缓苏中达到自身平衡，含水量降至15％左右后进行通风冷却，若麦粒含水量在25％以上时再返回进行高温干燥，特点是设备简单、操作方便、耗热低，又能保证质量，已被粮食系统、国有农场等广泛采用。人工干燥通常采用的干燥设备有：塔式干燥机，循环式干燥机，低温通风分批式干燥机，圆桶形干燥机和流化干燥机。

三、小麦的贮藏技术

小麦是一种耐贮粮种，只要及时暴晒去水，安全度过后熟期，做好虫霉防治和隔离工作，同时控制好小麦贮藏期间籽粒自身的水分、温度和粮堆中气体成分等基本条件，使小麦处于干燥低温适宜的环境条件下，一般贮藏四五年或更长一些时间，可以维持小麦的良好品质。但要做好上述工作，做到安全贮藏，必须采取适当的贮藏技术。

（一）热入仓密闭贮藏

小麦具有一定的耐高温特性，具有较强的抗温变能力，在一定高温或低温范围内大多不至于丧失生命力，也不至于使面粉品质变坏，为小麦高温密闭贮藏创造了条件。小麦密闭贮藏原理是减少氧气，控制种子的呼吸和有害生物呼吸。当氧的浓度降低到粮粒间空气浓度的2％左右时，贮藏物的多种害虫将被杀死，但应注意真菌在降到约0.2％的氧气浓度时依然能够生长。

小麦热入仓密闭贮藏，首先应选择烈日天气，将小麦薄层摊晒，当麦温达50℃～

52℃时,保持 2h,水分降至 12％以下时,将小麦聚堆入仓,趁热密闭,用隔热材料覆盖粮面,压盖物要达到平、紧、密、实。目前应用较广的是塑料薄膜密闭法,可选 0.18～0.2mm 聚氯乙烯或聚乙烯薄膜,采取六面、五面或一面封盖。在封盖之前应接好测温线路,便于测量小麦堆的各部分温度变化。在隔热良好的条件下,可使小麦保持高温数日,经过 2 个月左右逐渐降至正常水平,转入正常管理。小麦热入仓贮藏必须注意以下问题:一是小麦的水分必须降至 12％。二是小麦日晒时应做到粮热、仓热、工具热"三热",防止麦堆外由于温度低而吸湿和结露。三是高温密闭时间为 10～15 天,具体视麦温而定。麦温由 40℃往下降,为正常;如果麦温继续上升,应及早解除封盖物并详细检查。四是对种用小麦,要慎用热入仓贮藏,因为长期保持高温容易使发芽率降低;对往年收获的种用小麦,不宜用此法。

小麦热仓贮藏是一种利用高温杀虫的保存方法。主要优点为:一是简单易行,费用低,既适用于大的粮库,也适用于农村分户贮藏。二是有良好的杀虫效果。麦温在 44℃～47℃时可杀死全部害虫,含水量在 12.5％以下、麦堆温度在 42℃以上维持 10 天左右,杀虫(包括蛹和卵)效果可达 100％。三是促进后熟提高发芽率。小麦经暴晒后入仓密闭保持 10 天左右高温,可缩短后熟期,提高发芽率。但长期保持高温,对种用小麦不利。四是能改善品质。由于暴晒后小麦水分低,后熟充分,工艺品质好,出粉率和面筋含量均有增无减。五是能防止污染。热贮藏不需再用药剂防虫,减少农药污染,保障人身安全。由于热贮藏方法的优点比较突出,因此是我国粮库和农村贮藏小麦的主要方法之一。

(二)低温贮藏

低温贮藏是使小麦在贮藏中保持一定的低温水平,达到安全贮藏的目的。低温贮藏有利于延长种子的寿命,更好地保持小麦的品质。温度越低,天然损失越小,也能控制害虫和微生物在麦堆中繁殖生长。对可食谷物,特别是小麦采用冷藏法毫无弊病,寒冷并不影响小麦的烘烤品质。研究表明:冷藏温度在 -5℃～-7℃,完全能保障谷物的完整无损,水分不超过 18％时,小麦在 -15℃的低温下贮藏半年,不影响发芽率。水分含量为 11.9％的小麦,在 4℃下贮藏 16 年,品质仍然良好。粗蛋白质和盐溶性蛋白的含量没有发生变化,脂肪酸含量只有少量增加,含糖量略有下降,发芽率高达 96％,滴定酸度为 0.38～0.4,仍属正常,维生素没有变化,面粉加工品质也基本正常。

低温贮藏方法大致分为 4 大类:机械制冷,机械通风,空调低温,自然低温。我国低温贮藏多以自然低温为主,利用冬季严寒进行翻仓、除杂、通风冷冻、降低粮温。少量的也可在夜间进行摊晾,然后趁冷归仓,密闭封盖,进行冷密闭。大的粮库可通过机械通风降低粮温,将粮温降至 0℃左右,对消灭越冬害虫有较好的效果,而且可以延缓以后外界高温的影响,降低呼吸作用,减少养分的消耗。小麦收获的头一两年交替进行高温与低温密闭贮藏,是最适合农户贮藏小麦的一种方法。陈小麦返潮生虫时,可以日晒处理,但不宜趁热入仓密闭。低温密闭可持久采用,只要麦堆无异常变化,麦堆密闭无须撤除。

低温密闭的麦堆要严防温暖气流的侵入,以防麦面结露。低温使湿润种子冻结后,会降低发芽率,所以温度过低时要注意含水量不能过高。低温贮藏时同样要注意生物危害。在低温高水分情况下,霉菌是主要的有害生物,当粮食水分超过15%时,霉菌会造成霉味,籽粒越潮湿越要防止生霉,螨类也可能造成危害。一般虫害不是很严重,但谷象是最耐低温的害虫之一,它能在0℃下存活2个多月,也要注意防治。

(三)气调贮藏

小麦采用气调贮藏时,主要利用自然密封缺氧贮藏方式。最大优点是保管费用低,仅需要较好的仓房密封条件,无需其他设备。密封材料为0.15～2mm厚的聚乙烯薄膜。气调贮藏主要有3种方式:二氧化碳贮藏、充氮贮藏、自然密封缺氧贮藏。

缺氧贮藏既能因缺氧杀死麦堆中已有害虫,又能防止外界害虫感染。一般麦堆氧气浓度降至2%以下或二氧化碳增加至40%～50%时,霉菌受到抑制,害虫会很快死亡,小麦呼吸强度也会显著降低。

(四)"三低"贮藏

"三低"贮藏是指低温、低氧、低药量贮藏的简称,是我国十几年来发展起来的一种综合控制粮堆生态系统的先进贮藏方法。其原理是人为创造有利于粮情稳定,而不利于虫霉繁衍生长的小气候。"三低"贮藏做到粮食不发热、不生虫、不霉烂、不变质、少污染,既节约保管费用,又降低劳动强度。

低温贮藏主要抑制小麦呼吸作用,延缓陈化。主要方法有:一是自然低温密闭贮藏;二是地下仓贮藏;三是仓库提高隔温效果;四是采用双层塑料薄膜低温密闭。

低氧贮藏的形式很多,如真空贮藏、充氮保管、充二氧化碳、自然缺氧等。自然缺氧方法较简单,应用广泛。在新麦干燥降水后,结合热入仓密闭,尽快用塑料薄膜封盖压严,在短期内氧气降至2%以下,二氧化碳升至4%以上,达到理想的增效杀虫效果;但是要防止结露霉变、酒精中毒。

低药量贮藏是低剂量、低浓度、长时间熏蒸,有良好的杀虫效果。一般低剂量熏蒸5 000kg小麦,磷化铝和磷化氢用量分别为:对成虫和幼虫3～6g和0.1419～0.2838mg/L;对卵和蛹5～10g和0.2 443～0.4 886mg/L,可延长熏蒸期或采用间歇熏蒸法。低剂量熏蒸的密闭时间,一般不少于20天,延长密闭时间可提高杀虫效果。

(五)土法贮藏

土法贮藏主要是少量、分散、储存条件差的地方,采用植物杀虫或驱虫方法达到安全贮藏。主要方法有:①花椒防虫法,即将花椒包放入储粮器或将花椒(10～15粒)先放入锅内煮沸,再放入粮袋(1条)煮5min,洗净晾干装粮,可防虫害;②大蒜防虫法,即将大蒜0.5kg埋入500kg的粮堆,可防玉米象和大谷盗危害;③艾、花椒叶防虫法,即将艾叶、花椒叶放入粮堆内,可防治储粮害虫。土法防虫均需用塑料薄膜严格密封粮堆,才能达到安全贮藏的效果。

第五章　小麦安全生产质量控制

小麦质量控制是指在整个小麦生产与加工过程中,为满足小麦质量要求所采取的一系列技术措施。随着人民生活水平的提高,健康、安全、富有营养的绿色食品越来越受到消费者的青睐,具有越来越广泛的市场前景和市场竞争力;同时,随着生产的发展,在小麦生产与加工过程中的各个环节,有多种工业化产品与现代技术参与生产过程,可能对小麦生产与加工环境和产品造成影响。因此,要生产出符合消费市场要求的小麦产品,必须对小麦生产与加工全过程实行质量控制,确保小麦安全生产。小麦安全生产的质量控制体系主要包括小麦生产环境的质量控制、小麦生产过程的质量控制,以及产品贮运、加工的质量控制等。

第一节　小麦安全生产的环境质量控制

产地环境是构成小麦生态系统的重要组成部分,外界环境通过与小麦不断地进行物质与能量的交换,直接影响着小麦的产量和质量。因此,选择适宜的产地及对产地环境实行质量控制是进行小麦安全生产的重要措施。小麦安全生产要求产地环境必须有利于小麦的高产、优质和高效生产。产地环境主要包括优良的土壤环境、水质环境、空气质量环境等。

一、小麦产地土壤环境控制

土壤是小麦安全生产的基础,小麦安全生产要求具备无污染的土壤环境,除碳素营养主要通过光合作用获得外,小麦生长发育所需的营养物质都需要通过土壤供应。因此,土壤环境污染对小麦生产有重要影响。

(一)土壤环境的主要污染源

依据土壤污染源和污染物的特点,土壤污染源可以分为水污染型、大气污染型、固体废弃物污染型和农业污染型 4 类。水污染型指工业废水及城市生活废水通过灌溉途径进入农田土壤的污染;大气污染指氟等大气污染物从污染的大气中,沉降到农田土壤中的污染类型;固体废弃物的污染主要包括地面堆积的采矿废石、工业废渣等经大气扩散或雨水淋洗等途径将其中有害物质带入农田土壤的污染;随着现代农业的飞速发展,大量化肥及农药投入而引起的污染已成为土壤污染的主要来源。

(二)土壤污染物及其危害

土壤污染物主要包括:重金属、酸、碱、盐等无机污染物质,杀虫剂、除草剂、过量施用的化学肥料等农业污染物,污泥、矿渣、工业废弃物质等工业污染物,寄生虫、病原菌、病毒等生物污染物以及放射性同位素等。这些污染物质在土壤中的存在都将影响到小麦的产量和品质。

在小麦生产上,由于有机肥的投入不足和产量的提高,导致化学肥料的使用量逐年增加,土壤有机质含量减少、板结加重、生物活性降低,化肥利用率降低(一般只有30%左右)。氮肥和磷肥的过度施用是造成土壤环境恶化的主要因素。氨水、碳酸氢铵、尿素等氮肥过度施用后,土壤中会残存大量游离的氨(NH_3)严重影响到小麦种子的生根、发芽和出苗,同时还会影响到植株对钾肥的吸收和利用。氨对小麦的毒害主要表现为:麦苗根系的黏性物质分泌增加,根呈褐黄色,根毛和根量减少,新根生长受抑制;严重时会导致老根发黑、坏死,叶片凋萎甚至焦枯。研究表明,当土壤中氨的浓度高于 2.55mg/kg 时,小麦的种子和幼苗即开始受到伤害。盲目施用氮肥,不仅会对小麦造成伤害,降低肥效;而且会对土壤环境造成污染,甚至影响到人类的健康。特别是因过量施用氮肥造成大量的硝酸盐和其他的有害化学成分进入了土壤—作物(或水)—人类的食物链,直接威胁到人类的健康。世界各地和我国已发现地下水较普遍的受到三氮(NH_3-N、NO_2-N、NO_3-N)的污染。环境水体 NH_3-N 含量过高(NH_3-N 最大允许标准为 0.5mg/L)可能造成鱼类的中毒死亡;水中硝酸盐的污染,容易形成亚硝胺,从而引起潜在性致癌突变原(水中 NO_3-N 最大允许标准为 10mg/L)。因此,制定合理的施肥措施,控制氮肥的施用量,改进施肥的方法,以及研制新型的缓效和长效型肥料,有条件地通过施用硝化抑制剂等,可以有效减少土壤中氮的损失,避免因大量施用氮肥造成的环境污染和对人、畜的伤害。

其他化学污染物、城市垃圾和生物污染物进入农田土壤后,也将严重影响到小麦的安全生产。比如,铜、镍、钴、锰、锌、硼等元素在土壤中富集后可直接导致小麦减产。当土壤中的锌含量达到 200mg/kg 时,小麦的生长发育就会受到影响,当土壤铜含量达到 200mg/kg 时,小麦就会枯死。土壤中镉、汞、铅等重金属的污染将导致农产品中富集这些有害物质,直接伤害到食用者的健康。大型畜禽加工厂、造纸厂和制革厂的废水中含有大量的化学污染物质,进入小麦种植基地后往往会导致有毒物质积累和重金属超标。另外,城市垃圾的污染,主要包括碎玻璃、旧金属片、塑料袋、煤渣等生活垃圾以及医疗废弃物等。这些污染物会造成土壤渣砾化,降低土壤的保水保肥能力,作物根系生长不良等。因此,用于小麦安全生产的农田必须远离污染源和污染物,或通过有效的措施进行隔离,防止污染物进入农田土壤。

(三)安全生产的土壤环境标准

为了保证小麦的安全生产,必须对土壤污染物状况按照国家规定的标准(表 5-1)进行动态监控。国家规定中污染物的残留标准主要有重金属(汞、铜、锌、铅、镉、铬、镍)、有害物(砷)含量和农药残留量,对无规定标准的土壤中元素指标应位于背景值正常区域,评价采用《土壤环境质量标准》(GB15618—1995)。此外,小麦安全生产农田的周围应没有金属或非金属矿山,并且没有农药残留污染等。

表 5-1　小麦安全生产的产地土壤污染物标准限值 （mg/kg）

项　目	限　值		
	pH 值<6.5	pH 值 6.5~7.5	pH 值>7.5
总镉≤	0.30	0.30	0.60
总汞≤	0.30	0.50	1.0
总砷≤	40	30	25
总铅≤	250	300	350
总铬≤	150	200	250
总铜≤	50	100	100
总锌≤	200	250	300

注:来源于农业部发布的标准 NY/T851—2004

(四)土壤污染的控制技术

不同地区、不同土壤的主要污染物不同,土壤污染的防治具有多元性。各地应结合具体情况,采用如下控制措施。

1. 控制工业"三废"排放,加强污水灌溉区的监测和管理　必须排放的"三废"要进行净化处理,并控制污染物排放的数量和浓度,使之符合污染物排放的标准。掌握好水质标准、污染物成分含量及其动态,避免滥用污水灌溉造成土壤污染。

2. 控制化学农药的使用,发展生物防治　禁止和限用剧毒高残留农药,推广高效、低毒、低残留农药,积极发展综合防治病虫害技术,改进施药技术和施药器具,把农药的直接影响限制在最低限度。同时,可以利用微生物和天敌昆虫来防治植物的病虫害,可以避免或减少化学农药对土壤与作物的副作用。分离与培养新的微生物品种,改善微生物的土壤环境条件,或向污染土壤增放对农药、重金属积累能力强的蚯蚓等动物,可提高对土壤污染物的降解能力,减少对作物的危害。

3. 合理施用化肥,增施有机肥、土壤改良剂等改良土壤质地　避免过量使用氮素化肥,尤其是饲料、蔬菜等作物,过量施氮肥会使其积累大量的硝酸盐,或导致地下水硝酸盐过量,从而影响人、畜健康,或造成湖泊等水体富营养化。增加土壤有机质,砂土掺黏土和改良砂质土壤,可增加土壤胶体的种类和数量,增加土壤对有毒物质的吸附能力,提高对污染物的净化能力。受重金属污染的土壤通过施用石灰、碱性钙镁磷肥,可提高土壤 pH 值,促使钙、铜、锌、汞等形成难溶性的氢氧化物、碳酸盐和磷酸盐,从而减少作物对它们的吸收。

4. 改革耕作制度,实行合理轮作　改革耕作制度可以改变污染物所处的土壤环境,消除某些污染物的毒性。例如,改旱地农田为水田后,一般一年左右就可以基本消除土壤中残留的DDT。作物种类不同,对污染物的吸收有很大差异。据试验,各种作物籽实中镉积累量(mg/kg)的顺序是小麦(1.04~6.21)>大豆(1.5~2.5)>向日葵(0.62)>水稻(0.4~0.8)>玉米(0.2~0.3)。因此,如在镉污染的土壤上多种玉米、水稻而少种小麦与大豆,可以较好地控制作物的镉污染,是最经济、最省事的土壤污染防治方法。

5. 深翻和换土、控制土壤氧化还原条件，减少土壤污染　被重金属和难降解的有机物污染的土壤，在面积不大的情况下，可采用换土方法，即将污染土壤取走换上未污染土壤。对换出的污染土壤必须妥善处理，防止次生污染。在污染不重的土壤上，可以通过深翻将上层土壤与下层土壤混合，降低表层土壤中重金属含量；也可以将表层土与下层土倒换，其倒换深度以不影响根系发育为限，不至于污染作物，但同时要防止对地下水的污染。

重金属镉、铅、锌、铜等在氧化条件下溶解度提高，可供性增强；反之，在还原条件下，则容易固定。因此，调节土壤 pH 值，可以有效控制重金属对土壤的危害。

二、小麦产地水质环境控制

水在小麦生产中具有极其重要的作用，麦田灌水的质量优劣对小麦生产会产生直接影响。因此，小麦安全生产要求水质必须良好。

(一)水质污染源

水质的污染包括自然污染和人为污染两大类。自然污染指自然条件下某些河流的上游流淌着含有当地自然条件下溶解的某些有害元素(如氯、铜、氟等)的水，这种污染的水也是不适合于农田灌溉使用的。由于人类的活动造成的水质人为污染又包括工业污染、生活污染和农业污染等。工业污染是人为污染中最为严重的污染源，其污染量大、污染成分复杂且不易净化；随着城市人口的增加，城市生活污水也成为污染水质的重要方面，城市生活污水中含有大量的洗涤剂、病原菌等有害微生物以及经过复杂反应生成的硫化氢及硫醇等有害物质；随着现代农业生产中化肥、农药及化学除草剂使用量的增加，农业污染也成为水质污染的重要方面。近年来，磷肥的施用量在逐年增加，这已经给农田生长环境带来了很大的负面影响。土壤中磷肥淋溶损失量虽然较氮肥低很多，但是磷肥对环境的污染比氮肥更敏感。对封闭性湖泊和水库而言，造成水体环境恶化的含磷标准为＞0.2mg/kg，所以过量施用磷肥仍是造成水体营养化污染的重要因素之一。特别是用于生产磷肥的磷矿石中含有镉、铅、氟等有害元素，大量施用磷肥必然增加土壤中这些有害元素的积累。

(二)水质污染物及其危害

水质污染物在水体中的含量超过了水体的本底含量和水体的自净能力时，就改变了水体原有物理、化学性质，使水体使用价值降低或丧失，若继续使用，就会产生危害人体健康或破坏生态环境的后果。水质污染物主要有需氧污染物、重金属污染物和一些化学污染物质。

1. 需氧污染物　生活污水和某些工业废水中常有碳水化合物、蛋白质、脂肪和木质素等有机化合物。这些有机物在微生物的作用下最终分解为简单的无机物质，由于分解过程中需要消耗大量的氧，故称之为需氧污染物。这类污染物是水质污染中最常见的一类污染物质，这类被污染的水溶解氧的浓度极低，所以会影响作物的生长发育。

2. 重金属污染物 水质污染的重金属成分主要来源于采矿和冶炼工业,包括汞、镉、铅、铬、砷等生物严重毒性元素和锌、铜、钴、镍等中等毒性元素。重金属中以汞的毒性最大,镉次之,加上铅、铬、砷有"五毒"之称。值得注意的是,有些重金属在微生物的作用下可以转化为毒性更强的金属化合物,比如无机汞在微生物的作用下可以转化为毒性更强的有机汞。金属污染物可以通过食物链的生物富集作用在高等生物体内成千倍地富集,最后通过食物链进入人体,并在人体的某些器官中积累,最终造成对人体的毒害。

3. 其他化学污染物质 包括酚类物质、氰化物及其他酸碱污染物等。酚类污染物主要来源于冶金、煤气、炼焦、石油化工和塑料等生产过程的排放物。氰化物主要来源于电镀、洗煤、选矿等工业的污水,这种污染物质对人、畜剧毒,要严格控制其进入农田生产系统中。另外,来源于矿石、化工厂、医药、冶炼、钢铁、燃料等工业的酸性污水及来源于造纸、印刷、制革、制碱等工业的碱性污染物也是造成水质污染的重要方面,这些污水进入农田都会对作物的生长发育造成严重的影响,导致作物减产和品质恶化等后果。

(三)麦田灌溉水质量要求

小麦安全生产的基地应选择在地表水、地下水水质清洁无污染的地区,水域、水域上游没有对该基地构成威胁的污染源。源头和进入麦田的灌溉水中不得含有国家规定的有毒有害物质。符合标准化生产的灌溉水质标准见表5-2。

表 5-2 小麦安全生产的灌溉用水质量要求 (mg/L)

项 目	限 值	项 目	限 值
pH 值	≤6.5～8.5	铬	≤0.1
总 汞	≤0.001	石油类	≤1.0
总 镉	≤0.005	氟化物(以 F⁻计)	≤1.5
总 砷	≤0.1	氯化物(以 Cl⁻计)	≤250
总 铅	≤0.1	氰化物	≤0.5

注:来源于农业部发布的标准 NY/T 851—2004

(四)水体污染的控制技术

工业污染是水体污染的主要来源,因此防治的主要措施有:

1. 合理布局工业,规定排污标准 在水源地(江河、湖泊、水库、地下水等)上游应禁止建设向水体排放污染物的工厂或其他有污染物排放的单位。同时,对工业废水中的污染物实行分类、分级控制。对重金属和难降解的有机物,要使之在车间或工厂处理,达到规定标准才允许排放。对其他有机物实行总量控制,在城市可与生活污水合并,按区域集中处理。对河流等应根据水域自净能力,定出各种污水排放量,环保部门应按不同河段环境进行分段,并将其划分到所辖区的有关地区和工厂,实行污水按排污标准限量排放。此外,要规定工业循环用水指标,通过企业用水管理技术尽量做到一水多用、串级使用、闭路循环与污水回收等措施,最大限度减少排污量,要通过规定工业循环用水指标以及采取征收排污费等措施促进其实施。

2. 建设污水处理工程,控制污水排放 在人口集中的大城市,必须尽快建设和完善对各种污水和废水处理的工程,使之达到国家规定排放的标准后,再进行排放。现在,各种废水和污水处理工程常用的方法有物理法、化学及物理化学法和生物法。

(1)物理法 包括重力、离心、过滤和反渗分离等方法。

重力分离法又包括沉淀、上浮、气浮等。沉淀是利用重力作用,使污水中大量的悬浮物沉降到沉淀池底部,使污水得到一定的澄清净化;上浮是回收污水表面的浮油;气浮是向污水中通入空气或同时加入悬浮剂或混凝剂,从而使污水中的乳化油或固体小颗粒黏附在空气泡上,随气泡一起浮出水面,从而回收污水中的有用物质、同时净化污水。

离心分离法是将污水高速旋转,由于污水中悬浮颗粒(或乳状油)的质量不同,其受到的离心力大小也不同,质量大的被抛到外围,质量小的则留在内圈,通过不同出水口分别导出来。

过滤法是指用网过滤、砂滤、布滤及微空管道等过滤污水,除去其中污物。

反渗法是用半透膜分离的新技术。半透膜具有能使溶剂通过而溶质却不能通过的特点,当向污水施加压力至超过半透膜的渗透压时,则溶剂(水)通过半透膜,溶质(污物)则留在膜的另一边,从而使污水得以净化。

(2)化学及物理化学法 包括混凝、中和、氧化还原、离子交换和萃取等法。

混凝法通常是向污水中投入与污物带有相反电荷的电解质,使之水解形成胶团,再与污水中的细小、分散颗粒物产生絮状沉淀。印刷厂的有色废水、炼油厂的含油污水等都广泛应用混凝法处理。

中和法是指对废水进行酸碱中和,常用工厂的废酸或废碱、废渣来中和。

氧化还原法是用氧化剂或还原剂,将污水中的有害物质氧化或还原成无害物质。

离子交换法常用有机合成树脂与污水发生可逆的离子交换,回收污水中的一些贵重金属物,从而使污水得到净化。

萃取法是利用各种物质在选定溶剂中的溶解度的不同,以分离混合物的方法。用溶剂分离液体混合物中各组分的叫"溶液萃取",用溶剂分离固体混合物中各组分的叫"浸取"或"固液萃取"。

(3)生物法 指利用好氧性或厌氧性微生物,或水生生物等,通过它们的生物化学作用,使污水中的有机物得到分解或降解。最常用的是氧化塘处理污水,即在污水池中放养藻菌或水葫芦等来净化污水。

三、小麦产地空气质量控制

良好的空气质量是小麦安全生产的重要条件。大气污染会使小麦的细胞和组织器官受到伤害,生理功能和生长发育受阻,产量下降,品质变劣。

(一)空气污染源

从污染物的源头来看大气污染可分为工业污染、交通污染、生活污染和农业污染4种。工业污染主要包括火力发电厂、钢铁厂、水泥厂及化工厂等企业在生产过程中和燃料燃烧过程中所排放的煤烟、粉尘及无机或有机化合物等污染物。如火力发电厂以煤和石油为燃料,一般煤的含硫量为0.5%~6%,石油的含硫量为0.5%~3%;在高温条件下,大气中的氮被氧化为一氧化氮(NO)为主的氮氧化物。电厂排放的二氧化硫(SO_2)、粉尘和氮氧化物等都是大气污染物的重要组成部分。交通污染包括汽车、火车、飞机和船舶等交通工具排放的尾气对大气造成的污染。近年来,随着交通运输业的迅速发展,由交通工具排放废气造成的大气污染越来越严重,特别是汽车尾气中排放的一氧化碳、二氧化硫、氮氧化物和碳氢化合物等已成为大气污染的重要因素。生活污染主要指人类烧饭、取暖等生活过程中由于燃烧燃料而向大气中排放的污染物,特别是以煤为燃料时向大气中排放大量的二氧化硫等有害物质。随着农业用化肥、农药等化工产品的逐年激增,在施用时散逸或蒸腾到大气中而造成的大气污染也不容忽视。

(二)空气污染物及其危害

空气污染物主要包括二氧化硫、烟尘、氮氧化物、一氧化碳、氟化物、光化学烟雾和其他的有害污染物。

1. 二氧化硫 是一种无色且有刺激性气味的气体,大气中的二氧化硫污染主要来源于煤的燃烧和含硫矿物的冶炼。二氧化硫在洁净干燥的空气中较为稳定,可停留1~2周,但在空气相对湿度较大且有颗粒物存在时易氧化形成三氧化硫,再与水分子结合生成硫酸分子,进而形成硫酸烟雾和酸雨。大气中的二氧化硫可造成植物叶片受伤,甚至坏死,直接影响到作物叶片的光合作用效率和产量形成。

2. 氟化物 氟化物主要来源于钢铁、电解铝、磷肥、陶瓷和砖瓦的加工过程,其中以氟化氢为代表,对大气造成严重污染。氟化氢由于其相对密度(比重)较小,易于扩散,对作物的伤害比二氧化硫更大。氟化氢对禾谷类作物的危害症状首先表现为新叶尖端和边缘黄化,特别是抽穗前后的旗叶和幼穗更为敏感,受害后很快就出现叶色灰绿等症状,严重时会出现失绿和叶片脱落,给作物生产带来巨大损失。

3. 烟尘 烟尘由烟和粉尘两部分组成。烟是伴随着燃料和其他物质燃烧所产生的一种含有固体、液体微粒的气溶胶,其中含有碳黑、飞灰等颗粒状浮游物。碳黑中除了碳元素外,还包括由氢、氧、硫等成分组成的复杂有机化合物,其中许多化合物是有毒的。粉尘是煤、矿石等固体材料在运输、筛分、碾磨、加料和其他机械处理过程中所发生的,或是风力扬起的灰尘等。它们也是造成大气污染的重要组成部分。大气中的各种粉尘降落在作物叶片后,一方面影响了作物的光合作用,另一方面会造成叶片温度升高,叶片干枯甚至死亡。有些粉尘为碱性物质组成,这也会对作物的叶片造成一定的伤害。

4. 氮氧化物 氮氧化物的种类较多,主要包括 NO、NO_2、N_2O、NO_3、N_2O_3、

N_2O_4、N_2O_5 等。这些化合物的来源包括含氮有机化合物的燃烧、高温状态下空气中的氮被氧化,以及工业用硝酸的挥发、氮肥加工及金属冶炼过程而产生。一氧化氮主要是由于燃料燃烧不完全产生的,主要来源于汽车的尾气等,其主要危害在于参与光化学烟雾的形成。光化学烟雾主要是由汽车尾气中的氮氧化物、碳氢化合物在强太阳光作用下发生化学反应而形成,其主要成分是臭氧、二氧化氮、醛类、过氧乙酰基硝酸酯等。臭氧主要侵害作物叶片的栅栏组织,叶片表面出现点刻状斑点,从而影响作物的正常生长、发育和产量形成。大气污染物还包括无机气体硫氧化氢、氯化氢、氨气、氯气等。由于现代有机合成工业和石油化工业的迅速发展,进入大气的污染物越来越多,对农业生产影响越来越严重,对作物的产量和品质都会造成一定的影响。因此,小麦安全生产应该避开大气污染严重的地区。

(三)小麦对空气质量的要求

选择远离城镇和无污染源排放口的地方种植小麦,是保证大气环境质量达标的根本措施。对于无公害小麦生产基地必须要求基地周围(特别是上风口)不得有大气污染源,不得有有害气体排放,生产生活用的燃煤锅炉需要除尘除硫装置。大气质量要求稳定,符合无公害小麦生产大气环境质量标准(表5-3)。标准状态下,二氧化硫日平均浓度在 $0.25mg/m^3$ 以下,氟化物在 $7\mu g/m^3$ 左右。

表 5-3　环境空气质量标准

项　目	取值时间	限　值	计量单位
总悬浮颗粒物	日平均	0.3	
二氧化硫	日平均	0.15	
	1 小时平均	0.50	mg/m^3(标准状态)
二氧化硫	日平均	0.12	
	1 小时平均	0.24	
铅	季平均	1.5	
氟化物	日平均	7.0	$\mu g/m^3$(标准状态)
	生长季平均	1.0	$\mu g/(m^3 \cdot d)$(标准状态)

注:来源农业部发布的标准 NY/T 851—2004

(四)大气污染的控制技术

目前,我国大气污染的程度比较严重。由于大气污染已带来土地荒芜、森林、作物、水生生物死亡等问题,因此大气污染防治任务相当艰巨。其主要防治措施有:

1. 合理布局工业是防治大气污染的一个重要措施　工业不要过分集中,使污染排放量不至于过大,易被大气稀释和扩散;场地选择应充分考虑地形条件,一般建在城市或居民区主导风向的下风侧或水源的下游;相互间有原料利用关系的工厂设在一起,一个工厂的废料可以成为另一个工厂的原料,达到减少废气排放量的目的。

2. 改变燃料构成,发展清洁能源　实行燃煤向燃油转变,或分期、分批逐步实现煤的气化,不仅可以消除污染,也是合理利用能源。有水电资源或可以进行风力发电的地区,用电代替煤,不仅可以节省煤资源,还是清洁无污染又方便的能源。在广大农村,可积极发展沼气,用禾柴或部分秸秆作填料,以发酵沼气作燃料,可以较大地减少污染,还可获得极大的经济、生态效益。

3. 综合采用消烟除尘和脱硫技术 在煤燃烧前应先清除煤中的煤矸石,再洗选分离、脱硫,可减少燃烧灰分11%,并除去大部分硫;改善煤燃烧方法,使煤充分燃烧,不仅可以提高热效率,消除黑烟,而且可以减少进入大气中的氮化物和碳氧化合物等有害气体。除尘可以采取不同的方法:机械除尘即采用机械力将尘粒分离出来,适于高浓度大颗粒,但不除飘尘;洗涤除尘可弥补机械除尘的不足,但费用高;静电除尘用于含尘浓度较低和尘粒细微的气体,除尘效果可达99.9%;过滤除尘为小范围的除尘。脱硫方法有:湿法是用二氧化硫容易反应的化合物,溶解于水或形成悬浊液作为吸收剂来洗涤排出的气体;干法是用固体或非水的液体作为吸收剂、吸除剂或催化剂进行烟气脱硫。

4. 工业废气排放的季节性控制 小麦在扬花孕穗季节或在风小、湿度大、气压低、有逆温层存在的情况下,易受空气污染侵害而造成减产,因此在小麦生长的敏感期内排污严重的工业应尽量控制排污,甚至停产。工厂排放废气时间也应尽量安排在小麦生长的非敏感期内进行。

5. 植被覆盖措施 林木在防治大气污染方面具有吸尘、吸毒等综合作用,可以有效地减少有害气体、烟尘和尘埃的污染,因此在排污工厂四周应尽可能进行绿化,提高植被覆盖程度,如栽种一定量的生态林网。这在许多发达地区已经广泛应用。

另外,随着汽车工业的发展与家用汽车的普及,汽车尾气排放已成为主要大气污染源,应尽量减少交通废气,改动发动机的燃烧设计和提高汽油等燃烧质量,也是减少大气污染的有效途径。

第二节 小麦生产过程的质量控制

小麦的生产过程是综合运用各种手段,如播种、施肥、灌溉、除草、防病、防虫等措施,协调品种、环境、措施三者的关系,满足小麦生长发育的需要,从而实现小麦提高产量和改进品质的目的。随着小麦生产水平的不断提高,人们对小麦生产过程的投入越来越多,一些农药、化肥、除草剂等大量化工产品的过度使用,不仅导致空气污染、土壤板结甚至恶化,而且会使小麦产品及其饲料中有毒成分残留增加。小麦生产是小麦产业质量控制的源头,因此在小麦生产过程中,应对使用的农药、化肥、除草剂和塑料地膜等生产资料进行严格的选择和质量控制,才能实现安全生产。

一、小麦生产中农药的安全使用与控制

农药是农业生产中必不可少的生产资料,又是具有毒物属性的有害化学物质,使用不合理将会对人体健康和生态环境产生不良影响甚至危害。随着人们对环境质量

和食品安全的要求越来越高,对化学农药的使用提出了更高的要求。因此,如何科学合理、安全选择与使用农药,既要保证小麦的高产稳产,又要提高小麦的商品质量,是小麦病虫害防治工作中的重要课题。

(一)麦田农药的正确选择

根据无公害农产品生产的要求,在小麦安全生产过程中,农药使用的原则是:优先使用生物和生化农药,严格控制化学农药使用;必要时应选用"三证"(农药登记证、农药生产批准证、执行标准号)齐全的高效、低毒、低残留、环境兼容性好的化学农药;每种有机合成农药在小麦生长期内应尽量避免重复使用。一般杜绝使用或目前已禁用的农药(表5-4)。

表 5-4　小麦安全生产中禁止使用的化学农药品种

农药种类	农药名称	禁用原因
无机砷杀菌剂	砷酸钙、砷酸铅	高毒
有机砷杀菌剂	甲基胂酸锌、甲基胂酸铁铵(田安)、福美甲胂、福美胂	高残留
有机锡杀菌剂	薯瘟锡(三苯基醋酸锡)、三苯基氯化锡、毒菌锡、氯化锡	高残留
有机汞杀菌剂	氯化乙基汞(西力生)、醋酸苯汞(赛力散)	剧毒高残留
有机杂环类	敌枯双	致畸
氟制剂	氟化钙、氟化钠、氟乙酸钠、氟乙酰胺、氟铝酸钠、氟硅酸钠	剧毒、高毒、易药害
有机氯杀菌剂	DDT、六六六、林丹、艾氏剂、狄氏剂、五氯酚钠、氯丹、毒杀芬、硫丹	高残留
有机氯杀螨剂	三氯杀螨醇	高残留
卤代烷类熏蒸杀虫剂	二溴乙烷、二溴氯丙烷	致癌、致畸
有机磷杀虫剂	甲拌磷、乙拌磷、久效磷、对硫磷、甲基对硫磷、甲胺磷、氧化乐果、治螟磷、蝇毒磷、水胺硫磷、磷胺、内吸磷、甲基异柳磷、甲基环硫磷、杀扑磷	高毒
氨基甲酸酯杀虫剂	克百威(呋喃丹)、涕灭威、灭多威	高毒
二甲基甲脒类杀虫杀螨剂	杀虫脒	慢性毒性、致癌
取代苯类杀虫杀菌剂	五氯硝基苯、稻瘟醇(五氯苯甲醇)、苯菌灵(苯莱特)	国外有致癌报道或二次药害
二苯醚类除草剂	除草醚、草枯醚	慢性毒性
其他	基环硫磷、灭线磷、螨胺磷、克线丹、磷化铝、磷化锌、磷化钙	药害、高毒

小麦的安全生产与小麦的卫生品质密切相关,在小麦病虫害的防治过程中,应遵循以下4点:一是以预测预报为主的原则;二是以生物防治为重点的策略;三是推行农业和物理防治措施;四是优化化学防治方法。在农药使用种类上选择高效、低毒、

低残留的。我国无公害农产品生产上推荐使用的农药有以下几类。

1. 杀虫剂、杀螨剂

(1)生物制剂和天然物质　苏云金杆菌、苦参碱、印楝素、烟碱、鱼藤酮、阿维菌素。

(2)合成制剂

①拟除虫菊酯类：高效氯氟氰菊酯、氰戊菊酯、S-氰戊菊酯、氯氰菊酯、高效氯氰菊酯、溴氰菊酯、氯氟氰菊酯、联苯菊酯、甲氰菊酯。

②氨基甲酸酯类：丁硫克百威、抗蚜威、速灭威、异丙威、硫双威。

③有机磷类：辛硫磷、敌百虫、敌敌畏、喹硫磷、三唑磷、快杀灵、乙酰甲胺磷、氯氰·毒死蜱、乐果、杀螟硫磷、丙溴磷。

④昆虫生长调节剂：噻嗪酮、灭幼脲、抑食肼、氟铃脲、除虫脲。

⑤专用杀螨剂：扫螨净、哒螨灵、单甲脒、双甲脒、噻螨酮。

⑥其他杀虫剂：病му散(井杀单)、单吡啉、多杀霉素、吡虫啉、仲丁威、啶虫隆、氟虫腈、杀虫双、杀虫单、啶虫脒。

2. 杀菌剂

(1)无机杀菌剂　碱式硫酸铜、氢氧化铜、氧化亚铜、石硫合剂。

(2)合成杀菌剂　多菌灵、百菌清、代森锌、代森锰锌、三唑酮、福美双、三唑醇、烯唑醇、戊唑醇、丙环唑、腈菌唑、腐霉利、浸种灵、咪鲜胺、菌核净、乙烯菌核利、霜霉威、异菌脲、甲基硫菌灵、甲霜灵、三乙膦酸铝、三环唑。

(3)生物制剂　井冈霉素、嘧啶核苷类抗菌素、春雷霉素、多抗霉素、木霉素、农用链霉素。

(二)农药的质量标准

一个农药产品(制剂)按其介绍的使用方法施用后,能否达到预期的效果,与产品中某个特性的优劣有着密切的关系。不同厂家的同一种农药新产品,由于其生产(加工)方式和所用的原料、填料、包装材料等不同,使用效果也有很大的差异。常规的判断标准是原药的有效成分含量越高越好;乳油加水稀释后的乳浊液不分层;悬浮剂的外观不分层等。但真正判断产品质量的优劣,需要考虑产品的化学和物理性质。目前,世界各国和相关国际组织都采用制定相应的产品标准,即将产品中的化学和物理性质的高低在标准中规定一定值,并规定对这些值的统一检测方法和判断原则。但在标准实施中,随着生产技术的改进、分析技术的提高以及消费者对产品提出更高的要求(杂质少、臭味小、安全等),产品标准也需要不定期修订,以保证产品质量的提高。生产上农药的质量标准常从以下几方面进行认定。

1. 农药标签和包装外观

(1)农药标签内容　农药标签上应注明产品名称、农药登记证号、产品标准号、生产许可证号或生产批准证书号,以及农药的有效成分、含量、重量、产品性能、毒性、用途、使用方法、生产日期、有效期、注意事项和生产企业名称、地址、邮政编码等内容。

分装农药的,还应当注明分装单位。缺少上述任何一项,则应对该农药提出疑问。

(2)产品计量包装　相同计量的产品规格应相同,不能有大有小;内外包装应完整,不能有破损。

(3)产品合格证　每个农药产品的包装箱内都应附有产品出厂检验合格证,以确保所购产品的质量。

2. 从农药物质形态上识别优劣

(1)粉剂、可湿性粉剂　应为疏松粉末,无团块,颜色均匀。

(2)乳油　应为均匀液体,无沉淀或悬浮物。如出现分层和混浊现象,或者加水稀释后的乳状液不均匀或有浮油、沉淀物,都说明产品质量可能有问题。

(3)悬浮剂、悬乳剂　应为可流动的悬浮液,无结晶,长期存放可能存在少量分层现象,但经摇晃后应能恢复原状。

(4)熏蒸用片剂　如呈粉末状,表明已失效。

(5)颗粒剂　产品应粗细均匀,不应含有许多粉末。

3. 简单的理化性能检查

(1)可湿性粉剂　可取半匙药剂于一盛满水的透明玻璃杯中,合格品应较快地逐步湿润,全部湿润时间一般不会超过 2min,将瓶摇匀静置 1h,沉降物应很少;用手捏包装应手感均匀,无颗粒状。

(2)乳油　用玻璃棒移取药液,滴入装满清水玻璃杯中,合格品应迅速向四周扩散,稍加搅拌形成白色牛奶状,静置半小时,无可见油珠和沉淀物。

(3)悬乳剂　置于水中可形成相对稳定的悬浮液。

4. 与《农药登记公告》进行核对　国家规定,生产农药必须办理《农药登记证》或《农药临时登记证》。

(三)麦田农药的安全使用

小麦生产过程中要不断改进农药使用方法,提高农药利用率,降低农药用量,保证农药的使用安全。根据当地病虫草害的种类,确定主要防治对象。播种期种子处理以防治地下害虫、黑穗病、纹枯病和全蚀病等病虫害为主;播后苗前至返青期以防治杂草和苗期白粉病、锈病、纹枯病等为主;返青拔节至抽穗期以防治纹枯病、红蜘蛛、白粉病、锈病、叶枯病等病虫害为主;抽穗期至扬花期以防治赤霉病、黑胚病、吸浆虫等病虫害为主;灌浆期以防治蚜虫、白粉病、锈病、叶枯病等病虫害为主。不同病虫害防治关键时期所使用的农药种类、使用方法和使用剂量见表 5-5。

表 5-5　小麦安全生产中推荐使用的农药及其安全使用标准

防治对象	使用药剂	使用方法	使用剂量	安全使用期
地下害虫	5%辛硫磷 G	土壤撒施	45kg/hm²	播种期
	50%辛硫磷 EC	拌种	20mg/10kg	
	50%毒死蜱 G	土壤撒施	1500~2250g/hm²	

防治对象	使用药剂	使用方法	使用剂量	安全使用期
纹枯病	2.5％咯菌腈 FS	包衣	10～20mg/10kg	播种期
	3％苯醚甲环唑 FS	包衣	10～20mg/10kg	
	2％戊唑醇 WG	拌种	10～20g/10kg	
	5％烯唑醇 WP	喷雾	1500 倍液,30L 药液	返青拔节期
	25％丙环唑 EC	喷雾	1500 倍液,30L 药液	
全蚀病	12.5％全蚀净 FS	包衣	20mg/10kg	播种期
	3％苯醚甲环唑 FS	包衣	20～30mg/10kg	
白粉病	12.5％烯唑醇 WP	喷雾	1500 倍液,50L 药液	抽穗前后。收获前 20 天停止使用
	15％三唑酮 WP	喷雾	1000 倍液,50L 药液	
	25％丙环唑 EC	喷雾	2000 倍液,50L 药液	
	43％戊唑醇 SC	喷雾	4000 倍液,50L 药液	
锈病	25％腈菌唑 WP	喷雾	2000 倍液,50L 药液	发病初期。收获前 20 天停止使用
	12.5％烯唑醇 WP	喷雾	1500 倍液,50L 药液	
	43％戊唑醇 SC	喷雾	4000 倍液,50L 药液	
赤霉病	50％多菌灵 WP	喷雾	800 倍液,50L 药液	扬花末期。收获前 20 天停止使用
叶枯病	12.5％烯唑醇 WP	喷雾	1500 倍液,50L 药液	发病初期。收获前 20 天停止使用
	25％丙环唑 EC	喷雾	1500 倍液,50L 药液	
黑穗病	2％戊唑醇 WG	拌种	10～20g/10kg	播种期
	15％三唑酮 WP	拌种	20g/10kg	
黑胚病	43％麦叶净 WP	喷雾	600～800 倍液,50L 药液	扬花后 5～10 天。收获前 20 天停止使用
	12.5％烯唑醇 WP	喷雾	1500 倍液,50L 药液	
蚜虫	10％吡虫啉 WP	喷雾	2000 倍液,50L 药液	收获前 20 天停止使用
	3％啶虫脒 EC	喷雾	2000 倍液,50L 药液	
	5％氯氰菊酯 EC	喷雾	3000 倍液,50L 药液	收获前 7 天停止使用
	2.5％溴氰菊酯 EC	喷雾	2000 倍液,50L 药液	
红蜘蛛	10％浏阳霉素 EC	喷雾	2000 倍液,50L 药液	拔节至抽穗期。收获前 20 天停止使用
	15％哒螨灵 EC	喷雾	225～300mg/hm²	
	2％甲氰菊酯 EC	喷雾	300～450mg/hm²	

续表 5-5

防治对象	使用药剂	使用方法	使用剂量	安全使用期
吸浆虫	5％辛硫磷 G	土壤处理	45kg/hm²	播种期
	2.5％溴氰菊酯 EC	喷雾	225～300mg/hm²，加水 750～1125L	抽穗期
	80％敌敌畏 EC	撒施	1500～2250mg/hm²，加水 30L 搅匀，喷在 300kg 麦糠或干细土上，在下午均匀撒入麦田	

注：WP 为可湿性粉剂；EC 为乳油；FS 为悬浮种衣剂；SC 为悬浮剂；WG 为水分散粒剂；G 为颗粒剂

二、小麦生产中肥料的安全使用与控制

肥料是小麦生产中最基本的生产资料之一。施肥是提高土壤肥力、改善农作物营养的重要措施，也是提高小麦产量、改善品质的重要途径。从食物链的角度分析，肥料安全是食品安全的源头与保证，把好肥料质量安全这一关是食品安全的前提和基础。但化肥的长期大量使用及施用不当，又对农田的生态环境、土壤理化性质和土壤微生物体系有不同程度的影响，严重制约了农业的可持续发展。

(一)麦田肥料的正确选择

肥料的种类繁多，其成分、性状及其在土壤中的转化能力差异很大，施肥时必须掌握各类肥料的特点。根据肥料的来源、性质及其作用机制的不同，可将其分为三大类即有机肥料、化学肥料、间接肥料。

1. 有机肥料　是一切含有机质肥源的总称。有机肥来源广、种类多、便于就地取材，由于含有机质较多，因而对改良土壤具有特殊的功效。所以，有机肥料是我国农村特别是山区、半山区农村中的主要肥源。有机肥料包括厩肥、人粪尿、绿肥、堆沤肥、腐殖酸类肥料、饼肥、土杂肥等。有机肥料主要含迟效养分，需要经过微生物的分解或高温、药物杀菌后才能转变为作物可吸收利用的养料，因而是一种肥效时间较长并含多种营养元素的完全肥料。

2. 无机肥料　又称化学肥料，通过化学合成或精制而成。其特点是成分单一，养分含量高，大多为肥效时间较短的速效肥，是小麦生产中不可缺少的重要肥源。目前，我国小麦生产中使用的化学肥料主要有氮肥、磷肥、钾肥、硅肥、复合肥料、微量元素肥料等。化学肥料一般都具有养分含量高、肥效迅速、肥效期较短、可直接为作物吸收利用及时满足农作物对养分需要等特点，只要施用方法得当，就会有显著的增产效果。

3. 间接肥料　一般包括酸性土壤施用的石灰、碱性土壤施用的石膏以及各种菌肥等。间接肥料的特点是不含作物营养的三要素，但可调节土壤的酸碱度，改良土壤的结构，促进土壤中有益微生物的活动，改善作物的营养条件，因而间接地起到了促进作物增产的作用。菌肥又称微生物肥料,是指通过微生物生命活动而使农作物得到特定的肥料效应的一类制品。通过菌肥中微生物生命活动的产物来改善作物营养条件,发挥土壤潜在肥力,刺激作物生长发育,抵抗病菌危害,从而提高作物的产量。

肥料使用的原则是按照平衡施肥要求,根据小麦需肥规律施用化肥,尽量满足作物对营养元素的需要;要施用足够的优质有机肥或通过秸秆还田保证足够数量的有机物质返回土壤,以保持和增加土壤肥力及土壤生物活性;禁止使用未经国家或省级农业部门登记的化学或生物肥料。

(二)肥料的质量标准

按 1998 年颁布的《中华人民共和国标准化法》,国家标准和行业标准分为强制性标准和推荐性标准。化肥是国家控制的重要农用物资,其主要产品目前均为强制性标准。这些标准主要有:GB535－1995(硫酸铵)、GB2440－2001(尿素)、GB2945－89(硝酸铵)、GB2946－92(氯化铵)、GB3559－2001(农业用碳酸氢铵)、GB10205－2001(磷酸一铵、磷酸二铵)、GB15063－2001[复混肥料(复合肥料)]、GB18382－2001(肥料标识、内容和要求)、HG2321－92(磷酸二氢钾)、HG2427－93(氰氨化钙)、HG3277－1986(农用硫酸锌)、HG2740－95(过磷酸钙)、HG2557－94(钙镁磷肥)、HG3280－1990(多孔粒状硝酸铵)、HG3281－1990(小联碱农用氯化铵)、GB536－88(液体无水氨)、GB8569－1997(固体化学肥料包装)、GB6549－1996(氯化钾)、HG2842－1997(碳铵复混肥料中稀土元素的含量及测定)、HG2598－94(钙镁磷钾肥)。我国在制定肥料标准过程中,积极采用国际标准和国外先进标准,以提高我国肥料产品质量。在氮肥品种上我国标准已达到国际先进水平,而磷肥、复混肥料和钾肥标准的技术指标与国际先进水平尚有一定差距。

肥料是小麦生产上重要的农业生产资料,小麦的增产量 50% 来源于肥料的作用,它的质量优劣直接关系着农业生产和农民的切身利益。提高肥料质量,杜绝假劣产品,减少农民损失是发展农业生产的一个重要环节。小麦生产上常用化肥的种类有氮肥、磷肥、钾肥和复合肥。各种肥料的有效养分参考表 5-6。

(三)肥料的安全使用

从对环境污染的角度来看,无论是化肥还是有机肥,使用不当都会污染土壤和环境,必须注意肥料的安全使用。

1. 有机肥的安全使用 有机肥成分复杂,常含有污染物,主要包括以下几方面:第一是部分畜禽粪便存在着农药和兽药残留超标的问题。由于牧草中高残留农药或工业"三废"的超标排放,导致部分农产品受到污染并通过饲料进入畜禽体内,产生生物富集,并使其粪便中的污染物含量增高。第二是目前集约化畜禽养殖场的畜禽粪便已成为一些污染物的富集库,长期大量施用这种有机肥将对土壤、水体等环境质量和农产品质量安全产生严重影响。第三是长期大量施用畜禽粪肥使土壤中硝酸盐、亚硝胺类物质和速效磷的积累严重,对水体环境和农产品质量安全都具有潜在威胁。第四是未腐熟的畜禽粪便还带有病原微生物,可能对人体健康或其他生物产生潜在威胁。

因此,有机肥使用时首先要对肥源进行分析,通过高温堆肥等方法处理未腐熟的有机肥,严格控制有机肥的质量,科学协调种植业和养殖业的平衡,按照有关标准规范选择和使用有机肥,保证小麦的安全生产。

表5-6　河南省常用肥料养分含量参考表

肥料名称			肥料代码	养分含量(%)			备　注
				N	P_2O_5	K_2O	
氮肥	尿素		FN01	46			
	碳酸氢铵		FN02	17			
	硫酸铵		FN03	20			
	硝酸铵		FN04	34			
	氯化铵		FN05	24			
	氨水		FN06	12~16			
	缓释尿素		FN07				
磷肥	普通过磷酸钙		FP01		14~20		
	钙镁磷肥		FP02		14~18		
	重过磷酸钙		FP03		40~50		
	磷矿粉		FP04		19.4		
钾肥	氯化钾		FK01			50~60	
	硫酸钾		FK02			48	
	硫酸钾镁		FK03				
复合肥	磷酸二铵		FC01	12~18	46~48		
	磷酸一铵		FC02	10~12	50~52		
	磷酸二氢钾		FC03		24	27	
	硝酸钾		FC04	13.5		45	
有机肥	鸡粪	干样	FM02	2.38	1.45	1.63	
		鲜样		1.07	0.65	0.73	含水量50%
	猪粪	干样	FM03	1.75	1.13	1.22	
		鲜样		0.58	0.37	0.40	含水量67%
	牛粪	干样	FM04	1.38	0.93	1.06	
		鲜样		0.36	0.24	0.28	含水量74%
	其他禽粪	干样	FM05	2.85	1.74	1.71	
		鲜样		1.28	0.78	0.77	含水量55%
	羊粪	干样	FM06	1.77	0.93	1.02	
		鲜样		1.01	0.53	0.58	含水量43%
	其他畜粪	干样	FM06	1.48	1.05	1.36	
		鲜样		0.43	0.30	0.39	含水量71%
	其他有机肥	人粪尿(鲜样)	FM07	0.49	0.22	0.30	
		厩肥(干基)		1.15	1.08	1.28	

2. 化肥的安全使用　目前在小麦生产中,较突出的是重视化肥施用,轻视有机肥施用;重视氮肥施用,轻视磷、钾肥和微量元素肥料施用。为此,化肥施用时要遵循以下原则。

(1)避免盲目、过量、单用、连用化肥　土壤是化肥的第一载体,过量施用化肥用工业化代替生物化,用化学过程削弱生物过程,会使土壤板结,结构破坏,降低生物活性,降低肥力。化肥中常混有重金属和有毒元素(如砷),多用、连用则产生累积致害。单用化肥(如氮肥)会造成氮磷钾大量元素之间、大量元素和微量元素之间比例失调,肥料利用率降低(多为30%左右),未被吸收利用的化肥会随水渗入地下水源,造成地下水污染,甚至污染江河和饮用水。尿素中氧化亚氮大量释放到空中,会带来温室效应。另一方面,化肥多是无机盐,过量、连施会产生盐类累积,在降水少的地区或干旱年份,会产生土壤次生盐渍化,从而被迫进行大水洗盐或换土,有时还会造成作物受害减产。因此,盲目施肥、过量施肥、单一施肥不仅降低施肥效果,增加生产成本,而且长此下去还会导致上壤退化、酸化和盐渍化,使种植物大幅度减产,产品品质下降,给生产造成损失。

(2)大力推广测土配方施肥　为了减少环境污染,提高作物产量,改善农产品品质,节省劳力,节支增收,小麦生产上要大力推广测土配方施肥技术。测土配方施肥是以土壤测试和肥料田间试验为基础,根据作物需肥规律、土壤供肥性能和肥料效应,在合理施用有机肥料的基础上,提出氮、磷、钾及中、微量元素等肥料的施用数量、施肥时期和施用方法。测土配方施肥技术的核心是调节和解决作物需肥与土壤供肥之间的矛盾,同时有针对性地补充作物所需的营养元素,作物缺什么元素就补充什么元素,需要多少就补多少,实现各种养分平衡供应,满足作物的需要,达到提高肥料利用率和减少用量。

在黄淮海麦区,强筋和中筋小麦栽培必须注意保持土壤有较高的有机质含量和养分的平衡,并做到在秸秆还田培肥地力的基础上,因土壤肥力基础精确施肥。在每 hm^2 生产小麦 6 000～7 500kg 的高产田与 7 500～9 000kg 的超高产麦田,0～20cm 土层土壤有机质含量 1.0%、全氮 0.09%、碱解氮 70～80mg/kg、速效磷 20mg/kg、速效钾 90mg/kg、有效硫 12mg/kg 及以上的条件下,每 hm^2 总施肥量分别为:纯氮 180～210kg 和 225～240kg,纯磷(P_2O_5)75～90kg 和 90～110kg,纯钾(K_2O)75～90kg 和 90～110kg,硫各 65kg。在每 hm^2 生产小麦 4 500～6 000kg 的中产水平麦田,0～20cm 土层土壤有机质含量 0.8%左右,全氮 0.06%～0.08%,碱解氮 60～70mg/kg、速效磷 10～15mg/kg,速效钾 60～80mg/kg、有效硫 12mg/kg 及以上的条件下,每 hm^2 总施肥量:纯氮 150～200kg,纯磷(P_2O_5)75～100kg,纯钾(K_2O)75～100kg,硫 65kg。上述产量水平麦田,均提倡增施有机肥,合理施用中量和微量元素肥料。在高产田和超高产田,有机肥和磷肥全部作基肥施用,氮肥和钾肥的 50%作基肥;第二年春季小麦拔节期结合浇水再追施余下的 50%的氮肥和钾肥。在中产田与土壤肥力较低的麦田,可较高产田适当增加基施氮肥的比例。硫素提倡施用硫酸铵或硫酸钾等形态肥料。

三、小麦生产中除草剂的安全使用与控制

据统计,全国小麦种植面积中杂草危害的面积约 1000 万 hm^2,占小麦种植面积的 44% 左右。化学除草是一种有效、经济的除草方法,已被广泛采用。而使用除草剂是一项技术性很强的工作,化学除草的除草效果和对作物的安全性不仅受除草剂本身特性的影响,而且还受到杂草发生、作物生长状态及环境条件的制约。因此,只有选用适宜的除草剂种类,采用正确的施用时间和施用方法,才能达到除草保苗、安全有效的效果。

(一)麦田除草剂的正确选择

麦田杂草经过长期的自然选择,其适应性广、抗逆性强、发生量大,在与小麦的生存竞争中占一定优势。麦田杂草种类繁多,有一年生、越年生和多年生杂草之分,它们的生物学特性差异较大。各地区的地理气候等条件、耕作制度、栽培措施不同,而且杂草群落在不断变化,单一除草剂很难彻底控制杂草的危害。除草剂的种类较多,登记在麦田使用的除草剂单剂就有共 40 多个。按化学结构分类,苯氧羧酸类和苯甲酸类有 7 个,磺酰脲类和磺酰胺类有 20 多个,杂环类 5 个,取代脲类 3 个,其他 7 个。以苯磺隆、2-甲-4-氯钠盐、噻磺隆、苄嘧磺隆、异丙隆、精噁唑禾草灵、氯氟吡氧乙酸的使用量较大。按防除对象来分,以防除阔叶杂草的品种较多,防除禾本科杂草的较少;按施药时间来分,以苗后茎叶处理为主。麦田主要除草剂的选用与防除杂草的效果见表 5-7。

1. 磺酰脲类与磺酰胺类除草剂　磺酰脲类除草剂于 1975 年发现,现已商品化生产的品种有 30 多个,是除草剂新品种开发最活跃、最重要的一类。可被杂草的根、茎、叶吸收,可以土壤处理和茎叶处理,使用方便。该类除草剂主要作用靶标是乙酰乳酸合成从而抑制蛋白质合成和生物合成。其中苯磺隆、噻磺隆、苄嘧磺隆、酰嘧磺隆、氟唑磺隆、醚苯磺隆、磺酰磺隆、环丙嘧磺隆、唑嘧磺草胺、双氟磺草胺,主要用于防除阔叶杂草;甲基二磺隆、氟酮磺隆、氟啶嘧磺隆、磺酰磺隆,主要用于防除禾本科杂草,也能防治部分阔叶杂草;甲磺隆、绿磺隆、单嘧磺隆、甲硫嘧磺隆、碘甲磺隆钠盐,可以有效防治多种一年生阔叶杂草和部分禾本科杂草。

2. 苯氧羧酸类与苯甲酸类除草剂　是一类重要的麦田除草剂。该类除草剂应用历史已较长,目前在生产中仍发挥着重要的作用,麦田常用的品种有 2-甲-4-氯钠盐、2,4-滴丁酯和麦草畏,近几年市场上还有 2-甲-4-氯胺盐、2,4-滴异辛酯、2,4-滴二甲胺盐等品种。可以有效防治多种一年生阔叶杂草,对多年生阔叶杂草也有较好的抑制作用。

3. 脲类除草剂　应用历史也较长,麦田常用的品种有异丙隆、绿麦隆等。选择性内吸传导型除草剂,主要通过植物的根系吸收,茎叶也可以少量吸收,抑制杂草的光合作用,使杂草饥饿而死亡。在土壤中的持效期因施用剂量、土壤湿度、耕作条件

差异较大,秋季施药持效期可达2～3个月。可以防除一年生禾本科杂草和阔叶杂草。

4. 芳氧基苯氧基丙酸类除草剂 是麦田防治禾本科杂草的一类重要除草剂,代表品种有精噁唑禾草灵,炔草酸对麦田禾本科杂草防治效果显著优于精噁唑禾草灵。苗后茎叶处理剂,可被植物茎叶吸收,具有内吸和局部传导的作用。主要作用机制是抑制乙酰辅酶A合成酶,从而干扰脂肪酸的合成,影响植物的正常生长。本品中加入安全剂,对小麦安全。此类除草剂在土壤中无活性,进入土壤即无效。可以防治一年生和多年生禾本科杂草,对阔叶草无效。

5. 氟氯吡氧乙酸 为内吸传导型苗后除草剂,可以被杂草茎叶迅速吸收并在体内传导,迅速进入分生组织,刺激细胞分裂加速进行,导致叶片、茎秆、根系扭曲变形,营养消耗殆尽,维管束内被堵塞或胀破。小麦等禾本科植物吸收后,不是被迅速分解,而是被其体内的一些尚未搞清楚的化合物转化成无毒物质,因此对小麦十分安全。本剂在土壤中淋溶性差,大部分在 $0～10cm$ 表土层中。在有氧的条件下,经土壤微生物的作用很快降解成 2-吡啶醇等无毒物,在土壤中的半衰期短,对后茬阔叶作物无不良影响。可以有效防除麦田多数阔叶杂草。

6. 氟唑草酮和乙羧氟草醚 触杀型选择性苗后茎叶处理除草剂,可被杂草的茎叶吸收,通过对原卟啉氧化酶的抑制而抑制杂草的正常光合作用,药后一天杂草即失绿、逐渐枯死。该药剂在土壤的持效期较短。可以防除多种阔叶杂草。

7. 溴苯腈、苯达松 触杀型选择性苗后茎叶处理除草剂。主要通过叶片吸收,在植物体内进行极其有限的传导,通过抑制光合作用使植物组织坏死。可以有效防除多种一年生阔叶杂草,对多年生杂草只能防除其地上部分,对禾本科杂草无效。

表 5-7　麦田除草剂的类型与主要杂草的防治效果

除草剂类型	除草剂品种	防治杂草的类型	能有效防治的杂草(90％以上)
磺酰脲类与磺酰胺类	苯磺隆、噻磺隆、苄嘧磺隆、酰嘧磺隆、氟唑磺隆、醚苯磺隆、磺酰磺隆、环丙嘧磺隆、唑嘧磺草胺、双氟磺草胺	阔叶杂草	播娘蒿、荠菜、碎米荠菜、遏蓝菜、野油菜等十字花科杂草,牛繁缕、繁缕、藜、独行菜、委陵菜
	甲基二磺隆、氟酮磺隆、氟啶嘧磺隆、磺酰磺隆	禾本科杂草、部分阔叶杂草	看麦娘、野燕麦、野草、棒头草、播娘蒿、荠菜
	甲磺隆、绿磺隆、单嘧磺隆、甲硫嘧磺隆、碘甲磺隆钠盐	多种一年生阔叶杂草、部分禾本科杂草	播娘蒿、荠菜、牛繁缕、大巢菜、遏蓝菜、野油菜、碎米荠菜

续表 5-7

除草剂类型	除草剂品种	防治杂草的类型	能有效防治的杂草 (90%以上)
苯氧羧酸类与苯甲酸类	2-甲-4-氯钠盐、2,4-滴丁酯、麦草畏、2-甲-4-氯胺盐、2,4-滴异辛酯、2,4-滴二甲胺盐	一年生阔叶杂草、多年生阔叶杂草	播娘蒿、荠菜、离蕊荠、泽漆、遏蓝菜、藜、蓼
脲　类	异丙隆、绿麦隆	一年生禾本科杂草、阔叶杂草	看麦娘、硬草、野燕麦、播娘蒿、牛繁缕、荠菜、藜，碎米荠、蓼、扁蓄、繁缕
芳氧基苯氧基丙酸类	精噁唑禾草灵、炔草酸	一年生和多年生的禾本科杂草	看麦娘、野燕麦、硬草
氟氯吡氧乙酸		多种阔叶杂草	猪殃殃、泽漆、牛繁缕、大巢菜、小藜、泥胡菜
氟唑草酸和乙羧氟草醚		多种阔叶杂草	猪殃殃、泽漆、播娘蒿、荠菜
溴苯腈、灭草松		多种一年生阔叶杂草	播娘蒿、麦家公、扁蓄、卷耳、蚤缀

(二)除草剂的质量标准

我国对除草剂的管理相当严格,除草剂的质量标准包括以下 3 个方面。

1. 符合国家除草剂质量标准法规要求　在除草剂商品化前必须在农业部药检所办理登记。合格的除草剂应具有登记证号、质量标准号和准产证号,即常说的"三证"。购买除草剂时应核对所购买的除草剂包装上是否"三证"俱全,无"三证"的除草剂不能购买。

2. 剂型稳定　绝大多数合成的除草剂原药不能直接施用,须在其中加入一些助剂(溶剂、填充料、乳化剂、湿润剂、分散剂、黏着剂、抗凝剂、稳定剂等)制成一定含量的适合使用的制剂形态,即剂型。除草剂剂型可分为两大类:液体制剂和固体制剂。常用的液体制剂有水剂、乳油、悬浮剂和水乳剂;常用的固体制剂则有可湿性粉剂、颗粒剂、可溶性粉剂、干悬浮剂、水分散粒剂、片剂。除草剂的剂型要保持稳定,乳油剂型应均匀透明,呈牛奶状且无结絮现象,若出现分层现象,则不能使用。水剂剂型要检查标签是否完整,瓶盖有无破损,由农药批号及有效期推断贮藏时间长短及农药的失效程度。粉剂剂型要检查是否吸潮结块。取少量除草剂倒入容器中加水调成糊状,再加少量清水搅拌均匀,静置观察沉降速度,未变质除草剂粉粒沉淀速度慢,沉淀物少;反之,则为程度不同的变质失效除草剂。除草剂在常温下贮藏,乳油一般贮藏期 2 年,水剂 1 年,粉剂可贮藏 3~5 年。

3. 安全高效　随着农业生产的发展和科学技术的进步,不断开发出适合农田施用的化学除草剂新品种。优良的除草剂或者混剂应具有以下特点:扩大杀草谱范围,广谱性强;除草效果好;施药适期较长;对作物的药害降低;残留活性物少。

(三)麦田除草剂的安全使用

除草剂可有效、快速地防除农田杂草,有省工、省时、高效的特点。近年来,随着农村劳动力的转移,除草剂的施用范围和施用面积不断扩大,已成为小麦生产中的基本管理措施之一。但在使用时,常因应用不当使农作物出现各种药害,造成严重损失。

1. 麦田化学除草剂造成农作物药害的主要原因

(1)除草剂飘移造成非靶标作物受害　这个问题在小麦田土壤封闭型除草剂中最为突出。因农田集中使用除草剂,造成空气中除草剂有效成分悬浮浓度过大,或施药时药液随风飘移而造成其他非靶标敏感作物受害。

(2)除草剂残留造成下茬作物受害　麦田使用残效除草剂(甲磺隆、绿磺隆及其复配剂)而造成对后茬作物的危害,人们对此认识不够,难以采取及时有效的方法进行解救。

(3)因使用方法不当而引起靶标作物受害　如施药量过大,在作物敏感期施药、熏喷等均能对作物产生药害。

因此,正确科学地使用除草剂是预防药害的最根本措施。为了防止除草剂使用不当而产生药害,须认清除草剂品种对作物的敏感品种及敏感生育时期、不同除草剂品种的特点特性等,严格按照使用技术规范操作。

2. 正确科学地使用除草剂注意事项

(1)除草剂与敏感作物　除草剂的种类很多,对作物的敏感表现也不一致。例如2,4-滴、2-甲-4-氯钠盐等防除禾本科作物田的阔叶杂草效果好,但对阔叶作物棉花、油菜、瓜类、豆类、花生、马铃薯、果树、树木等很敏感,一旦接触将产生严重药害,甚至枯死。氟吡甲禾灵、吡氟禾草灵、喹禾灵等防除阔叶作物田间的禾本科杂草效果好,但对禾本科作物小麦、水稻、谷子、玉米等药害严重。因此,用除草剂防除作物田间杂草时,要仔细阅读产品使用说明书,认清除草剂的特点及性能,注意敏感作物,谨防误用或药剂飘移使作物产生药害。

(2)注意作物敏感时期,明确"主攻部位"　在正常情况下,作物在发芽、三叶前及扬花灌浆期对除草剂特别敏感,容易产生药害。主攻部位是除草剂的主要作用位置和生育期。如敌稗在土壤中易分解,不宜作土壤处理,一般在稗草二叶期采用,茎叶喷雾处理,效果良好;百草枯在土壤中很快能被分解,主攻部位是茎叶,不能作土壤处理;而莎扑隆主要是通过杂草的根部吸收,抑制根系和地下茎的伸长,从而控制地上部的生长,因此在整地时首先施入土壤防除以莎草科杂草为主的杂草。一般土壤处理的除草剂主攻部位是杂草刚萌发幼嫩茎叶等部位,一般杂草在三叶前为主攻部位期。

（3）严格掌握除草剂用药时间、用量和浓度　用药时间合理就是要抓住施药的最佳时期，不同作物不同除草剂的用药时间不一样。如稗草叶龄大了就难防除，防除稗草的专用药剂是敌稗，一般用药时间是在稗草二叶期使用；丁草胺是芽前除草剂，在稗草二叶期使用效果差，在二叶期前使用效果好。为防止除草剂用量和浓度过高造成局部药害，在使用除草剂时，药液要均匀喷洒，行走速度、手动控制喷幅的宽窄要均匀，工作时间不宜过长。

（4）根据麦田水分状况确定除草剂类型与使用时间　按各种除草剂对水分的需求，用水调节除草剂的效果，减少对作物的药害。按对水的需求情况可分为：需水型、怕水型、排灌型、喜湿型4个类型。对小麦田来说，多数情况是喜湿型。喜湿型除草剂在土壤湿润墒情好的条件下，除草效果好，一般不易产生药害的除草剂类型叫喜湿型。如甲草胺、绿麦隆、萘丙酰草胺、精吡氧氟禾草灵等除草剂，施药时要求土壤有一定的水分，除草效果才能充分发挥；高温干旱季节，土壤含水量低效果差，若为提高效果，盲目加大用药量，对作物将造成药害。

（5）禁止乱混乱用　除草剂混用可以提高除草效果、扩大杀草谱、病虫草兼治、节省用药，具有省工、省时、省成本等优点。但盲目混用，不但达不到目的，反而会使药效降低，甚至造成药害。2,4-滴不能和杀草丹混用，混用后杀草丹对α-淀粉酶生物合成的抑制减弱，从而降低除草效果，并导致作物生长不良。禾草克不能与灭草松混用，混用后有拮抗作用，用量不易掌握，还可能出现抑制作用。草甘膦和百草枯混用后会造成其他作物的药害。

（6）清洗喷雾机具　用过除草剂的喷雾机具要清洗干净。程序是先用清水冲洗，然后再用肥皂水或2%～3%碱水反复洗数次，最后再用清水冲洗净。最好是在清洗后加水先用敏感作物喷洒，看是否有药害现象，若清洗不净，1周时间敏感作物将出现药害。

四、小麦生产中地膜的安全使用与控制

塑料地膜抑制了土壤水分的无效蒸发，使有限的水尽可能地用于小麦的生长发育，具有明显的抗旱节水效果。农用地膜以其"三保一防"（保温、保墒、保肥、防寒）的显著优点，缩短了作物的生长周期，提高了农产品的产量和品质。与此同时，地膜带来的"白色污染"日益加重，解决"白色污染"对农田土壤的危害迫在眉睫。

（一）麦田地膜的正确选择

生产中应用的地膜种类繁多，性能多样。了解掌握地膜的种类及性能，选用适宜产品，对提高生产效益至关重要。按地膜的功能和用途可分为普通地膜和特种地膜两大类，普通地膜又分为无色透明地膜和有色地膜。

1. 普通地膜

（1）无色透明地膜　膜透光性好，土壤增温效果明显，早春可使耕层土壤增温2℃～4℃，高温时期膜下地表温度可达60℃以上，适用于东北、西北、华北等低温、寒冷的干旱与半干旱地区应用。主要品种有高压低密度聚乙烯(LDPE)地膜、低压高密度聚乙烯(HDPE)地膜、线型低密度聚乙烯(L-LDPE)地膜。高压低密度聚乙烯地膜简称高压膜,是目前生产上应用的主要地膜品种。低压高密度聚乙烯地膜简称高密膜,比高压地膜强度大,这种膜光滑,但透光性及耐老化性不如高压膜。线型低密度聚乙烯地膜简称线型膜,除具有高压膜的性能外,其拉伸强度、断裂伸长率、抗穿刺性等均优于高压膜,地膜厚度可减少 30%～50%。无色地膜是当前生产中应用最普遍的地膜,多采用高压聚乙烯树脂吹制而成,厚度为 0.014 ± 0.002mm,透明度好、增温快、保墒性能强,适用于各类地区、各种覆盖方式、各种栽培作物、各种茬口。每 $667m^2$ 理论用量为 6～8kg,使用期在 4 个月左右。

(2)有色地膜 根据不同染料对太阳光谱有不同的反射与吸收规律,以及对作物、害虫有不同影响的原理,人们在地膜原料中加入各种颜色的染料,制成有色地膜。常应用的有色地膜有黑色膜、绿色膜及银灰色膜。黑色膜覆盖后可见光透射率仅在 10% 以下,因而可杀灭地膜下杂草。黑色膜增地温效果不如透明膜,一般可使土壤增温 2℃左右,但保温与灭草效果稳定可靠。绿色膜能使植物进行光合作用的可见光透过量减少,绿色光增加,从而降低了地膜下的光合作用,使杂草生长受到抑制,起到抑草和灭草作用。银灰色膜又称防蚜膜,具有反射紫外线、驱避蚜虫、减轻作物病毒病的作用,并能抑制杂草生长,保持土壤湿度。

2. 特种地膜

(1)除草膜 在薄膜制作过程中掺入除草剂,覆盖后单面析出除草剂达 70%～80%,膜内凝聚的水滴溶解了除草剂后滴入土壤,或在杂草触及地膜时被除草剂杀死。

(2)光解膜 在吹塑过程中混入一定量的"促老化材料"制成地膜。这种地膜经过一定时间(40 天、60 天、80 天)后,能自行老化降解破碎成小块,进一步降解成粉末掺混于土壤中,不造成污染,对土壤结构无不良影响。

(3)有孔膜 在地膜吹塑成型后,经圆刀切割打孔而成。孔径及孔数排列是根据栽培作物的株行距要求进行的。在普通地膜上用激光打出微孔,每 m^2 打 200 孔、400 孔或 800 孔,以增加地膜透气性,防止膜下土壤 CO_2 含量过高;缺点是容易长草。

(二)农膜的质量标准

1. **农膜厚度** 根据中国强制性国家标准 GB 13735—1992 的规定,聚乙烯地膜的厚度不应低于 0.008mm,这个标准只有日本地膜标准厚度的 57%。不同地膜厚度不一致,普通地膜厚度 0.015mm,幅宽 80～300cm 不等,可根据畦宽选择不同的规格;银灰色地膜厚度 0.008～0.015mm,幅宽 70～200cm 不等;黑色地膜厚度 0.015～0.02mm 不等;黑白二面地膜厚度 0.02mm,成本价较高。

2. **透光性** 高透光农膜透明度好,而一般农膜颜色发白、发雾。

3. **耐候性** 优质农膜耐候性好,在寒冷的冬季仍然保持很好的柔软性;而一般农膜则变硬,稍一折就会有白痕。

4. 韧性　耐久性好的农膜拉力强度高,如剪下一小条,拉伸时可伸长 6～7 倍,仍不会断裂,而一般农膜则发脆。

5. 防流滴性　防流滴膜用雾水喷时,水珠呈片状,而且沿膜壁下流,而一般的薄膜会呈水珠状附着在膜上。

6. 保温性　高保温膜当被拉伸时,拉开的地方会变白,在变白的地方如反复拉,则又透明,说明高保温,一般地膜无此性能。

7. 防尘性　防积尘农膜无黏性,铺膜方便,而且用水喷膜面时,呈小水珠,而一般农膜黏性强,膜与膜会粘在一起,不易拉开,易沾尘。

(三)地膜的安全使用

土壤内非降解残留膜数量超过土壤允许容量时,会影响农田机械耕作,破坏土壤结构,影响下茬作物根系的伸展和微生物的活力,降低土壤水分传导、贮存功能。残膜被风吹到田边、地角、水沟、池塘及河流里,或吹挂在树枝上,造成环境污染。污染严重的土壤区域,会逐渐形成塑膜隔离层,阻碍作物根系深扎,影响作物对土壤水分、养分的吸收,造成弱苗、死苗、倒伏和减产。据调查,连续 3～5 年覆膜的土壤,小麦产量下降 3%～5%。此外,牛羊误食残膜碎片,可导致肠胃功能失调,严重时造成死亡。因此,减少麦田地膜污染,保障地膜的安全使用,应从以下几方面考虑。

1. 提高地膜质量及地膜回收率　已有试验结果表明,如果将目前广泛使用的 0.006～0.008mm 厚的地膜增加到 0.012mm,并添加一些抗老化物质,不仅可以延长地膜的使用寿命,提高其增温、保墒效果,而且有利于干净回收。同时,研究适合不同地区种植模式的地膜宽度,因宽幅地膜可以有效减少地膜在土壤中的残留量,如 60cm 窄膜较 140cm 宽膜残留土壤中的概率大 2.17～2.57 倍。

2. 结合生产实际改进农艺技术,促进地膜回收　主要是把握时机,确定合理的揭膜时期和方法。如将作物收获后揭膜改变为收获前揭膜,并根据区域实际和作物生长特点筛选作物的最佳揭膜期;选择雨后初晴或早晨土壤湿润时揭膜,提高地膜的回收率。

3. 加强地膜回收机的研制,促进和提高残膜的回收和利用　由于地膜应用范围和面积的扩大,人工回收已经变得越来越困难,机械回收残膜已经成为必然趋势。按照农艺要求和残膜回收时间,残膜回收机械可分为苗期揭膜机械、秋后回收机械、耕层内清捡机械和播前回收机械等不同类别。通过残膜回收机械的使用,并辅以人工捡拾,可以大大提高残膜回收率。目前国内研制的回收机已经比较成熟,并在一定范围内推广。新疆研制的卷膜式棉花苗期残膜回收机残膜回收率达 85%～94%,生产效率也已经达到较高水平。

4. 开展地膜替代品和新农业技术研究,减少普通地膜的应用量　根据地膜增产原理,开发研究新型的覆盖保温保湿材料,如光降解地膜、生物降解地膜、光/生物降解地膜和液态地膜。目前,生物降解地膜的研究虽然有一定的进展,但由于受到材料、价格的制约,大面积应用还存在一定的难度。同时,还可以采用麦草、玉米秸秆等农作物进行覆盖,避免地膜残留污染。已有的研究结果证明,应用农作物秸秆进行覆盖能够有效地改善耕地质量,优化土壤结构,能够促进微生物繁殖活动,增加土壤的有机质。

第三节　小麦产品贮藏、加工过程质量控制

我国是世界上小麦生产大国,也是小麦消费和产品储备大国,做好小麦贮藏和加工,关系到人民生活、国家安全和社会稳定。2008年以来,国际粮价暴涨,世界粮食安全存在着严峻的局面。我国作为世界第一人口大国,为保证国家粮食安全,每年小麦安全贮藏量应达到2000万t左右,仓储工作者肩负着向市场提供充足、优质粮源的重任。同时,随着人民生活水平的提高,小麦深加工产品的数量不断增加和质量进一步提高,小麦产品的贮藏与加工过程的质量控制在小麦产业发展中越来越重要。

一、小麦贮藏过程的质量控制

小麦在贮藏过程中常遭受虫、霉、鼠等有害生物的侵害,造成数量和质量的损失;由于熏蒸剂、杀虫剂等化学药剂的使用,会给小麦原粮及面粉带来药剂残留,造成化学污染。随着社会的进步和人们物质生活水平的不断提高,对减少粮食及其产品中有害残留物的要求也越来越高。因此,实施生态安全储粮对社会稳定与商业开发都具有重要的意义。

(一)小麦贮藏环境设施的安全控制

小麦种子收获时正逢高温、多湿季节,即使经过充分干燥,入库后如管理不当,仍易吸湿回潮、生虫、发热、霉变,贮藏较为困难,因此必须引起高度重视。仓房要求密封、防水、防潮性能好,并具有完善、有效的通风、熏蒸设施,还要有高效的内部作业及装卸车船的设备。所以,小麦贮藏环境设施的安全控制主要包括小麦自身的质量安全和贮藏设施的质量安全。

1. 小麦贮藏前的质量安全　小麦入库前应符合下列要求:一是清洁卫生。保持小麦清洁对小麦的安全保管有很大的好处。小麦在收获以后,应尽量利用风车、过筛等方法,除去混在小麦中的杂物,使小麦中含有的草籽、破碎粒、干瘪粒、土粒、石屑和害虫等杂物减少。因为完整、健康的籽粒有较强的生命力,对虫、霉有一定的抵抗力,而破损的不健康粒则抵抗力弱,容易吸湿返潮、滋生害虫、生长霉菌,所以小麦破损多,含杂多,水分高,就会给生霉长虫造成一个有利的环境,而健康清洁的小麦就可以减少或避免这种不利保管的因素。二是控制安全含水量。安全含水量是保证小麦安全保管的重要条件。干燥的小麦容易保管,不易生虫生霉,可以延缓陈化作用,减少损失,保持小麦的营养和食用品质;而湿粮则容易生虫生霉,变质结块,甚至完全不能使用。为了确保小麦的安全,小麦籽粒的含水量应控制在12.5%以下。

2. 贮藏设施的质量安全　目前小麦的贮藏设施一般有高大平房仓、浅圆仓和立

筒仓 3 种仓型。保障设施安全贮藏需要满足以下条件：

第一，防潮性能好。小麦遇到潮湿环境很容易返潮，造成籽粒中水分含量增加，引起发热和霉变，造成经济损失。粮仓受潮主要由两个方面引起，一是地面、墙脚返潮，二是屋顶渗漏。因此，粮仓应选择地下水位低、地势高、干燥易于排水的地方建造。仓内地面一般应高于仓外 30～40cm，并要做好防潮地坪工作，仓墙仓外要有排水系统。

第二，具有隔热性能。粮食在低温条件下易于保管，温度高时容易生虫、发霉。要求粮仓应当有一定的隔热性能。提高仓房隔热性能的办法是加厚仓顶与仓墙，在屋顶面铺设隔热材料。

第三，既能通风又能密闭。在贮藏过程中，有时需要进行通风降温散湿，以防止储粮发热、生霉和保持小麦的优良品质。有时又需要密闭，以减少仓外的高温高湿对仓内的影响，维持储粮的低温干燥状态，保持储粮稳定性，防止储粮返潮以及感染虫害。此外，仓房密封性能好，便于使用熏蒸药剂杀虫提高药效。具有良好的隔离性能，也会使害虫不易侵入无虫的储粮。

第四，低温控制。对温度最敏感的是害虫。小麦贮藏温度在 25℃～33℃的范围内最适宜害虫和微生物的繁殖增长，对小麦的危害加剧，还能引起小麦局部发热和霉变；温度下降至 20℃左右时，害虫的增长速度显著下降；粮温降至 15℃左右时，害虫几乎不能再繁殖后代，并且活动能力变弱，不会再危害小麦；温度再进一步降低至 0℃或以下，经过一定时间，会使害虫冷冻死亡。

(二)贮藏过程中化学药剂的安全控制

小麦贮藏量大，贮藏时间较长，保证小麦安全贮藏的关键措施之一就是预防病虫害。化学防治方法就是利用杀虫剂防治储粮中的害虫和害螨的方法。化学防治方法的最大优点是杀虫效果迅速、彻底，杀虫谱广，处理费用低廉；可以在不移动粮食的情况下进行杀虫处理，省工省力并且受气候等其他的影响较小。化学防治的缺点是杀虫剂对人和高等动物都有毒性，它会给粮食带来程度不同的污染并且害虫会对它产生抗药性。目前农业上使用的杀虫剂的种类繁多，但如果任意将农业上使用的杀虫剂用来防治储粮害虫，有时会造成不堪设想的严重后累，因此必须对此十分注意。

储粮用的杀虫剂的安全质量要求是：一是低毒。要求它既要杀虫作用强，又要对人、畜的毒性尽量小，即高效低毒。二是低残留。要符合国家卫生部门规定出这种药剂在粮食中的最高允许限量（MRL），使用后不会给粮食及其加工品带来不爽的气味，不改变粮食的颜色，不影响粮食的加工和食用品质，也不会给粮食带来有害的残留物，而影响人、畜食用。三是使用安全。要求使用的杀虫剂，不易燃、易爆，便于保管、携带，不需要复杂施药设备和方便使用。

储粮害虫防治用的杀虫剂有以下两种类型：一是熏蒸剂。熏蒸药剂是以气体状态杀灭储粮中的害虫的杀虫剂，投药后它会自动渗透到粮堆中杀死害虫，杀虫完毕，进行通风散气后，又可以使它从粮食中散失。其经济性、可操作性等都是其他措施无法比拟的。一些国家目前获准使用的熏蒸剂主要有磷化氢、溴甲烷、二氧化碳、氮气、敌敌畏、氯化苦和氢氰酸等,品种极少。熏蒸药剂是一种毒气,对人、畜都有很高的毒性,用时必须严加注意安全防护。二是触杀药剂。触杀药剂是一种液体或固体杀虫剂,根据用途可分为两种使用类型:①谷物保护剂。是一种直接投放到小麦中防治害虫的药剂,加到小麦中以后,只能任其分解消失,一般没有办法再将其从小麦中分离出来,最终仍有部分、甚至大部分残留在加工后的面粉中,直接被人、畜食入体内,因此对这种类型的杀虫剂的要求最为严格。一般为低毒的品种,使用剂量也必须严格控制。②空仓、器材用的杀虫剂。这类杀虫剂是用来供杀灭储粮地点的墙壁、房顶、地面和梁柱以及工具等器材上的残存害虫使用的。由于它不直接接触储粮,要求没有谷物保护剂严格,所以可供使用的品种较多,但是剧毒杀虫剂也不允许使用。

一些储粮杀虫药剂和谷物保护剂的安全使用标准见表5-8与表5-9。

表5-8 储粮杀虫药剂的安全使用

药剂名称	纯度(%)	用药量(g/m³)				施药后密闭时间(d)	放气最少时间(d)	熏蒸时要求最低平均温度(℃)
		空间	粮堆	空仓	器材			
磷化铝(片、丸剂)	56	3～6	6～9 *1～2		4～7	3～15 45以上	2～10 1～2	10以上 10以上
磷化铝(粉剂)	85～90	2～4	4～6 *1～1.5		3～5	3～15 45以上	2～10 1～2	10以上 10以上
磷化锌	90	3～6	8～13		5～10	3～7	3	10以上
敌敌畏(乳油)	80	0.1～0.2		0.1～0.2	0.2～0.3	2～5		
敌百虫(原油)	90			30(0.5%～1%稀释液)		1～3		
辛硫磷(乳油)	50			30(0.1%稀释液)		1～3		
杀螟硫磷(乳油)	50			30(0.1%稀释液)		1～3		
马拉硫磷(乳油)	50			30(0.5%稀释液)		1～3		

备注:1. *为低药量熏蒸,是在较长期密闭条件下采取低氧、缓释、间歇等熏蒸方法
　　　2. 处理危险虫粮时用药量可适当增加

表5-9 一些谷物保护剂的安全使用

药剂名称	有效成分	剂型	有效剂量(mg/kg)	用药量	说明
防虫磷	优质马拉硫磷	70%乳油	10～20	14～30g/t	谷蠹剂量为30mg/kg。有效防护期20mg/kg为3个月,30mg/kg为4个月
杀虫松	精制杀螟硫磷	65%乳油	10～15	15.3～23g/t	谷蠹剂量为20mg/kg。有效防护期10mg/kg为3个月,15mg/kg为6个月,20mg/kg为8个月

续表 5-9

药剂名称	有效成分	剂　型	有效剂量 (mg/kg)	用药量	说　明
凯保安	溴氰菊酯＋增效醚	含溴氰菊酯 2.5％乳油	0.4～0.75	16～30mg/t	0.5mg/kg 的有效防护期可达 7 个月以上。
保粮安	防虫磷＋凯安保	含优质马拉硫磷 70％乳油	10～20	14.3～28.6g/t	安全间隔期同防虫磷
保安定	甲基嘧啶硫磷	50％乳油	5～10	10～20g/t	0.5mg/kg 的有效防护期可达 8 个月以上
保粮磷	精制杀螟硫磷＋溴氰菊酯	15％微胶囊型悬浮剂	10	66.7mg/t	加水稀释 20～40 倍喷雾,有效防护期 2 年以上

二、小麦加工过程的质量控制

为适应市场经济的需要和消费结构的变化,综合运用现代科技成果进行小麦产品的加工,保障小麦面粉及其加工食品的安全。

(一)小麦制粉过程中的质量控制

随着计算机和自控技术的飞速发展,现代的制粉工艺已实现高度连续化、机械化,甚至完全自动化。制粉效果的优劣,除了与设备的质量和工艺设计有密切关系以外,也与生产过程的操作管理密切相关。无论是大厂还是小厂,生产优质小麦粉不仅要有较好的设备,并采用先进的生产工艺,而且要不断完善质量管理机制和管理办法。

1. 小麦制粉设备的质量要求　我国小麦加工设备的发展经历了一个漫长的过程,随着科学技术的发展,农产品深加工业在不断的改进,使人们的体力劳动大大减轻,工作效率大幅度提高。磨粉机的发展经历了从单式到复式、从手动控制到液压控制、气压控制和电动控制的过程。目前新型电脑自控磨粉机已投入使用,它在满足制粉工艺要求的前提下,进料装置改进设计为全透明、可拆式进料吸风装置,有效地改善了进料装置的观察效果,并解决了磨粉机喂料系统长期以来所存在的"喷粉"问题;而且对喂料单元移出机构进行了优化、简化设计,制造成本大大降低,操作更为方便灵活,保证面粉加工的高效安全。

2. 采用先进的生产工艺　生产质量一致的成品,必须从采购制粉性能好的小麦开始,并做好以下工作:在仓库内准确地将小麦分类储存,以及同类小麦的有效混合;

清理间内对小麦进行强有力的清理及正确的水分调节;按小麦的不同品质正确地搭配和混合;检查正确地进入皮磨系统、心磨系统和筛理系统。在制粉工艺过程中,管理操作人员可参照表5-10所列的项目进行工作,以保证获得最佳的制粉效果,生产出品质均匀一致的成品。

表 5-10　小麦制粉工艺过程的检测

系　　统	检 测 项 目	目　　　的
皮磨系统	检查1皮磨的进料情况 测定各道皮磨的剥刮率 皮磨研磨物料的筛理分析	保证小麦清理后的纯度,并使物料均匀分布在整个磨辊长度上 保证实际的剥刮率符合规定指标 测定麦渣、麦心、粗粉的比例,了解磨辊磨齿的情况
心磨系统	全部心磨研磨物料进行筛粉试验 从全部心磨的磨辊中间和两头分别取研磨物料筛理	保持各道心磨有正确的取粉率 测定每对磨辊的研磨程度是否均匀
筛理系统	对皮磨平筛所分级的物料进行排比 将各系统的小麦粉用粉样板进行粉色鉴定 小麦粉再处理前后,用粉样板进行粉色鉴定	保证皮磨物料和麦渣、麦心的质量及筛净程度 保证粉筛无破损,筛用设备流量平衡 鉴定粉筛是否破损和小麦粉白度的情况
清粉物料	麦渣、麦心进入磨粉机 筛上物	按麦渣和麦心的粒度,正确地进入相应的磨粉机处理 保证清粉机的流量平衡,操作正确,无麦渣进入后路研磨系统
统　粉	用粉样板进行粉色鉴定 检验小麦粉检查筛的筛上物 添加剂检查 入磨小麦和小麦粉水分 小麦粉色泽	确定粉筛是否破损 确定粉筛是否破损和有无夹杂物 检验面包改良剂的添加量是否合适 保证入磨麦和小麦粉水分含量合适 保证粉色符合标准
传动皮带		保证皮带有足够拉力,松紧程度合适

3. 完善质量管理机制　有许多小麦粉厂的员工就是农民,没有产品质量意识或质量意识淡薄,若再加上工厂质量管理机制不完善,产品质量忽高忽低,甚至某一项或几项指标不能达标,给人民的生活和生命带来危害,这就是我国小麦粉厂必须实行生产许可QS认证的原因。QS认证要求企业购买检验仪器的目的,就是促使企业完善质量管理机制。国家各级质量技术监督部门将不定期对企业产品质量进行抽查,并对社会进行公布,将产品质量不合格的企业进行曝光并罚款,只有这样人们才能吃上安全放心的粮油,保证每个公民不受有害物质损害。

(二)小麦面粉添加剂的安全使用

小麦面粉中添加剂的检测既是食品营养与卫生分析的重要内容之一,也是小麦粉品质分析不可缺少的内容。随着食品工业的发展,食品添加剂的种类和数量日趋增多,理想的食品添加剂应是对人身有益无害的物质,但多数食品添加剂是化学合成物质,往往有一定的毒性,所以必须严格控制添加量,掌握正确的添加方式。检查违禁的添加剂,是保证小麦粉及其加工食品安全的十分重要的工作。

小麦粉添加剂的品种繁多,主要分为两大类:一是小麦粉品质改良剂,二是小麦及其制品的违禁添加剂。

1. 小麦粉品质改良剂　小麦粉品质改良剂的种类有增筋剂、减筋剂、乳化剂、增稠剂、酶制剂、膨松剂、营养强化剂等。其主要产品有:

(1)L-抗坏血酸(维生素C)及其化合物　L-抗坏血酸是纯天然物质,是一种营养强化剂,添加到小麦粉中无毒、无害、无副作用,还能增加小麦粉的营养价值,同时它又是小麦粉的增筋剂。用作维生素C强化剂时的标准适用量在小麦粉制品中为0.001%～0.01%。

(2)磷酸盐类　磷酸盐是广泛使用的食品添加剂。食品工业中使用磷酸盐最多的是焙烤食品,其作用主要是作复合膨松剂,另外还有络合缓冲、乳化、与蛋白质作用、调节pH值及补充营养素等功效。在小麦粉及面制品中常用的磷酸盐类有磷酸二氢铵、磷酸氢二铵(自发粉中用)、磷酸钾、磷酸二氢钾(面条中用)、酸性磷酸钙[$Ca(H_2PO_4)_2 \cdot H_2O$]、磷酸二氢钠、三聚磷酸钠(面包粉中用)。

(3)甘油脂肪酸酯　通常称单甘脂,用作各种加工食品的乳化剂。单甘酯除了具有乳化力、发泡力、消泡力等作为乳化剂的性质外,也能与淀粉作用生成坚固的复合体,有很强的改善质量、防止老化等作用。一般使用量为食品的0.2%～0.5%。

(4)乳酸钙　乳酸钙主要用作面包的营养强化剂、饼干等的缓冲剂及膨胀剂。作为强化食品有面包、饼干、小麦粉、调制奶粉、豆腐、豆浆、咸菜类等。于1957年被定为食品添加剂,使用标准以钙计,于食品中添加量为1%以下(除特殊营养品外)。

2. 小麦粉及其制品中违禁添加剂

(1)溴酸钾　小麦粉中加溴酸钾使小麦粉中胡萝卜素及其他色素褪色,并适当抑制蛋白质分解酶的活性,改进面筋的性质,使其能够更好地保藏气体,达到使面包充分膨胀的效果。除制粉时使用外,更多的是在做面包时与酵母同时加入面团中混合。联合国粮农组织(FAO)和世界卫生组织(WHO)对小麦粉容许加入比例一般是0～20×10^{-6},特殊用途是20×10^{-6}～75×10^{-6}。但近年来,许多国家禁止在小麦粉中添加溴酸钾,我国于2006年禁用。

(2)甲醛次硫酸钠　工业用增白剂,俗称吊白块,是一种对人体有害的物质,国家早已明文规定禁止在食品中用作添加剂。但近年来,一些食品经销单位和个人,把有毒的工业增白剂当作食品添加剂,用于馒头、花卷、包子、凉皮、粉条、腐竹、米粉等食品,以达到增白及增色的目的。吊白块是印染行业常用的一种漂白剂,如果在食品中使用,会使食品中残留甲醛,甲醛进入人体后,可使蛋白质凝固,人的致死量为10g。

(3)荧光增白剂　荧光增白剂在日本称为"荧光染料",我国将它列为印染助剂类,包括二苯乙烯类、香豆素类、萘酰亚胺类、芳唑类等品种。荧光增白剂是借助光学中互补色原理起到视觉上的增白作用,所以又被人们称为是光学增白剂。近年来,我国小麦粉增白剂出现了滥用的现象,全国各地已在面制品如馒头、花卷、包子中检测到了荧光增白剂,它的安全性问题已成为人们关注和议论的热点。荧光增白剂被人体食用后,与人体中的蛋白质结合,在人体内蓄积,大大削弱人体免疫力,如果接触过量,毒性累计在肝脏或其他重要器官,就会成为潜在的致癌因素。我们对全国几百种小麦粉样品进行检测,发现有些小麦粉在荧光灯下竟像灯泡一样闪亮,无疑是添加了荧光类增白物质。

(4)无水亚硫酸及亚硫酸盐类 亚硫酸盐等含硫的还原性物质可以被分解成二氧化硫,在食品中同二氧化硫有相同的漂白机制,并且还可以起到减筋作用。二氧化硫遇水会形成亚硫酸,亚硫酸对上呼吸道有刺激作用,可引起局部炎症和慢性呼吸道阻塞性疾病,不仅会引发支气管痉挛,严重的还会危及生命。所以国家标准(GB 2760)中对硫化类物质在食品应用中的范围和残留量进行了严格的限制。

(5)过氧化苯甲酰 20 世纪 80 年代,过氧化苯甲酰在国内开始被用于小麦粉增白,之后越来越多的小麦粉厂家在小麦粉中添加。近年来,增白剂出现了滥用的现象,全国各地关于增白剂在小麦粉中添加量超标的报道日趋增多,它的安全性问题已成为人们关注和议论的热点。新加工的小麦粉由于含有类胡萝卜素,呈浅黄色,当经过一段时间的贮存,类胡萝卜素会被自然氧化而变白。新鲜小麦粉中添加过氧化苯甲酰,主要是通过氧化类胡萝卜素起到增白效果。小麦粉的增白仅增加了小麦粉的商品价值,但破坏了小麦粉固有的麦香味,因此新标准规定小麦粉中禁止添加过氧化苯甲酰增白。

(6)过氧化钙 也是一种氧化剂,具有较强的增氧、脱色、杀菌等作用。但过氧化钙在发挥作用的同时也氧化小麦中的维生素和脂类物质,不但破坏了小麦粉的营养成分,也影响了面制食品的天然麦香味,因此新标准规定小麦粉中禁止使用过氧化钙。

(7)硼砂 硼砂作为食品添加剂早已被禁用,但目前仍有些单位或个人无视国家法律,在制作拉面坯、腐竹、粉肠等食品时,仍然加入硼砂。硼砂是一种有毒物质,人食用到一定程度时,可引起脑、肝、肾脏及皮肤黏膜的损害,严重的可发生休克。

(8)糖精钠 糖精钠俗称糖精,学名环己基磺酸钠。是一种甜味剂,是从煤焦油中提炼出来的化学品,本身并无营养价值,但其甜度约为蔗糖的 300 倍,所以自应用以来一直是使用较为广泛的一种甜味剂,用以代替部分白糖。现代医学研究证明,若长期过量地食用糖精钠,可引起人体消化不良、肠胃不适等症状。我国食品卫生标准规定糖精钠可用于糕点、饼干和面包等食品中,最大使用量为 0.15g/kg,但婴幼儿食品、保健食品和人们一日三餐中的主食(馒头、发糕等)不允许使用糖精钠作甜味剂。因此,测定面包、饼干及糕点食品中糖精钠的含量是十分必要的。

(9)非食用色素 糕点厂在生产过程中往往使用胭脂红、苋菜红、柠檬黄、日落黄、靛蓝等食用色素，以使其产品色泽鲜艳、色调多样，来吸引和诱导消费者购买。近年来发现，有些个体小生产者，为了改变糕点产品的外观，显示糕点"有营养、质量好"吸引顾客，不是选用国家食品标准允许使用的上述几种色素，而是向糕点中掺入碱性色素、无机颜料及广告色颜料等非食用色素。

第六章　小麦产业的经营与管理

依据小麦产业链构成,小麦产业的经营与管理包括小麦种子的经营与管理、小麦生产的经营与管理和小麦加工的经营与管理。

第一节　小麦种子的经营与管理

国以农为本,农以种为先。小麦产业的健康发展要求小麦种子产业必须首先得到健康发展,必须确保小麦种子经过严格的程序研发、试用与推广,确保小麦种子经过正常合法渠道到达农户手中,确保小麦种子质量过硬。为此,需要加强对小麦种子的品种管理、市场销售管理和质量管理。

一、小麦种子的经营模式

小麦种子的经营模式包括种子开发模式和种子经销模式。开发模式主要是由农业高等学校和农业科学院(所)进行独立自主研发或与小麦种子企业联合进行开发,培育出适合生产需要的小麦新品种。而经销模式主要是小麦种子经由何种销售方式最终进入农户手中。

(一)小麦种子开发模式

小麦种子开发模式目前主要有两种,即农业高等学校或农业科学院(所)自主研发模式以及与种子企业联合开发模式。目前前者还是主要模式,但后者必将取代前者成为未来小麦种子开发的主要模式。

1. 农业高等学校或科研院所独立开发模式　由于传统计划经济体制的惯性作用,小麦种子开发行为目前大多集中于农业高等学校或农业科研院所。农业高等学校与农业科研院所进行小麦品种开发的优势主要有以下 4 点:一是科技人才队伍优势。农业高等学校或科研机构技术力量雄厚,通常具有国内学术造诣深的小麦品种育种专家和一批小麦育种中青年科技骨干或技术熟练的科研辅助人员是快出成果、出好品种的主要人才资源集聚地。这些科研人员,长期接触"三农"(农业、农村、农民),普遍不畏艰苦,心系科研,耐得住寂寞,对新品种发展变化有较强的洞察力与敏感性。二是品种资源优势。农业高等学校和科研院所由于长期集中于该项研究,科研人员搜集、鉴定、创新了大量的小麦品种资源,为选育出适合各地生产需要的小麦新品种创造了有利的条件。三是科技资源优势。农业高等学校或农业科学院(所)拥有较为先进的科研仪器设备和种子检测手段,种子从选育到培育成功,都具有一套严密科学的方法,具有种子企业所不具备的优势。四是信息集聚优势。农业科研机构经常与国际农业科技组织机构、农科院所间的交往频繁,内部拥有大量的农业科技期刊与专业图书资料,并能通过计算机上网查询。各学科人员经常参与各种国内外学术交流活动,承担着各类品种的中试任务,能够及时了解国内外新品种的发展动态,掌握用户及加工企业的需求心理,把握种植业结构调整及农业发展规划方向的变化动态。另外,科研人员大多毕业于各农业高等院校,从事种业科研的同学遍布各地,同行同学间的天然关系,便于经常沟通,把握信息。

当然,农业高等学校或科研院所独立开发小麦种子模式也有其弱点,主要表现在:其经营方式主要以新品种、成果转让与转化为主,种子生产经营量较小,经营管理人才、种子基地建设与管理、种子加工生产设备等方面相对处于劣势。在新品种的推广与应用方面通常由于精力、经费不足或市场营销经验不足而不能有效地开展工作。

2. 学校或科研单位与小麦种子企业联合开发模式　《中华人民共和国种子法》(以下简称《种子法》)的颁布实施,使得多部门、多渠道开发经营小麦种子的格局形成。在小麦种子市场开放后,农业高等学校和科研院所有了合法的经营自主权,依据上述独特优势,在科研开发方面具有相当强的实力。应该说,农业高等学校和农业科学院(所)既是科研育种的主体,也是种子产业化的主体。但由于该模式弱点的存在,近年来,农业高等学校或农业科学院(所)与种子企业联合开发小麦品种的模式已经悄然形成。

联合开发小麦品种模式是科研单位针对自身特点和实践经验总结出的一条较为有效的种子开发途径。它有利于解决资金短缺、生产经营量较小、经营管理人才缺乏、种子基地建设与管理落后等独立开发小麦品种模式的局限;有利于充分利用农业高等学校和农业科学院(所)的优势,减小开发风险,加速新品种推广与应用,促进科研与市场衔接,真正做到了强强联合,充分发挥各自优势。

一个新品种走向市场,往往需要全方位的工作,需要制订全面的营销策划方案和落实生产经营所需大量资金,并承担相应的风险。科研单位创办的小麦种子企业一般依托科研单位的科研优势,有丰富的品种资源;而较知名的种子企业一般都建有长期稳定的生产基地,拥有广泛的市场销售网络和丰富的市场运作经验,并且具有很强的资金实力,一旦确定某品种的开发方案,会很快地付诸实施。因此,双方合作开发新品种,能够实现优势互补,降低开发风险,加快新品种市场化进程,取得良好经济效益。

应该说明的是,联合开发模式是在合作双方优势互补前提下进行的,必然牵涉经营效益分配,导致科研单位相对独家开发来说效益低、而相对种子企业来说成本加大等问题。但实践证明,联合开发模式促进了优势品种的市场化进程和产品销量,解决了小麦种业企业优势品种短缺问题,并且通过向市场要效益,保证了合作各方的经济效益。

此外,随着小麦种业的发展,农民育种家异军突起也成为小麦产业中一道亮丽的"风景"。小麦主产区农民育种家由于有长期的小麦生产经验,了解生产需求,培育出一批适应性强、高产稳产性好、大面积推广的优良品种,在小麦生产上发挥了重要作用。同时,他们也在发展中逐步形成以小麦种子为主导的种业公司,通过种子经营与品种研发实现良性循环,是小麦种子开发的新模式。

(二)小麦种子的经销模式

小麦种子的经销模式是指小麦种子通过何种方式由种子生产企业传到农户手中。目前国内小麦种子企业大致分为4类:科研、生产、经营一体化的种子企业;生产经营型种子企业;纯营销型的种子企业;各农业科研机构和农业院校组建的种子企业,即科研型种子企业。这几类种子企业主要有以下几类经营模式。

1. 连锁经营模式 连锁经营是以大型小麦种子经营企业为依托,通过物流配送等规范化服务实行连锁经营,包括直营连锁店和加盟连锁店。直营连锁店是企业设立在乡镇和农村的分支机构,在管理上实行六统一,即统一店面标识、统一采购、统一派送、统一价格、统一结算、统一管理;货源全部由总部提供,接受企业的直接管理。加盟连锁店是乡镇及村级经销商加盟本企业的小麦种子经销店,有统一的店面标识。加盟商自主经营,总部提供80％的货源,可经营部分其他农资商品,接受企业统一管理。小麦种子作为农资市场中的特殊商品,具有很强的专业性和不可替代性,减少中间流通环节,保证其真实性显得尤为重要。因此,在小麦种子流通领域引入连锁经营不仅符合种子本身的商品特性,也是社会化大生产和市场供求关系对农资流通的基本要求。

小麦种子连锁经营主要有以下优势:有利于种子企业降低风险、提高效益;有利于种子企业进行融资和技术合作;有利于种子生产企业拥有众多的潜在加盟者帮助企业做大做强;有利于让农民得到实惠。这种经营模式常在大型生产经营型种子企业或纯营销型企业中采用,是目前主要的经营模式。

2. 小麦种子企业直销模式 这种销售模式是小麦种子企业直接派出自己的营销人员进行销售,通过在异地设立办事处、直销点、连锁店等,与农户签订技术承包协议,建立农资直销网点。通常种子企业将开发研试的优质小麦直接进村入户销售,并聘请有关专家、教授对农资产品的安全使用进行授课,实行全过程质量控制,进行套餐式网络直销服务。

这种模式使得企业和农户之间直接见面,减少了中间环节,降低了企业经营费用,保障了货款的及时回笼,使农民真正得到了实惠。这种模式的缺点是:一是营销费用大,每个地区或一定的地域都要设立直销点,需要有办公场所、库房等,房租昂贵且差旅费用也大;二是相对投资较大,资金周转慢;三是营销难度大,设立直销点后,派出的营销人员到达某地人生地不熟,对当地环境条件、风俗习惯都不太了解,没有一定的人际关系,难以开展工作,给产品销售带来一定影响。这种方法在企业发展初期,在某个地域范围内还可以采用,待企业做大后,随着销售队伍的庞大、直销点的增多,会给管理带来很大难度,如果看护监督不到位,就容易发生问题。这种模式通常为一体化型种子企业或科研型种子企业所采用。

3. 与农技推广结合经销模式 这种模式以基层农技推广服务体系为依托,采取直营、加盟、自由连锁等形式组建的县、乡、村三级放心小麦配送服务网络，为农户提供小麦品种、生产资料及其农技等方面的全方位服务。

这种经营模式能够解决农户对小麦种子市场信息不了解、先进的小麦种子科技成果得不到及时推广等问题，使得农技推广队伍的技术优势和网络优势得到发挥，能够实现小麦优质种子下乡进村与农业科技普及推广的有效结合。该模式是科研型种子企业常用的经营模式。

4. 专业协会或股份合作型经销模式　专业协会模式是小麦种子生产经营企业、涉农服务部门、合作经济组织、农户等共同参与，组成农业生产资料协会或小麦专业协会，通过协会为会员提供放心的小麦品种供应销售和科技咨询服务，以及农民利益受损索赔等服务。这种模式充分发挥了协会联系生产经营企业和农户的纽带作用。由于这种专业协会熟悉农民，并且加入小麦种子供应、销售行业的时间较长，因而农民信得过，而且一旦小麦种子质量发生纠纷，农民的合法权益容易得到有效保护，因而在一些地方被广泛采用。

股份合作经销模式是由农民、企业牵头或涉农部门参与等多种形式兴办的各种类型的合作社，直接为农户提供放心小麦品种和小麦产品销售等服务。与专业协会型模式不同的是，该模式中农民既是企业的股东又是小麦种子的使用者，更是种子企业初级产品的提供者，企业与农民之间形成一种风险共担、利益均沾的良好机制，容易调动各方面的积极性，确保放心优质小麦品种下乡进村，并得到优先的推广和应用。

5. 龙头企业带动销售模式　这种模式是依托农业产业化龙头企业而建立的企业原料基地或生产车间，按照标准化的要求，统一技术组织生产，企业向基地和农户提供放心小麦品种、管理技术及使用方法等一体化的服务，并对小麦品种的来源、质量和药物、重金属残留等进行严格控制。这种模式有利于发展规模化经营，能够保证所用小麦品种的质量，提升小麦产品的质量和档次。该模式通常为大型研、产、销一体化的种子企业或大型生产性企业所采用。

6. 特许经销模式　特许经营就是委托方对特许经销单位适当让利并提供优质服务，而经销单位在合同期内只能经营委托方的品种而不得经营其他科研单位具有竞争性的同类品种的一种经营模式。委托单位与特许经营单位是平等互利型的合作关系，不存在任何行政隶属关系。实践表明，特许经营对于小麦种子科研型企业开拓市场、建立稳定的销售群、维护品牌优势、降低销售成本、杜绝假冒伪劣种子充斥市场、保护广大农民切身利益具有重要作用。特许经营兼顾了科研单位、经销单位、广大农民三方的利益，在一定程度上三者结成了利益共同体，最大限度调动了各方的积极性。特许经营模式在市场网络建设以及小麦新品种推广过程中必将发挥更大作用。

二、小麦种子管理

小麦种子管理包括小麦品种管理、小麦种子质量管理和小麦种子市场管理，其中小麦种子质量管理是核心。目前我国种子管理存在着一些问题，需要强化对小麦种子管理重要性的认识,深化种子管理体制的改革,及时解决小麦种子管理存在的问题。

(一)小麦种子管理的重要意义

种子管理是小麦产业化不可缺少的重要内容之一,是确保小麦生产用种安全,推动小麦高产、优质、高效生产的迫切任务。

1. 强化种子管理是推广优质小麦品种的重要途径 小麦是我国最主要的粮食作物之一,常年种植面积 3 000 万 hm² 左右,产量和消费量约占全国粮食总量的1/4。近年来,我国小麦生产连年丰收,优质专用小麦尤其是强筋优质小麦也得到较快发展。随着人民生活水平不断提高,饮食结构也逐渐向高档化、多元化方向发展,对优质面粉的需求量将会大幅度增长。因此,加强小麦品种管理,大力进行产品结构调整,迅速提高我国小麦品质并实现产业化生产是我国小麦进一步发展的当务之急。同时,对农民而言,种植优质小麦虽然可以提高种植的经济效益,但是由于优质小麦必须按照气候和土壤条件进行区域化种植、规模化生产,并对肥、水等管理条件有特殊要求,而农民对这些条件显然认识不足,因而生产出的小麦常常不符合优质标准,导致优质优价难以实现,利益得不到保证。因而,迫切需要进行小麦品种管理,对农民进行技术培训,引导农民种植适用优质小麦。

2. 强化种子质量管理是种子企业发展的根本 种子质量在农业生产发展中起着基础性和先导性作用。小麦种子质量是农民首要关心的问题,也是种子管理工作的核心和重点。种子使用目的是促进农业再生产,种子质量的优劣直接影响农作物的产量、品质以及经济社会效益和生态效益。一方面,《种子法》实施后,种子行业垄断被打破,民营企业、股份制企业等经济成分成为经营主体,种子市场竞争愈来愈激烈;尤其是我国加入 WTO 后,国外精品小麦也进入了中国市场,加剧了市场竞争,迫使小麦种子企业必须生产出更高质量的小麦种子。另一方面,我国农业进入发展现代农业的新阶段,以转基因技术为核心的现代生物技术迅速发展,高产、优质、抗逆性强的新品种将大量涌现,给小麦种子质量管理提出了新的课题。在质量已成为小麦种子企业市场竞争的焦点、成为种子工作生命线的情况下,加强种子质量管理,提高种子质量水平,增强种子市场竞争力,已成为小麦种子企业发展的首要任务。

3. 强化种子市场管理是促进小麦生产稳定发展的基础 随着《种子法》的颁布实施以及我国市场经济体制的逐步建立,种子产业由计划经济步入市场经济,原有的种子生产经营体系被打破,旧的经营模式不再适应市场经济发展,种子商品化程度越来越高,种子市场越来越繁荣。但是,由于《种子法》相关配套法规不完备,一些部门和个人对《种子法》的片面理解和误解,小麦种子市场也出现了无证经营、种子质量不过关、销售未经适应性种植试验的种子或销售非适宜种植区域的种子等问题。少数不法分子受利益驱动,铤而走险,搞一些假冒种子坑农、害农。因而,做好小麦种子市场管理工作,是做好当前小麦产品结构调整的关键,是稳定小麦生产的前提。

(二)加强小麦种子质量管理

1. 完善种子质量监管法规体系,转变种子质量管理职能

(1)要进一步完善种子质量监管法规体系 《种子法》以提高种子质量水平为立法宗旨,明确种子质量管理是种子管理的核心内容之一。尽管近年来,围绕提高种子质量水平出台的《农作物种子监督抽查管理办法》、《农作物种子标签管理办法》、《农作物种子质量纠纷田间现场鉴定管理办法》、《农作物种子检验员考核管理办法》、《农作物种子质量检验机构考核管理办法》等规章,形成了种子质量监管的法律框架,但这些法律规范仍需要依据产业发展和各地具体情况不断更新完善,需要制定相应的执行规范。

(2)要继续完善小麦种子技术规范体系 种子技术规范是指国家标准《农作物种子标签通则》、《农作物种子检验规程》和农作物种子质量的国家标准和行业标准。种子质量管理工作者必须熟悉种子技术规范和技术标准的作用及其适用范围,明确技术规范随着科技进步和贸易需要而不断修订完善,逐步实现与国际种子标准接轨。

(3)要尽快转变种子质量管理职能 国办发[2006]40号文件《国务院办公厅关于推进种子管理体制改革加强市场监管的意见》(以下简称《国办意见》),实现了政企分开,使种子生产经营机构从农业行政主管部门剥离出去,农业行政主管部门所属的种子管理机构具有种子行政许可、行政处罚、行政管理的职责,负责种子市场和种子质量的监管。种子管理体制改革工作基本完成后,工作重点将转移到种子质量检验等管理体系的建设和发展上来,从企业市场准入、商品种子管理、市场监管等3个方面入手开展种子质量监管工作。种子质量管理面临依法履行种子质量监督、种子检验机构考核、检验队伍监管、种子生产经营许可评审、种子质量纠纷的协调处理等一系列新职能新任务,即从过去单纯的种子检验技术服务飞跃至现代具有种子质量监管和种子检验服务的双重职能。

2. 加快种子质量检验体系建设,强化质量监管能力

(1)要构建质量检验技术平台 种子产业的快速发展形成了种子大流通的市场格局,迫切需要一个独立于各种利益相关方的第三方种子质量检验机构。这种种子质量检验机构要经农业行政主管部门考核合格,在人员、检验方法、环境条件、仪器设备、管理制度等方面具备相应的检测条件和能力,以公正的行为、科学的手段开展种子检验服务,出具有证明作用的检验数据和结果,为行政监督和行政执法提供技术支撑,为种子贸易流通、种子质量纠纷处理等提供多方位的技术服务。

(2)要培养种子检验技术人才 种子检验是一项政策性、技术性很强的工作,要求检验从业人员不仅具有相应的专业理论知识,而且要有一定的实践操作技能。《农作物种子检验员考核管理办法》的出台,把检验员培养纳入了法制化管理的轨道,从法律法规和检验技术等方面规定了检验员的准入条件。为提高检验人员的技术水平,应选派热爱检验工作的技术骨干参加有关种子检验方面的经验和技术交流,收集检验新标准,了解检验新仪器,不断积累种子检验技术发展的信息,提高检验人员的技能水平。

（3）要提高检验技术的科技含量　随着科学技术的进步,生物技术的发展,对检验技术水平的要求越来越高。种子检验不能仅停留在传统的种子物理质量指标的检测上,要根据国际检验技术的发展情况拓展检验项目,如分子标记技术、基因检测技术、活力测定技术,以提高检测技术的科技含量。若要提高检验机构的检测能力和技术含量,实现与国际种子检验技术接轨,就必须围绕软件和硬件资源下功夫。要强化硬件基础设施建设,创造合理的检测环境,配备精密的现代化检测设备,建立标准化的实验室;要重视检验技术专业人才的培养,尤其是生物技术研究和应用方面的人才,使他们不仅能应用检验技术,而且还能掌握检验技术的原理,研究创造检验新技术,成为种子检验的技术带头人;要加强检验技术的交流与合作,逐步引进、研究、推广应用检验新技术,不断改善和强化检测手段。

（4）要争取种子质量检验体系建设的资金　《国办意见》提出:"地方各级人民政府要积极支持种子管理和技术服务部门开展种子质量监督、技术推广、品种试验和检验检疫等方面的工作,切实保证种子管理机构和公益性事业单位的经费支出。"种子管理机构要根据《国办意见》精神,从服务种业健康发展,确保农业用种安全和农业农村经济发展的高度,积极主动地向有关部门争取经费,多方筹措资金,建立健全质量检验体系,完善质量检验机构基础设施,培养质量管理人才,引进开发检验新技术,保障种子质量监管工作的顺利开展。

3. 落实种子标签真实制度,加强种子质量监督抽查　认真落实种子标签真实制度。国家标准《农作物种子标签通则》的发布,标志着标签真实制度技术规范全面建立,种子标签成为种子产品进入市场的"通行证",为监督抽查提供了更加科学的技术依据,使监督抽查的范畴由单一的种子实物质量抽查延伸到种子包装标志、标签标注质量信息、实物质量信息等多种形式的检查。

严格执行种子质量抽查制度。监督抽查要严格依法执行,并与当地实际情况相结合,分区域有重点地开展多种形式的抽查。加大对抽查结果的处理力度,对不合格产品和不合格企业要视情节轻重依法给予处罚,严厉打击制售假劣种子等违法行为,切实增强监督抽查的实效,树立质量监管的权威。

（三）加强小麦种子市场管理

1. 建立小麦新品种引进、推广、管理机制,杜绝盲目引种行为

（1）制定小麦新品种引种规划,指导种子经营户引种　各县(区)农业行政主管部门或者种子管理机构要依据当地小麦品种需求的实际状况,分类制订小麦新品种引进、试验、示范、推广规划,并随当地实际情况变化随时调整,在此基础上制订每年度的小麦新品种推广计划,制订品种布局意见书,指导种子经营户引种。

（2）加强对小麦种子经营户引种的监管和服务　种子管理部门要对种子经营户搞好4方面的工作:一是对种子经营户经营的品种进行监管,杜绝引入未经试验、审定的品种,对于已经通过全国农作物品种审定委员会或者省级农作物品种审定委员会审定的品种,也要认真审查其适宜种植的区域范围。二是利用种子管理部门自身拥有的技术优势和承担国家、省、市小麦新品种区域试验的优越条件,根据当地气候和品种的适应性搜集发布试验中筛选出来的优良品种信息,为种子经营户引种牵线搭桥,帮助他们引进那些在试验、示范中表现优良的品种。三是利用种子管理部门承担国家良种补贴项目等条件,向优良品种倾斜,引导种子经营户大力推广具备优势潜力的优良主栽品种,防止品种多、乱、杂现象。四是有条件的省、县(区)种子管理部门还可以采取自愿原则,收取种子经营户适当的试验费,利用自身技术优势帮助他们进行小麦新品种引进和试验工作。

(3)严格小麦新品种引进管理制度　对于没有通过全国和省级农作物品种审定委员会审定或者审定的不适宜种植区域的品种,种子管理部门要坚决不准种子经营户引进、推广,同时要坚决制止任何部门和个人打着试验、示范的名义引进推广未经审定品种的盈利行为。对于种子经营户乱引种的行为要坚决取缔,对于造成农业生产损害后果的引种人要严厉打击。

(4)多方争取经费,搞好小麦新品种推广工作　各县农业行政主管部门和种子管理机构都要积极多方争取新品种引进、推广的经费,通过建立良种试验、示范、展示田,邀请农民群众代表现场观摩,公开举办良种技术讲座,发放小麦新品种宣传资料,搞好小麦新品种引进、推广工作,引导农民群众种植小麦优良品种。

2. 依法行政,加强种子市场执法监管工作

(1)建立小麦种子经营资质标准和审核制度　种子管理部门要根据当地实际情况,依照《种子法》和农业部有关种子管理方面的行政规章中有关具体规定,对种子经营户经营种子的资质建立一套完整的地方性标准和审核制度。种子经营户必须具备下列条件才能允许其经营种子:一是懂得农业技术和种子品种常识;二是拥有固定的种子经营门店,有适当的经营资金,有赔偿能力;三是所经营的种子,必须是具有生产经营许可证的正规种子生产企业所生产;四是所经营的种子,必须是经过全国农作物品种审定委员会或者省级农作物品种审定委员会审定、且在供种前到当地种子管理部门备案并接受种子质量检验监督;五是经营种子的票据完备,销售种子的档案规范;六是能为农民群众提供所经营种子的售后技术服务和质量跟踪服务。对达不到种子经营资质的经营户坚决不准其经营种子,对不具备种子经营资质而违规违法经营种子的要坚决取缔。

(2)强化种子质量监督检验服务　对于小麦种子经营企业和种子经营户所准备经销的种子,要强制他们在上市前必须经过种子质量监督检验机构的抽检,对检验合格的种子准予其上市销售,对达不到种子质量国颁标准的不合格种子坚决不准其上市销售;同时,在春、秋两季小麦种子的销售季节,种子管理部门要不定期对辖区内上市销售的小麦种子每一个品种进行随机抽检,严把种子质量检验关,对不合格的种子要坚决清理退市。通过严格种子质量检验服务把假劣种子控制在供种前,把不合格种子处理在下田前,真正从源头上杜绝假劣种子和未经审定的种子,保护农民群众的利益。

(3)加强对种子经营户的培训工作　种子管理部门要在每年春、秋两季小麦种子的销售季节,定期对辖区内的小麦种子经营户进行集中培训。一是大力宣传《种子法》和农业部关于种子管理方面的行政规章;二是及时宣传农业部和省农业厅最新发布的各类农作物品种审定公告和停止推广品种公告;三是加强对种子经营户种子专业技术知识和小麦品种常识的培训;四是加强种子经营户从业职业道德的培训,树立守法经营、诚信经营的意识。

(4)依法行政,严厉打击种子生产经营中的违规违法行为　种子管理部门要严格依照种子管理方面的各项法律法规依法行政,做到适用法律正确、执法程序合法的要求。对于在种子生产经营活动中做虚假广告宣传、销售已停止推广的品种、销售假劣种子、违法拆分销售主要农作物种子、私自加工种子的行为,要发现一起、查处一起,严厉打击种子生产经营活动中的违规、违法行为;对于销售假劣种子造成农业生产事故的,要严肃追究种子经营者和种子生产者的共同责任,依法维护广大农民群众的切身利益。

3. 加强种子市场管理队伍自身建设,明确监管职责

(1)建立一支装备精良的高素质种子管理执法队伍　加强对小麦种子管理执法人员的法律法规、种子专业技能和小麦品种常识等方面的培训,建立一支既懂农业技术又懂法律知识、爱岗敬业、原则性强、业务精、作风硬的种子管理执法队伍;同时各县(区)农业行政主管部门和种子管理机构都要积极多方争取种子执法管理工作经费,配备通讯和交通设备,改善办公条件,充分保障种子执法管理工作的顺利进行。

(2)明确种子管理机构各岗位职责,不留任何监管死角　各县(区)农业行政主管部门和其所属的种子管理机构,都要制定本部门、本单位有关种子管理方面的规章制度,明确岗位职责,细化管理措施;对于种子市场执法监管、新品种引进推广、新品种试验示范、种子质量监督检验等各岗位,都要明确具体职责,将权力和责任细化到每一个岗位、每一个人,特别是对种子执法管理岗位要细化到每一种农作物、每一个种植季节、每一个种子经营市场。

(四)加强小麦新品种管理

1. 做好小麦新品种开发试验与宣传引导工作

(1)加强新品种多点产量鉴定和生产示范,尽早明确其适应地区和应用前景,增强新品种产业化开发的主动性和科学性　按照惯例,优良品种经产量比较试验后,进入区域试验,接着参加生产示范,如表现好就可通过品种审定,然后流入市场。但这种方式,种子生产企业对自己品种的命运和前途并不十分清楚,品种推广的力度受到一定的限制。如果在品种选育期,育种者在适宜的生态区内安排多点鉴定和一定面积的生产示范,对品种的产量、抗性、适应性、品质等有一个全面的了解,就可以对其推广前景和适宜地区有比较清楚的认识,从而有目的、有计划地进行合理化布局,减少工作的盲目性和不必要的失误。

（2）加强新品种的高产优质配套栽培技术研究，充分发挥其产量和品质的双重增效优势，为产业化开发提供保障　小麦品种因特征特性不同，在栽培技术上存在着一定的差异，优质麦生产又同时受到自然生态因素（气候、土壤）和人为栽培管理因素（肥、水等）的影响。因此，要加强与栽培技术人员的配合，探讨优质小麦新品种在不同生态气候、土壤类型和耕作制度下的适宜播期和播量、生长发育规律（包括分蘖成穗、幼穗分化、籽粒灌浆）、需水和需肥规律、病虫害防治及其与品质关系，明确新品种的适宜生态区域，建立一套完整的良种良法、优质高产栽培技术体系，确保生产出合乎国家标准的优质小麦商品粮。

（3）大力做好优质小麦新品种宣传和引导，加深农民和种子经营者对新品种的认识和了解，为新品种尽快走向市场铺平道路　宣传优质小麦新品种的目的是让群众和经营者对品种的特征特性及优缺点有一个全面了解和充分认识，不仅让他们明白参与开发新品种的益处，更要让他们正确掌握一些专业技能，以便充分发挥品种长处、克服缺点，最大限度地减小风险，获取经济效益。广告宣传是新品种、新工艺等打开新局面的一把钥匙，大多数小麦种子生产企业受人力和物力限制，在这方面是个弱项，应该加大工作力度。

2. 开展多项合作，建立小麦新品种生产基地

（1）广泛开展小麦种子开发企业　与种子管理部门及大农场的合作，建立原种生产、良种繁育和种子加工基地，为新品种持续开发奠定坚实基础。小麦种子开发企业与种子管理部门合作是其走向市场的捷径。鉴于我国农民实行一家一户分散经营，而大的农场不但有大面积连片的耕地，机械化程度和人员专业素质也比较高，因此与之联合起来繁育种子不仅可以保证品种的纯度和质量，也便于协调和操作。在具体运作上，种子开发企业每年向种子经营部门提供原种，并共同与农场签订原种及良种繁殖协议，种子部门按协议价回收良种，种子售出后，三方按一定比例分享利润。这样做的好处是，种子开发企业直接参与了种子经营，可从自己的劳动成果中获取一定量的报酬，而且有种源优势，主动权掌握在自己手中。由于种子开发企业对自己品种的特征特性了如指掌，又保存着原始种子，在提供原种的过程中，对品种实行了持续选择，因此有助于延缓新品种的使用寿命。

（2）广泛开展小麦种子开发企业与粮食收购部门、面粉和食品加工企业以及地方政府的合作，建立区域化、规模化优质小麦生产基地，实现"产、供、销"一体化开发技术体系　鉴于目前我国国情，实行订单农业及区域化种植、规模化生产是优质小麦产业化的唯一出路。这就要求小麦种子开发企业必须走出禁锢的小圈子，加强与有关部门的合作，建立优质麦"产、供、销"一条龙联合技术体系。由地方政府出面组织生产，对农户实行统一供种、统一管理、统一收购、统一贮藏；粮食部门或面粉企业负责按优价收购；种子开发企业负责提供种子和技术，为农民生产出合格的优质商品粮保驾护航，同时为农民和粮食加工企业之间架起了一座购销桥梁。

第二节 小麦生产的经营与管理

小麦生产是小麦产业发展全过程中最重要的环节,决定着小麦的质量和产量。为达到小麦优质、高产和低成本生产的目标,要实行小麦规模化经营,加强小麦生产管理。

一、小麦生产的规模化经营

小麦生产规模化经营是实现粮食安全、推广农业科技、提高小麦竞争力的客观要求,是我国小麦生产快速发展的趋势,尽管受到土地规模、农村劳动力转移与产业化发展自身的限制,但必须努力推进,实现小麦规模化经营。

(一)小麦生产规模化经营的内涵

小麦生产规模化经营必须首先是小麦生产的企业化经营。小麦生产企业化的实现主要是通过寻求能够有效降低生产成本的合作方式,将农户的生产行为纳入企业(小麦生产或加工企业)。事实上,企业和农户的合作有利益上的互补性,企业因其技术实力、加工能力和销售能力,为农户提供种子、技术指导和销售等服务;农户以出让土地经营使用权的形式,负责生产基地生产管理。

小麦生产企业化是要求企业根据小麦生产的市场需求,以农业资源开发为基础,在保持家庭联产承包责任制稳定不变的前提下,在现有农村生产力水平和经济发展水平基础上,把分散经营的农户通过企业内部管理的形式组织起来从事小麦的生产。小麦生产企业化具有如下特征:能够促使传统分散的小规模生产向现代集中的大规模生产转化,由自然经济逐渐向商品经济转化;能够促使土地的使用权逐渐向能显著提高土地生产率的种植能手集中;小麦生产分工进一步细化,每一分工环节都是专业化和规模化的联合;小麦生产商品化、专业化、规模化、社会化程度不断提高,同其他产业间的产业关联加深,产业波及效应会显著放大,产业间的促进和反哺效应开始强化。

小麦生产规模化因"双重意愿"达到生产成本节约的目的。这里的"双重意愿"是指均分地权的制度安排对企业采用市场化手段集中土地资源的限制以及因此而导致的小麦生产投入来源不稳定所产生的市场风险,使企业产生了借助于各种变通的方式,以农户的土地和劳动力资源来实现小麦的稳定供应来源的意愿;农户市场信息获取能力的局限、小麦生产技术实现能力的约束、适度规模生产能力的障碍、农产品的质量测定能力限制等,使农户产生强烈的依附于具有相对实力的企业的意愿。"双重意愿"导致了企业能够将农户纳入企业管理,实现小麦生产的规模化。但并非纳入企业的农户越多越好,在农户中也存在不同的生产效率类型,企业为农户所提供的生产技术指导,对不同效率类型的农户具有不同的效用水平;农户加入企业后得到企业的转移支付增加自身效用水平,同时也导致企业的边际成本增加;农户为企业生产一定数量的产品导致企业的效用水平增加,同时也使农户的边际成本增加。企业化过程的低成本均衡就是企业所增加的边际成本和企业所得到的边际效用之间谋得平衡。达到均衡时的农户数量一般就是小麦生产的规模数量,因为在此时规模效益最大。

小麦生产企业通过对分散农户的集中,改变了农业的经营方式,降低了农户生产成本,增加了农户的收入,同时也增加了农户对农业的投资能力,实现农业经济的良性循环;通过规模经营,也能提高土地生产率和劳动生产率,增强抵御市场风险和自然风险的能力;通过利用现代化要素对农业技术改造,实现土地、劳动、技术、资金等生产要素的优化组合,实现农田标准化、操作机械化、服务社会化、农艺规范化、生产专业化、管理科学化、经营规模化,从而全面推进小麦生产现代化。

(二)实现小麦生产规模化经营的必要性

1. 是实现我国粮食安全的需要　粮食安全与能源安全、金融安全并称为当今世界三大经济安全。粮食安全,是经济发展、社会稳定和国家自立的基础,始终是关系全局的重大战略问题。尽管 2004 年以来,在党中央、国务院一系列支农惠农政策支持下,我国粮食生产实现连年增产,粮食供求形势明显改善。但也必须看到,今后随着工业化、城镇化发展,人口增加和人民生活水平提高,粮食消费需求刚性增长;另一方面耕地减少、水资源短缺、气候变化等对粮食生产发展的约束日益突出,我国粮食供需将长期处于紧平衡状态。保障国家粮食安全和主要农产品供给有很大压力。近年来,国际上出现了新一轮粮食危机,一些国家因食品短缺发生社会动乱,警示我们对粮食安全任何时候都不可掉以轻心。小麦是我国主要粮食作物,占我国粮食总量的 1/4。小麦生产的规模化经营不仅可以降低生产成本,而且可以在现有土地上提高产出效益,增加产量,保障我国粮食安全。

2. 是运用和推广农业新技术的需要　在我国现行的家庭经营体制下,作为生产主体的农民,应用现代科学技术的能力较低,把耕地产出只当作生活的基本保障,而将提高收入、改善生活水平寄望于非农收入。农民也愿意通过粮食生产提高收入,但出于对新品种、新技术利用风险性担心,农民不愿首先使用农业新科技,导致国家的宏观目标与农户家庭微观的目标难以趋向一致。小麦生产的企业化和规模化运作,风险性由企业承担,可以使农户摆脱困扰,只要按照企业的决策来决定是否采用小麦的新品种、新技术就可进行生产。

3. 是提高小麦综合竞争力的必然要求　加入 WTO 五年保护期过后,我国经济已日益融入世界经济体系中,小麦生产也不例外。国外精品小麦的纷纷涌入,对我国小麦生产的影响十分明显。小麦生产方式落后,生产规模小,加之生产过于分散,生产过程无法控制,产品质量以及安全都难以保证,使我国小麦在价格竞争上处于劣势。因为在生产过程中自然作用往往居于主导地位,劳动力的边际效益非常低,有时甚至是零效益,因而小麦生产很难依赖于劳动投入来获取产量和质量上的竞争优势。小规模农业生产组织形式,不仅会降低农业劳动力的效率,同时也影响土地的产出效率。资料表明,因生产方式的不同,法国小麦在 513.33 万 hm² 的规模水平上单产

(1991年)平均6 682.5kg/hm²,高出我国3 165kg。如果说改革开放前我国农业生产的低效率是不科学的计划经济体制和平均主义的分配方式抹杀了农民的劳动积极性,那么进入21世纪以后,要全面提升我国农业的综合生产能力与市场竞争力,实行规模化经营是必然选择。

(三)小麦生产规模化的制约因素

实施"企业+农户"的经营组织方式,可以实现小麦的规模化经营,能够架起分散农户与市场间联系的桥梁。但这种规模化经营目前还存在一些制约因素。

1. 现阶段土地流转的限制 小麦生产规模化经营必然包含土地的集中和劳动力的转移。作为土地集中手段之一的土地流转,是指土地使用权的流转。现阶段土地流转呈现以下3方面的问题:第一,土地流转的速度较慢。现阶段土地使用权的流转基本上是少数农民的自发行为,并且大多是仅限于本村之内的分散式的流转。缓慢的流转速度显然不能将土地有效地集中起来,大大阻碍了小麦生产规模化的进程。第二,土地大面积流转存在困难。在农村家庭联产承包责任制下,土地分户经营具有分散性和随意性。分散性使得流转的土地面积很小;而随意性使得流转的方向很不集中,因而出现了土地大面积流转困难的问题。第三,土地流转行为不规范。目前,我国还没有建立规范的土地流转机制,在流转手续及流转程序等方面存在不少问题。

2. 农村剩余劳动力的转移与吸纳的限制 实现农业规模化经营的条件之一,就是大量的农村剩余劳动力转移到非农产业。然而,我国农村剩余劳动力规模较大,相对于非农产业处于无限供给状态,在非农产业不能完全吸纳农业剩余劳动力的情况下,农村劳动力仍将主要依靠土地维持生存,这限制了土地的流转,一定程度上阻碍着农业的规模化经营。近几年来,二元社会经济结构有所松动,农村劳动力开始向城镇转移,但由于人口基数大,在农业劳动力转移与吸纳方面仍然存在许多问题亟待解决。

3. 小麦产业化经营方面存在的问题 一是小麦生产经济主体间缺乏稳定的合作与利益分享机制。当前小麦产业化的发展只解决了小麦的出售问题,农民无须再到市场中去寻找交易对象,节约了市场交易成本。由于企业与农户各个经济主体间既有共同利益,又有各自的利益,加之法律的缺失,以及农业面对来自自然与市场的风险,企业与农户都大量存在违约行为,机会主义行为给双方生产和收入预期带来了极大影响。二是企业、协会经济实力弱,带动作用不强。由于我国小麦产业化发展时间不长,龙头企业及其他经济合作组织还处于初级发展阶段,对整个农业的推动作用十分有限。所以,目前只有大力推动小麦企业的发展,不断壮大企业规模,才能为小麦产业化发展奠定坚实的基础,推动小麦生产的规模化、专业化。三是农民的弱势地位并未彻底改变。小麦产业化的发展,使农民由过去单独闯市场变为只面对一个企业,但在企业与农户的交易过程中,企业的强势地位十分明显。由于双方经济实力的不对等,农民只能对企业的违约行为忍气吞声,甚至企业经营不善以及遭遇的市场风险有时也会转嫁给农民。

因此,从政策、法规、管理、条件和技术等方面解决上述问题,是推进小麦生产规模化的重要措施。

(四)小麦生产规模化的途径

1. 以龙头企业基地建设带动的"企业＋农户"规模化经营　小麦生产在我国农业中居主导地位,播种面积广,产量大,涉及到的农户多,因此小麦生产效益高低直接关系到我国农业和农村经济的发展。依据农户兼业大量存在的事实,以及国家大力推广农业产业化的有利时机,大力发展农业加工业的龙头企业,依靠龙头企业的崛起带动小麦种植规模化发展是当前小麦规模化经营的途径之一。这种在不改变家庭土地占有与使用的前提下,以企业带农户的规模化经营模式对农户来说有如下优点:一是减少了收集市场信息、频繁交易的成本;二是能获取稳定的预期收入;三是把过去农业生产中存在的自然与市场风险中的市场风险转移为企业承担;四是获取了规模效益,其中包括只有在规模种植下才可能推广的农业技术和农业机械化利用。对企业而言,则可获得稳定的高质量的产品原料,为企业提升产品质量和市场竞争力打下扎实的基础。龙头企业的带动,使得我国小麦优质品种播种率比例较大,农业机械的利用率也大幅提高。

2. 以"行业协会＋农户"推动小麦规模生产　行业协会是农村新兴的一种生产组织形式,一般以某一农业产品的生产为纽带,连接农产品的生产、加工和销售等各个环节。它不仅有效的强化了农民的组织程度,协调了农民与其他市场利益主体的关系,而且有力推动了农业生产的规模化进程。就小麦生产而言,小麦行业协会可以以小麦的生产、加工、销售等环节为纽带,吸引当地农民加入进来,对某一品种或几个品种实施大面积种植、规模化生产。

(五)小麦生产规模化经营的措施

1. 加快土地使用权的流转　目前,我国土地使用权流转还处于起步阶段,强化政府的引导职能应着力做好以下3方面的引导工作。

(1)建立土地流转管理机构　在各级土地管理部门设立土地流转管理机构,赋予其相应的管理职权,实现对农业土地用途、项目、面积、价格等的规范化管理,对土地流转过程实行监管,使农村集体土地使用权流转管理更趋优化、更加有效、更为合理。同时提高管理工作透明度,主动做好土地流转的管理和监督工作。

(2)建立土地流转中介机构与服务体系　目前,各地可以以乡镇为基础,建立农业土地流转服务中心,创建一个土地流转平台为流转双方提供法律和政策帮助,完善土地流转服务体系。

(3)优化土地流转环境　一是要积极扶持第二、三产业和个体私营经济发展,为农村创造更多的劳动力再就业机会,加快农业人员的转移;二是要积极发展农业专业经济合作组织,支持种植大户,在税收、技术、流通等环节上给予他们大力帮助,推进农业产业化经营;三是要切实采取措施加快小城镇建设,尽快改变城乡二元经济结构;四是要积极推进农业科技创新,增加土地产出功能,提高农业生产劳动效率,推动农业生产的高效发展。

2. 加快农村劳动力转移

(1)提高农村劳动力的素质　首先,要加强农村的教育基础设施建设。政府应加大对农村教育的投入,不断改善农村学校的教学条件,加强农村学校师资队伍建设,提高农村教育质量。其次,加强农村职业技术教育。农村劳动力掌握必要的职业技能,可以增加他们再就业的可能性。

(2)加快农村城市化建设　转移农村剩余劳动力的主渠道,正在从主要依靠乡镇企业向主要依靠加快农村城市化转变。首先,要培育和壮大中心城市,进一步加快大城市的发展。其次,大力发展中小城市。选择有潜力的小城市使其发展成为有一定带动能力的中等城市,选择有发展潜力的县城使其加快发展为小城市。再次,积极发展小城镇。重点是发展县城和中心镇。

(3)建立健全相应的法律法规　完善就业培训、失业保险、劳动纠纷处理等方面法律法规,建立公开、透明的就业秩序;进一步健全劳动就业的法律法规,切实保障从农村转移到城镇的劳动力的合法权益。

3. 加快小麦产业化发展

(1)促进小麦生产一体化经营,推动产业化发展　广泛采用"企业＋农户"或"行业协会＋农户"的规模化经营模式,将分散的农户与统一的市场联合起来,把分散的个体经营组成庞大的产业群体,实现家庭生产向企业化、专业化、规模化生产的跨越。一是企业与农户结成利益共同体。在企业的指导管理下,由基地的农户进行农产品的种植,企业为农户提供设施等生产资料和管理技术,产品由企业负责销售,有力地推动农业个体经营向企业组织经营的转化。二是由龙头企业直接生产经营,实行农业和企业统一的规划和管理,形成大面积商品化经营的农产品生产基地。

(2)建立健全利益分配机制,消灭失信问题　合理的利益分配机制是农业产业化的核心。在市场经济条件下,企业和农户都是以利益最大化为目的进行生产和经营的。要同时实现企业和农户利益的最大化,必须因地制宜地建立完善科学的利益分配机制,明晰各经营主体和生产要素的产权关系。允许多种形式的利益联结方式存在,只要龙头企业与农户建立起稳定的合理的利益联结关系,政府都应给予支持。同时,大力发展农民专业合作经济组织,帮助农民同企业进行商业谈判,进一步保障农民的切身利益。

(3)提高小麦生产科技含量,切实落实产业化经营　在市场经济条件下,实施产业化经营,不仅要靠规模,更重要的是要提高农业生产的科技含量。因为不利用科技,产业化链条就不可能延伸下去,小麦生产就不能形成规模,也无法形成具主导地位的名牌产品,也就无法在市场上立足。小麦生产经营过程中的各个环节都涉及技术进步问题,只有小麦生产技术进步了,才能提高产品质量,才能产生比较高的效益。

(4)壮大龙头企业规模,促进小麦产业化发展　发展小麦产业化经营,关键是培育带动能力强的龙头企业。小麦生产水平要提高,农民收入要增加,就必须发展小麦加工业,培植小麦加工龙头产业。壮大龙头企业首先要强化品牌意识。强化品牌意识可以让龙头企业创造出无形资产,增强产品的市场竞争力。其次要不断完善龙头企业的生产经营和运作机制。龙头企业要从长远利益出发,正确处理企业与农户之间的利益关系,通过建立风险基金和最低保护价收购等方式与基地农户建立起共同承担风险、共同分享利益的利益分配机制。再次要加大投入力度,加快龙头企业的发展,引导各种资本向龙头企业集中,做大做强龙头企业。

二、小麦生产管理与效益分析

小麦生产管理好坏决定着小麦的质量与成本效益。小麦生产管理的基本思路是引进企业化经营理念,实施标准化管理。

(一)小麦生产管理

1. 小麦生产管理目标与过程 小麦生产管理的目标是:①满足客户需求;②提高投入资源的附加值;③改善生产系统的工作效率;④减少不必要的浪费及资源损耗。为达到以上目标,需要对小麦生产管理全过程进行分析,做好每一个生产环节以及全过程的管理。小麦生产管理过程与目标要求如图 6-1 所示。

图 6-1 小麦生产管理过程与目标要求图

如图 6-1 所示:小麦生产管理包括投入管理、生产作业管理、产出管理三个环节,其中投入管理主要是原料、肥料、物料、农药等的投放数量与结构管理,目标是,提高投入品附加值,降低小麦生产成本,可以用小麦生产的投入产出效率分析来衡量;生产作业管理主要是小麦生产的田间作业管理和质量管理,管理目标是分析田间作业管理流程,促使生产流程管理标准化,改进生产系统效率;产出管理主要是小麦的仓储管理,目标是使小麦安全、卫生、新鲜,满足客户要求。

2. 小麦生产物料的管理 小麦生产资料包括:种子、肥料、农药、药品、设备、机具及储存用器等农业资材,甚至生产后的产品、半加工品、加工品均属物料管理的范围。物料管理的内容包括物料购买、储存和搬运。

物料管理的目标是:①在适当的时间,以适当的品质、数量及价格来提供小麦生产所需的物料,并保持最低的库存量;②管理费用最低;③物料的进出库作业有序。

实现的手段有:①共同采购。因为小麦生产物料与其他农作物生产物料的需求一样大都是多样少量的形态,因而可以和其他作物的生产资料一起实行批量购买或公开招标形式,降低价格。②空间利用。合理有效安排仓库中物料、设备、器具及人员存取物料的活动空间。③三定管理。即对物料定量、定容、定位,便于计数、堆放、辨识和存储。④存量管理。对物料的进仓、出仓过程加以管理,建立物料定购及账务管理以维持安全存量,资金合理利用。⑤盘点。物料的进仓、出仓的频率相当高,必须及时清点物料现存存量与账面是否一致,物料存放时间等。⑥废物处理。废物要合理利用、分类、出售、交换或是弃置。

小麦生产物料的标准化管理要将物料的接收、加工、包装、规格及设备予以标准化,以减少资源浪费便于管理。具体操作方法与步骤是:①综合考虑各种需求,包括客户、品质及成本等。②订立物料规格标准作为指导工作和比较的参考,规格包括尺寸大小、色泽、重量、强度、外观、数量、形状、添加物比重等。③建立物料规格清册。将所有标准规格(包括编号、品名、包装尺寸、重量、体积、个数及盛装器具等)编制成册,以便采购、验收、分级、生产、包装、销售方便管理。④建立机器设备手册。将所有机器设备列入手册以便管理,包括名称、数量、用途、启用日期及来源等。

3. 小麦生产作业管理

(1)小麦生产流程管理 小麦生产作业流程包括整地、施肥、播种、田间管理、收割等。对于实行机械化生产的地区来说,小麦生产整地工作可由农机一次性完成。例如,选用泰山-25 拖拉机配备 IGx-110 型旋耕地,自制通用机架、筑埂机具,可组成联合旋耕筑埂机组,一次可完成整地、平畦、筑埂 3 项作业。耕整后土质松软,地表平整,达到小麦整地的技术要求,可提高生产效率。对于机械播种施肥而言,选用当前国内领先水平的小麦播种施肥机(如 2BF-9 型),能一次完成开沟、播种、施肥、覆土等项作业,且种、肥分施,播量、深浅可调。可以节约成本,增加效益。小麦生产田间管理包括冬前麦田管理(查苗补种,保证全苗;中耕松土,保墒增温;科学施肥浇水;防治病、虫、草害;适时冬灌等)和春季麦田分类管理(返青期镇压划锄;水浇地一类、二类、三类苗和旺苗的管理;无水浇条件的旱地麦田管理;冬季受冻害麦田的管理;早春冻害(倒春寒)预防与管理;加强各类病、虫、草害的防治等)。小麦收割一定要注意及时收割,多采用联合收割机进行收割。

(2)小麦生产现场管理 小麦生产现场管理包括 5 个方面。一是清除。把要与不要的物品、产品分开,处理不要的物品、产品,避免妨碍正常的生产作业。例如,丢掉仓库里不需要的物品、产品,以及时处理已没有使用效益的原料、物料等,及不能再使用的农具、工具,割除农舍四周的杂草等。二是整理。把要用的物品定位、定量,随手可得,减少拿取时间。例如,农具、工具以固定的方式及地点放置,先储存的原料、肥料先使用,以免过期腐坏造成浪费。三是清扫。打扫尘污,修护异常,防止意外发生。例如,定期清扫、检查农机与设备,定期检查农舍的设施、屋顶。四是规格化。保持整洁工作规格化,成为定期要做的任务。例如,制作农机检查记录表或记录看板,以免忘记进行定期检查工作。五是修养。农场成员要养成守纪律的习惯,提高工作质量。例如,制作农场工作重点、流程看板,并养成遵守的习惯。

生产现场颜色管理。将整体的管理工作以不同的特定颜色加以区分,使工作者易于了解,易于操作。具体方法包括颜色分级法、颜色标示法和颜色心理法。颜色分级法是品质分级包装,大小分级包装,地区分级等;颜色标示法是农业资材的分类管理,异常产物的管理,作业频率的分类;颜色心理法是用红色来标示危险区域或物料,用颜色来标示设施的保养及维护等。

生产现场看板管理。将整体管理的内容、流程以及订货、交货日程与工作排序等制作成易于工作者理解和操作的图表看板。现场图表看板管理:分类重点看板协助工作者迅速掌握工作重点、步骤,使工作品质一致,不会因人而异。例如,标准作业规范,班队组织成员之权利与义务事项,农场卫生、安全注意事项,产品价格变动情形。流程图看板随时提醒工作者在阶段性应注意的事项或协助工作者掌握工作与管理的流程步骤。例如,饲养流程图,畜、禽舍平面图,草虾、鳗鱼饲养流程图,耕作地段的分布图等。生产排程看板管理:可制作生产、订货、出货看板,工作调度看板、进度看板、客户管理看板。

(3)生产过程标准化管理　制定各项工作(生产、加工、验收、分级、包装及配送等)的流程与注意事项。具体方法与步骤是:①作业程序分析,包括作业目的、范围、相关人员、内容、时间、场所、相关物料及表单等;②作业标准分析,通过动作分析寻求省时、省力、安全的操作方法;③制定作业标准书,内容包括作业目的、适用范围、使用机具、使用材料、作业方法等,应尽量做到量化,可与看板管理配合使用;④制定相关表单,包括相关信息、负责人员以及历史资料等;⑤制定作业程序书。

建立各项管理指标,以此作为评价实际作业的依据,了解实际运作的水平,并进行调整和控制。小麦生产标准化需要在生产实践中不断完善。

(4)小麦生产全面质量管理　小麦生产管理的目标是以最低的成本生产出高质量的小麦产品,而目标的实现需要实施全面质量管理。全面质量管理就是"三全"的管理,即:①全面的质量。不限于产品质量,而且包括服务质量和工作质量等在内的广义质量。②全过程。不限于生产过程,而且包括市场调研、产品开发、生产技术准备、生产过程、产品检验、销售、售后服务等质量的全过程。③全员参加。不限于领导和管理干部,而是全体工作人员都要参与,质量第一,人人有责。因此,要对所有参加小麦生产的人员,从领导到生产工人进行质量教育。农业生产以 ISO9000 质量体系为指导标准来组织生产。农业技术员和生产管理者要在生产前就对生产系统进行分析,统一规划,并以标准化操作实施到生产流程的各个环节中去,以此保证质量目标的实现。

(二)小麦生产成本与效益

1. 分析方法

(1)小麦成本构成与发展趋势分析方法　2002 年《全国农产品成本收益资料汇编》中指出,农产品的总成本是指含税成本,即生产经营全过程发生的全部支出,包括生产成本、期间费用和税金。取消农业税以后,小麦生产成本中不包括税金。小麦生产成本由物质费用和劳动力费用组成。其中,物质费用包括直接生产费用和间接生产费用两部分,直接生产费用包括种子、农药、化肥、农膜、畜力、机械作业、排灌、燃料动力等费用,间接生产费用包括固定资产折旧、农具购置及修理费等;劳力费用包括用工作价、期间费用等。用工作价包括直接用工作价和间接用工作价,间接用工是指数种作物的共同劳动用工,如积肥、修建水利等。期间费用包括土地承包、管理、销售和财务等费用,其中管理费适用于村级干部报酬和管理方面的开支,财务费主要指可变生产资金的借款利息和金融机构手续费。以时间为自变量,以历年的小麦生产成本为因变量,建立一元线性回归方程,利用线性回归模型进行分析,可以得到我国小麦生产成本未来的发展趋势。

(2)小麦生产效率分析——DEA 方法 数据包络分析(DEA)方法是由 Charnes和 Cooper(1984)创立的、基于相对效率的分析方法。其最大优点是不需要一个预先已知的生产函数,不受输入、输出数据量纲的影响。基于规模报酬不变(CRS)假设的DEA 模型中的综合技术效率(TECRS)可以分解为规模效率(SE)与规模报酬可变(VRS)假设的 DEA 模型中的技术效率(TEVRS)的乘积,即 TECRS = TEVRS × SE。为排除不同年份价格变化的影响(不考虑不同地区价格变化),采用实物量指标。分析所选择的投入指标有用工量、种子用量、农药费、机械畜力费和肥料费 5 项,产出指标为小麦主产品的产量。其中,小麦的主产品产出、劳动力投入和种子选用数量指标,而农药、肥料和机械畜力是已剔除价格指数变化的价值量(元)。

2. 存在的问题 当前,我国小麦生产成本与收益中存在以下主要问题。

(1)直接生产成本比例大 我国小麦总成本中直接成本和间接成本比重相当,而美国小麦间接成本为 60%～65%,所占比重较大,直接成本的比为例 35%～40%。直接生产成本构成中,我国小麦的化肥和机械装置费用较高,与美国相似,但我国小麦化肥成本比重高于美国近 10 个百分点。

(2)总生产成本高 我国由于耕地资源有限,土地经营规模太小,农民无法使用大型机械进行生产,农业的机械化和集约化水平太低,许多的工作仍需较多的人力才能完成,致使劳动力成本变高,并直接导致生产总成本变高。

(3)小麦生产的规模效率较低 我国目前小麦生产仍以传统的生产经营方式为主,并未形成产前、产中、产后配套的有效服务,这种分散的农业生产管理扩大了小麦的生产成本。

(4)小麦生产的技术效率较低 由于小麦全要素生产率的提高依赖于技术进步,而当前我国小麦良种及种植技术由于研发和推广等方面的影响,不能有效地促进小麦生产的技术进步与技术扩散,从而小麦生产的投入产出比较低。

3. 降低成本,提高效益的对策

(1)扩大生产经营规模,降低小麦生产成本 我国劳动力投入比重大,是小麦生产成本高的根本原因之一。我国劳动力在成本构成中占 35%,而美国、加拿大均仅为 9%。为此,要减少劳动力费用,提高小麦生产竞争力,一方面需扩大生产规模,提高机械化生产水平;另一方面要建立规范的土地市场,促进农村土地的流转,为规模生产提供可能。

（2）合理调整区域布局，发挥小麦生产的比较优势　对于小麦综合经济效益指标较差的地方减少小麦的种植面积，对于综合经济效益较好的地方扩大生产规模，发挥小麦生产的区域优势。同时要合理调整小麦品种结构，改善小麦品质，在适合种植优质小麦的地方大力发展优质小麦。

（3）加大支持和保护小麦生产的力度　要增加对农业基础建设和科技的投入，控制小麦生产资料价格，严厉打击坑农、害农的行为。同时要尽快建立小麦市场风险基金，深化农业保险体制改革，推行农业保险制度，提高农业和农民抵御风险的能力。政府应实行政策性保险，在政策和财政上给予支持。

（4）改善投入结构和资源配置方式　提高小麦生产的经济效益，一要加强技术培训与指导，促进农民采取先进的技术和经营管理方式，降低农业生产经营成本；二要精确控制肥料成本投入，完善小麦科学的生产技术，同时还应从完善土地流转机制等基本环节入手，积极扩大小麦的土地经营规模，提高小麦生产的劳动生产率；三要结合农业机械化水平和小麦生长发育规律，确定适宜的节本增效栽培方式；四要增加科研投资，促进技术进步，实现超高产与高效的同步性。

（5）提高要素配置效率，降低生产成本　从各投入要素综合潜力比较，要提高我国小麦整体生产效率，应合理调整各要素的投入量。目前我国小麦生产效率不高的主要原因是普遍存在着投入要素过量的现象，其中劳动力的调整潜力最大，总体可缩减 27.38%；其次为肥料费和机械畜力费，总体缩减率分别为 19.68% 和 19.64%。造成这种现象的主要原因是：我国过度依赖化肥投入来提高产量，使化肥利用效率降低；我国农村存在大量剩余劳动力，并且以小规模农户方式生产，导致劳动力投入过多而机械化使用效率不高，引起技术效率的降低。因此，劳动力、肥料和机械、畜力应作为我们改进效率的重点调整对象，降低其投入量会使小麦生产综合技术效率有显著提高。

第三节　小麦加工的经营与管理

小麦加工是整个小麦产业中附加值最高的环节，也是体现小麦产业发展规模和竞争优势的关键环节。小麦加工产品不同决定小麦加工产品附加值的高低，延长小麦加工产业链，可提高其附加值；小麦加工企业是加工的承担者，加工企业的管理水平决定着加工产品质量和效益，因而应该加强加工企业的管理；龙头企业在小麦产业化中意义重大，应该大力培育和发展小麦加工龙头企业。

一、小麦产品加工与利用

小麦产后加工和利用对我国国民经济的发展以及社会稳定具有非常重要的作用。走产业化精深加工之路，是我国未来小麦经济发展的必然趋势。小麦产品加工与利用体现在:小麦面粉产品的开发;小麦淀粉与蛋白的分离;变性小麦淀粉及变性小麦蛋白;加工副产品小麦麸皮和小麦胚芽综合利用等。

(一)小麦面粉加工与利用

小麦面粉主要包括通用粉和专用粉,其消费用户主要分为食品制造业、餐饮业、伙食团体、居民家庭消费 4 大类。

1. 食品制造业　食品制造业的需求为各种专用粉,如面包粉、饼干粉、方便面粉、速冻食品粉等,目前用量占商品小麦粉总量的 17%。食品制造业在我国国民经济体系中,已成为独立的产业体系和发展速度最快的支柱产业之一。小麦粉作为食品的基础原料,对我国食品工业发展具有重要的原料保障作用。预计未来几年,食品制造业对各种专用粉的年需求量将达到 800 万～1 000 万 t,年复合增长率达到 22%。随着食品制造业技术和研发能力的提升,对小麦粉的质量和品质要求越来越高,需要制粉企业生产出更多性能适用的稳定原料。食品制造业的原料需求特点,给制粉企业带来了技术门槛,为设备先进、具有研发优势的大型企业提供了发展机会。

2. 餐饮业、伙食团体　这两类用户主要使用通用粉,其综合用量占商品小麦粉总量的 75% 左右,市场容量及潜力巨大,也是众多中小型企业的主要销售市场。但由于这些企业产品特点不突出,同质化严重,导致恶性低价竞争,企业回报率很低。随着人民生活水平的不断提高,同时为提高生产效率,这两类用户对低档次的通用粉的需求量逐年减少,高档次的通用粉用量将越来越大,通用粉专用化为大型企业提供了又一个机会。

3. 居民家庭　居民家庭更关注食品安全,有品牌的小包装面粉,特别是专用面粉需求增长迅猛。

上述分析不难看出,我国目前面粉产品的现状基本以通用粉为主,专用粉主要还是集中于馒头粉、面条粉、面包粉、糕点粉等几类,产品形式相对比较单一。发达国家专用粉生产及使用已经非常普及,专用粉的比例占面粉消费总量的 80%。在国外,早餐食品、面制烘焙食品、膨化食品等大众营养、方便、健康、休闲食品的发展也很迅速,各种预混合粉、多谷物营养强化面粉以及具有特定功效的面粉品种发展迅速,很多预混合粉已经发展至食品半成品。例如,美国有 80% 以上的面包店使用速冻面团烘焙食品,法国有 50% 的面包是以速冻面团形式生产出来的。

从技术上看,我国小麦加工业和面制食品工业与发达国家相比,还存在较大的差距。我国从 20 世纪 90 年代才真正开展专用粉的研究,由于投入低、高新技术应用较少、加工技术装备落后、成套化程度低,产品种类少、档次低,在许多方面仍停留在发达国家 20 世纪 70—80 年代的水平。当务之急是提高加工技术及装备水平,提升产品档次,开发适合市场需求的专用粉,开发营养、健康、安全的多谷物营养粉、预混合粉以及全麦粉等,以满足人们对食品方便、健康、安全、营养方面的需求。

(二)小麦淀粉和谷朊粉加工与利用

近年来,由于食品、化工和医药行业的发展,小麦淀粉的用量也在逐年增加。小麦淀粉可用于生产变性淀粉,如氧化淀粉、交联淀粉、取代淀粉、交联/取代淀粉等,用于食品和非食品领域;小麦淀粉还可转化为小麦淀粉的水解产品如淀粉糖等。近年来,由于小麦淀粉产量的增加,谷朊粉的产量也在逐年增加,速冻食品的需求以及一些烘焙食品量的增加,也导致谷朊粉的需求量增加。另外,谷朊粉也被广泛用于早餐谷物、肉类、畜禽等产品中。小麦谷朊粉作为一种工业蛋白质原料,可被用来转化为小麦分离蛋白、水解小麦蛋白、组织化小麦蛋白等产品。

小麦淀粉与谷朊粉的生产工艺多种多样,大约有十几种。在这些方法中,有几种已在工业化生产中得到应用,如马丁法、面糊法、瑞休法、旋流法和三相卧螺法。马丁法是在手工分离小麦面筋和淀粉方法的基础上形成的、一种相对较简单的面筋和淀粉分离方法,也叫水洗小麦谷朊粉和淀粉分离工艺。马丁法是最早广泛应用的小麦淀粉和谷朊粉的生产方法。随着时间的推移,传统的马丁法被逐步改进,通过增加过程水的重新循环以及采用新型淀粉和蛋白有效分离设备而降低新鲜水用量,每 t 面粉耗水量从 $10\sim12m^3$ 降低至 $7\sim9m^3$。

离心分离工艺是目前国际上比较先进的小麦淀粉和谷朊粉生产工艺,代表着今后小麦淀粉工业的发展方向。目前国内已经有少数引进厂采用卧螺法和旋流法。离心分离工艺是现代化的小麦淀粉生产工艺,它的典型工艺特征是,淀粉和面筋蛋白的分离由两个阶段完成,首先 A 淀粉与面筋蛋白在面筋蛋白形成网络前使用离心分离设备先分离,然后湿面筋与 B 淀粉等成分采用筛分的方法分离。离心分离工艺的优点是:①可获得蛋白质含量比较高的谷朊粉。由于湿面筋在整个工艺过程中没有受到高强度的机械搅拌,受到损伤的机会很少,质量较好。②A 淀粉的质量高。A 淀粉在面筋形成前就被分离出来,因而蛋白质等成分混入 A 淀粉的概率减小。③耗水量少。离心分离设备的使用使分离的效率大大提高,单位产品的水消耗量少,每 t 面粉耗水量可以达到 $2\sim3m^3$。

从水洗工艺到离心分离工艺,小麦淀粉工业在工艺技术方面的进步可以概括为以下几个方面:①敞开式工艺向密闭管道式工艺转变,以保证产品的卫生安全。②间歇式、半自动化工艺向连续自动化工艺转变,以提高劳动效率、可靠性和稳定性。③降低单位产品的新鲜水的消耗量,以减轻环保压力和生产成本。④不断提高谷朊粉的质量,以提高产品附加值。

(三)小麦深加工产品与利用

1. 变性淀粉 由于小麦淀粉的某些品质指标在实际应用时,很难得到非常理想的效果,为改善小麦淀粉的性能、扩大其应用范围,利用物理、化学或发酵处理,在淀粉分子上引入新的官能团或改变淀粉分子大小和淀粉颗粒性质,使其更适合一定应用的要求。这种经过二次加工,改变性质的淀粉称为变性淀粉。变性的目的:一是为了适应各种工业应用的要求;二是为了开辟淀粉的新用途,扩大应用范围。目前食品用小麦变性淀粉的主要品种有预糊化淀粉、酯化淀粉、交联淀粉以及复合变性淀粉产品。在每种变性淀粉生产中,根据采用的试剂种类不同,以及取代和交联度的不同,又分为很多品种。所以在实际生产中,根据市场的需求,改变和控制配方以及变性条件和参数,对于小麦变性淀粉的生产是非常重要的。

2. 淀粉衍生物　小麦淀粉还可作为很好的淀粉糖的生产原料。小麦淀粉经酶法、酸法可加工成淀粉糖,也是小麦淀粉深加工的主要产品之一。淀粉糖主要品种有液体葡萄糖、结晶葡萄糖、麦芽糖浆、麦芽糊精、果葡糖浆等。淀粉糖广泛应用于糖果、糕点、饮料、冷饮、焙烤、罐头、果酱、果冻、乳制品等各种食品中,也可以作为医药、化工、发酵、食品添加剂等行业的重要原料,还可以应用于精细化工以及精密机械制造等行业。

小麦淀粉可经微生物发酵加工各种发酵制品,这也是小麦深加工的主要产品之一。发酵产品主要品种有酒精、味精、乳酸、柠檬酸、山梨酸、各种氨基酸等。发酵产品广泛应用于糕点、饮料、焙烤、罐头、果酱、果冻、乳制品等各种食品中,也可以作为医药、化工、食品添加剂等行业的重要原料。

3. 改性谷朊粉　谷朊粉作为小麦淀粉生产的副产品,在食品及非食品(工业)领域的应用正逐渐受到人们的青睐;但由于谷朊粉功能特性的某些局限性,尤其是其溶解能力和乳化能力较差,不能满足食品及工业方面的要求,极大地限制了谷朊粉的应用。对小麦谷朊粉进行改性,制造具有不同功能特性和营养特性的专用功能性谷朊粉蛋白系列产品,将其作为各种食品和非食品的主料成分或添加辅料,不仅是我国食品工业目前亟待解决的重大基础理论问题,也是一个事关我国"三农"的重大战略性问题。可利用微波处理、湿热处理、酸脱酰胺、右旋糖苷反应、木瓜蛋白酶和碱性蛋白酶控制水解及转谷氨酰胺酶催化交联等技术提高谷朊粉乳化性。可通过微波处理、湿热处理以及酶法提高谷朊粉的溶解性,以拓宽谷朊粉在食品和化妆品、洗发品等方面的应用范围。

(四)小麦麸皮和胚芽产品与加工

目前,我国小麦初级加工以及深加工技术取得了很大的进步,但是与国外发达国家相比,在小麦加工副产品转化与利用方面的技术、规模、科技含量还相对比较低,产业化发展速度缓慢,资源优势不能更好地转化为经济优势。小麦经过加工得到成品面粉的同时,还得到次粉、小麦麸皮以及小麦胚 3 种副产品,三者均含有丰富的营养物质,如果能够有效地对其进行开发和利用,将是一笔巨大的财富。

1. 小麦麸皮产品与加工　随着人们生活水平的提高,人们也逐渐意识到小麦麸皮所具有的开发和增值价值,已有越来越多的企业意识到对麸皮进行开发和综合利用,可以提高企业自身的经济效益。国内对麸皮的开发主要是膳食纤维产品,目前国内制备的小麦麸皮膳食纤维,主要是对小麦麸皮进行简单预处理后,将麸皮进行调配、干燥、粉碎、包装得到产品。由于制备技术路线简单、科技含量低,所得到的小麦麸皮膳食纤维普遍存在颜色相对较暗、口感发涩、理化性能较差、产品适应性差等问题,使其在日常食品及健康食品的应用受到很大的限制,从而也大大制约了小麦麸皮膳食纤维的工业化应用与推广。小麦麸皮中戊聚糖的含量在 20% 左右,膳食纤维含量在 40% 左右,另含有 15% 左右的蛋白质和大约 1% 的淀粉,因此小麦麸皮是制备戊聚糖和膳食纤维的很好原料。以麸皮为原料制备戊聚糖,将其开发为面包添加剂,具有很好的前景。戊聚糖具有高黏度、高吸水持水及氧化胶凝等性质,还可以作为增稠剂和保湿剂,应用在饮料、调味制品、乳制品、糖果等食品中。戊聚糖作为一种功能性多糖,还具有包括通便、降血脂、抗结肠癌、抗肿瘤、增强免疫等多种生理功能,因此以麸皮为原料开发具有降血脂、润肠通便功效的功能性因子,在以天然保健品为食品行业发展主流的未来世界,具有十分广阔的市场前景。小麦麸皮中含有 40% 左右膳食纤维,可以作为制备膳食纤维的原料。西方发达国家早在 20 世纪 70 年代就着手进行膳食纤维的研究与开发,美、英、德、法等国已形成一定产业规模,并在食品市场占有一席之地。美国成立了膳食纤维协会(USDA)。在年销售 60 亿美元方便谷物食品中,约 20% 是富含膳食纤维的功能食品。欧美及日本盛行强化膳食纤维功能食品。膳食纤维食疗治病的方法也在一些国家应运而生。国外已研究的膳食纤维主要有六大类:谷物、豆类、果蔬、微生物多糖及其他天然纤维和合成、半合成纤维,计 30多个品种,其中实际应用于生产者已有 10 余种,而小麦麸皮为膳食纤维的主要来源。

2. 小麦胚芽产品与加工　小麦胚芽是小麦籽粒的一部分。小麦胚芽中蛋白质的含量高达 30% 以上,是面粉的 4 倍,鸡蛋的 2 倍。它含有人体必需的 8 种氨基酸,尤其是一般谷物中短缺的赖氨酸,每 100g 小麦胚芽约含赖氨酸 205mg,比鸡蛋高出1.5 倍。并且小麦胚芽蛋白质中氨基酸的构成比例与 FAO/WHO 颁布的模式值以及大豆、牛肉、鸡蛋的氨基酸构成比例基本接近,有很好的氨基酸平衡并且蛋白质利用率高,在营养学上具有重要意义。小麦胚芽中胚芽油占 10% 左右,其主要成分是亚油酸、油酸和亚麻酸等不饱和脂肪酸,占总量的 80% 以上。从营养学的角度来看,小麦胚芽油在组成上是非常理想的。其中对人体最重要的必需脂肪酸——亚油酸的含量高达 50% 以上。亚油酸能与人体血管中的胆固醇起脂化反应,防止人体动脉硬化,对调节人体血压、降低血清胆固醇、预防心血管疾病有重要作用。小麦胚芽油又是维生素 E 含量最高的一种植物油,其维生素 E 含量为 200～500mg/100g 油,高出其他植物油 1～9 倍,因此小麦胚芽油是提取天然维生素 E 的理想原料。此外,小麦胚芽油中还含有一种对人体具有生理活性的物质——廿八碳醇,它能够增强运动的爆发力和耐力,改善心肌功能,提高全身肌肉松弛作用和灵敏性,对运动员来说是一种很好的营养保健品。因此,小麦胚芽被国内外营养学家们一致誉为"人类天然的营养宝库"。

我国每年可用于开发的小麦胚达 300 万 t,如按小麦胚中含油量以 10% 计算,每年可提取小麦胚芽油 30 多万 t;按小麦胚中蛋白质含量以 30% 计算,同时每年还可提取 90 万 t 以上优质蛋白,相当于 450 万 t 牛肉或 900 万 t 鸡蛋的蛋白质含量,综合起来每年可创直接经济效益几十亿元。因而它是一个巨大的食用油脂和蛋白资源。如再能对提取的蛋白质进一步分离出球蛋白、谷胱甘肽类等功能性食品配料,便可大大提高小麦加工过程中的附加值,同时也增加了小麦胚芽深加工的技术含量,走出一条内延式的发展道路,开发出有自主知识产权的深加工技术,从而大大增加其相关产业及企业在加入WTO后的国际竞争能力,为小麦生产的可持续发展奠定基础。

上述小麦产品及加工可以用下面的小麦产业链图来说明(图6-2)。小麦4类产品均由加工企业生产出来,当前我国小麦加工企业主要是各类面粉加工企业,尤其是通用粉加工企业,而其他3类小麦产品的加工企业数量很少。因而,提高我国小麦加工产品品类和质量,关键是要做好加工企业产品开发与经营管理,延长产业链,促进小麦加工向纵深方向发展。

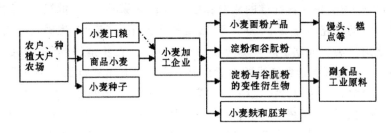

图6-2　小麦产业链图

二、小麦加工企业的运营管理

小麦加工企业管理状况决定着小麦产品质量和类别。当前我国小麦加工企业存在着一些亟需解决的问题,大大制约着小麦加工企业对小麦产业的带动作用。

(一)我国小麦加工企业存在的问题与发展趋势

1. 我国小麦加工企业存在的问题　目前,我国小麦加工企业存在的主要问题表现在以下5个方面。

(1)深加工率不高,深加工产业链短,效益普遍偏低　我国虽然为世界上小麦生产大国,但非强国。大多小麦加工企业以初加工为主,技术、资本准入"门槛"低,很少企业往下游产业扩展,由此导致企业利润率低下。以河南为例,河南农产品加工龙头企业在全国数量最多、规模最大,但以初加工居多,附加值不高,是河南作为农业大省而非经济强省的瓶颈问题。

(2)小麦加工业集中度不高,以中小型企业为主,大型企业偏少,品牌认知度偏低　据2005年全国统计报告显示,小麦粉加工企业2815家,其中日加工小麦能力200t以下的企业所占比重为84%,日加工小麦能力200t以上的企业所占比重只有16%。我国最大的小麦加工企业——中国粮油集团,所在全国市场的份额也只有2%左右。加工企业集中度不高,必然导致加工产品品牌认知度偏低。2007年,全国小麦粉加工品牌多达上千个,被评为"中国名牌产品"的有29个,但这29个也呈现出明显的区域化特征。因此,从某种意义上讲,这29个中国名牌小麦粉都是区域品牌。

(3)小麦加工产品档次低,不符合现代社会追求安全、营养、健康、便捷的要求　随着食品专业化细分的加强,小麦专用粉的市场需求十分强劲。虽然专用粉的市场空间很大,但目前专用粉产量不足面粉市场总量的 10%,许多需求还远远得不到满足。

(4)小麦加工企业开工不足,生产能力利用率低　据统计,我国现有的小麦加工设备年处理小麦能力已达 3.5 亿 t,而全国年均小麦消耗量在 1.1 亿 t 左右,去除饲料和种子用麦,用于加工的小麦不会超过 1 亿 t,也就是说,小麦加工总的设备开工率低于 30%。统计数据还显示,国内具有一定生产规模、产品质量相对有保证的企业大约有 600 家,年加工小麦的能力约为 6 000 万 t,产出商品面粉 4 500 万 t,占据了全国商品面粉 5 500 万～6000 万 t 的 75%～82%。

(5)相当数量的小麦加工企业没有建立稳定的原粮基地　原粮是生产的基础,是成品质量的基本保证。不少小麦加工企业经营者虽然知道原粮的重要性,但在实际工作中因受资金、价格等因素的影响,往往忽视了这一问题。这给小麦产品的质量与企业发展带来不稳定因素。

2. 我国小麦加工企业的发展趋势

(1)规模化生产和集约化经营　小麦加工业的规模化生产、集约化经营是发达国家发展粮食加工业的成功经验。美国的面粉企业仅有 195 家,目前美国最大的面粉公司的日产能力占全国总日产能力的 22%。美国面粉厂的开工率:1986 年为 90%,1993 年为 91.7%,1994 年为 92.7%。法国有三大面粉集团公司,前二者所生产的面包粉占市场份额的 31%;后者拥有 39 家面粉厂,所生产的面包粉约占市场份额的13%。除三大面粉集团公司外,其余的面粉厂大都为农场主自己拥有或由农场主组成的合作社所拥有。法国整个制粉行业的产能利用率达到 80%。日本的面粉加工企业 20 世纪 60 年代有 850 家,到 1996 年仅存在 170 余家,日清公司、日本公司、昭和产业公司和日东公司拥有 35 家面粉厂,其产量占总产量的 66%。

(2)不断采用新技术,提高资源利用率　在小麦制粉生产过程中,应用计算机和智能控制技术,实现生产过程的计算机管理,最大限度地利用小麦资源,提高产品出率;同时改善生产环境,调节最佳温度、湿度和照明,使生产过程在恒定的条件下平稳、高效地运行;利用生物技术的研究成果,采用安全、高效的生物添加剂改善面粉食用品质,替代现在使用的化学添加剂,使传统的小麦加工业生气蓬勃。

(3)营养、卫生、安全和绿色成为加工产品的主流　美国早在 20 世纪 70 年代就建立了各种作物的营养、卫生和安全的标准体系,规定了谷物的各种营养成分和卫生、安全的标准;对食用小麦的农药残留和重金属含量等都作了严格的规定;对小麦制品面粉有严格的标准,特别对添加剂的安全性极为重视,必须经 FDA 批准方可使用,并要严格按规定剂量使用。联合国食品卫生法典委员会(CAC)已将 GMP 和HACCP 作为国际规范推荐给各成员国。由于疯牛病和口蹄疫的肆虐,为防止出现食品安全危机,世界加速进入绿色食品的时代,许多国家对小麦的化肥、农药使用都作了严格限制,生态农业、回归自然、绿色农产品迅速发展,确保小麦及其产品安全已成为粮食加工业的共识。

(4)深加工、多样化是高效增值的重要途径　食品、医药、化工、造纸、纺织、建材等工业都是小麦产品的下游市场。美国把未来小麦产品新用途的开发及用途的拓展作为未来小麦加工业发展的重点工作之一,除了国内市场外,小麦产品还大量出口,并且已由过去的小麦原料出口发展到以加工产品出口,多元化的市场极大地拉动了美国的小麦经济发展。

(二)小麦加工企业的技术创新

1. 小麦加工企业技术创新模式　国外小麦加工业的技术创新是以大型加工企业为主体,以高等学校和专业研究院所的技术开发和行业协会等社会化服务为支持,形成科研、开发、生产、市场紧密结合的体系。基础研究主要在高等学校和一些研究院所进行,加工企业给予经费支持;取得成果后,企业的研发中心进行应用基础和应用研究。这种模式使研发风险大、周期长的基础研究由高等学校和一些研究院所进行,企业只是从经费上给予扶持,不会对企业的生产经营产生太大的影响,又能得到最新的研究成果,风险比较小;应用型研究在企业的研发中心进行,可以掌握拥有自主知识产权的实用技术,防止核心技术的泄密。

借鉴国外技术创新模式,我国小麦加工企业技术创新的主要模式是政府调控和以企业为主体,建立产学研相结合的各种行业协会、研究机构和学术团体等组织。从事理论研究、技术开发、产品研制、市场开拓等社会化服务,使科研、开发、生产、市场紧密结合起来。各种组织定期发布有关信息,及时提供有关小麦加工未来产品、技术发展趋势和市场预测等方面的信息,引导加工企业的可持续发展。

2. 小麦加工企业技术创新重点　①开发面粉新品种——预混合面粉(多谷物混合粉、海绵蛋糕混合粉、燕麦皮混合粉、比萨饼混合粉、炸面圈混合粉、蛋糕混合粉、面包混合粉、小白面包混合粉等),开发汤用面粉(增稠剂)、面拖料等面粉延伸产品,给小麦加工企业开辟新的经济增长点。②研究面粉品质改良剂、生物改良剂是面粉品质改良剂的发展方向。努力攻克面粉品质改良剂生产的核心技术,改变目前依赖国外产品和技术的局面。③研究小麦淀粉和谷朊粉产品,小麦淀粉变性、淀粉衍生物与谷朊粉改性产品,小麦麸皮和胚芽产品的开发工艺,延长小麦加工产业链条。④研究小麦的非食品应用。小麦作为一种可再生资源进行非食品应用的研究与开发,特别是那些不适合于加工面粉的小麦,可以用作饲料,发酵、淀粉等工业原料,转化潜力很大。

(三)小麦加工企业的粮源管理

对小麦加工企业来说,粮源是一个关键性的因素,谁抓住了粮源,谁就能抵御进口小麦的冲击,在竞争中立于不败之地。为求得生存,国内小麦加工企业必须探索出自己独特的管理办法:粮源立足本地,降低运输费用;建立小麦生产基地,实现产业化经营。

1. 注重开发适合本地区生产的专用小麦,以指导本企业产品的市场定位　我国是以蒸煮类食品为主食的国家,馒头、包子、面条、水饺等占据面制品的80%以上。

同样的食品,由于地域的不同,制作方式和对面粉的要求也不一样。但这些食品都不需要使用进口小麦,只要找到适合制作该类食品的国产小麦即可。正是因为蒸煮类、煎炸类和传统面点类食品的多样性,为国内小麦加工企业根据各自的地域特点开发特色面粉提供了机遇。

2. 小麦企业加工应根据本地区小麦的特点,开发特色专用面粉　如黄淮南部以发展中筋小麦为主,蛋白质含量一般在 13% 左右,面筋含量在 30% 左右,但有较好的内在品质,其面团稳定时间一般在 4～6min,粉色也比较好,很适合制作馒头、糕点。该地区的面粉企业,就可以结合这种小麦特点开发出较好的馒头粉。

我国已经制订了小麦品质区划方案(见第二章),包括三大品质区和十个亚区,为各地发展小麦提供了指导,也为面粉企业根据地域特色开发专用面粉提供了依据。

3. 建设小麦生产基地,实施规模化种植　为保证企业的稳定生产,小麦加工企业可建立自己的生产加工基地或与农户合作建立稳定的小麦生产基地。主要方式有:

(1)通过非政府的中介组织,组织农民进行集中小麦生产　这些中介组织可以是科研机构、农场、期货市场等。由它们来统一安排农民种植某种小麦(统一选种、统一栽培和进行田间管理)。如果是农业科技部门作为中介,还可以推进农业科研,使品种不断改良,成本不断降低;同时有利于农业科技部门和小麦加工企业之间的合作,使它们在供销合作关系中嫁接上技术合作,发挥各自的优势,共同推进农业和面粉企业的发展。小麦加工企业可以和这些中介组织签订合同,明确企业拟采购小麦的要求,使小麦质量稳定并得到持续改进,成本下降,同时使企业降低了和农户直接接触的风险性。

(2)农民以土地入股,使小麦种植成为小麦加工企业的一部分,由小麦加工企业进行投入来管理小麦生产,使小麦生产和加工有机地结合在一起　这种方式具有以下优势:①小麦加工企业通过产业链来直接管理小麦基地种植,企业能根据当地的条件和企业产品的结构自主地调整小麦种植结构,进行有计划的种植。②小麦加工企业一般具有较好的仓储条件和检验、化验设备,粮食收获后,可根据品质直接入仓。③由于减少了中间环节,如多次搬倒、中间方加价等因素,同时原粮采购的流动资金相对减少,这样使原粮成本进一步降低。④企业能合理使用劳动力,一般农忙时正好是面粉加工淡季,可以利用一部分企业人员加入农业生产;农闲时,则可以把一部分农业劳动力补充进工业生产。

(四)小麦加工企业的品牌管理

1. 选择合理的目标市场定位　企业首先要有目标市场战略,通过市场细分、目标市场选择进行市场定位。市场细分的立足点是为了识别消费者需求的差异性。目标市场是指企业经过比较选择,决定作为服务对象的相应的子市场,它可分为无差异市场和差异市场。例如,通用粉市场基本属于无差异市场范畴,而专用粉市场基本属于差异市场范畴。市场定位就是根据所选定目标市场的竞争者先有产品所处的位置和企业自身条件,从各方面为企业和产品创造一定的特色,塑造自身独特的形象,以求在目标顾客中形成一定的偏爱。

2. 确保良好的产品质量 积极开展 ISO9001、ISO14000 标准的质量认证活动，把企业产品纳入国际质量、环保标准认证的轨道，积极推动行业制定和推行符合国际先进水平的行业标准，确保产品质量。对小麦加工企业来说，建立质量认证，及时应对原粮质量波动，积极采用新的加工工艺和技术做好面粉后处理工序，是提高产品品质的关键。针对大多数小麦加工企业只注重面粉加工过程而不注重原粮质量和面粉后处理过程的现象，质量管理还要突出全员、全过程的全面质量管理，促使产品质量稳定，保持并提高市场份额。

3. 选择有效的广告宣传 广告和品牌的存在密切相关。当企业销售有差别的产品并具有可控制该产品价格的能力时，每个企业都有以做广告来吸引更多对自己特殊产品购买者的倾向。广告支出的意愿是传递其产品质量的信号，它往往努力使消费者相信产品差别大于实际情况，强化产品差异化的作用，促进买者对品牌的忠诚。小麦加工企业的类型不同，选择广告媒体也有所区别。报纸的优点是弹性大、时效性强，对当地市场的覆盖率高，容易被大众所接受和信任；其缺点是时间短，转阅读者少。期刊的优点是可选择适当的地区和对象，可靠且有名气，时效长，转阅读者多；其缺点是广告购买前置时间长，有些发行量是无效的。电视的优点是视、听紧密结合且引人注意，传达率高；其缺点是绝对成本高，展露瞬间即逝，对观众无选择性。另外，还有广播、直接邮寄、户外广告等形式。户外广告由于灵活、展露重复性强、成本低、竞争少等优点，已被客户广泛采用。

4. 搞好产品终端销售 品牌，尤其是名牌，是靠长期、稳定过硬的质量建立起来的。在消费者的心中，名牌代表优质，为此他们愿意支付高价来取得质量保证。名牌厂家与有名望的销售商的结合，使消费者对产品增进了信任。消费者相信，有名望的销售商是不会轻易让伪劣产品上柜台销售的，两种优质信号的结合，促使消费者放心购买。

总之，市场竞争最终是品牌的竞争。消费者对产品的认识逐步加深，对选择产品的条件就更加苛刻，这样就加剧了企业之间的市场竞争。成功的企业一定和品牌或者名牌联系在一起，知名的企业本身就是一个名牌。成为一个名牌，不仅要有可靠的质量、卓越的性能和深厚的文化底蕴，还必须要有卓尔不群的形象。名牌不仅标志着产品的成功，还标志着企业的成功。

三、龙头企业的产业化作用与培育

龙头企业的特征决定着其在小麦产业化中发挥着重要作用，鉴于我国现阶段小麦龙头企业发展状况，政府应该出台措施培育和发展壮大小麦产业化龙头企业。

（一）龙头企业的产业化作用

1. 龙头企业的基本特征 龙头企业是在小麦产业化中起到带动作用的企业或其他经济实体的总称。小麦产业化龙头企业不仅具备一般企业都应具备的条件，更应具备以下基本特征。

(1)产业化基础是农户　农户是小麦产业化龙头企业发展的基础和依靠力量,小麦产业化龙头企业通过吸收农户入股或签订契约等形式,与农户之间建立起有效的利益分配机制,形成较稳定的风险共担、利益共享的经济共同体,各行其是、各司其责、各取其利,推动小麦产业化经营的不断发展。

(2)是联结农户与市场的桥梁和纽带　小麦产业化龙头企业能够使千千万万小规模分散经营的农户联合起来,通过提高社会化和组织化程度,实现与千变万化的国内外大市场的联结,增强了抗御自然风险和市场风险的能力。

(3)具有对农产品生产基地重要的扶持和服务功能　小麦产业化龙头企业凭借自己较强的经济实力和技术水平,从互惠互利的原则出发,对自己所依赖的生产原料基地进行适当的扶持和服务。说小麦产业化龙头企业以生产基地为依托是从某一个角度讲的,实际上小麦产业化龙头企业和生产基地互为条件、互为依托、相互促进、相互影响。

(4)具有比较稳定的市场和较强的市场开拓能力　小麦产业化龙头企业必须具有较强的市场经营能力和市场竞争能力,凭借自己的经济实力强、规模大、信息灵、销售体系健全等方面的优势在千变万化的市场中占有一席之地,能够根据市场需求变化引导小麦产业商品生产,不断开拓市场,形成自己的品牌和拳头产品,企业在市场竞争中立于不败之地,可以开拓、扩大和占领国内外更大的市场。

(5)具有引导生产的导向功能　农业产业化龙头企业凭借自己信息灵通的优势,可以通过国内外的市场需求信息,引导生产基地和农户调整生产结构和产品结构,多生产适销对路的农产品。另外,农业产业化龙头企业对于农产品的深度加工、系列开发、转化增值具有不可替代的主体作用。农业产业化龙头企业凭借自己的技术优势和先进设备,可以对农产品进行深度加工、系列开发,多次转化增值。

(6)具有比较完善的企业经营管理体制及良好的经营效益　小麦产业化龙头企业应该产权明晰、权责明确、政企分工、管理科学,能够按照市场经济发展规律建立完善的企业经营机制和内部管理体制,通过企业的有效运作,实现良好的经济效益。

(7)经营灵活,形式多样　小麦产业化涉及多部门、多行业。小麦产业化龙头企业可以是农产品加工企业,也可以是农产品流通企业;可以是专业经营,也可以以一业为主、多种经营,还可以是跨地区、跨部门、跨行业经营;企业类型既有国有、集体企业,也有个体私营企业,还有多种所有制的联合;企业经营规模有大有小。大规模、集团化是今后农业产业化龙头企业发展的必然趋势。

2. 龙头企业在小麦产业化经营中的主要作用

(1)龙头企业是小麦产业化经营的组织者和主体　在小麦产业化经营中,充当其主体者必须具有能对市场做出灵敏反应、引导生产带动发展等功能。分散的农户或政府是无法充当其主体的,只有自主经营、自负盈亏的龙头企业才能做到。同时,龙头企业的出发点和落脚点就是要调动农民的积极性,通过与农民建立利益共享、风险共担的机制,把农民有效地组织起来,使农村经济快速健康发展。因此,龙头企业必须组织农民发展市场经济,促进区域农村经济发展,发挥提高农民组织程度的作用,是小麦产业化经营的组织者和主体。

(2)龙头企业的存在可以降低整个小麦产业化链条的交易成本　小麦产业化中,龙头企业无论与农户采用什么方式进行交易,都不是纯粹意义上的一次性、临时性的市场交易,包括采用合同方式、通过合作社方式、采用企业形式。这种非一次性、非临时性的交易,也即长期交易,可以节约交易费用。节约下来的交易费用,在产业化链条上的各主体之间进行分配,增加每一个主体的福利。

(3)龙头企业充当整个小麦产业化链条的监督者角色、剩余收益索取者角色　如上文所述,小麦产业化龙头企业不仅具备一般企业的团队性质,更担负着带动农户、将农户组合进农业产业化链条形成更大范围的使命。可以把整个小麦产业化链条看作是一个大范围的虚拟企业,在这个大团队中,农户与产业化龙头企业分别拥有各自的生产要素,享有各自的报酬。按照阿尔奇安和德姆塞茨的观点,产业化龙头企业担负着"监督者"的任务,为了使产业化龙头企业更好地担负起"监督者"的职责,必须设置某种制度、机制。

(4)龙头企业具有降低整个小麦产业化链条风险的功能　小麦生产面临的两大主要风险是自然风险和市场风险。产业化龙头企业通过为农户注入更多的技术、管理要素,降低小麦生产的自然风险。小麦生产的风险降低了,小麦产业化龙头企业的风险自然也降低,整个小麦产业化链条的风险自然降低。龙头企业担负着农户进入市场的桥梁和纽带作用,小麦产业化龙头企业一般具有较强的营销网络、丰富的营销经验,可以在减少自身的市场风险的同时,减少小麦生产的市场风险,也就是说减少了整个小麦产业化链条的市场风险。

(5)龙头企业的存在提高了小麦产业化链条的分工、专业化程度,提高了小麦产业化的效率　推进产业化经营,就必须加大农业同工业部门的分工、合作,引入更多的分工和农业内部的分工,专业化的程度也逐渐加深,农业生产、经营水平才能提高到新层次。因此,小麦产业化是农业内部的高水平分工和发达的社会分工的结合的结果,龙头企业是分工、专业化的产物。产业化龙头企业的存在,使农户从小而全的低效率中解脱出来,使农户专注于小麦产业生产;小麦产业化龙头企业专注于加工和营销,从而获得分工和专业化的高效率,进而提高整个小麦产业化链条的效率。

(6)龙头企业可以促进农户规模化生产,使小麦生产外部效益内部化,提高小麦产业化效益　产业化龙头企业的规模化生产需要大量的同品种、高品质的农产品,自然促进农户进行规模化生产,使农户取得规模效益。农户取得了规模效益的同时,龙头企业也会取得相应的规模效益,也就是说农户和农业产业化龙头企业双方都取得了规模效益,整个小麦产业化的效益自然会提高。另外,龙头企业与农户之间的交易并非是纯市场的临时性交易,小麦产业化龙头企业与农户存在着相对于纯市场交易关系紧密的利益关系,这种关系可以使小麦生产的外部效益内化到产业化链条内部。

这部分被内化了的效益,由龙头企业与农户共同分享。

(二)龙头企业的培育

小麦加工龙头企业的培育与发展是一项系统工程,需要政府、龙头企业、农户等多方面的共同努力。我国绝大多数龙头企业目前仍处于初步发展阶段,政府部门应加强对龙头企业的政策扶持,创造有利于龙头企业发展良好的外部环境。作为龙头企业本身则应当分析企业现存缺陷和不足,发掘本身的潜力和优势,开发自己的核心竞争力。

1. 加快企业制度建设　企业制度建设包括企业外部环境建设与企业内部管理两方面。首先,要完善企业发展的外部环境。政府作为政策的制定者,应当通过制度创新来建立完善的市场机制,对资源配置发挥基础性作用,促进土地、人才、资金在市场上的自由流动,减小龙头企业获取资源的难度,给予龙头企业一定的政策优惠。例如,增加对其产品开发的资金投入,适当降低税率,也可以对一些重点、有发展前景的龙头企业提供政府补助、贴息等。其次,要加强企业的内部管理。管理体制落后,企业的组织系统混乱,无法有效地把人才和农民组织起来并发挥作用,是龙头企业缺乏竞争力的原因之一。要解决这个问题,一方面要通过合同契约、股份合作等方式,与农民建立起真正意义上的利益均沾、风险共担的联合机制;另一方面要大力培养和引进各类人才,建立科学管理机制,使企业在长期的市场竞争中立于不败之地。同时,在企业内部,应建立完善的产权制度和规范公司法人治理结构,健全激励机制及约束机制,建立和完善小麦产业龙头企业的信息网络。通过网络寻求与自身特定需求相关的服务信息,通过网络扩大销售覆盖面以降低销售成本,通过网络了解顾客需求及竞争对手的策略以降低决策成本。

2. 着力提升龙头企业融资能力　首先是加强政府对龙头企业的金融信贷支持,引导金融机构加大对龙头企业信贷支持力度;其次是制定相关融资便利政策法规,抓紧制定合作社法及扶持政策,制定配套政策,建立风险防御体系,调整信贷政策,解决龙头企业贷款难问题;再次要充分利用融资中介机构的作用,有重点地发展一批投融资中介机构,为龙头企业提供管理、营销和投融资方面的指导,以帮助其寻找投资伙伴;最后要大力发展小麦产业化风险投资,积极引进风险投资机构,鼓励和扶持各类风险投资主体,使他们发挥各自优势,形成市场竞争机制。

3. 增强龙头企业技术创新能力　第一是加强技术创新,提高产品科技含量。产品质量是企业的生命,而产品的质量与产品的科技含量是密切相关的。因此,龙头企业应该努力提高员工的产品质量和科技含量意识,努力提高产品营养、安全、无公害等方面的标准档次,积极开发或引进先进小麦加工、贮藏、保鲜、包装等方面的技术和设备,发展专储、专运技术,加速小麦加工质量监测、检测技术体系与国际接轨。第二是多形式、多层次进行技术开发和创新。龙头企业只有具有灵活的经营机制,才能有利于龙头企业多形式,多层次开展技术开发和创新工作。在加入 WTO 的大背景下,我国小麦加工龙头企业应该以国际化经营视角来摆正自己的经营理念,取人之长,补己之短,尽量搞活企业的经营管理机制。在技术创新上,龙头企业可以以技术参股、技术转让等多种形式加强与科研院所、大专院校的联系,也可以采取"请进来、送出去"的办法加强自身技术人员的培训,还可以在引进样机等初始技术的基础上,通过了解产品的设计、制作原理、工艺路线,然后吸收消化并改进引进技术。第三是促进农业科技院校与龙头企业的联系。农业科研院校进入企业或与企业结合,是科技成果转化的必然要求,而暂时没有条件建立技术创新机构的企业,也应积极与科研院所、大专院校合办、合作,建立企业稳定发展的技术源泉,从而增强龙头企业在市场上的竞争力。

4. 努力扩大龙头企业规模　发展龙头企业,一是要吸收多种类型资本,鼓励和吸收海外资本、工商资本、民间资本进入小麦产业化领域,要按照打破地域界限、优化资源配置、相对集中发展、形成规模经济的原则培育产业化的龙头企业。二是要扩大企业自身规模,采用先进的工艺,大型、专业化的设备扩大生产经营规模,兼顾规模与效率,产生规模经济。三是要加强小麦加工龙头企业群建设,因为农业产业化企业群的建设可以降低企业的各种成本,可以通过相互合作产生协同效应。加强并改善与其他企业和各种中介组织之间的关联关系,提高龙头企业的核心竞争力。龙头企业一定要充分利用当地资源,立足区域特色,发展特色资源型龙头企业。龙头企业集群内的企业之间要实行产业分工,进行专业化生产,从而形成群内一体化的产业链,群内企业生产尽量延伸生产链,努力提高小麦产品的附加值。

5. 处理好龙头企业与基地农户的关系　首先是建立有效的利益协调机制。建立稳定的利益联结机制,是龙头企业发挥带动作用,推进农业产业化经营的核心。依据地方实际情况,建议在龙头企业与农户之间初步形成"公司＋基地＋农户"、"公司＋协会＋基地＋农户"、"公司＋政府部门＋农户"等各种模式的利益联结体,进一步理顺龙头企业与生产基地、农户的利益关系,着力解决其间的利益联结问题,真正形成风险共担、利益均沾的利益分配机制和产、加、销一体化的经营格局。各相关部门要更多地运用经济手段和各项优惠政策,坚持民办、民管、民享的原则,大力培育各类专业合作经济组织、行业协会和农村经纪人队伍,使其在小麦产业化的产前、产中、产后服务中发挥重要作用。其次是加强原料基地建设。加大对龙头企业原料基地建设的扶持力度,建立一批具有产业优势的区域化、规模化、专业化和标准化原料基地。支持龙头企业通过定向投入、定向服务、定向收购等方式兴办农业产业化基地。鼓励有条件的企业与农户合股建设自己的原料基地。鼓励农民和农民专业合作经济组织以龙头企业为依托创办农业产业化原料基地。要把以农户和企业为主建设生产基地与政府扶持建设生产基地结合起来,既要明确企业和农户在基地建设中的主体作用,又要发挥政府在产业化初始阶段对基地建设的扶持和引导作用;要把基地建设与科技兴农结合起来,切实提高基地农业生产的科技水平,力争把农业产业化生产基地建设成为现代农业的示范点。力争通过几年的努力,形成一批布局合理、特色突出、效益明显、以龙头企业主导的紧密型、规模化、标准化原料基地和优势产业带。

第七章 小麦产业的社会化服务

第一节 小麦的产业化政策

近些年来,党中央、国务院出台了一系列有关小麦产业在内的农业产业化的政策、措施,并不断完善,尤其是最近中央提出的十项惠农政策,体现了党中央、国务院对广大农民的关怀。这些惠农政策,对于充分调动农民发展粮食生产的积极性,促进农业科技进村入户、技术措施普及到田,推动优质小麦区域化布局、规模化种植、标准化生产,改善小麦品质,促进产业化发展,增加农民收入都发挥了不可替代的重要作用,也是一种明确、直接、有力的政策信号,引导广大农民积极发展小麦产业。

一、规模化经营的产业政策

小农户分散经营与社会化大生产的矛盾,是我国发展小麦产业化的最大难点,通过土地流转扩大农业经营规模和通过农机跨区作业服务实现生产规模化政策来解决这一难题,推动小麦产业化的发展。

改革开放以来我国实行家庭联产承包责任制政策,农民具有自主权和决策权,赋予农民更加充分而有保障的土地承包经营权,使我国农业经济得到了迅速的恢复和发展;但随着农业的比较利益走低、市场竞争力不断削弱、大量剩余劳动力的存在,以及与之相联系的生产经营规模的狭小,使得农业劳动生产率极低,尽管政府不断提高农产品收购价,农民增收依然缓慢。从 20 世纪 90 年代中期开始,在实行土地家庭承包经营制度的基础上,转包、出租、入股等多种形式的土地使用权流转逐步在各地发展起来,1998 年党的十五届三中全会通过的《中共中央关于农业和农村工作若干重大问题的决议》中明确提出:在土地承包期原定 15 年不变的基础上,再延长 30 年,而且 30 年以后也不变,土地使用权的合理流转,要坚持自愿、有偿的原则依法进行,要尊重农民的土地流转主体地位,不得以任何理由强制农户转让。少数确实具备条件的地方,可以在提高农业集约化程度和群众自愿的基础上,发展多种形式的土地适度规模经营,以及一些流转服务组织,为流转双方提供信息沟通、法规咨询、价格评估、合同签订、纠纷调处等服务。2002 年 8 月 29 日全国人民代表大会常务委员会通过的《中华人民共和国农村土地承包法》,以法律的形式将家庭联产承包经营作为农村的一项长期政策确定下来,并确立了土地承包权及其转包、出租、互换或其他方式流转的法定地位。党的十七届三中全会明确提出,"允许流转土地承包权,发展多种形式的适度规模经营"。这些政策有效地推进了土地的适度规模经营。近年来,全国农村土地流转面积 370 万 hm²,占家庭承包耕地面积的 4.57%,全国还涌现出了一批种粮大户,在人均只有几分地的南方出现了上百亩、甚至上千亩的种粮大户,在北方则出现了数千亩、甚至上万亩的种粮大户。据统计,到2008年底,全国土地承包经营权流转面积达到了726.7万 hm²,占农户承包耕地总面积的8.9%,并且随着各地进入流转的承包农户增多,流转形式多样,规模经营的主体也日益多元化,全国优质小麦的连片种植和规模化、标准化的生产基地纷纷建立。

在实施适度规模经营政策的同时,国家通过农机跨区作业推动小麦产业生产的规模化。2004年,国家发布了《中华人民共和国农业机械化促进法》,明确规定"国家鼓励跨行政区域开展农业机械作业服务",在中央关于农业农村工作的文件中也多次对农机跨区作业予以明确支持。农业部从1996年开始在全国小麦产区推广农机跨区作业,并与公安部、交通部、机械部、国家计委、中国石油化工总公司等共同成立了全国跨区机收小麦工作领导小组,为农机跨区作业提供包括免通行费、保证供油、安全保护在内的各项服务与便利。每年麦收季节,全国从南到北广大麦区呈现一派气势宏大的机收大会战局面,集中几十万台联合收割机以及相关的运输和服务设备。近几年来,我国十几个粮食主产省每年组织几十万台联合收割机转战大江南北,联合收割机年作业时间由10~15天增加到1~2个月,联合收割机的保有量由跨区作业开始初期1997年的14.1万台增加到2008年的71万台。农机跨区作业服务已从麦收扩展到整地、播种、喷药等其他作业,几大农机生产企业在麦收期间组成维修服务队,分路跟随收割机队转战千里,从而也带动了相关环节的社会化服务,如机播带动了种子、化肥等统供服务。农机跨区作业实现了规模化生产,把小规模集合成大规模,把分散经营的农户变为集约化大生产,把千家万户小农户变成一个大农场,使农机作业规模、小麦生产集约化达到甚至超过发达国家水平,在全国20多个省份、2 333.3万 hm² 范围内的成功实践,证明我国小规模的农业完全能够通过社会化服务的方式实现现代化的大规模生产。

二、龙头企业的扶持政策

(一)国家加大了对龙头企业的扶持力度

龙头企业上联市场、下联农户,既是市场竞争中最活跃的因素,又是当前维系城乡发展、区域发展、人与自然和谐发展的主要力量。20世纪90年代以来,中央有关政策、文件始终把做大做强龙头企业作为农业产业化发展的关键,把建立收益共享、风险共担的经营机制和促进农民增收作为农业产业化经营发展的核心。1998年,《中共中央关于农业和农村工作若干重大问题的决定》明确指出,发展农业产业化经营,关键是培育具有市场开拓能力、能进行农产品深度加工、为农民提供服务和带动农民发展商品生产的龙头企业。胡锦涛总书记在2003年中央农村工作会议上的讲话明确指出,发展农业产业化经营,龙头企业是关键。2006年,中共中央、国务院《关于推进社会主义新农村建设的若干意见》明确要求,要着力培育一批竞争力、带动力强的龙头企业。2008年,中央文件提出要继续实施农业产业化提升行动,培育壮大一批成长性好、带动力强的龙头企业,支持龙头企业跨区域经营,促进优势产业集群发展。2009 年,在中央 1 号文件中再一次指出要增加农业产业化专项资金规模,重点支持对农户带动力强的龙头企业开展技术研发、基地建设、质量检测,鼓励龙头企业在财政支持下参与担保体系建设,采取有效措施帮助龙头企业解决贷款难问题。

(二)国家支持龙头企业发展的措施

中央出台了一系列有力的政策措施,支持龙头企业的发展。2001 年,国家税务总局印发《关于明确农业产业化国家重点龙头企业所得税征免问题的通知》;2006年,农业部等八部委印发了《关于加快发展农业产业化经营的意见》。关于支持龙头企业发展的具体财税政策包括:

1. 专项资金　2001 年,中央财政建立了农业产业化专项资金,用于对龙头企业的扶持。2004 年,农业综合开发启动中央财政资金投资参股经营试点,集中投入具有明显竞争优势、带动作用强的龙头企业。

2. 税收优惠政策　对农业产业化经营组织实施税收优惠政策。主要包括:暂免征收重点龙头企业初级农产品加工的所得税。从 2002 年 1 月 1 日起,增值税一般纳税人购进农业生产者销售的免税农业产品的进项税额扣除率由 10% 提高到 13%。

3. 金融支持　2002 年,农业银行明确:集中资金规模,加大对重点龙头企业的支持力度,对"集团型、科技型、外向型、资源型、带动型"的龙头企业信贷资金规模的配置要优先安排;对信用等级在 AA 级以上、资产负债率在 70% 以下、连续两年以上盈利的重点龙头企业季节性收购资金的需求,采取"期限管理库贷挂钩、专款专用、封闭运行、进货销还"的操作方式,适当放宽龙头企业,基础设施和公共服务项目使用扶贫贷款的条件;积极开展龙头企业信贷业务,进一步拓宽对农业产业化龙头企业和农业小企业贷款支持范围。自开办农业产业化龙头企业贷款业务以来,农业发展银行累计支持地市级以上农业产业化龙头企业 5 729 家。2007 年,全年累计发放农业产业化龙头企业贷款 1 468 亿元,有效支持了企业发展,缓解了农业企业普遍存在的"融资难"问题。

4. 对龙头企业投资、科研开发、技术改造、出口贸易实施各种优惠政策　符合条件的重点龙头企业实行规范的公司制后,可申请发行股票和上市,对部分进口农产品加工设备免征进口关税和进口环节增值税。在科研、技术改造方面,企业研究开发新产品、新技术、新工艺所发生的各项费用,计入管理费用,企业为开发新技术、研制新产品所购置的试制用关键设备、测试仪器,可一次或分次摊入管理费用,在所得税前扣除。在出口贸易方面,要求国有商业银行对农产品出口所需流动资金贷款按信贷原则优先安排,完善包括出口保险等农产品出口公共服务体系,为农产品出口提供支持,适当降低重点龙头企业成立进出口公司的资格,并适当放宽其经营范围。

5. 认定农业产业化国家重点龙头企业,扶持优先发展　2000 年,按照中央的要求,农业部等 8 部门开始联合认定农业产业化国家重点龙头企业,三批共认定国家重点龙头企业 582 家。农业产业化国家重点龙头企业实行动态管理,优胜劣汰,有进有出,等额递补。每两年进行一次监测评估,2002 年、2004 年和 2006 年对国家重点龙头企业进行了全面监测,共有 76 家企业退出了农业产业化国家级重点龙头企业的行列。各省、自治区、直辖市也都认定了省级重点龙头企业并建立了监测淘汰制度,许多省份还要求各市、县也要因地制宜地确定当地的龙头企业,这样就形成了国家、省、市、县不同层次的龙头企业群。2006 年,省级重点龙头企业有 4 800 多家。同时,我国在财政上对龙头企业的扶持也是巨大的,如 2003－2007 年,中央财政投资 141.1 亿元用于农业产业化经营项目,建设优质高效农业种植基地 20.8hm²,扶持产业化经营项目 5 758 个,培育了一大批带动能力强、经济效益好的农业产业化龙头企业。近年来,国家扶持龙头企业发展取得了显著的效果。例如,通过扶持农业产业化经营项目,每年直接带动 2 200 万农民受益,这些农民的年人均纯收入比项目实施前增加 510 元左右。

三、农村粮食市场的开放政策

开放农村粮食市场,是实现农业产业化和加快农村经济结构调整重要措施。

(一)发挥国有粮食企业的主渠道作用

自 1998 年以来,我国粮食流通体制经历了 3 个重要阶段的改革。"从敞开收购、顺价销售、封闭运行和深化国有企业改革",到"放开销区、保护产区、省长负责、加强调控",再到"放开收购市场、直接补贴农民、转换企业机制、维护市场秩序",自此全国农村粮食市场实现了开放运作。粮食流通体制市场化改革的原则是"四分开一完善",即政企分开、中央与地方责任分开、储备与经营分开、新老财务账目分开,完善粮食价格机制。之后又提出了"三项政策,一项改革",即落实按保护价敞开收购农民余粮、粮食收储企业实行顺价销售、粮食收购资金封闭运行 3 项政策,改革国有粮食企业,特别是当前国家实行最低收购价政策,规定在预案期限内,只要质量符合要求,所交售的粮食都有最低价托着,且所需的收购资金、收购费用、保管补贴、购销盈亏全部由中央承担。2009 年 6 月 12 日,国务院总理温家宝在主持召开国务院常务会议上,审议并原则通过《国务院关于完善粮食流通体制改革政策措施的意见》,并且认为从 2004 年以来,各地区、各部门按照中央部署,积极稳妥地推进粮食流通体制改革,放开粮食购销市场,发挥国有粮食企业的主渠道作用,加强和改善粮食宏观调控,取得了明显成效。新的粮食流通体制基本框架初步确立,国有粮食企业改革稳步推进,粮食流通秩序逐步规范,粮食产销合作得到加强,为促进粮食生产发展、保护种粮农民利益、保障国家粮食安全发挥了重要作用。

(二)提倡粮食市场多元化经营

粮食市场多元化经营,是放开搞活农村经济的非常切合实际的大政方针。全面开发农村粮食购销市场的主要内容:①以农业产业化为方向,以订单农业为重点,以多种经营为支柱,建立服务农业的生产链;②以粮食购销企业为主体、以粮食加工贸易企业为辅助、以粮食购销站点为基础,建立服务农村的粮食收购链;③以大中型农业产业化企业为龙头,以遍及乡镇的粮食加工企业为龙身,以众多的粮站加工兑换点为龙尾,形成服务农村的粮食加工链;④以城市粮食零售企业为主轴,以乡镇粮油门市部为骨干,以农村粮站经销点为基础,建立服务农村的粮油产品销售链。在中央政策的指引下,出现了"公司+农户"和"工厂+农户"等形式的订单收购,以及活跃在城乡的民营粮食购销企业和粮食经纪人,起到了活跃农村经济、促进小麦等粮食流通的积极作用。同时中央指出,要推进小麦等粮食产业化经营,坚持产加销相结合,加大龙头企业扶持力度,引导龙头企业与优势区农民建立利益共享、风险共担的合作关系。通过期货、现货交易方式,大力促进产销衔接。按照依法、自愿、有偿的原则,扶持壮大小麦等粮食优势区各种专业合作经济组织,及时发布品种、技术、价格等信息,稳步推进小麦等粮食生产稳定发展、种粮农民持续增收。"统购统销"已成过去,确保粮食流通顺畅,"管"而不"死","活"而不"乱"。我国粮食市场将进一步统一化和开放化,包括粮食现货与期货市场在内的市场体系将进一步健全和完善、统一和开放。现货市场的现代化水平将不断提高,期市品种将增多、并朝系列化方向发展。期货市场引导生产、规避风险的作用将更充分地发挥。

(三)调控粮食进出口政策

2007 年以来,受世界粮食减产和生物燃料原料需求增加等因素的影响,国际粮价大幅攀升。这样,国内外原粮及其制粉就出现了较大价差,推动了我国小麦等原粮及其制粉产品出口的快速增长。来自海关总署的数据显示,2007 年 1~11 月份,我国出口大米 113 万 t,比上年同期增长 5.8%;出口玉米 487 万 t,同比增长 85.3%;出口小麦 207.59 万 t,同比增长 130%,进口则减少了 85.6%。粮食出口量的急剧增加对国内粮食价格产生了较大的影响。2008 年,国内各主要粮食品种市场价格稳中有升,多数接近或达到了历史较高水平。近期,小麦和面粉及南方销区的玉米价格出现不同程度上涨。粮食出口增长过快,对国内粮食价格走势也产生了一定影响。为了更好地保持国内粮食市场的供求平衡,使价格上涨的趋势得到有效抑制,国家接连进行粮食出口政策的适当调整:自 2007 年 12 月 20 日起,取消小麦及其制粉的出口退税;自 2008 年 1 月 1 日至 12 月 31 日,对小麦及其制粉产品征收 20% 与 25% 的出口暂定关税;自 2008 年 1 月 1 日起对小麦粉实行出口配额许可证管理。这样控制了我国小麦出口过快增长,确保国内的小麦市场的供求平衡和粮食安全,有效抑制了粮食价格上涨的趋势,为小麦产品深加工提供了充足的货源。

四、推进科技创新的产业政策

推进小麦农业规模化经营,关键是要提高科技应用水平、转变小麦产业发展方式,切实把小麦产业发展转变到依靠科技进步和提高劳动者素质的轨道上来。要进一步加强农业科技自主创新,加快农业科技成果转化和推广应用,培育有文化、懂技术、会经营的新型农民。改革开放之初,邓小平同志就指出:"农业问题也要研究,最终可能是科学解决问题";"农业现代化水平不单单是机械化,还包括应用和发展科学技术";"将来农业问题的出路,最终要由生物工程来解决,要靠尖端技术"。这就突破了农业现代化主要是农业机械化的传统的观念,把农业技术推向了生态技术和生物技术。自改革开放以来,我国加大了农业科学研究和农业科技成果转化力度,使农业科学技术这一潜在农业生产力转化为现实的农业生产力,极大地推动了农业产业的发展。党的十五届三中全会通过的《中共中央关于农业和农村工作若干重大问题的决定》明确指出:中国农业的根本出路在于科技与教育,要实现传统农业向现代化农业转变,粗放型经营向集约型经营转变,必须实现"科教兴农"的方针。党的十七大报告进一步提出:促进农业科技进步,培育有文化、懂技术、会经营的新型农民,发挥农民建设新农村的主体作用。2009年中央1号文件着重提出要加快农业科技创新步伐,加大农业科技投入,多渠道筹集资金,建立农业科技创新基金,重点支持关键领域、重要产品、核心技术的科学研究。加快推进转基因生物新品种培育科技重大专项,整合科研资源,加大研发力度,尽快培育一批抗病虫、抗逆、高产、优质、高效的转基因新品种,并促进产业化。强化农业知识产权保护。支持龙头企业承担国家科技计划项目。加强和完善现代农业产业技术体系。深入推进粮棉油高产创建活动,支持科技人员和大学毕业生到农技推广一线工作。开展农业科技培训,培养新型农民。采取委托、招标等形式,引导农民专业技术协会等社会力量承担公益性农技推广服务项目。"科教兴农"符合生产力发展的普遍规律,顺应世界农业的发展趋势,是实现小麦产业化的必然选择,同时,改革农业科研体制,加强农业教育和农业科技推广,发展多种形式的"产学研"联合体,采取各种经济的、制度的手段激励、监督科研工作人员积极投身到农业科研、教育和推广之中。在县、乡等基层成立规模不等的农业教育和推广机构或学校,并加强与农业院校或科研院所的联系,接受教材、新技术及人员培训,使其有能力在基层开展系统教育和定期培训;加强农村信息化建设,加快先进实用技术和科技成果的推广应用,用信息化带动农业现代化,这一切都有助于新技术的采用。科技进步已在现代农业发展中发挥了重要作用,建国60年来,培育了作物新品种1万多份,进行了6次大规模的品种换代,耕作栽培技术、综合防治病虫害技术、节水灌溉与施肥技术等都有了长足的发展,全国农业专业科技人员达到100万人,支撑了小麦产业的发展。全国小麦平均单产由1949年的642kg/hm²,增加至2008年的4762.5kg/hm²,增加了7.4倍,小麦总产量从1949年的1380.9万t,增加至2008年的11334.8万t,增加了8.2倍。小麦单产提高对总产增长的贡献率达到88%,农业科技进步对农业发展贡献率由19.9%提高至目前的51%。

五、促进农民增收的惠农政策

农民是农业生产的主体,农业增收是农民生产经营的第一目标,也是农民的根本利益,而农民生产积极性是农业产业发展基本要素。为了充分调动农民的农业生产积极性,国家推行一系列的惠农强农政策。

20世纪90年代中期,国家主要从农业发展、农村内部改革和促进农民增收出发出台了多项惠农政策,通过农村税费改革、保护价收购农产品等政策减轻了农民负担,其中农村税费改革对大幅度减轻农民负担起到显著作用。1996 年,中共中央、国务院颁发《关于切实做好减轻农民负担工作的决定》,提出三减方案:减免贫困户的税费负担,减轻乡镇企业负担,减少乡镇机构和人员的开支。1999 年开始,农业部、财政部等部门着手研究制定农村费改税方案。自 2000 年起,安徽全省开展税费改革试点工作,2003 年以"三取消、两调整、一逐步取消"为内容的农村税费改革试点工作在全国范围内推开。坚持多予、少取、放活方针,把发展的成果惠及农民,促进农民增收。党的十六大召开以后,"两减免、三补贴"、"两免一补"等支农、惠农政策陆续出台。"两减免、三补贴"政策是农村税改政策的延续与发展,2004 年中央 1 号文件宣布,从 2004 年起,逐步降低农业税率,五年内取消农业税、特产税,对种粮农民实行直接补贴、良种补贴和农机具购置补贴。免征农机零配件(主要用于农机修配,最终用于农业)的增值税,农产品深加工行业适用增值税低税率,鼓励农产品深加工。党的十七大报告进一步提出:"加大支农惠农政策力度,严格保护耕地,增加农业投入,以促进农民增收为核心,探索集体经济有效实现形式,发展农民专业合作组织,加强农村基础设施建设,健全农村市场和农业服务体系。"2006 年 1 月 1 日,全国免征农业税的五年目标提前完成。从 2000 年试点至 2006 年全面取消农业税后,农村税改每年为农民减轻负担 1250 多亿元,而 2004 年中央三项补贴资金总额达到 149.5 亿元,2006 年增加到 196.4 亿元,2008 年中央财政增加了对农民补贴支出 1 335.9 亿元。其中,粮食直补 151 亿元,农资综合直补 482 亿元,农机具购置补贴 40 亿元,良种补贴 70.7 亿元,农民培训经费 16 亿元,使农民负担明显减轻和得到的实惠明显增加,有力地促进了农民增收。

在小麦连续 6 年增产、价格逐渐走低的大背景下,国家从 2004 年开始实施粮食直补政策极大的调动了农民种植小麦的积极性。目前,国家对粮食补贴规模和标准逐年提高,国家发改委 2008 年公布《国家粮食安全中长期规划纲要(2008—2020年)》中指出,从 2009 年新粮上市起,3 种小麦将提高最低收购价格,白小麦、红小麦与混合麦每 0.5kg 最低收购价分别提高到 0.87 元、0.83 元与 0.83 元,比 2008 年分别提高 0.10 元、0.11 元与 0.11 元,提高幅度分别为 13.0%、15.3%与 15.3%。在 2008 年中央 1 号文件中关于农业优惠政策条例中就提出要巩固、完善、强化强农惠农政策,按照适合国情、着眼长远、逐步增加、健全机制的原则,坚持和完善农业补贴制度,不断强化对农业的支持保护。同样的,在 2009 年中央 1 号文件中再次指出要在上年较大幅度增加补贴的基础上,进一步增加补贴资金,增加对种粮农民直接补贴,加大良种补贴力度,提高补贴标准,实现小麦等粮食作物的全覆盖。在此基础上,我国统筹考虑化肥等农资价格和粮食价格的变动情况,进一步增加农资综合直补,直接增加对种粮农民的补贴,提高良种补贴标准(优惠统一供种);扩大农机具补贴范围和种类(优惠购买先进实用农机具),将先进适用、技术成熟、安全可靠、节能环保、服务到位的农机具纳入补贴目录,提高补贴标准;大幅度增加农业投资,着力加强农田水利、农村能源、交通、农产品质量安全等农业基础设施建设;根据新增农业补贴的实际情况,逐步加大对专业大户、家庭农场种粮补贴力度。随着购置补贴工作卓有成效地开展,农村农用机具保有量持续增加,保证了"三夏"生产安全、有序地进行,而且小麦联合收割机的普及,又促进小麦秸秆还田,有效地解决了麦秸的焚烧问题,充分显现出了购置补贴政策的效果。这些惠农政策的实施,既提高了种子质量,为高产稳产奠定了良好基础,又便于先进栽培措施的落实,也为小麦区域化布局、规模化种植、标准化生产、产业化开发打下了良好的基础。

加强农业基础设施建设,开展以改土、治水、植树造林为重点的农田基本建设,改善农业生态环境,力争使农业基础变得更强。当前,农业仍然是国民经济中最薄弱的环节,面对这一现实,新一代中央领导集体不断加大财政支农资金,加快建设步伐,努力提高农业综合生产能力,尽快改变农业基础设施长期薄弱的局面。为此,中央提出并实施了加强农村基础设施建设、提高农业综合生产能力、发展现代农业、加强农业基础建设等一系列强农政策。对投资农村公共基础设施项目运用直接减免、投资抵免的税收优惠政策。加强重要水源工程及配套灌区的基础建设,推进水利工程管理和农村水利体制改革,探索农业灌溉工程运行管理财政补贴机制,启动减轻农业用水负担综合改革试点。农村基础设施建设是发展农业的物质基础,是促进农民增收的重要保障,推进现代农业建设是现代化建设的必然要求,农业基础建设是农业基础中的核心,这些政策正视农业基础建设的滞后与不足,抓住了当前农业面临种种困境的根源。

以上政策的变化轨迹是由支农、惠农到强农。支农、惠农政策,比减负政策更进一步有效地增加了农民收入,满足了农民权益,调动了农民种粮积极性;强农政策加强了农业基础设施等硬件的投入与建设。一方面着眼于调动农民的积极性,一方面着眼于农业发展物质基础建设。两方面着手使得加强农业基础和农民增收的任务取到了显著成效。温家宝总理在 2008 年政府工作报告中总结过去 5 年农村工作时说,我国农民人均纯收入首次实现连续 4 年增收。

六、农产品和生产资料流通体制的改革

坚持制度创新,探索市场经济下促进农业发展的新机制和新办法是产业体系建设的主要组成部分。从 20 世纪 90 年代中期开始,产业体系中产、供、销之间联系不畅问题凸现,为了努力化解农业是基础产业但在市场面前又是弱质产业的问题,国家陆续出台了新一轮农业发展政策,提出了加快市场体系建设和供销体制改革、大力发展农业的社会化服务体系和贸工农一体化的产业化经营方式、建立发展连接市场和农户的中介组织 3 条途径。1997 年 9 月,党的十五大报告正式提出,积极发展农业产业化经营,形成生产、加工、销售有机结合和相互促进的机制,推进农业向商品化、专业化、现代化转变。随着我国近几年的农业政策的不断改革、不断完善,中央提出建立更加适合我国现阶段的农业产品流通体制:2008 年中央 1 号文件提出要加强农

村市场体系建设,建立健全适应现代农业发展要求的大市场、大流通,落实农产品批发市场用地按工业用地对待的政策。加强粮食现代物流体系建设。供销合作社要加快组织创新和经营创新,推进新农村现代流通网络工程建设。通过实施财税、信贷、保险等政策,鼓励商贸、邮政、医药、文化等企业在农村发展现代流通业。完善农产品期货市场,积极稳妥发展农产品期货品种。加快落实鲜活农产品绿色通道省内外车辆无差别减免通行费政策。2009年中央1号文件对改革农产品提出了详细具体的目标,要加大力度支持重点产区和集散地农产品批发市场、集贸市场等流通基础设施建设。推进大型粮食物流节点、农产品冷链系统和生鲜农产品配送中心建设。落实停止收取个体工商户管理费和集贸市场管理费政策。支持大型连锁超市和农产品流通企业开展农超对接,建设农产品直接采购基地。发挥农村经纪人作用,长期实行并逐步完善鲜活农产品运销绿色通道政策,推进在全国范围内免收整车合法装载鲜活农产品的车辆通行费。

　　2009年3月9日,国家发改委对关于完善农业生产资料流通体系的意见中提出了总体目标和任务。总体目标是要培育若干家销售额超100亿元的大型农业生产资料流通企业,建设改造一批农业生产资料流连锁门店和区域性配送中心,通过三到五年的努力,初步形成以乡、村两级经营网络为基础,以农业生产资料流交易市场为平台,以大型农业生产资料流龙头企业为重点,区域性连锁配送中心为骨干,布局合理、经营规范、运作高效、协调发展的多元化、连锁化农业生产资料流流通体系。改革农业生产资料流通体制的任务是:①发展农资现代流通网络。引导供销、农业服务站、邮政、农资生产企业等终端网络资源加强合作,实现优势互补。②培育大型农资流通企业。鼓励现有品牌农资生产经营企业通过跨行业、跨地区、跨所有制的兼并、联合等形式,进行资产和业务重组,增强核心企业的活力。③完善农资多元服务功能。引导农资流通企业不断优化农药、化肥等农资品种结构,为农民提供产前、产中、产后多样化服务。④推进农资流通市场化。认真落实《国家发展改革委员会、财政部关于改革化肥价格形成机制的通知》(发改价格[2009]268号)精神。⑤加强农资市场监测调控。充分发挥城乡市场信息服务平台作用,加强对农资重要品种、重点企业、重点市场的监测分析。⑥加强农资行业自律。继续推进农资行业诚信体系建设,进一步增强农资信用意识,营造良好信用环境,形成诚信经营氛围。⑦加强农资市场监管。农业、工商、质检、价格等行政管理部门要加大对农资市场监管的力度,督促企业健全农资商品购销台账、质量承诺、问题农资产品源头追溯、明码标价等制度;完善市场预警、市场巡查、不合格农资退市等制度。

七、社会化服务体系的保障措施

　　建立和发展农业社会化服务体系是克服农户分散经营局限性的重要措施,而现代农业的发展需要依靠越来越细的社会分工提供完善的社会化服务才能得以进行。早在1991年国务院颁布的《关于加强农业社会化服务体系建设的通知》中就明确指出:农业社会化服务是包括专业经济技术部门、乡村合作经济组织和社会其他方面为农、林、牧、副、渔各业发展所提供的服务。农业社会化服务体系的建立可以替代农户的部分生产经营活动,使农户把更多的精力用于经营管理或转移就业方面。2008 年中央 1 号文件指出,要继续实施"万村千乡"、"双百市场"和"农产品批发市场升级改造"等工程。近几年,中央财政先后投入 7 亿元,在全国 600 个县实施了测土配方施肥补贴项目,累计推广测土配方施肥面积 1 733 万 hm²,免费为 4 000 多万用户提供测土配方施肥服务,减少不合理用肥 50 万 t(折纯)左右,化肥利用率提高 5 个百分点,平均每 667m² 增收节支 25 元以上。2009 年,农业部编制了《基层农业技术推广体系建设规划(2009—2011 年》,加强农业技术推广机构、机制、条件建设。2009 年,中央财政支持 100 万元,在 770 个县实施农业技术推广体系建设项目,全面提升农业技术推广体系的公共服务能力。同时,在 945 个县、6.3 万个村实施农民技能培训,提高农民的素质与创业能力。

2009 年中央 1 号文件中指出,要在 3 年内在全国普遍健全乡镇或区域性农业技术推广、动植物疫病防控、农产品质量监管等公共服务机构,尽快明确职责、健全队伍、完善机制、保障经费,切实增强服务能力。创新管理体制和运行机制,采取公开招聘、竞聘上岗等方式择优聘用专业技术人员。改革考评、分配制度,将服务人员收入与岗位职责、工作业绩挂钩。农业公共服务机构履行职责所需经费纳入地方各级财政预算。逐步推进村级服务站点建设试点。

第二节　小麦产业社会化服务的问题与对策

国家为促进小麦产业化发展出台了一系列的优惠政策,营造了良好的政策环境,但要完全适应社会主义市场经济的要求,促进我国小麦产业化的快速、健康发展,还必须要以更高层面上的合作经济组织为基础,以专业技术部门为依托,以民办服务为补充,构建多种经济成分、多渠道、多层次的社会化服务体系。在以农户为主体的小规模生产经营条件下,社会服务化体系是农民走向市场的桥梁,是政府联系农民的传感器,是龙头企业联结农户的纽带,是小麦产业规模化的黏合剂,是农业科技推广应用的催化剂,是小麦产业化的新生长点和有效载体,它把贸工农、产供销、农科教各环节联结在一起,是发展小麦产业化的主要推动力。

一、社会化服务体系建设中存在的主要问题

尽管随着农村经济管理体制改革的深化和农业产业化经营的发展,我国小麦产业社会化服务体系得到迅速发展,服务领域不断拓宽,服务职能不断加强。但是,目前我国整个小麦产业社会化服务水平很低,而且还受到新旧体制转换过程中各种复杂因素的约束:如随着社会主义市场经济体制的逐步建立,我国农村市场成为了全国市场甚至是国际市场的一部分,来自市场的约束增强;另外,由于市场经济体制尚未

健全,地方保护主义比较严重,行政干预、地区封锁、部门利益强化、产加销脱节,影响了小麦产业化经营的开展。

(一)政府主导,运行机制不完善

目前,我国农业社会化服务体系是以政府为主导,由多个部门和组织构成,其主要组织形式包括村集体经济组织、国家专业经济技术部门服务组织、农民经济合作组织和农业企业等其他组织。然而从总体上看,目前农村各类服务组织发育还不充分,功能不健全,地方农业专业技术服务部门往往受到资金、技术及人员等方面的限制,难以真正开展农业社会化服务;而且农业社会化服务要涉及到各级政府、科研院所和农户,这样容易造成各部门在互相配合和衔接上出问题,运行效率不高,而且政府常常将计划经济条件下的工作思路和方法带入产业化过程中,缺乏有效的、适应市场体制的运行机制。具体表现为口号化倾向、推动不足和推动过度现象,"说的多、干的少",希望通过宣传来解决问题,忽略了在农业产业化这一农业市场化的必然过程中政府的引导作用和尊重自然规律在农业产业化过程中创建和完善必须的环境与条件,大大降低了农业社会化服务体系的工作效率。

(二)必要的法律、法规和管理办法不健全

随着各种农业服务组织的大量涌现,其服务活动和收费办法等却很不规范,缺乏必要的法律、法规和管理办法,也不利于进行监督检查。因而,造成有的服务组织以服务为名,变相"坑农"、"害农";有的地区企业不履行合同的义务,让农民蒙受巨大损失等;影响市场经济正常运行的争议、事件时有发生。这不仅影响了农业服务组织的声誉,更重要的是严重影响农业生产和农民的积极性。作为农业体系最重要组成部分之一的农民专业合作服务组织,与农户之间也多为松散联结,在不同程度上存在着管理水平不高、服务不到位等问题,无论从数量还是质量上都不能满足农民的需求和新形势发展的要求。由于其尚处于发展的初级阶段,农民专业合作组织从组织机制、决策机制、利益分配机制、运行机制等各个方面都不规范,所以应该及早制定有关法律、法规及管理办法,以便有章可循,也借以净化农业服务市场。

(三)金融服务尚难适应小麦产业化发展要求

首先,作为支持农村经济发展的重要金融机构农村信用社的活力不足,农户很难得到贷款,农村中小企业和农民专业合作组织也难以得到农村信用社的金融服务,直接影响其服务职能的发挥,影响龙头企业的资金周转速度。其次,金融网点的设置不能满足小麦产业化经济的需要。例如,某些外向型企业比较发达的乡镇,因当地没有外汇结算机构,出口业务需到几十里外的县城办理,大大减低了其工作效率,容易造成时间和精力上的浪费。最后,农民抵御自然灾害的能力差,农业生产"靠天吃饭",而农业保险推广力度不够,农民保险意识还处于朦胧状态,甚至于有些农民由于其自身知识的断层、老化、知识更新的缓慢,使其根本就不知道农业保险是什么。

(四)单纯追逐利润,服务意识淡薄

随着市场经济的发展和市场观念的增强,农业服务组织,特别是商业性质的服务

组织和县、乡政府职能性质的部分服务,单纯追逐利润的倾向日益严重,服务意识日渐淡薄。主要表现在:有利可图的服务项目,大家一拥而上;而无利可图或只有微利的服务项目则无人问津,或借故不干,从而严重影响服务对象的经济效益和社会效益。

(五)服务组织不健全,服务功能不完善

一是偏重产中服务,而产前、产后服务相对薄弱,特别是产后服务如农产品加工、贮藏、保鲜、运销等更加薄弱。其社会化服务大多是自发性的,收费性的服务项目比较少,大多是零散的,有计划向农户提供服务的并不多。今后随着市场经济的不断发展,人们对农副产品的要求不断多样化和优质化,农业产后服务必须加强,方能适应农业现代化的发展。二是重硬件(物资)服务,轻软件(科技、信息等)服务。这主要是由经济利益驱动造成的,因为一般硬件服务大部为有偿服务,有利可图;而一般软件服务,大都是无偿服务或微利服务,基本上无利可图,所以不被服务组织重视。具体表现在:①农业教育、科研单位无论在农业技术服务领域还是在信息服务领域的作用都很小,远未发挥其应有作用。②一体化经营企业的服务范围较狭窄。涉农企业为农户提供的服务主要是供应部分生产资料和提供技术指导,且服务范围非常有限。③虽然近年来农民合作组织数量增加很快,但其服务范围却很小。④服务组织资金不足,技术人员缺乏且流失现象严重,大部分地方"有钱养兵,无钱打仗"。这也在一定程度上影响农业社会服务组织的发展和服务水平的提高。

(六)科技成果转化中介服务机构薄弱

我国目前科研与生产脱节,基层农技推广体制不顺、机制不活,科研成果转化率不高,只有30%~40%,远低于发达国家65%~85%的水平。随着我国加入WTO,农产品国际交易的增加和国外先进的技术、设备和发达国家管理和发展农业经验的引进,必将促进我国传统农业的改造,提高农技人员和农民素质,加快现代农业的进程。但同时,这些高技术优势抢占了国内农业科技市场,激烈的农业科技竞争已经走进我们的生活,科技成果转化服务不再是简单地为农民传授农业技术,而是要与世界农业科技接轨。

此外,现有社会化服务中存在许多具体问题:①各种技术服务中存在服务供给少、服务不及时的共性问题。②信息服务量少、缺乏针对性。2006年庞晓鹏的调查结果显示,目前农户仍然主要依靠亲朋邻里间的人际传播获得信息,内容繁杂,信息量虽大但不准确、不及时且缺乏针对性,无法成为农户进行生产经营决策的有效信息。③资金服务渠道少,农户获得资金难。除亲朋以外,农户可以获得资金的渠道几乎只有信用社,而且信用社提供的信贷额度小、手续很复杂,在很多地方还必须有熟人并付出额外费用才能获得信用社贷款。④农户对农业保险的认知程度很低,不了解农业保险的意义和价值,农业保险服务供给严重不足。⑤电讯服务业、流通领域市场建设跟不上小麦产业化发展的需要等问题。

二、完善小麦产业化社会服务体系的对策

目前,我国有 2 亿多个农户,户均土地经营规模不足 0.67hm²,千家万户的家庭小规模经营主体在今后相当长的时间内仍然是我国组织农业生产的主要形式。这种中国特色的农业生产经营特点,决定了必须加强农业技术推广体系,完善和提升小麦产业化社会服务职能。

(一)加强信息资源开发和利用

随着经济全球化的发展和信息传送手段的现代化,一个地区、一个国家的经济受世界经济的影响越来越大。小麦产业化的龙头企业要适应新形势,就必须及时捕捉各种信息并作出敏捷反应;反之,就会使企业丧失机遇,陷于被动,遭受损失。因此,应该高度重视和加强信息工作。首先,要建立信息咨询服务组织,形成传递快捷的信息服务网络,提高农村信息服务能力,缩小城乡"数字鸿沟",加强农村科技信息共享和服务体系建设。现在政府各部门的信息机构不少,但没有真正形成网络,信息传递也不及时。应加快计算机上网步伐,推进信息共享平台发展和基层信息服务站点建设,充分利用网络技术及时获取或发布各种信息。其次,要加强信息资源整理和开发应用。现在信息资源越来越多,加强信息资源搜集、整理和研究开发十分重要。先搭建起全市农村科技信息服务平台,把用户终端拓展到农民,推动信息进村入户,加速城乡信息资源的融通。再筛选分析,辨别出哪些是真信息,哪些是假信息,哪些是超前信息,哪些是滞后信息,从而真正掌握有价值的信息。最后,要注重市场需求调查。市场调查是获取信息最直接、最有效的方法,对于小麦产业化来说,开发新产品、上新项目等决策的作出,都需要有及时准确的市场信息作为基础。

(二)加大流通领域市场建设

在市场经济条件下,流通不仅是中间环节,而且是实现再生产的中心环节。流通渠道畅通,企业的产品就能及时顺畅地销售出去并扩大再生产;反之,企业的生产经营活动就难以为继。因此,搞好流通服务对推进小麦产业化发展尤为紧迫和重要。主要是:①市场体系发达与否,直接决定着产品流通的速度,应进一步完善我国现有农产品市场的市场体系,增强其辐射带动功能。② 支持发展各类民间流通服务组织。农村集体经济组织、各种农民专业协会、专业合作社以及农民个体贩运大户是搞活农村流通的生力军。他们能及时掌握市场供求动态,对搞活农产品流通发挥着巨大作用。对于这些服务组织和服务人员要积极鼓励,大力扶持,并加以引导,使之更好地发挥流通服务功能。③ 努力改善流通环境。要在开设"绿色通道"、消除路卡、惩治市霸、路霸和打击假冒伪劣产品的基础上,继续加大对流通环境的专项治理力度,依法打击各种违法犯罪行为,做到货畅其流,使流通成本降至最低。④ 开辟新的购销渠道。要充分运用现代信息技术和服务手段,探索计算机网上销售和广告宣传促销等新路子。

(三)形成良好的产业投入机制,加大金融业的服务力度

资金是小麦产业化经营的血液。搞好金融服务,需要各部门以及企业的密切配合,需要各个部门鼓励和支持金融机构创新农村金融产品和金融服务,大力发展小额信贷和微型金融服务,农村微小型金融组织可通过多种方式从金融机构融入资金。各级政府应采取措施鼓励小麦产业龙头企业使用信贷资金;金融部门要多方融通,广泛筹集资金,帮助企业搞好项目论证,积极支持市场前景广阔、经济效益好的项目;龙头企业要进行深入的市场调查和预测,搞好项目前期论证工作,选准项目,并尽量盘活存量资产,提高企业的自有资本比率。放宽金融机构对涉农贷款的呆账核销条件。加快发展政策性农业保险,扩大试点范围并增加险种,加大中央财政对中西部地区保费补贴力度,加快建立农业再保险体系和财政支持的巨灾风险分散机制,探索建立农村信贷与农业保险相结合的银保互动机制,推进抵押品替代机制创新,比如商业信用、信贷保险等,使农户和小企业摆脱"抵押品不足"的困境。通过努力,建立国家引导、银行支持、企业为主的投入机制,并按照"谁开发、谁投资、谁受益"的原则,引导和聚集社会资金,支持小麦产业化经营的发展。

(四)加强相关法律、法规建设,把社会化服务引向法制化轨道

市场经济是法制经济,推进小麦产业化经营需要强有力的法律保障。一些地方由于市场秩序比较混乱,法制意识比较淡薄,合同履约率较低,各方利益难以得到保障,妨碍了小麦产业化的发展。通常情况是:在市场繁荣、产销对路时,尽管企业与农户的结合并不紧密,但由于产品获利高,利益可以均沾,皆大欢喜;而在市场变化、产销不对路时,即使签订了详尽的合同,面对风险,各利益主体也可能为了多得利益或减少损失而违约,尽可能少担或逃避风险。其结果是造成某一方的积极性严重受挫,直接危及小麦产业化经营的发展。因此,要加强相关法律、法规建设,把小麦产业社会化服务引向法制化轨道提供有效的法律服务。首先,小麦产业的龙头企业一定要依法组建,如果建立公司,必须依照《公司法》或股份合作制企业的有关规定组建;如果是农、工、商三方结成松散的共同体,参与各方必须本着自愿、平等、互利的原则,签订合同,使产加销各环节的行为置于法律的保护和约束之下。其次,加大执法力度,做到有法必依、执法必严、违法必究。最后,加强法律知识宣传,提高产业化经营各利益主体的法律意识。总之,要通过加强法律服务,为小麦产业化发展创造良好的外部环境,促进其在法律的规范下进入良性循环的轨道。

(五)改进社会化服务组织的运行机制

小麦产业社会化服务组织的运行机制,主要指服务组织与服务对象之间建立的有机联系和运作方式。在我国,由于服务组织的性质不同、服务内容的不同和服务对象的不同,分别采取了不同的联系方式,因而形成不同的运行机制。根据这一特点,为了确保小麦产业社会化服务组织的有效运行,应规范不同服务组织的各自职能:①县、乡政府部门从事的行政管理职能性服务是无偿服务,这是责任,也是义务;农户有义务接受服务。政府职能服务部门应加强职能性无偿服务的内容,同时教育农民提高接受

服务的自觉性。②县、乡政府职能部门从事的商业性服务职能,可以通过定购合同或一般市场交易活动进行,应逐步规范,提高服务诚信度。③乡村集体经济的服务,属于团体福利性质的服务,按集体经济规定办法执行,应根据集体经济实力和农户需要,不讲形式,注重实效,不办则已,办就办好。属于商业性质的服务,则根据服务组织的规定,可以通过签订合同,也可以由农户与服务组织协商决定。④农民经济合作组织的服务,主要按合作组织章程执行,有的服务内容也可以通过合同进行,如代购、代销特殊的生产资料和少量农产品。⑤个体和合伙性服务组织,完全是商业服务性质,遵循市场规则,按双方商定的协议执行。

(六)做好科技服务工作,发挥科技在小麦产业化中的作用

社会服务应突出科技创新,使科技全面推动小麦产业发展。科技人员要深入基层,到麦田实地查看,面对面地与农民交谈,详细了解农民的意见,真正做到科技有效服务于小麦产业,通过更多中介机构把科研院所与农户、小麦产业化基地联系起来,做到大力推广种子统供和病虫害统防统治,推进技术专业化服务。继续抓好农机跨区域联合作业,拓宽农机服务新领域,探索建立示范、推广、服务一体化的农机服务新模式。在小麦产业化中,主要解决如下问题:①充分利用生物的遗传潜力,培育高产、优质,抗逆性好的小麦新品种,使我国优质强筋、中筋、弱筋小麦协调发展,并形成规模生产,适应食品工业中不同蒸煮食品和烘焙食品制作的需要,为食品工业提供优质的原料;并重视资源与环境问题。②提高科学种植水平,提高小麦产业生产各个环节的规范化、标准化,由粗放经营向集约经营转变,提高防御自然灾害的能力,提高生产力。③利用生物工程、发酵工程、精细化工等技术,改善面粉品质,大力发展食品专用粉、营养强化面粉及功能性食品配料生产,提高我国主食加工产品质量,适应改善人们食物营养与健康水平的需要,并有效地综合利用小麦资源,改进小麦产品加工、贮运技术,大力发展小麦产品保鲜、加工、贮运、包装、销售和综合利用等技术,为小麦产业化经营提供技术保证,并大力发展饲料工业和食品工业。④强化传统主食品工业化技术与装备的研究与开发,有效地进行各种高新技术的集成和推广,为我国传统主食品新型工业化提供标准化、系列化的工程设计和成套设备。⑤应用信息技术和现代营销手段,建立和完善营销网络和市场预测系统,大力发展电子商务、物流配送,提高企业营销的组织化程度,降低经营成本,提高企业经济效益,培植驰名品牌,提高市场竞争力和市场占有率。⑥建立和完善企业的创新体系及产品质量标准体系,积极推行 QS、ISO9000、HACCP、GMP 等管理法规和方法,提高管理水平。⑦加强产、学、研结合,增加企业科技投入,提升企业创新能力,使企业真正成为科技创新的主体。"农业产业化的核心环节是龙头企业的发展,搞活一个龙头企业可以带动一片地区或更多农户";然而,培植一个科技产业化企业,可以引导农业产业链延伸,带动一片农业产业化龙头企业组织模式向高级化发展。

社会服务化体系是小麦产业化的一个基本特征,又是小麦产业化形成的一个必要条件。推进小麦产业化,迫切要求加大社会化服务体系的建设力度,主要是转换政府职能、完善信息化服务体系、建立能够为小麦产业化提供服务的各种农民经济合作组织 3 个方面,下面将分节加以说明。

第三节　政府的产业化服务职能

政府部门在小麦产业服务体系中承担着非常重要的作用,主要体现在宏观调控、政策指导、法规保障、部门协调、科技支持和综合服务等方面,然而在小麦产业化过程中,政府对小麦产业化的支持方式与其发展的内在需求之间还一定程度地存在着"越位"、"错位"和"缺位"的现象,既弱化了政府职能作用,又影响了产业化过程中市场机制的正常发挥。所以,只有通过政府职能的合理定位,使越位的回归、错位的纠正、缺位的加入,这样才能使政府的职能发挥好、见实效,才能充分调动小麦产业化经营各有关方面的积极性,保证小麦产业化健康有序发展。

一、宏观调控职能

要发挥政府在小麦产业化经营中的宏观调控职能,应从以下几方面着手。

(一)从战略上明确小麦产业化经营的重大意义

要克服传统自然经济观念的影响,加深对经济发展的辩证性、系统性的认识。既要克服那种为小麦而小麦的思维习惯,孤立地、违背经济规律地去抓小麦生产,又要克服在小麦生产经营上安于现状放任自流的倾向,不能积极主动地以第二、三产业的先进技术、先进经营机制去发展小麦产业化。

(二)把小麦产业化经营作为系统工程去抓

最根本的是要抓好利益关系的协调、基础设施的建设、政策环境的优化与总体发展的规划。对本地区小麦产业发展的资源依托、地理条件、历史背景要有充分的了解,从而对本地区小麦产业化经营发展的特点与方向作出正确的定位,并在此基础上确定宏观目标及宏观规划,打破行政区域,科学规划布局,突出建设,狠抓结构调整,做大做强;要立足资源优势,确立对区域经济带动功能强的主导产品,不要胡子眉毛一把抓,不要搞重复建设;要注重形成集中产区,把资源优势转化为产品优势和经济优势,确立独有的区域品牌,加快发展主导产品和优势产品。同时还要抓好小麦生产投资的软硬件设施、环境的配套建设,以及小麦产业化经营经验、典型的宣传、推广和总结等工作。

(三)充分发挥协调职能,理顺产业化经营中的各种关系

小麦产业化经营并不是一个单一的经营体系,它涉及农业、商业、轻工、计划、财政、金融、工商、税收等多个部门。这种条块分割、部门壁垒的管理体制,显然不适应小麦产业产加销一体化经营的要求,并在一定程度上阻碍了小麦产业化经营的发展,但要打破这种分割和壁垒重叠的状况仅仅凭借企业的力量,显然是不切实际的,因此政府应加强综合服务职能和协调职能,按照产业化发展的要求,消除旧体制障碍,弱化部门壁垒和管理职责，打破行业界限和条块分割，逐步走向管理的一体化。政府各部门之间要密切配合，协调解决项目审批、工商登记、征用土地、产品购销、交通运输、税收等方面的问题。要建立适应市场经济的审批机制，简化项目审批手续，形成简单、快捷、高效的工作程序。

（四）引导小麦产业化经营走可持续发展的方向

政府必须引导小麦产业化经营坚持可持续发展的方向，不能只注重眼前利益和局部利益，要同时兼顾环境保护和维护生态平衡，坚持走可持续发展农业的道路。

二、政策保护职能

政策是体制、市场、经济效益和科技、服务等驱动因素的保障，小麦产业化发展需要政府通过制定相关政策，营造出一个便于农户与市场联结的制度环境，围绕保护龙头企业和农民利益、突出企业的市场主导行为制定扶持小麦产业化发展的财政、税收政策，并根据国家有关法律规范市场、企业和个人行为，取消保护地方、部门利益的行政规章。政府应协调各部门出台相应的财政、税收、信贷、水、电、土地等方面的优惠和扶持政策，让龙头企业和农户得到真正的实惠，以大力促进小麦产业化发展。

在制定、实行惠农政策的过程中要考虑以下几点：首先，要保持政策的稳定性。这样各地、各部门才能探索出具体操作方式并为广大农民、基层干部和具体负责部门所熟悉和执行。其次，保持政策的科学合理性。例如，最低收购价的测算，应考虑生产成本和成本利润率。最后，要注意发挥宏观政策调控与市场机制的双向关系。宏观政策调控是对小麦市场运行的整体把握和调整，引导市场向有利于小麦产业化的方向发展；发挥市场机制作用，以供求关系、价格杠杆等为手段，可以进一步引导小麦产业向规模化、集约化方向发展，起到政策所不具备的自动调节作用。因此，在加强宏观政策调控的基础上，应该使国内市场与国际市场充分接轨。

三、法律支持与市场监管职能

在市场经济条件下，参与小麦产业化经营的市场经营主体和非市场经营主体的政府，都必须按照市场经济行为规则办事，这就需要政府制定和执行一系列的政策法规，以规范农业龙头企业、农民经济合作组织和农民等市场主体推进和完善小麦产业化经营活动的行为，协调好经济利益关系，保证小麦产业化经营的健康发展。

首先，政府部门应针对当前小麦产业化发展的现状和各地经济发展的实际需要，尽快建立健全法律支持体系，为小麦产业化的发展提供法律保障。中央政府向全国人大及其常委会提出立法建议，尽快制定全国统一的相关法律，如农业经济合作组织法，或由中央政府制定全国统一的有关小麦产业化的行政法规。

其次，在市场经济条件下，企业与农户的利益关系往往以自由合同的形式加以确定，国家对合同的干预应减少；但是，以维护交易安全为目的的国家干预仍不可缺少。为推进小麦产业化经营，政府应尽快完善相关的法律法规体系，以法律规范经营中的各种行为,解决经营纠纷,保护各经营主体的权益,也可采取法律法规的形式引导产业化经营各主体建立合理的利益分配机制、营运约束机制和利益保障机制。此外,对农业产业化经营的扶持、组织、协调、监督和保护,也要制定相应的条例,以规范政府的行为。

最后,各级政府要加大市场监管力度,对扰乱市场、生产伪劣假冒产品、违反小麦产品标准、败坏产品形象的行为要严厉打击。市场经济是法制经济,没有法律,市场无秩序;但如果法律打击力度不够,或者是有法不依,法律成了"稻草人",又有谁怕。因此,对于扰乱市场、生产伪劣假冒产品的企业和个人要严厉打击,罚他个倾家荡产,不能让一个老鼠坏了一锅汤。惩罚违法者就是保护守法者,就能维护小麦产业化正常的经济秩序。

四、科技支撑职能

科学技术是第一生产力已是不争的事实,提高小麦产品的技术含量,将能有效地提高市场竞争力,然而在我国,作为小麦产业化经营主体的农户和龙头企业,由于受教育程度较低和科技落后限制,还不能完全通过自身解决产业化经营中的科研、技术推广、依靠科技进步增加农产品产量、提高加工水平等问题,需要通过政府支持,使科技因素渗透于小麦产业化经营之中,建立起农业科技创新体系,以提高科研成果的转化率和农业技术推广资金的使用效率。

首先,政府要建立一支甘于履行公益职能的农技推广队伍,提供无偿或低偿的有效服务,通过提供技术咨询和服务,推广各项技术,形成技术服务网络。加强对农民的教育,提高农民的素质。应采用"单产越多,补贴越多"的动力机制,刺激农民运用先进科技的积极性,真正实现科技兴农。

其次,各级政府和科委应帮助高等院校与麦农双方建立联系,开发出相应的小麦产品加工、综合利用的现代科学适用技术,以适应小麦产业化经营结构调整的客观要求;引导科学技术研究突出重点,进行技术攻关;在自主研究的基础上,通过政府发布信息,引导农户和龙头企业引进国外先进技术和经营管理方法。

最后,政府要拓宽农业技术传播渠道并积极促进科技成果向小麦产业化经营的转化。政府应加大资金投入,通过广播、电视、计算机网络、报纸杂志等途径向小麦产业化经营主体展示和介绍优良品种、先进适用技术、有效的市场信息、最新的科技成果等;另外,政府要通过培育和完善科技成果市场,为小麦产业化经营主体与科技工作者进行科技成果交易提供场所。

五、综合服务职能

小麦产业化经营是一种高度分工的专业化、社会化生产,需要有完善的社会化服务体系相配套。它要求农民直接承担的生产经营环节越来越多地从小麦生产过程中分化出来,发展成为独立的新兴涉农部门或涉农服务组织。同时,实践中也客观产生了越来越多的小麦产业社会化服务部门和组织,主要有:农用物资供应部门,如机械、农药、化肥、良种等部门;直接农业生产部门,如喷洒农药、畜禽防疫、收获作物等;公共服务体系,如农科信息服务机构;农产品运输体系,如农产品的购买服务机构;农产品运输加工体系等。各级政府要弱化部门分割和管理职责,打破行业界限和条块分割,尊重农民意愿,积极扶持与引导涉农部门服务组织的发展;要引导龙头企业在坚持自愿的基础上,建立行业组织并加强对这些组织的指导工作,使其完善服务内容、端正服务态度、健全服务体系,推进小麦产业化的更快发展。

政府还要积极提供信息服务。以农业信息网等涉农网络为依托,通过报纸、电视、网络、移动通讯等各种形式提供小麦产业市场信息;要加快小麦信息服务体系建设,提高信息处理和传输能力,为小麦产业化经营提供生产、技术、市场、供求、价格、进出口等信息,指导龙头企业和农户及时调整生产。要注意引导龙头企业、经营大户投资农村信息服务事业,鼓励龙头企业建立自己的网站,发布产品信息,发展网上交易。要加强信息处理,建立中长期信息收集、整理和发布制度,引导广大农民根据市场情况安排生产。

第四节　小麦产业的信息化服务体系

随着市场经济的发展,信息化程度已成为衡量一个国家或地区现代化水平和综合实力的重要标准,构建快捷畅通的信息服务体系是小麦产业化社会服务体系中必不可少的重要环节。小麦产业信息化是指通过把小麦相关信息和知识及时、准确、有效地获取和处理后,准确地传递到农民手中,实现小麦生产、管理、产品营销信息化,大幅度提高生产效率、管理和经营决策水平的过程。小麦产业化信息体系包括资源信息(自然资源、社会资源、区划等)、政策信息(国家法律法规和各级政府对农业的优惠扶持政策等)、小麦生产信息、教育信息、小麦产品市场信息、小麦经济信息、科技人才信息、小麦良种及栽培措施的推广管理信息等诸多方面。小麦产业信息化不仅使得小麦产业化发展有了充足的信息源和便捷的交流渠道,也为小麦生产经营中的产业联结和管理提升提供了有效的技术手段,对小麦产业化有着重大的促进作用。

一、小麦产业信息化的作用

(一)转变政府宏观管理方式和农民的生产行为

小麦产业化需要政府进行宏观调控与帮助,而信息化发展可以为政府提供便捷而高效的宏观管理模式与手段,借助于信息技术实现小麦产业化管理方式的重大转变;同时,在小麦产业信息的捕捉、传递、利用和反馈的循环往复过程中,农民的思想不断解放、观念不断更新、技能不断提高、综合素质不断提高,进而自觉地运用到生产实践中,提高小麦产业化水平。

(二)拓展小麦产业化活动空间

小麦产业信息服务,能进一步推动信息中介、网上农科教育、网上小麦产品交易、网上结算、订单农业、物流配送等一系列服务活动。生产经营者可以打破传统资源约束,根据市场的需要,以信息、技术和知识为纽带,建立各种灵活多样的经营实体。特别是伴随着小麦产业信息化的形成,信息服务业将成为小麦产业活动的有机组成部分。

(三)增强小麦产业生产经营能力

小麦产业信息化使信息和知识作为新的资源要素,融入小麦产业化的各个环节,引导、控制并改变土地、劳动力和资本等传统要素的集约程度和配置关系,小麦生产、加工、流通等领域的科技和知识含量将显著增长,从而提高生产经营能力。

(四)提高小麦产业经营管理水平

在市场经济条件下,农民对商品生产信息的需求越来越迫切,农民对小麦消费变化、市场预测、生产资料供应、新技术、新产品、新工艺供求等信息求知若渴;准确、及时地掌握了信息,就能为安排生产、合理布局、按照市场需求调整农业结构等提供坚实的基础,通过计算机管理决策支持系统,可以及时进行模拟决策,以减少决策的失误和降低管理成本与风险。

(五)提高小麦产品市场流通效率

在我国,农业科研、教育、推广机构隶属关系不同,并且在小麦产业的产、供、销还没有实现一体化的条件下,加强信息交流与沟通,有利于实现市场供需平衡,促进小麦产业生产要素的合理流动;有利于降低小麦产品交易成本,促进小麦产品的商品流通,克服低层次的小麦产品相对过剩;还有利于推动农民面向市场,增加收入。

二、我国小麦产业信息服务体系的现状

目前,我国小麦产业信息服务体系建设还不完善,一些客观因素的存在制约着其发展。比如:政府在宏观调控和政策制定上的主导作用发挥不够;缺乏小麦产业信息化建设的投资主体,投入力度明显不足;信息标准化水平不高,信息共享体系不健全;缺乏具有综合性、智能化、网络化的应用成果;农村远程教育服务体系建设初步应用,农村基层电子政务、农务及商务服务鲜为人知;农村社会数据资源建设进程缓慢等。所以,我国的信息服务体系存在着许多问题。

(一)信息缺乏系统性和时效性

尽管小麦产业信息传播途径越来越多,信息量也越来越大,但要真正解决信息传播中的"最后一公里"问题,还没有切实可行的办法。农业信息不能及时、有效地传递给农民,中间始终存在"时差"问题;在农业信息资源开发整合方面,出现了"信息孤岛",交流范围窄,合作缺乏,方式落后。

(二)信息采集范围狭窄

在实际工作中,多数地方信息资源采集的渠道主要依靠基层的情况汇报以及报

纸、杂志、网络等传媒方式,信息人员深入生产实践第一线开展调查研究、进行现场观摩,掌握第一手资料,并充分利用专业理论知识在分析总结基础上形成独特见解的信息资料还比较匮乏。

(三)信息服务手段落后

目前,小麦产业信息服务手段主要是通过广播、电视、报纸、农业信息宣传资料、农村黑板报等传统媒体传递给农民,而现实中的市场需求变化莫测,新技术、新产品、新品种层出不穷,广大农民往往由于缺乏科学知识和及时的信息而陷入被动,而且,大多数农民是以生产经营规模小而分散的家庭为主体,仍过着"日出而作,日落而息"的生活,根本无暇关注报刊、杂志等,更别提电脑网络了。

(四)信息服务面窄

只注重产中的技术推广服务,忽略产前、产后的配套服务,导致广大小麦产业化经营者不能在产前及时了解到品种、栽培技术、市场需求等有关信息,最终导致生产的小麦产品销售困难、农民达不到通过调整结构增加收入的目的。而且我国农业信息网有许多是属于"形象工程",其信息量少,提供的信息宏观方面多、微观方面少;面上信息多,区域信息少;一些网站只是杂乱无章的信息堆砌,缺少系统而又科学的整理、筛选和分类,其内容和性质毫无特色,千篇一律。在许多地方,当地政府指导农民上一个项目后,就"一劳永逸",不再管生产、出售等状况,导致"谷贱伤农"等问题频频出现。

(五)小麦产业信息服务缺乏对农民的必要引导

受资源和市场的双重制约日益突出,农民收入增长的不确定因素增多,对国内外农产品市场的变化更加敏感,市场信息就显得尤为重要。我国的改革虽然是从农村开始的,但真正步入市场经济却是农民最晚,农村实行家庭联产承包责任制后的很长时间内,仍实行粮食统购统销政策,农民基本上仍处于计划经济时代,直到20世纪90年代中期粮食相对过剩以来,农民才真正感到来自市场的压力。因此,一直以来我国小麦产业信息主要定向服务于各级政府和农业管理部门,为其提供决策参考和依据,但随着我国市场经济的不断完善和发展,这些信息也是农民迫切需要的,小麦产业信息服务应加强对农民的必要引导。

三、小麦产业信息化的发展建议

针对我国的农业信息管理体制落后,使广大的信息工作人员缺乏积极性和创造性;我国农民素质不高,信息化意识和利用信息的能力不强;我国的农业信息服务体系还处于幼稚期,缺少收集信息、处理信息、传播信息的软硬件设备;信息网络体系不健全、交流方式落后、传递速度缓慢,信息服务中介组织与基层信息管理的人员缺乏等问题,我国的小麦信息服务体系建设应加强以下几方面的工作。

(一)加大投入,抓好农村基础设施建设和相关人员的培训

由于我国农村地域广阔,农民居住分散、交通不便、教育落后等因素,使农村与城

市在知识水平、技术水平方面都存在较大的差距；网络的普及和应用主要分布在城市，城市普及率为农村普及率的740倍，农民用户只占0.3％；因此，必须加大对农村信息化服务的投入力度，政府部门应该积极引导，加大投入，承担农业信息化的主体角色；还要鼓励企业、个人、村民自治组织和专业合作经济组织等投资信息化建设，积极利用民间投资启动农村信息化的建设。广泛建立小麦产业信息化服务的网络体系，可以通过小麦产业化龙头企业、农民经济合作组织、农业气象、农村广播、农村电信等与农户联网的方式，组建农村信息化体系，促进农村信息化不断发展。

大力加强县级小麦产业部门的信息机制和队伍建设，设立小麦产业信息中心，稳定扩大队伍力量，为乡镇农技站安排专职信息人员，村要设立兼职信息员，定点开设小麦产业信息专栏，对信息服务人员要经常组织信息经验交流和研讨活动，集思广益，积极总结成功经验．并加以宣传推广。

（二）建立指标体系，对农业信息人员实行"绩效管理"

小麦产业信息化指标体系主要由以下几部分构成。①信息量：包括单位面积内人口的通话次数、E-mail数、信函数、报刊数、因特网点数等。②信息装备：包括单位面积内人口的电话机数、电视机数、计算机数、上网微机数等。③信息主体水平：如单位面积内人口中的第三产业人口数、大学生数、信息从业人员数、上网人数等。④信息消费：如个人、单位或集团消费中信息消费的绝对值和相对值等。据农业部调查，目前我国已初步建成了比较完善的国家、省、市、县各级农业信息网络平台，网络服务范围初步覆盖全国80％左右的行政村，涉农的网站已达6 000多个，但成效却很小，其关键在于基层农业信息人员的积极性不高，"在其位，却不谋其政"。因此，必须对基层农业信息人员实行绩效管理。对每个县设立农业信息工程领导小组，下设办公室、项目管理组、信息采集组、网络行动组；对每个行政村的信息人员定期登记其项目，按照其指导的项目成果，建立年终总结评比制度；并对优秀、先进人员给予奖励和表彰。同时，为基层农业信息人员配备必须的信息查阅设备和订阅有关报刊杂志。严格按照信息提供与发布的审批制度，"谁提供，谁负责"、"谁指导，谁负责"，确保每条信息的有效性。

（三）提高信息的实效性、科学性和准确性

遵循信息采集原则，注重信息采集时效。在信息采集的过程中，要按照主动、及时、真实、可靠，针对需求、全面系统、计划性、预见性等原则，收集有价值的原始信息；然后通过农业推广信息人员去粗取精、去伪存真的分析工作，提炼出对本地区、本部门有用的或有指导性的、预见性、导向性的信息，并通过适当的渠道一层层传递下去，让各级小麦产业科研机构、推广人员、基层农户在尽可能短的时间内了解所需信息，各取所需地加以利用。

扩大信息来源，拓宽信息采集的渠道。随着现代科技的不断发展，信息的载体也越来越多，如图书、期刊、农业技术标准资料、农业技术档案资料、专利文献、互联网上的农业网站等，科技推广人员都应该广泛涉猎，敏锐地捕捉相关信息。

提供的信息服务应因地制宜,要找准位置,认清目标,发挥优势,搞出特色,要反对大而全或小而全的做法,把过去一般化服务提高到具有本部门、本专业信息个性的特色服务上来。在经济发达地区,应加大信息资源的整合和深度开发利用,充分利用信息技术手段提高工作效能和透明度。而对经济落后地区,应注意因陋就简开展农业信息服务,利用多种方式传递农业信息。

(四)鼓励扶持部分农民利用信息先富,起模范带头作用

我国大多数农民基本上以传统的生产方式生产,一时还较难适应商品化、信息化、产业化生产。由于担心选择产品与技术的失误带来经济上的损失,农民对外来信息、技术往往持谨慎态度,周围的农户经过实践取得的生产经营成功的实例对他们来说,更具有说服力和影响力,政府应对敢于尝试和带头的农民给予物质和政策上的奖励,使得说服力和影响力得以强化。

(五)加强农民信息知识培训

农民素质的提高是增强农民信息意识和使用信息能力的关键,应充分重视对农民的技术培训,切实提高农民的综合素质和利用小麦产业信息的能力。针对目前农村小麦产业信息滞后的现实和农村用户量大、分散的特点,把信息体系建设的重点放在"最后一公里"上,依托国家农业部所办的中国农业信息网,利用"村村通电话"的优势,通过农技110、网上专家在线咨询等形式进行及时、准确、到位的信息服务;利用农资超市,传授农业信息,政府应引导农资超市经理人对农业信息和农资信息加以分析、处理、传达,并为其提供农业信息内容;可以针对农民开发一些成本低廉但实用性较高的信息产品,将提供信息服务和提高综合素质相结合,如将小麦产业化发展过程中经常遇到的法律问题、病虫害防治、地区内的知名企业及产品、经纪人、市场主流品种的分析以及介绍国家政策和国外的先进技术和经验等编订成册,免费下发供农民学习,以起到信息服务和提高素质双赢的作用。

(六)发挥专家能力

利用各大专院校开展咨询服务。农民尊敬并充分信任小麦产业相关专家的能力,应开通专家咨询热线电话和网络平台,为农民提供及时的答疑和指导,也可以组织农业院校大中专学生志愿服务队有周期、有规律地深入田间地头,为农民展开科技指导和教育。

加强农业信息化,统一网络平台的建设和整合,有利于促进信息互联互通,实现资源共享。通过农业信息服务,可以进一步推动收集、加工、处理、分析以及农业信息中介、网上农科教育、网上农产品交易、网上结算、订单农业、物流配送等一系列农业信息活动。农业生产经营者可以打破传统资源约束,根据市场的需要,以信息、技术和知识为纽带,建立各种灵活多样的农业经营实体。特别是伴随着农业信息化的形成,农业信息服务业将成为农业产业活动的有机组成部分,通过推动农业劳动力转移,促进农民增收。

第五节 农民经济合作组织建设与社会化服务

农民经济合作组织,是指在激烈的竞争中,农户为了提高自己的群体竞争能力而自愿结合起来、形成产权完全归其成员所有或控制的经济共同体组织,即由生产同类农产品的农民自愿参加组成的专业合作经济组织,为入社农民提供产前、产中和产后服务,带动农民专业生产,规模不断发展壮大,获得良好的规模效益。这是一种非市场意义的契约型经济组织,对内主要为其成员提供服务,对外以法人资格开展经营活动,履行普通经济法人的权利和义务。农民经济合作组织主要有:生产主体型、流通服务主体型与综合性农民经济合作组织 3 种形式,其重要特点是不改变农民的土地承包关系和家庭经营格局,而且,通过合作服务实现入社农民扩大农产品经营规模并获得规模经营效应。农民经济合作组织是把千家万户农民与千变万化市场联结起来的有效形式,符合市场经济发展的要求,符合广大农民的愿望,是小麦产业化社会服务体系的重要组成部分,有着强大的生命力和广阔的发展前景。

一、农民经济合作组织对小麦产业化的作用

(一)是实现小麦产业家庭联产承包经营与大市场对接的有效途径

随着我国社会主义市场经济体制的建立与完善,加入 WTO 后国际竞争的进一步加剧,以家庭联产承包责任制为主体的小麦生产经营模式与组织化程度要求较高的大市场的矛盾日益突出。首先是小麦产品销售难。农民一家一户的小规模分散生产与经营,必然导致农户在农产品销售中谈判地位低、信息不灵的问题。其次是小麦产业科技含量低。由于缺乏相应的科学技术指导与示范作用,小麦新品种、栽培新技术推广难度大。提高农民的组织化程度势在必行。

1. 提高农民组织化程度,增强其在市场谈判中的地位 市场竞争要求各个市场主体都必须具备较高的组织化程度。市场竞争能力的强弱是与组织化程度成正相关关系。我国分散的麦农在小麦产品销售和生产资料采购中,面对中间商、经纪人和企业的竞争,常常处于劣势,而农民经济合作组织作为一个比较强势的整体参与谈判时,既可以改变以往只能作价格被动接受者的被动地位,增加农民在产品市场和要素市场讨价还价的能力,又可以通过由自己培养的或到社会上聘请的专业法律人才,运用法律武器反对在合同执行过程中的不公正、不合法行为,以维护自身的权益,形成农户利益的自我保护机制。

2. 有效减少或避免各种小麦产业经营风险,增加农民收入 在市场经济条件下,小麦产业交易活动纷繁而复杂,风云变幻。农户与农户之间、农户与厂商之间以及农户和政府之间进行交易时,农户支付着越来越昂贵的交易费用。通过农民经济合作组织可将农户少量的剩余农产品和有限的需求集中起来形成较大批量的交易,从而有效地降低交易费用。农民经济合作组织产生的经济合理性就在于它能使农民

形成合理的选择,给农业生产带来耗费上的节约,有效地降低外部交易成本,减少交易的不确定性,从而使经营的效益增加。

3. 有利于政府更好地保护农民利益 我国有 2 亿多农户,如果不能将他们有效地组织起来,政府直接与农户打交道,必然导致低效率、高成本。而建立农业经济合作组织,提高农民的组织化程度,让政府与农业经济合作组织打交道,既可促使政府转变职能,又有利于发挥农业经济合作组织了解农户、熟悉生产与经营的优势,从而更好地保护农民的利益。

(二)推进小麦产业科技推广,提高小麦产品质量,增强其市场竞争力

分散经营的农户很难在资金和技术上具备实力进行科研,产品品质不稳定,在市场竞争中难以立足。通过组织的力量,解决了单个农户进行科技投资成本高昂的问题,由农民经济组织领导农业科技研究,引进和推广农业科技,不仅降低了农业科技使用成本,而且增强了小麦产业科技的推广能力。很多农民经济组织还拥有自己的品牌,对会员的农产品进行检测,符合标准的农产品统一采用组织品牌进行销售,在激烈的市场竞争中以新品优质名牌取胜。中国粮食行业协会小麦分会于 2006 年 3 月 23 日成立以来,通过开展名牌工程,提高了小麦粉加工企业的质量意识和品牌意识,在 2007 年的中国名牌产品评选中有 29 个小麦粉产品和 8 个挂面产品荣获"中国名牌产品"称号。

(三)促进行业自律,防止恶性竞争

在市场经济条件下,农民虽然有经营自主权,但自己难以预测小麦产品的市场前景,不可避免地会出现恶性竞争。农民经济组织的市场运作大大提高了农户购销行为的可预测性和有序性,为满足农户的购销需求和保证市场有效运行奠定了基础。它的建立为协调各小麦产业生产者的购销行为、加强行业管理、规定最低限价等创造了条件,既防止了同行业间恶性竞争,又有利于建立稳定的产销关系。各种农产品专业经济组织从自律性中介组织的性质出发,在政府法令规范下,加强对本行业的自我管理。协会拟定行业发展策略,制定行业标准和职业规范,调解彼此的纠纷,协助政府对行业价格进行指导、监督,督促会员企业和农民遵守法律法规和行规行约,从而维护了行业的竞争秩序。

(四)有利于政府对小麦产业职能的发挥

农民经济组织发展为政府指导小麦产业工作提供了载体:一方面,农民经济组织与政府对话,代表农民反映生产经营中的意见和要求,为政府开展工作提供可靠依据;另一方面,政府依靠农民经济组织的载体,把小麦产业发展的指导性意见、各种信息、新品种、新技术等有效地传递到千家万户,提高了政府调控农业和农村经济的效率。例如,中国粮食行业协会小麦分会根据国家食品药品监督管理局、卫生部等八部局联合提出的《关于加快食品安全信用体系建设的若干指导意见》,制订试点工作方案、选择试点企业、组织专家起草《粮食行业食品安全信用管理规范》和面粉行业的《企业生产经营档案示范文本》;积极开展调查研究和行业交流活动;帮助小麦粉骨干企业积极申报国家农业产业化龙头企业、中国驰名商标、国家免检产品以及积极筹划职业高级技工的技能培训等。

(五)为小麦产业化提供良好的国际环境,提高国际竞争力

我国加入WTO后,小麦产业化的发展会更多的受到国际环境影响,创造一个良好的国际环境就显得特别重要。在有关农产品国际贸易谈判中,如果一个国家存在强有力的农民组织,那么这个国家的领导人就会由于面临着农民组织的压力而无法做出更多的让步;相反,如果一个国家没有强有力的农民组织,那么它在谈判上让步的余地就要大得多,所以我国农民经济组织的发展可以成为我国政府与国外进行小麦产品谈判时持有的极具分量的筹码。我国农民经济组织的发展,为解决我国农产品国际贸易纠纷提供了一个与外国农民组织对等谈判的主体,提高了谈判力度。一些农民经济组织在农产品的生产收购加工过程中还制定了严格的国际标准和技术规范,有效解决了国际农产品贸易市场中越来越严重的绿色壁垒,并发展了自己的品牌,增强了农产品的国际竞争力。

二、农民经济合作组织发展存在的问题

建立农民经济合作组织的设想自20世纪80年代末提出以来,各级政府在建立各种类型的农业经济合作组织方面进行了大量探索,有关部门也出台了一系列相应政策予以支持,但迄今为止,仍没有取得大的发展。究其原因,主要是因为农业经济合作组织在我国仍处在发展的初期,普遍缺乏组建和管理经验;组织规模偏小,带动作用有限;农民参与热情不高,合作意识淡薄;政府对农民经济合作组织的支持方式与合作组织发展的内在需求之间不协调等。

(一)农民思想重视程度不够

从农民方面看,对合作经济组织的内在需求不足。不少农民认为现在主要应发挥家庭经营的积极性,把合作经济与家庭经营对立起来;我国农民有传统分散经营、自产自销的小农习惯,所以对合作表现出不积极;目前农民经济组织规模小,所产生的效益不明显,农民的侥幸心理和急功近利的思想使得很大一部分农民不是带头或出资来创建组织,而是持有观望或是等到别人办好了"搭便车"的心理。

一些地方和部门对农民组织发展的必然性、重要性和紧迫性缺乏足够的认识,因而在工作中没有将农民经济组织摆在应有的位置。有的领导认为乡有乡经济合作社,行政村有村经济合作社,还有供销社、信用合作社,认为没有必要再搞农民经济组织;有的认为兴办新型农民经济组织是农民自己的事,政府不宜多管,放任自流,无所作为,忘记了对农民组织发展的引导职能。

(二)政府部门干预不适当

农民经济组织是农民为了保护自身的利益而联合起来的,其发展应坚持"民办、民管、民受益"的原则。由于受到农民自身素质的限制,在农民经济组织成立之初由政府引导扶持创建是很有必要的,但是在以后的运作中政府应该把自主权还给农民,而我国相当部分的政府部门对待农民经济组织存在着政府角色定位不适当的问题。一些政府在发展农民经济组织过程中,不尊重农民的意愿和选择,脱离实际地插手农民组织的决策、经营、管理等内部事务,用行政手段强迫任命组织的负责人,而在应该对农民经济组织进行的政策上的优惠、财政上的资助、教育和技术上的帮助等方面的扶持和引导力度还不够,扶持政策和措施不健全、不到位。同时,缺乏一支具有较高理论和实践水平的宣传教育队伍,向全社会和广大农民进行合作制教育和宣传,并对已办的农民经济组织进行指导。

(三)管理体制、运行机制不规范

一些农业经济合作组织内部缺乏较为完善的制度约束,有的甚至是既无章程又无具体的管理机构和管理制度,运作很不规范,这种状况既影响了农业经济合作组织的凝聚力,又对农户造成了负面影响,从而制约了组织的健康发展;部分组织成员合作意识不强,成员之间的信任度不高,不愿共担风险;农业经济合作组织的服务意识不强,服务手段滞后,影响了农户参与的积极性;一些农业经济合作组织没有从维护其成员的利益出发,只是停留在生产环节或技术层面的简单合作上,没有从根本上把农户组织起来并将其带入市场,更谈不上组织起来共同抵御自然和市场风险。

(四)资金短缺限制组织发展

一是现有的农业经济合作组织规模普遍较小,自身经济实力不强,成员与组织之间联系不紧密,没有形成真正的利益共同体;二是多数农业经济合作组织尚处于合作的初级阶段,普遍存在着重盈利轻服务、重分配轻积累的现象,成员之间的合作关系有待进一步明确;三是绝大多数农业经济合作组织经费来源主要依靠政府和主管部门拨付,资金匮乏,服务职能难以发挥,缺乏凝聚力。

(五)组织成员素质偏低

我国农民整体文化素质偏低,小农意识浓厚,市场观念淡薄。据统计,我国农民平均受教育年限不足 7 年,农村劳动力中,文盲半文盲占 40.31％,初中文化程度的占 48.07％,高中文化程度的仅占 11.62％,系统受过农业职业教育的农村劳动力所占比重不到 5％。如此低的文化素质参与农民经济组织显然适应不了组织的发展要求,一方面缺乏能适应市场经济发展需求的组织者、管理人员;另一方面农民整体素质和科技文化素质偏低,很难较快地接受新的市场观念、管理思想和科技知识,而且农民由于缺乏相应的法律知识,还存在着大量的违约现象。

(六)缺乏合法的法人地位

由于现行法律对农业经济合作组织的性质、任务和发展方向规定不明确,使其合法地位受到市场和农户的质疑,开展活动十分困难;而且由于现有的农业经济合作组织受多头管理与制约,形成登记与管理"两张皮",严重制约了农业经济合作组织的发展。

三、推进农民经济合作组织健康发展的主要措施

针对影响我国农民经济组织发展的诸多问题,只有将农民经济组织的自我创造

与政府有力推动有机结合起来,才能促进农民经济合作组织的规范、健康、快速发展。

(一)建立农民经济合作组织的发展原则

1. 坚持以家庭承包经营为基础的原则 家庭承包经营是我国农村的一项基本经济制度,发展农民经济合作组织也必须坚持家庭承包经营,在不改变农户的土地承包经营权和农民的财产所有权的基础上,积极发展各种农民经济组织。

2. 坚持民主自愿的原则 发展农民经济组织,要坚持"民办、民管、民受益"。民办,就是指农民经济组织应坚持以农民为主体,由农民自愿自主地参加组织。民管,就是指农民经济组织应由农民自己管理,实行民主管理、民主决策、民主监督,充分保障成员对组织内部各项事务的知情权、决策权和参与权。民受益,就是指农民经济组织要按照惠顾返还原则,增加成员收入,使农民真正得到实惠。

3. 坚持因地制宜的原则 我国地域辽阔,各地的农业自然条件、社会经济条件和政策条件差异很大,要根据各地情况因地制宜发展,切勿一哄而上。

4. 坚持多种形式发展的原则 农民可以入股形式开展紧密的合作,也可以入会形式松散、半松散的合作;可以开展单项的技术、信息合作,也可以开展产加销一体化的经济合作与贸易服务;可以在本地、本专业范围内开展合作与联合,也可以跨地域、跨所有制开展合作与联合。鼓励支持农村能人、农村集体经济组织、龙头企业、乡镇基层农业技术经济推广服务部门和推广服务人员、农业科研院所等,发挥其在资金、技术、信息、流通、经营管理等方面的优势,发起或参与兴办各类农民经济合作组织。

(二)政府要营造农民经济组织发展的环境

1. 加强培训体系建设,为农民经济合作组织提供意识形态、文化理念和组织建设等方面的支持 首先,加强对政府部门工作人员的培训。通过培训使政府工作人员进一步提高对发展农业经济合作组织重要性的认识。政府在推进农业经济合作组织发展过程中,一定要做到"重引导、少干预、多服务",真正体现合作组织的市场主体地位。政府应当避免官本位,坚持民本位,从整体上为小麦产业经济合作组织的发展建立公开、公平的行为规则。

其次,加强对合作组织参与者的培训。一是加强对合作经济组织管理者的培训。通过进行合作组织内部治理机制和管理程序的培训,使他们明确如何规范管理经济合作组织;通过进行市场营销、财务核算、经济合同等方面的培训,提高他们与市场打交道的能力。二是加强对合作组织会员的培训。通过对合作组织会员进行合作组织规则和长远规划的培训,提高他们对合作组织的认同感,促进会员的合作意识;通过进行参与意识、管理能力的培训,使会员了解如何参与合作组织的民主管理;通过加强对实用技术、信息利用、经济合同、计算机应用等方面知识的培训,提高会员的综合素质。

最后,加强对农民的培训。农民经济组织的主要成员是农民,其成员的素质高低直接关系到农民经济组织的发展进程,所以农民经济组织应当采取措施,提高其成员素质,推进组织化发展。第一通过宣传教育、典型示范的方式对农民进行合作知识教育,端正农民对合作经济的认识,使其认识到真正意义的农民经济组织是市场经济的产物,是在市场竞争条件下处于弱者地位的农民为维护其自身利益而自愿结合起来的一种经济组织。第二是普及市场经济基本知识,增强农民的市场观念和风险意识。通过培训教育等方式,提高农民对市场经济的理解能力和适应能力,培养适应市场竞争的能力,增强抵御市场风险的能力。第三是倡导科技下乡,提高农民的文化科技素质。通过组织职业教育和技术培训,以及与科研机构和高等院校进行科技下乡、科技成果推广等多种形式的合作,提高农民科技文化素质。第四是进行农民的法律知识教育,提高农民的法律意识和合同意识,提高组织成员的合同履约率,为确保法律的顺利贯彻实施奠定扎实的理论基础。

2. 完善经济支持体系,通过各项政策的制定和落实,加快农业经济合作组织的发展

(1)**产业政策**　政府根据当地农业产业结构调整的水平和方向,围绕经济合作组织的发展思路和重点,用正确的产业政策引导、鼓励、支持农民兴办各种不同类型的经济合作组织。

(2)**资金政策**　一是加强信贷支持。要积极协调农发行、农行和农村信用社的信贷业务向农业经济合作组织倾斜;扩大信贷规模,改善信贷服务,简化信贷手续,解决合作经济组织发展的资金需求;积极支持经济合作组织开展信用服务,设立担保基金,解决经营资金不足问题;建立健全金融支农体系,加快推进农村信用社改革,探索支农金融服务产品多样化。二是加大财政资金支持。应从农业综合开发资金、扶贫款和支持农业龙头企业的资金等财政支农资金中拨出专款,用于资助农业经济合作组织发展。

(3)**税收政策**　各级地方政府应结合国家的支农惠农政策,制定相应优惠政策。如:对面向农业经济合作组织的信贷业务减免所得税和营业税;对合作组织经营的农膜、化肥、种子、种苗、农药、农机等农业生产资料实行增值税优惠政策;对有关小麦生产、销售的合作组织实行增值税即征即退、免征企业所得税;对合作组织取得的相关财政专项补助实行免征企业所得税等。

(4)**农业保险**　农民经济合作组织应在增强自身的风险防范意识的基础上,帮助农户提高抵御风险的能力,让农民切实感受到加入农业经济合作组织的好处。一是建立健全农业保险体系。应与保险公司合作,不断开发农业保险新品种,有效缓解天灾人祸给农民造成的经济压力。二是建立产后销售服务保障体系,解决农产品销售难的问题。为会员收集、提供市场信息,为农民与市场牵线搭桥。

(5)**对外贸易经营权**　政府应在赋予农民经济合作组织企业法人地位后,对其生产过程和产品质量进行认证,授予其对外贸易经营权,减少农产品的中间流通环节和利润流失,以进一步增强合作组织的经济实力。

3. 创新农业技术推广体系,提高农业科研成果的转化率　为提高国家农业技术推广资金的使用效率,一是政府要建立一支履行公益职能的农技推广队伍,提供无偿或低偿的有效服务,通过提供技术咨询和服务,推广各项技术,形成技术服务网络。二是畅通农业技术传播渠道。政府应加大资金投入,通过广播、电视、网络、报纸杂志等向农民提供优良品种、先进适用技术、有效的市场信息等。三是农业经济合作组织之间应加强信息交流与协作,以便及时了解市场信息。

4. 建立健全法律支持体系,为农民经济合作组织的发展提供法律保障 一是中央政府向全国人大及其常委会提出立法建议,尽快制定全国统一的农业经济合作组织法,或亲自制定全国统一的有关农业经济合作组织的行政法规,明确合作组织的法人地位和市场主体资格,解决目前农业经济合作组织多头管理现象。二是在全国性法律、法规出台以前,地方政府应针对当前农业经济合作组织发展的现状和各地经济发展的实际需要,向同级人大及其常委会提出制定地方性法规的建议,或政府制定规章,在合作组织的设立、主体地位、注册登记、证件办理以及政策扶持等方面作出规定。

(三)提高农民经济组织自身发展能力

1. 进一步完善农民经济组织管理体制

(1)完善民主管理机制 真正的民主管理是农民经济组织成功的标志,所以必须建立和完善民主管理机制,实现民主决策、民主管理。首先,要完善组织的民主管理机构,健全代表大会、理事会和监事会等机构,进一步明确其权力、责任。其次,坚持重大事情由组织成员决定的原则。还要建立健全人事、劳动、财务、物资、营销等各项管理规章制度并严格执行。最后,制定岗位责任制度,对合作组织中的工作人员实行经济利益与经营管理、服务挂钩的责任制,调动他们的积极性,促使其做好本职工作。

(2)完善内部监督机制 第一,制定农民经济组织各个岗位责任细则,使得组织内各个岗位的工作人员分工明确,责任分明。第二,制定财务公开制度,提高组织事务的透明度,防止暗箱操作和灰色交易。第三,设立监事会,充分发挥监事会的监督作用,对农民经济组织活动特别是财务活动严格监督,发现问题及时处理。第四,充分发挥广大社员的监督作用。

(3)创新利益分配机制 首先要以产权为基础,采取按交易额返利和按股权分红相结合的办法,大胆创新利益分配机制。如土地入股,按股分红;资金入股,保息分红;保护价收购,收购让利;产加结合,二次返利。其次,建立利益风险保障机制。农民组织提出一部分利润作为风险金或通过与商业保险公司建立风险保障金,保障组织及会员的收益。

2. 加强自我积累和金融合作

(1)农民经济合作组织应通过提取公共积累共有资金,坚持公共积累提取的制度化 公共积累一般由公积金、公益金、发展基金三部分构成,农民经济组织也应该从这三方面提取公共积累。公积金主要用于农民经济组织发展和扩大再生产;公益金主要用于农民经济组织的集体福利;发展基金主要用于亏损年度支付社员的股息、设备购置及进行新产品开发等。而且这些积累要在税后利润分配中优先提取。

(2)适当提高资本报酬,吸引社员及非社员集资入股 农民经济组织在收取会费或交纳入社股金的基础上,为筹集更多资金扩大生产,吸引会员以及非会员农民、企业入股,应提高资本报酬或者采取较高的股息,可以采取资本报酬高于银行同期存款利率,或者采取股息按"银行利率+分红"的方式,而且无论哪种方式,股息都要在税后利润分配中提前支取,在当年发生亏损时从发展基金中提取。也可以通过合法途径向金融机构获取贷款。农民经济组织要利用国家为农业提供的各项优惠贷款,加强与银行、农村信用社等金融机构合作,获得贷款资金。

3. 增强农民经济合作组织组织形式的多样性 我国农村地域辽阔,经济发展和农民需求差别较大,这就要求农业经济合作组织应根据不同情况,因地制宜地确定组织形式。应借鉴国外先进经验,不断拓宽发展思路,增强农业经济合作组织形式的多样性,提高组织的专业化水平和服务功能,增加凝聚力、吸引力。

4. 创新内部管理机制,挖掘农民经济合作组织内部潜力 目前,我国绝大多数的农业经济合作组织都面临着经费紧张的情况。农业经济合作组织的经费来源主要有政府扶持、社会捐赠、会费收入、经营收入等,其中会费收入是其主要来源。会费过低难以维持组织的正常运转,会费过高又会使众多农户望而却步,从而影响了组织的发展。在这种情况下,我们可根据农业经济合作组织"自愿互利"的原则,采取灵活多样的会费收取方式,如变"固定会费"为"基本会费"加"收益会费"等。这样一方面可以吸纳更多的会员加入,另一方面可以为组织的发展积累资金,从而为会员提供更多更专业的服务。另外,还可采用股份制,吸引社会闲散资金,用于创办生产、加工、销售一体化的经济实体,壮大农业经济合作组织的实力。

5. 加强与龙头企业的合作,增强农民经济合作组织的活力 一是政府要鼓励、引导龙头企业与农业经济合作组织在自愿的前提下,建立风险基金制度、保护价制度、经营合同制度等,以制度约束各方行为。二是鼓励和引导龙头企业、农业经济合作组织与农户通过股份制改造,建立稳定的购销关系和利益分配机制。三是鼓励和引导龙头企业以团体会员的身份加入农业经济合作组织。对龙头企业来说,与分散的农户打交道不如与农业经济合作组织打交道,因为与农业经济合作组织打交道既可降低成本、减少风险,又可利用自身的资金、技术优势和营销能力成为农业经济合作组织的坚强后盾。而农业经济合作组织则可以发挥自己的服务职能,为个体会员提供直接的服务,从而使农业经济合作组织的吸引力增强,实现共赢。

随着我国综合国力增强和人民生活水平大幅度提高,我国的小麦产业化建设进入了快速发展阶段,人们对农产品的需求由单一化、低档化转向多样化、高档化,小麦产业发展目标也变过去追求产量、保障区域供给为追求质量、提高经济效益,加之国家对外开放和加入WTO的新形势,农产品原料及深加工产品的进出口贸易有了更大空间的同时,面临着来自国内外的激烈竞争,小麦产业化急需实现规模和效益的全方位提升!

第八章　小麦产业技术服务平台与典型案例

第一节　小麦产业技术服务平台建设的背景与意义

　　小麦是我国重要的粮食作物,也是重要的商品粮、战略储备粮品种。我国小麦种植面积占全国粮食作物的 22%,产量占全国粮食总产的 20% 以上;我国的小麦总产量和消费量均占世界的 16% 左右,位居世界第一。小麦产业是一个自然生产与人为追加生产复合的生产系统,涉及到自然资源、生态条件、生产技术、科技进步、经营管理与政策法规等各个方面和小麦品种、生产、贮藏、流通、加工和市场等各个环节。建国 60 年来,小麦生产有了长足的发展,全国小麦平均单产增加 6.4 倍,小麦总产量增加 7.2 倍;小麦年进口量从 1000 万 t 以上到净出口,实现了从饥饿、温饱到小康的跨越;小麦产业体系初步形成,小麦生产、贮藏、流通、加工和市场体系不断完善,实现了从数量型向质量效益型的转变,以及从自给自足的食物生产向商品生产的跨越。但受人口、耕地、资源、气候、市场等的影响,从满足社会的小麦产品数量与质量需求刚性增长要求出发,小麦产业各个环节还存在有诸多问题。表现出小麦生产经营规模小,产业比较效益低,加工企业规模小、产品档次低,先进技术普及范围小、科技含量低等"三小三低"不利局面,直接影响小麦产业的健康发展。近年来,粮食领域存在的问题得到党中央、国务院的高度重视,在连续出台促进粮食生产与支农惠农政策的基础上,2008 年国务院发布了《国家粮食安全中长期规划纲要》,明确指出"我国粮食的供需将长期处于紧平衡状态,保障粮食安全面临严峻挑战,国家将把粮食安全工作摆在突出的位置"。2009 年国务院又发布了《全国新增 1 000 亿斤粮食生产能力规划》,要求"到 2020 年国内粮食生产能力比现在增加 500 亿公斤,其中小麦新增 85 亿公斤","必须立足国内粮食基本自给的方针,着力提高粮食生产综合能力,确保国家粮食安全"。

一、小麦产业发展的现状及需求

(一)小麦产业发展的现状

　　建国 60 年来,我国小麦生产有了长足的发展。在小麦面积稳定在 2 000～3 000 万 hm² 的情况下,全国小麦平均单产从 1949 年的 642kg/hm²,增加到 2008 年的 4 762.5kg/hm²,增加 6.4 倍。同时,小麦总产量从 1949 年的 1 380.9 万 t,增加到 2008 年的 11 334.8 万 t,增加 7.2 倍,单产提高对总产增长的贡献率达到 88%。20 世纪 90 年代中期以前,我国小麦年生产不能满足消费需求,一直是国际上重要的小麦进口大国,平均年进口量保持在 1 000 万 t 以上。1996 年以后,我国小麦连年获得丰收,生产能力逐步提高,1997—1999 年小麦生产量达到 1 亿 t,主要用于国内消费,基本保持供求平衡格局。同时,小麦进口数量逐年减少,出口有所增加。2000—2005年,我国小麦连续 6 年产不足需,2004 年产需缺口 700 万 t 以上。2004 年以后,由于我国小麦连续 6 年增产,到 2007 年小麦总产达到 10 923 万 t,当年小麦出口 207 万t,进口仅 8 万 t,产需基本达到平衡。

我国小麦主要用于食用,第一消费为制粉,约占小麦产量的 85% 以上,饲用消费和种用消费各约占 4%,工业消费比例约 2%。制粉消费中,约 75% 的小麦形成面粉,5% 形成次粉,20% 形成麸皮。据有关数据显示,目前全国各类面粉企业 4 万多家,年加工能力 1.7 亿 t 以上,其中日加工小麦 50t 以上的面粉企业 9 883 家;方便面生产线 1 800 多条,年产量 360 多万 t;挂面生产企业 2 500 多家,年产能力 410 多万t;饼干、糕点的年产量分别达到 153 万 t 和 144 万 t;饺子、包子、馒头等传统食品加工业稳定发展。

(二)小麦产业发展的问题与共性需求

当前,小麦产业问题与共性需求主要有以下几个方面。

1. 资源约束加大,要求通过提高单产实现增产目标　1997—2007 年,我国耕地面积净减少 8 167km²,小麦种植面积减少 6 336km²,随着经济发展和种植结构调整,稳定小麦面积难度很大。我国现有小麦田中约有 2/3 为中低产田,受干旱、渍涝、盐碱等制约,产量低而不稳。小麦主产区多为资源性缺水或季节性干旱地区,水资源缺乏和降水时空不均已成为生产发展的重要限制因素。针对上述问题,必须加强科技支撑。一是增加小麦科技投入,推动重大关键技术问题的快速突破;二是注重中低产田的改造,强化高产田创建,建设优质高产示范点,并调动各方面参与的积极性;三是健全农业技术推广体系,充分发挥农技推广队伍和专家指导的作用,达到通过提高单产实现增产目标的效果。

2. 小麦产业比较效益仍低,必须实行产业化开发与规模化经营并举　近年来我国小麦净利润为 2 544 元/hm²,扭转了以前净利润为负值的局面,但与其他主要粮食作物相比,比较效益仍然偏低。2003—2007 年,小麦年均净利润为 1 384.5 元/hm²,分别比稻谷、玉米和大豆低 54.1%、27.7% 和 18.1%。此外,近几年小麦生产成本逐年增加,增幅较大。2007 年小麦生产总成本达到 6 579 元/hm²,比 2003 年增加 1 485元/hm²,年均增幅达 5.8%。要提高小麦产业的经济效益,必须延长小麦的产业链条,通过深加工提高小麦附加值;同时以小麦加工企业为龙头,通过“企业＋农户”的经营组织方式实现规模化经营与产业化开发。这些都必须通过小麦产业技术服务解决劳动力的转移与土地流转中存在的问题,强化龙头加工企业带动作用,才能提高小麦产业经营效益。

3. 小麦加工企业规模小、产品档次低、原粮不足,必须加大规模化生产和集约化经营力度　统计报告显示,全国小麦粉加工企业 2 815 家,其中日加工小麦能力 200t以下的企业所占比重为 84%,日加工小麦能力 200t 以上的企业所占比重只有 16%。

我国最大的小麦加工企业——中国粮油集团，所在全国市场的份额也只有 2% 左右。我国现有的小麦加工设备年处理小麦能力已达 3.5 亿 t，而全国年均小麦消耗量在 1.1 亿 t 左右，去除饲料和种子用麦，用于加工的小麦不会超过 1 亿 t，也就是说，小麦加工总的设备开工率低于 30%。因此，必须通过小麦产业技术服务推动加工企业优化组合，发展壮大小麦产业化龙头企业，提高产品档次和市场开拓能力，使龙头企业向大规模、集团化、集约化的方向发展。

4. 技术普及较差，必须加强小麦产业技术服务 当前小麦生产普遍存在重品种、轻技术的现象，往往沿用落后的栽培技术，耕作粗放，播量偏大，肥水运筹不当，小麦品种潜力不能得到充分发挥，相同区域和品种由于栽培技术不同，产量差异十分显著。同时，优质专用小麦保优栽培技术、标准化生产技术推广到位率低，导致优质品种品质在年际间和地区间波动很大，商品的稳定性和一致性差，往往优质品种不能生产出优质产品。因此，必须加强小麦产业各环节的技术服务，以主导品种、主推技术和主体培训为重点，加强信息化服务和社会化服务，提高技术普及率和到位率。

根据小麦产业存在的问题与共性需求，急需强化以小麦主产区为主体的国家小麦产业技术服务平台，实现在小麦生产、贮藏、加工、物流、市场等产业环节的全方位、开放性、公益性技术服务。

二、建设小麦技术服务平台的意义

小麦产业技术服务平台以科技资源集成开放和共建共享为目标，通过整合、集成、优化科技资源，完善相关基础条件建设，以及对小麦产业的信息服务、技术创新服务、科技成果应用和示范带动等工作，向社会提供小麦科技资源共享服务和公共技术服务，实现小麦产业科技资源共享与全方位科技服务，并具有基础性、开放性、公益性的特点，以推动国家粮食战略工程的实施和小麦产业的发展、产业技术创新，保证国家粮食安全。其重要意义主要体现在以下几个方面。

(一)完善技术信息服务职能，促进小麦产业整体发展

小麦产业链包括"小麦品种选育→繁种→推广→生产→收购→贮存→面粉加工→食品加工→市场销售"等各个环节。目前，各个环节之间和环节内部均存在一些不够协调的问题。一是从小麦生产到被消费的有机整体被人为地分隔成农业生产、粮食收购、面粉和食品加工三大块，而且相互之间政策和市场化进程不协调；二是小麦选育环节存在品种特性与生态环境不适应、适应性较差、灾害减产频繁发生、高产与优质矛盾突出、品质稳定性低、不能满足高档次加工需求等问题；三是已进入市场的面粉企业为适应广大消费者的需求，生产专用食品的面粉，需要大量优质小麦原料，而与之相关的农业部门仍然大量生产普通小麦，粮食收储企业收购小麦仍然采用红麦、混合麦和白麦的分级标准，这都已经不适合面粉加工企业对小麦原料的要求，使得粮食收储企业出现普通小麦大量积压和农民卖粮难，而企业急需的大量优质小麦却供不应求；四是小麦精深加工技术水平相对落后，大多表现为低附加值的粗加工

状态,没有得到科学合理的利用;五是小麦交易信息和物流信息迟钝、小麦物流园区建设滞后。因此,建设小麦产业技术创新服务平台,可以市场为导向,以生产为基础,增强小麦产业链各个环节之间和各个环节内部的沟通协调,对实现小麦产业一体化经营具有十分重要的现实意义。

(二)强化技术交流与合作,提升产业化水平

以科技为先导是研究与推进小麦产业技术开发的重要措施,科技水平的高低是小麦产业开发的关键。要加速小麦产业开发就必须大力推进科技进步,按照农业产业化的要求建立一体化的科研体系来振兴小麦产业。一般小麦的生产、加工转化等科研活动大都自成体系、各自为战、独立运行,缺乏沟通、交流、联合与协作,科技资源浪费与效率不高是制约产业科技进步的重要问题。通过小麦产业技术服务平台,建立联合攻关、科研协作、联席会和学术报告会交流等制度,从而可以实现不同领域的科技工作者之间的共同协作,加快研究开发小麦产业新产品、新工艺、新技术,对充分发挥科技资源优势,提高科研效率,推动小麦产业快速发展具有重要作用。

(三)增强国际竞争力,实现可持续良性发展

20世纪80年代以来,我国小麦的国际竞争力虽略有上升,但与世界小麦主要生产国相比存在较大差距。我国小麦生产者的组织化程度与美国、加拿大、澳大利亚、欧盟国家等主要小麦出口国相比还很低;小麦产前、产中、产后服务体系不健全;流通费用在市场价格中所占比重过大;加工技术相对落后,加工转化能力较弱,加工品的国际竞争力整体上较弱。从成本构成分析,我国小麦生产用化肥、灌溉、产后加工、劳动力投入等费用较高,平均每100kg小麦用化肥、灌溉费用、劳动力投入分别比美国高11.4元、5.7元、25.6元。由此导致中国小麦国内市场价格高于美国小麦国内市场价格。从小麦质量分析,我国小麦长期存在着缺少强筋和弱筋专用小麦,优质小麦与国外相比仍存在一定差距。当今国际小麦产业的竞争,已不再是单个生产单位、生产环节、具体产品或品种的“个体”竞争,而是表现为整个产业体系的综合性竞争,建设小麦产业技术服务平台,将有利于小麦生产、加工、贮运、销售等环节有机地结合,通过产学研一体化和产业化经营,按照专业分工实行产业链的联合,培育和组建能够参与国际市场竞争的龙头企业,以增强我国小麦产业整体在国际市场上的竞争能力。

第二节　小麦产业平台的技术支撑与主要职能

平台的目标定位是以小麦产业科技资源集成、共建共享、技术创新、开放服务和推动小麦产业发展为目标,通过整合和优化科技资源,完善相关基础条件建设,通过具有基础性、开放性、公益性特点的网络化、多功能小麦产业技术创新服务平台,向小麦产业提供全方位、全过程科技资源服务和技术创新服务。

小麦产业技术服务平台包括六大技术支撑平台,涵盖小麦产业的十大科技服务体系(图8-1)。主要职能是通过各级小麦科技服务机构,开展小麦育种、种植、贮存、

深加工、物流等产业链相关单位的联合协作,实施小麦技术推广、工程技术方案咨询与评估、科技信息交流、成果转化、产品评价、管理咨询与认证、标准与政策咨询和技术培训等全方位服务。

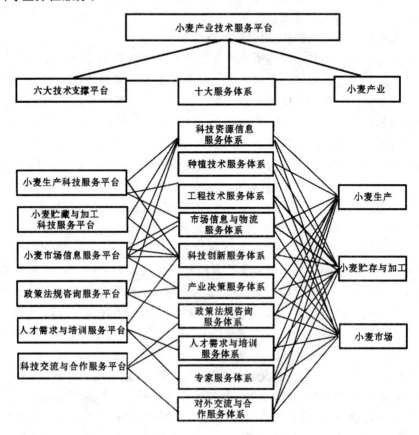

图 8-1　小麦产业技术服务平台组成与职能

一、六大技术支撑平台

(一)小麦生产科技服务平台

小麦生产科技服务平台集成全国有关小麦的科技成果、生产技术和丰产经验等科技信息,主要包括种植技术服务、农业工程技术服务和科技创新服务等内容。涉及小麦品种筛选利用、土壤耕作与播种技术、水肥调控技术与田间栽培管理、防灾减灾与病虫害防治、适期收获等整个小麦生产过程的各个环节。运用科技和信息手段,对小麦生产全过程进行科技服务,为科技资源信息服务体系、种植技术服务体系、工程技术服务体系和科技创新服务体系提供技术支持。

(二)小麦贮藏与加工科技服务平台

小麦贮藏与加工科技服务平台集成全国有关小麦贮藏与加工方面的科技成果和

技术信息,主要包括小麦绿色贮藏工艺技术、小麦有害微生物与昆虫防治、小麦贮藏设施设计、小麦品质与安全、小麦粉加工工艺技术与装备、小麦加工副产物综合利用等过程的各个环节。运用科技和信息手段,对小麦贮藏与加工全过程进行科技服务,为科技资源信息服务体系、工程技术服务体系和科技创新服务体系提供技术支持。

(三)小麦市场信息服务平台

小麦市场信息服务平台集成全国有关小麦生产情况、价格行情、后期分析、政策通知、进出口、期货市场、会展会讯、国际行情等综合信息,划分为以下 9 个栏目。

1. 生产情况　该栏目信息内容主要包括小麦的播种、生长、产量等情况,为把握后期市场收购、加工等提供基础依据。

2. 市场动态　该栏目内容主要是当前小麦市场价格行情,及时、准确、迅速地报道河南及其他各主产省小麦的收购价格、进厂价格、出库价格、车板价等,以及面粉出厂价、批发价、车板价等的变化情况、原因分析,为市场经营提供参考依据。

3. 分析预测　该栏目内容主要是资深业内人士、粮食专家通过对当前小麦市场行情的分析,多层次、多角度的对后期走势做出预测,方便客户更好地把握市场、做好经营。

4. 期货市场　该栏目主要内容是郑州商品交易所、美国纽约商品交易所的小麦期货收盘、持仓等报告,以及小麦期货市场的动态、评论、分析等,以"期、现结合"的方式为把握市场动态提供便利。

5. 进出口动态　该栏目内容主要是国内港口粮食行情的及时报道,提供由国家海关总署发布的粮食进出口权威数据,以及进出口小麦的到岸、离岸价格。

6. 政策通知　该栏目内容主要是近期国家发改委、农业部、国家粮食局等部门,以及河南省相关政府部门调控小麦市场的政策措施,为网上查阅相关通知提供便利。

7. 会展会讯　该栏目主要提供国内主要的小麦交易会讯以及展示博览、分析预测会讯等,并报道当前正在举办的相关会讯动态。

8. 机构报告　该栏目主要提供全球主要粮食分析机构的即时分析报告,比如美国农业部、美国小麦协会、法国粮食出口协会、澳大利亚小麦局、联合国粮农组织、国际谷物理事会等最新出台的价格报表、供需报告等。

9. 国际行情　该栏目内容主要是当前国际上小麦现货交易、价格、走势等情况,方便与国内小麦行情进行对比,把握全局。

(四)政策法规咨询服务平台

在市场经济条件下,法律是管理经济的重要手段。粮食作为人民生活的必需品和国家的重要战略物资,应加强法律调控管理,但目前我国尚未制定粮食经济法律,粮食管理基本上是以执行《粮食流通管理条例》等行政法规或政策文件的形式实行的。

政策法律法规平台体系主要应构建以下内容:

1. 粮食政策法规　主要介绍《粮食流通管理条例》、《中央储备粮管理条例》、《粮食流通监督检查暂行办法》、《粮食行政复议办法》、《粮食收购资格审核管理暂行办法》、《粮食质量监管实施办法(试行)》、《粮食库存检查暂行办法》、《国家粮食流通统计制度》、《中央储备粮代储资格认定办法》等法律法规。

2. 食品安全类法律法规 主要介绍《中华人民共和国食品卫生法》以及我国食品标准体系、企业标准体系、食品安全法律法规、安全与质量管理体系,并结合我国食品安全现状,突出介绍食品卫生许可证和食品市场准入制度、国际食品法规与标准、食品标签、认证与计量认证、食品认证等内容,并附《中华人民共和国食品卫生法》、《中华人民共和国产品质量法》、《食品生产加工企业质量安全监督管理办法》及《FAO/WHO 食品法典委员会解读》等全部内容。

3. 生活中的主要法律法规 主要介绍法律基础理论、民法通则、合同法、婚姻法、继承法、公司法、劳动合同法、产品质量法、房地产法、刑事法律制度、诉讼法律制度等。并提供一些常用的标准合同文本、常用诉讼文书范文、经典案例介绍。

4. 专家在线 筛选部分有经验的法律专家、律师在线提供咨询,并在必要时为当事人提供代理、辩护等服务。

(五)人才需求与培训服务平台

人才需求与培训服务平台主要包括人才需求服务体系和技能培训服务体系,涉及小麦产业链条中各个环节对人才素质和综合技能的需求。本平台根据小麦产业各环节对人才的要求,培养专业技术型人才,培训技能型人才,建立各种人才的供需服务、信息采集与管理体系,为小麦产业发展提供和培训各类型人员。

(六)科技交流与合作服务平台

科技交流与合作服务平台主要包括产业决策服务体系和对外交流与合作服务体系。通过专家对政策法规的解析,对小麦生产、收获、贮存与加工、市场交易、物流等方面的学术研究,提出对小麦产业决策的指导性建议;同时,利用多种途径交流小麦科技信息,增强小麦生产、收获、贮存与加工等方面的技术合作。

二、十大技术服务体系

六大技术支撑平台具有以下十大技术服务体系的职能,涵盖小麦的产前、产中和产后三大产业环节。

(一)科技资源信息服务体系

该体系分 5 个栏目,分别是自然资源、生产资料、数据库、资源共享和其他。科技资源信息服务体系主要有以下内容:

1. 自然资源 主要服务内容:①自然资源如气候、地理、土壤、水质等知识;②小麦生产的基本条件如土壤、气候、水资源等自然条件,影响小麦生产的农业气候条件如光照、热量和水分等;③在充分认识了解农业自然资源基本特性的前提下,科学利用农业自然资源服务于小麦生产应坚持的原则,如因地制宜、利用与保护相结合、经济效益与生态效益相结合、处理好局部和全面的关系、处理好当前利益和长远利益的关系等。

2. 生产资料　小麦生产资料主要包括农药、化肥、复合肥、有机肥、农膜等。通过信息平台可以帮助农民科学合理地、有计划地购买和使用有关小麦生产资料,提高平台服务功能。

3. 科技资源信息数据　科技资源信息数据建设是小麦产业技术创新服务平台的主要内容,也是平台开展专业性服务的支撑。数据资源采取购置国内数据服务商提供的科技文献、专利、科技成果和国家与行业标准以及行业检测介绍。通过整合小麦行业内专业数据库并根据需求定向开发,使数据资源更贴近需求,更能服务小麦行业科技工作者。

4. 资源共享　数据库建设涉及粮食宏观调控的粮食生产、收购、贮藏、流通各个环节的数据资源(包括空间数据、粮食产量数据、物流统计数据、社会经济历史数据等)和技术资源,需要国家粮食宏观调控各级管理部门、事业单位、企业和物流节点的全力配合和资源共享。可以获取涉及粮食安全的各个环节的多源数据,全方位描述粮食从生产到消费整个过程,所获取到的信息集中管理,并可以提供给相关部门使用,实现国家粮食局、地方粮食部门、中央有关部门、粮食企业之间安全可靠的信息交换、资源共享。粮食信息的共享将有利于提高工作效率,提高管理水平,降低生产成本。

5. 其他内容　小麦种质资源、病虫害防治、利用卫星遥感小麦估产、小麦防灾减灾避害技术、仓储技术介绍等相关期刊文献、图书、国内外科技动态等。

(二)种植技术服务体系

种植技术服务体系主要包括小麦品种选育、生产计划、规范化播种技术、麦田栽培管理与水肥管理调控、避害减灾与病虫害防治措施、适时收获等信息的采集与管理。

(三)工程技术服务体系

工程技术服务体系主要包括小麦产后减损、贮藏工艺技术、小麦贮藏设施设计、有害微生物与昆虫防治、小麦加工工程设计、小麦精深加工技术、食用品质安全、行业检测等的科学数据、试验验证、科技评估、成果推广与技术开发等服务体系的设计、信息采集与管理等。

(四)市场信息与物流服务体系

市场信息与物流服务体系主要包括小麦市场供需、价格、物流、产品、质量等服务体系的设计、信息采集与管理。该服务体系配合信息服务平台,通过互联网的新闻信息、价格信息、供求信息、小麦期货、交易信息、会展信息等栏目,提供更专业、更有针对性的服务。在此服务之上,通过与传统贸易方式的接轨进行网上粮食电子商务模式的借鉴,通过信息技术、信息流、信息传输、信息集成库等实现诸如询价、报价、促成交易等全方位的网上粮食电子商务模式。

(五)科技创新服务体系

科技创新服务体系主要包括科技创新机制的建立、科技创新模式、科技创新项目、科技成果的筛选、工程评估与实施等服务体系的设计、信息采集与管理。涉及种植技术、病虫害防治、仓储技术、深加工技术、检疫监测、粮机技术、可再生能源等专业领域。

(六)产业决策服务体系

产业决策服务体系主要包括围绕小麦生产、贮藏与加工、市场交易与流通三大环节的需求,为小麦产业化开发提供科学规划、导向、决策等技术和信息服务。

(七)政策法规咨询服务体系

政策法规咨询服务体系主要包括小麦生产、贮藏、加工、销售、物流、食品安全等方面的政策法规、生活中的主要政策法规、专家在线政策法规咨询等服务体系的设计、信息采集与管理。

粮食政策法规:《粮食流通管理条例》、《中央储备粮管理条例》、《粮食流通监督检查暂行办法》、《粮食行政复议办法》、《粮食收购资格审核管理暂行办法》、《粮食质量监管实施办法(试行)》、《粮食库存检查暂行办法》、《国家粮食流通统计制度》、《中央储备粮代储资格认定办法》等法律法规。

食品安全类法律法规:《中华人民共和国食品卫生法》以及我国食品标准体系、企业标准体系、食品安全法律法规、安全与质量管理体系,并结合我国现状,突出介绍食品卫生许可证和食品市场准入制度、国际食品法规与标准、食品标签、认证与计量认证、食品认证等内容,并附《中华人民共和国食品卫生法》、《中华人民共和国产品质量法》、《食品生产加工企业质量安全监督管理办法》及《FAO/WHO 食品法典委员会解读》等全部内容。

专家在线政策法规咨询:法律专家、律师在线提供咨询,为当事人提供代理、辩护等服务。栏目拟设四个部分,分别是有问必答、专家提醒、问题查询、问题汇总。

(八)人才需求服务体系

人才需求服务体系主要包括根据小麦产业各环节对人才的要求,提供小麦生产、病虫害防治、小麦贮藏与加工、市场交易与管理、小麦物流信息与装备等专业技术型人才的供需服务、信息采集与管理,为小麦产业发展提供所需各类型人员。

(九)技能培训服务体系

技能培训服务体系主要包括小麦生产、病虫害防治、贮藏与加工、市场交易与管理、小麦物流信息与装备等方面的经验交流、技能型人才的培训,科技人员专题报告等服务体系的设计、信息采集与管理。

(十)对外交流与合作服务体系

对外交流与合作服务体系主要包括以小麦科技信息全球化为主线,实施小麦科技信息资源共享,提供国际小麦优良品种信息、引进方式与生产技术交流、学术交流、小麦生产与加工技术合作、专题研讨、参观学习等建设内容的设计、信息采集与管理。

第三节 平台的技术服务模式与内容

一、技术服务模式

小麦产业不同环节的技术特点不同,用户的技术需求各异,在技术服务过程之中采用不同的方法与模式,主要有以下几种。

(一)"平台＋公司＋基地＋农户"的技术转化推广模式

该模式以种业公司为主体、以品种为载体,在专家技术指导下,种子企业为农民的种子繁育田统一供应育种家包衣种子,并实行"一方一机一播量、一村一品一模式";通过技术人员对农民进行技术培训和技术指导,确保农民按照技术方案的操作规程进行田间管理;麦收后企业对检验合格的示范田繁育的种子按照订单,以高于保护价15％~30％的价格全部回收种子,使农民成为企业的编外"股东",真正把企业的效益与农民的利益紧密联系在一起。这种以技术为平台、企业(农户)为主体、科技为支撑、订单为契约、利益为纽带、收购为保障的创新运行机制,确保小麦生产达到"六统一",即统一技术培训、统一供应包衣种子、统一测土配方施肥、统一机耕机播机收、统一种植管理模式、统一病虫害防治,实现了"企业受益、农民增收"的双赢目标。

(二)"平台＋企业＋产品＋市场"的技术转化、推广和产品市场模式

该模式以小麦科技平台为主体,以小麦精深加工企业为实施基地,以小麦面制品、面制冷冻食品、面制方便食品等为终端产品,在科技专家技术指导下,以小麦产后加工工程设计、工艺策划、食品加工、技术服务、产品市场定位与销售策划为重点,深入实施"一竿子插到底"的科技服务模式。通过专家技术服务和咨询服务,对小麦加工企业进行技术培训和技术指导,确保小麦产后精深加工按照技术方案的要求、操作规程进行工程设计、产品加工、清洁生产、市场策划和营销工作的通畅、实效、增值创汇;真正把农民的利益、企业的效益、消费者的需求紧密联系在一起。这种以国家级工程中心、重点实验室和科技专家为支撑,以企业为主体,以市场为导向,以利益为纽带,以保障消费者健康为目的的创新运行机制,保证了小麦产后的科学加工、产品质量和健康消费。

(三)"专家讲座＋咨询服务＋现场指导"的技术服务模式

该模式以小麦科技平台为主体,以农户、农民为服务对象,以科学储粮、减损保质为目的,在科技专家技术指导下,以小麦产后安全贮藏、防虫防霉、降低真菌毒素、细菌毒素对小麦的污染、减损保质为工作中心,深入实施"全程跟踪"的科技服务。通过专家技术服务和咨询服务,对农民农户进行小麦防虫防霉、降低真菌毒素污染等的技术培训和技术指导,确保小麦产后安全贮藏,真正把农民的利益、企业的效益、食品安全、消费者的健康需求紧密联系在一起。这种以科技专家和科学技术为支撑,以农民、农户为主体,以食品安全和保障消费者健康为目的的创新运行机制,确保了小麦产后减损降耗和安全储粮,从源头上保障了面食品、快餐食品、面制冷冻食品、面制方便食品等的安全。

(四)"电视机＋机顶盒＋ADSL"的低成本多媒体综合服务模式

该模式是互联网版小麦产业创新服务平台的有力补充,在农村电脑覆盖率不高的情况下,可让农村用户得到更广泛的小麦生产、加工和存储过程中的信息与资源,向农民提供小麦种植、贮存、深加工、物流等产业环节的全方位科技信息服务。

(五)"专家远程视频诊断和智能化系统"服务模式

利用信息化技术优势,采用专家远程视频诊断和系统智能化自动诊断的形式,开展远程诊断、远程问答、视频会议、文字互动等远程服务活动,集中各地专家的意见和成果,集思广益,快速形成对小麦或产品的诊断和处理意见,同时使得相近案例处理方法可以在不同的地方得到共享,提供高效、快捷、节省费用的服务。通过知识库、方法库将用户的输入和选择信息进行自动处理,从而获得相关的信息,反馈给用户,达到远程诊断的目的。

二、技术服务网站

在互联网基础较好和计算机普及率较高的地区,可直接通过公共互联网接入基于互联网的小麦产业技术创新公共服务平台网站实施技术服务;在计算机普及率不高的地区,可采用借助"电视机＋机顶盒＋ADSL"方式,接入基于宽带多媒体的小麦产业技术创新服务平台网站实施技术服务。

(一)基于互联网的小麦产业技术服务平台网站(http://www.wtsp.org)

小麦产业技术创新服务网络平台,围绕小麦产业的三个环节建设如中国期刊数据库、专利数据库、国家标准数据库、小麦科技专家数据库、小麦精深加工知名企业数据库、国内外小麦科研机构数据库、高校、工程研究中心数据库等。网络接入选择中国网通、中国电信、中国教育科研网等多种接入方式,从而满足不同访问需要(图 8-2)。

1. 网站技术特点

(1)统一性　网站采用统一的数据标准,作为一个开放性、基础性的公共服务平台,系统应该对信息的规划、采集、加工处理、发布、搜索、整合等提供统一的服务支持。从数据层、业务逻辑层、表现层等多个层次均保持一致,为平台的研发、扩展提供技术保障。

(2)实用性　平台网站建设以实用性为目标进行建设,力求最大限度的贴近小麦产业的三个环节的核心需求,始终围绕小麦产业科技提供实用的数据信息。表现层采用实用技术,去除华而不实的、繁复的交互页面,使用户经过最少操作即可获得所需信息。

(3)先进性　平台网站建设采用开放的技术协议标准,从而保障平台能够不断地进行技术升级。在三层架构中分别采用当前 Web 发展的先进技术进行搭建,如

图 8-2　基于互联网的网站首页

SOA、RIA 等先进技术标准的采用等，可保障平台的先进性。

（4）安全性　平台从硬件设施和软件设施两方面对软、硬件安全进行了有效保障，如 SSL、CA、PKI、DES 等多种安全技术的采用，均是目前可信赖的安全手段，可以确保平台在安全可信的环境下运行。

（5）适用性　平台的建设始终围绕小麦产业的三个环节展开，以此为主线，将确保平台网站在小麦产业科技公共服务方面的适用性，无论是平台建设的参与实体还是平台架构内的十大服务体系，都始终围绕小麦产业科技核心需求，具有很强的适用性。

（6）易维护性　平台逻辑上采用三层架构，将业务和数据进行分离，采用开放的技术标准，屏蔽了不可知的技术障碍，避免技术壁垒，保证平台的易维护性。

2. 数据仓库技术应用　随着平台的使用，必将迅速产生大量的相关数据信息，采用数据仓库技术对这些数据进行有效管理将大大提供数据的使用效率，同时为决策支持系统建设和数据挖掘提供必要的数据准备。

（二）基于宽带多媒体（TV 版）的小麦产业技术创新服务平台网站

依托农村信息化服务平台建设国家小麦产业宽带多媒体（TV 版）公共服务平台，通过电话线和机顶盒的接入方式，与互联网接入方式形成有机的互补，通过"一个资源，多种平台"的形式为十大服务体系提供有力的信息化技术保障。平台采用资源采集与整合技术、IP 机顶盒技术、音视频编解码技术、网络流媒体服务技术、个性化电子节目单展示技术、个性化信息推送技术、实时信息交互技术、智能 CDN 分发技术、搜索引擎技术、大并发系统构架技术、统一身份认证技术、海量数据处理技术、异构平台技术、身份证的信息采集技术等多种关键技术实现在电视机上的双向互动(图 8-3)。

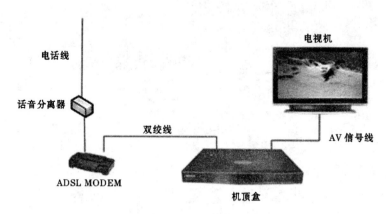

图 8-3 基本型信息终端

网站利用威科姆公司自主开发的"基于电视显示技术的网络游览和视频点播装置"进行主题页面的设计,美观大方,栏目清晰,分类科学,一键式操作,方便用户简单、快捷地查找信息。各栏目进行日更新,并安排专人进行相关栏目的日巡检。每周更新信息量视频可达 260～300h,图文日更新量达数百条,包括新闻、预测、评论、创新、价格、行情等信息(图 8-4～8)。

三、技术服务内容

根据机顶盒的显示效果及用户使用便捷出发,设置 10 个一级栏目,即:政策法规、行业预测、分析评论、专家指导、技术创新、成果推广、技能培训、节能环保、市场信息和物流管理(图 8-9),一级栏目下设置二级栏目。

《政策法规》栏目下设生产、储运、加工、进出口和其他等二级栏目;

《行业预测》栏目下设小麦的价格、相关农资、农药、化肥等方面的预测、走势等内容;

《分析评论》栏目通过对小麦期货走势等内容的分析评论,指导用户科学、合理的进行种植;

《专家指导》栏目下设有问必答、专家提醒、问题查询、问题汇总等二级栏目;

《技术创新》栏目下设种植技术、病虫害防治、仓储技术、深加工技术、检疫检测等二级栏目;

《成果推广》栏目下设生产、储运、物流、加工、展示、推广等二级栏目;

《技能培训》栏目包含小麦生产与加工、市场运作过程的经验交流、技能培训、科

图 8-4　基于宽带多媒体(TV 版)的网站首页

图 8-5　市场信息栏目

图 8-6　价格行情栏目

图 8-7　行业预测栏目

图 8-8　分析评论栏目

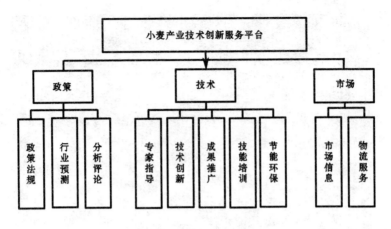

图8-9 一级栏目分类

技人员专题报告等服务体系的设计、信息采集与管理,定期进行节目的更新。

《节能环保》栏目将相关的环保技术分条显示,用户可根据需要选择收看;

《市场信息》栏目下设新闻信息、价格信息、供求信息、小麦期货、交易期货的二级栏目;

《物流服务》栏目将物流相关信息分条显示,用户可根据需要选择收看。

根据各地特色进行信息资源的更新。更新信息资源包括农业科技、技能培训、市场信息等内容,同时根据点击率统计和用户需求进行节目的更新与删除。

按照我国小麦产业发展的科技信息需求,以产业需求为导向,通过科技资源集成开放和共建共享途径,更大范围整合相关高等院校、科研院所和企业的优势资源,完善相关基础条件建设;进一步完善国家小麦产业的技术服务体系、技术支撑网络平台,强化六大支撑平台,完善十大科技服务体系,凸现平台基础性、开放性、公益性的特点,不断调整和提升平台服务内容和服务水平;完善组织管理体制和运行机制,实现制度创新与平台的良性运行与可持续发展;解决小麦产业发展过程中存在的重大、关键、共性技术和管理问题,推动小麦产业快速发展。

第四节　小麦种子产业化案例

河南省新乡县位于豫北平原,交通便利,地势平坦,土壤肥沃,光照充足,雨量适中,排灌两便,小麦生产条件良好,是河南省重要的小麦种子生产基地。全县辖8个乡镇,170个行政村,31.75万人,其中农业人口28.66万人,常年小麦种植面积2.33万 hm²,其中小麦种子生产基地面积0.93万 hm² 左右。该县自1995年开始探索小麦种子产业化经营,先后在翟坡、七里营等乡镇建立小麦种子产业化基地,积累了一定的经验,但也暴露了一些问题。20世纪90年代末,随着我国加入WTO,我国经济和农业产业的不断开放,特别是随着种子法的颁布实施,全县注册种子公司达到30

家,小麦种子产业化取得了可喜的发展局面。

一、小麦种子产业化发展的基本情况

新乡县种子生产历史悠久,早在 20 世纪 70 年代就从事小麦种子生产。经过几十年的实践探索,摸索出了一整套种子生产质量控制措施,形成了稳定的种子质量控制体系,种子质量在黄淮海麦区具有一定的信誉。自国家实施种子法以来,新乡县种子基础设施进一步完善。截至目前,新乡县种子经营场所面积 13.3 万 m²,加工仓储场所 4.1 万 m²,种子检验室面积 1 800m²,种子加工厂 8 座,种子加工包装机械 90 多台,种子生产加工规模大、能力强。在种子企业不断发展的同时,新乡县专门成立了种子管理站,依法从事农作物品种试验、种子质量监督与检查、种子行政许可,为规范和保护新乡县种子生产者、经营者、管理者、使用者的行为,维护各方利益,建立开放的公平竞争的市场秩序做出了积极贡献。

新乡县现有注册资金 500 万元以上的企业 8 家,100 万元的 22 家。另外,县外有 10 多家种子经营单位直接与新乡县农民签订合同,繁育小麦种子。小麦种子市场竞争日益激烈,为适应市场竞争的新局面,河南省天宁种业有限公司、新乡县棉麦研究所种业有限公司、河南省惠农种业有限公司、河南省一粒金种业有限公司等部分种子企业已由过去单一的生产经销型向科研、生产、推广一体化类型转化,先后有众麦 2 号、新原 958、济麦 20、衡观 35 等小麦新品种通过省级审定或认定,推广小麦新品种 35 个,每年品种更新更换面积达 2.13 万 hm²。近几年,种子生产面积保持在 0.93 万 hm² 左右,年产小麦种 5 600 余万 kg,在满足本县用种的基础上,外销量到达 5 300 万 kg,优质专用中筋、强筋小麦达到 90% 以上,主要销往鲁西南、皖北、冀南、苏北、豫东南麦区,年播种面积达到 33.33 万 hm² 左右。仅此一项,农民可直接增收 560 万元,小麦种子生产已经成为新乡县的主导产业,种子经营企业对地方经济的发展起到了龙头带动作用。

二、小麦种子产业化发展的基本经验

(一)小麦种子产业化的基本思路

因地制宜,发挥新乡县地区优势,充分利用有限的土地和科学合理品种布局,提高标准化生产管理和规模经营水平,提高产业化经营和市场化运作水平,提高农民组织化程度和公司开拓市场的能力,提高种子质量和品牌效益,提高小麦种子市场竞争力,使新乡县未来的小麦种子产业化经营有一个大的提高。以市场需求为导向,以科技进步为依托,以项目带动和政策引导为手段,以产业化经营为载体,以增加农民收入、企业效益为目标,采取培育、生产、加工、储存、营销、管理相衔接的产业化生产经营形式,使新乡县从生产优质麦商品粮尽快转变为优质麦种子生产、加工和经营的经济优势。通过选育推广优质小麦新品种和提高种子质量等措施,使小麦原种在小麦增产中的贡献达到 45% 以上,小麦产量比现在主推品种增产 10% 以上,原种覆盖率达到 95％以上,节约大田生产用种量 25％,全县小麦种子繁育面积稳定在 1.33 万 hm² 以上,统一供种率在 95％以上。

(二)小麦种子产业化发展的原则

一是要坚持以市场为导向的原则。面向黄淮海小麦种子市场,考虑不同区域和不同消费层次的市场需求,认真做好市场调查,制定产业规划,避免有项目无市场、有市场无项目的现象发生,克服投资的盲目性。二是要坚持因地制宜的原则。黄淮海麦区经济社会发展很不平衡,起点不同,具体情况各异,种子产业化过程中急需解决的问题不同,切入点也不同,因此绝对不能一哄而起,搞“一刀切”。要优化小麦种子区域布局,发挥资源优势,发展小麦种子产业。三是要坚持可持续发展的原则。种子产业化经营,应该合理地利用和保护自然资源,要全面讲求生态效益、经济效益和社会效益。

(三)强化质量优势,实施名牌战略

小麦种子产业化发展以市场为导向,以质量获得市场竞争力,以名牌拓展市场份额。种子生产经营过程中,着重把握好五个重点环节:一是要选准小麦品种,建设好生产基地;二是要研究各种名牌种子从生产到加工销售的技术规范,保证名牌种子的优质化;三是要大力培育种子龙头企业,使龙头企业成为种子名牌的主力军;四是抓好名牌优质种子的市场营销环节,要以高品质、适中价格、有力广告宣传做好名牌产品的促销工作,扩大市场的占有率;五是要组织好政府、企业和农民的种子名牌战略的大合唱,政府要当好大合唱的指挥。总之,创立种子名牌是种子产业化的关键。

(四)打造龙头企业,推进投资多元化

在种子产业化经营的过程中,从事种子科研、繁育、加工或流通的龙头企业,发挥着开拓市场、建立基地、带动农户的重要作用,可以说没有龙头企业也就没有种子产业化经营本身,要按照龙头企业的要求,完善为农服务的功能,健全与农民的利益机制;围绕建设大龙头、开发大产业,通过运用新机制,开展大融资,带动跨地区、跨行业、大范围的资产重组和资本营运,促使工业资本、城市资本、社会闲散资本向小麦种子产业化转移。

(五)强化科技创新,提高产业化水平

实现小麦产品优质的关键是实施小麦种子产业化经营,走农业高新技术产业化之路。小麦种子产业化就是要以市场为导向,把农业高新技术作为生产力的主要构成要素,嫁接传统农业产业或独立发展成新兴农业产业的过程,它是农业和高新技术的相互渗透和融合,兼有二者的特点即集约化、规模化、市场化和国际化。因此,发展农业高新技术产业化的基本思路是:面向国内国际市场,形成特色,突出重点,用产业化带动农业向高产、优质、低耗、高效发展,促进种子产业化发展,全面推进农业现代化进程。

种子是科技的载体,科技是推动种子产业化进程的根本。种子产业的各个环节无不渗透着科技的力量。在 21 世纪,现代遗传信息学、电子计算机技术、基因重组技术、分子育种、航天育种将广泛应用于种子行业,种子的科技含量将不断增加。选育、引进、试验示范和应用新品种是提高种子的科技含量的核心,是检验种子工作的标尺。因此,必须要搞好品种选育、引进和试验示范,要加强基础性研究,要鼓励种子企业向育种和科研投资,建立自己的科研机构,走育种、繁育、推广加工一体化的道路,培育、引进、购买开发具有自主知识产权的小麦新品种。积极运用国家的优惠政策,支持种业企业提高科技创新能力。

新品种选育、引进、试验示范应紧紧围绕小麦生产结构调整,特别是小麦品质结构调整的需要。针对小麦生产实际,将优质强筋高产和优质中筋高产小麦的优良品种种源建设作为主攻目标和调整结构的切入点,突出优质、专用型小麦新品种的开发,加大优质专用小麦品种和种植材料的选育、引进力度。着重建立相对稳定的标准化试验示范基地,并不断提高科技人员的业务水平,提高品种试验示范的质量。对已经审定或认定的小麦品种,特别是适应种植结构调整的小麦新品种要加快推广;对试验示范有苗头的小麦品种,要扩大示范推广区域和面积。突出抓好优质专用小麦新品种的试验示范工作,扩大优质小麦的种植面积,力争在品种更新上有新的突破。

三、推进小麦种子产业化的措施

(一)优化政策支持体系,加大政策扶持力度

建立风险保障机制。种子产业技术性强、风险大,离不开政府的支持和政策倾斜。政府要陆续出台支持小麦种子产业化发展政策,实现种子产业创新。种业企业依据国家有关规定,可按利润的 5%～10%提取风险基金,专门用于对企业和农户生产风险、价格风险的补贴。同时,有关保险机构要研究推出面向种业产业化龙头企业和种子生产基地的新险种,努力减轻自然灾害造成的损失,促进种业和农村经济持续稳定发展。要加大县级农业发展基金、农业综合开发基金和财政支农周转金对种子产业化龙头企业的扶持力度,重点用于种业龙头企业的技术改造、基地建设和新品种开发等项目,并实行项目管理,周转使用。

(二)加强对小麦种子收购资金的信贷支持

小麦种子的购销期不超过 100 天,需要资金量大而时间短,急需国家信贷政策支持。具备条件的种子公司要积极争取、申报市级以上农业产业化龙头企业,积极参与银行信用等级评定,申请农产品收购贷款。各级金融机构要把种子产业化龙头企业作为重点给予信贷支持。对其收购种子所需资金和技改贷款应给予优先支持。并逐步落实农业发展银行作为主办银行制度,实行银企联手,连续扶持。要利用好国家小麦良种推广补贴项目政策,增加新品种试验经费,加快新品种选育和推广工作,鼓励农民采用新品种、新技术,提高小麦种子产业化经营水平。

(三)建立稳定的专业化种子生产基地

各种子生产单位要选择好种子生产基地,实行统一供应繁育用种、统一品种布局、统一技术方案、统一去杂去劣、统一收获、统一收购标准、统一精选包装等措施,明

确各自的责权利,严格执行与行政村或繁种农户的购销合同,使农户得利,村委会得利,企业得利,政府满意,基地得到长期稳定发展。在一家一户分散制种条件下,为扩大制种规模和保证种子质量,应依法调整土地,有偿流转,种子公司与农户分别以种子、技术和土地、劳力入股,利益共享,风险共担;或引导土地向种田能手转移,扩大种子生产经营规模,发展一批专业小麦种子生产基地和家庭农场。

(四)推进现代企业制度运作

按照现代企业制度运作,培养一支高素质的经营和管理队伍是小麦种子产业化经营的力量源泉。市场的竞争,首先是人才的竞争,有了人才,企业才能有发展的动力和活力。要加快培养懂经营会管理的开发型人才,提高经营队伍的科技素质。一是要发掘单位内部现有的人才,做到人尽其才,才有所用,把头脑灵活、经营意识强的人才充实到经营队伍中来,并对他们进行经营管理、种子生产及有关政策法规等方面知识的培训和指导,尽快提高他们的业务素质。二是引进高层次人才,注重吸收经营管理,经济商贸等专业人才,或面向社会公开招聘有种子经营专长的人才,使他们成为企业管理、商业运作的策划和管理者,造就一批懂技术、会经营、善管理、知法规并具有敬业奉献精神的科技经营队伍,使企业的发展充满勃勃生机。

定期派人参加培训,提高经营管理水平、市场竞争意识和抢抓机遇开拓市场的能力。产业化经营就是要建立和完善与社会主义市场经济相适应的产业化经营体系,做到选育、生产、加工、贮藏、销售、服务一体化,这是种子产业发展的必由之路。产业化经营可以密切育、繁、推的关系,解决品种选育与推广分离的问题,有利于实现良性循环。生产营销以育种为后盾,不断推广育种部门提供的新品种,增强推广的生命力和市场竞争力,经营新品种取得的效益返过来支持育种科研,给育种工作提供经费保障,使科研人员集中精力搞科研,再育出更高水平的种子投放市场。实行种子产业化经营必须组建专业化的种子育繁、推、联合体,联合体成员单位应按照现代企业管理模式运作,面向市场,自主经营,优胜劣汰。

(五)健全和完善种子管理制度

必须依法治理种子市场、建立良好的种子市场秩序。种子管理是种子产业发展的保障。种子管理不同于其他农资管理,它是种子技术管理和行政管理的高度统一,包括种子资源、品种选育、试验、新品种保护、质量监督检验、生产、经营等方面的管理,这些管理相互联系,相互制约,相互促进。品种管理是条件,行政许可、行政检查、行政处罚是手段,质量管理是目的。2001年种子法实施以来,为种子管理提供了法律依据。鉴于种子管理的特殊性,要进一步健全和完善种子管理机构,建立一支业务素质好、工作作风好、专业技术水平高的优化、精干、高效的种子管理队伍。有计划、有步骤地开展专业和种子管理等方面的技术、法律知识培训,不断提高种子管理人员素质。明确其职能职责,保证人员编制和执法经费。同时要建立和完善种子执法约束机制,规范种子管理行为,明确种子执法监督体系。

加大种子行政执法力度,为用种者创造一个良好的市场环境。一是种子管理工作人员要加强法律法规的学习,认真贯彻落实种子法,依法行政,文明执法,强化宣传,提高人们的法律意识。同时要当好政府的参谋,搞好服务,切实做好种子管理工作。检验是要通过质量认证和计量认证,加强对种子经营企业的监督、管理,促使其依法生产、经营。对不具备小麦种子生产、经营条件的,限期予以完善,逾期仍达不到条件的,坚决取消其生产、经营资格。对种子的生产、经营实行严格的规范化管理,种子包装、标签、生产与经营档案及进货渠道要纳入正轨。重点查处无证生产、无证经营及生产经营未经审定、假劣种子和假冒商标、假冒品种种子案件,净化种子市场。

第五节 优质小麦产业化案例

　　延津县位于河南省东北部,属华北黄河冲积平原,隶属河南省新乡市。县境南北长 45.5km,东西宽 42.5km,总面积 964km²,耕地总资源 5.83 万 hm²,全县人口 46.5 万,辖 12 个乡镇,336 个行政村。全县现有耕地 3.73 万 hm²,土壤肥沃,水资源充足,农业优势突出,特色明显,盛产小麦、玉米、花生、棉花、大豆,其中尤以优质专用小麦生产最具得天独厚的优势,从 1998 年试种 533.3hm² 开始,到目前,优质专用小麦的常年种植面积已经达到 3.33 万 hm² 以上,占麦播总面积的 90%。延津县位于黄淮海优质强筋硬白小麦带的中部,是首批确定的国家级优质专用小麦生产示范基地县、全国商品粮基地县和河南省小麦出口基地县。目前,延津小麦生产正在由优质小麦逐步向特色小麦、绿色小麦、精品小麦的方向发展。

一、优质小麦产业化发展的基本情况

　　按照河南省委、省政府关于大力发展小麦经济的战略规划,延津县由粮食局牵头,整合基层粮食企业组建了国有粮食购销企业——河南金粒麦业有限公司。公司现有固定资产 1.2 亿元、员工 400 人,拥有麦业公司、种子公司、农资公司、食品公司等 25 个下属购销分公司、1 个粮油批发市场、1 个农技服务中心和 1 个质量监测检验中心,经营范围包括原粮购销、面粉加工、种子经营、农技服务、农资供应等多个领域,初步形成了"麦业、种业、肥业、面业"四业并举的经营格局。通过"公司＋专业协会＋农户"的组织形式和"订单＋期货"的经营模式,实现了优质专用小麦生产标准化、布局区域化、营销现代化和运作产业化,实现了农民增收、企业增效、兴粮强县,在国内小麦业界被誉为"延津模式"。

　　该县小麦经济经历了 3 个发展阶段:1998－1999 年为起步阶段,政府依靠强有力的行政推动手段实现了产业起步,奠定了产业基础;2000－2001 年为快速发展阶段,优质专用小麦种植面积逐步攀升、金粒品牌注册、龙头企业诞生、小麦经济的发展由行政推动转变为企业带动;2002 年以后为完善提高阶段,金粒小麦协会、农技服务中心、监测检验中心相继建立,企业先后进入期货经营、种子经营领域,优质专用小麦产业化形成了完善的组织体系和现代的营销手段。

目前,该县优质专用小麦种植面积由 1998 年的 533.3hm² 增加至 2008 年的 4 万 hm²,增长 74 倍;优质专用小麦产量由 1998 年的 0.3 万 t 增加至 2004 年的 23 万 t,增长 76 倍;订单优质专用小麦面积也由 533.3hm² 增加至 3.33 万 hm²,占播种面积的 90%;订单收购量由 0.3 万 t 增加至 19 万 t,增长 62 倍,多年来,全县优质专用小麦的订单履约率始终保持在 100%。农民由种植优质专用小麦增加收入 8000 余万元,全县 10 万农户 41 万农民由此每户增加收入 700 元。同时,实现了国内同行业中"五个第一":一是"金粒"牌原粮商标首开原粮品牌化经营的先河;二是中国制粉小麦首次出口被誉为"破冰之旅",2002 年 10 月,2.5 万 t 金粒小麦出口到新西兰、印度尼西亚等国,实现了中国磨粉小麦出口零的突破;三是创办了全国第一个小麦专业协会——河南金粒小麦专业协会;四是第一家利用期货经营利润对农民实行了"二次分配、二次返利";五是首家组织制定了《优质专用小麦无公害生产标准》,对优质专用小麦生产从种前整地、施肥、浇水、病虫害防治一直到收割各个环节的生产规程要点进行了量化,规范了优质专用小麦生产,2003 年经河南质量技术监督局审定通过并作为河南省地方标准被颁布实施。

二、小麦订单收购的发展历程

金粒公司实行小麦订单收购最早始于"实现原粮品牌化经营"的经营理念,在整合当地原国有粮食企业资源的基础上组建成为大型粮食加工购销企业,于 2000 年在国内首开原粮品牌化经营的先河,注册了"金粒"牌原粮商标,并制定了比国家标准更为严格的企业内质量标准,如国标规定杂质不超过 1%,企业内控质量标准则为 0.8%,并向公司的 40 多家客户做出了"金粒牌小麦,品质高于合同约定标准,水分、杂质低于合同约定标准"的承诺。

金粒公司实行小麦订单收购的过程中,政府的扶持和引导是初始的推动力。河南省延津县是国家级优质专用小麦生产示范基地县和全国商品粮基地县,作为当地的拳头农产品,小麦的市场经营一直停留在有品无牌的状态,产品的优良品质一直没有转化为真正的竞争优势。作为当地规模最大的国有粮食企业,金粒公司在推动当地小麦产业的发展、建设国内知名的优质专用小麦生产和加工基地方面显然是责无旁贷。在这一背景下,为了通过订单形式发展优质专用小麦,延津县政府采取了一系列有效措施进行引导和扶持。一是加强领导。县里创立了优质专用小麦开发领导小组,下设宣传发动、组织协调、技术开发、物资供应 4 个小组,各乡镇也都成立了相应的组织机构。二是加强宣传。召开全县动员大会,组织企业和农民代表到先进地区参观学习,并聘请专家讲课,在县电视台开辟专栏进行广泛宣传引导,形成了强大的舆论氛围,使农民的思想认识由种植普通小麦转向了发展优质专用小麦上。三是层层落实责任。县与乡、乡与村、乡与农机站分别签订目标责任书,制定相应的奖罚措施,充分调动各方面开展小麦订单的积极性。总的来看,金粒公司实行小麦订单收购的过程中,政府的努力奠定了一定的舆论基础和组织基础。

金粒公司的小麦订单始于 1998 年。第一年,公司与农户仅签订了 533.3hm² 的订单合同,随后该公司的小麦订单规模逐年扩大,1999 年的订单规模比上年增加了 1.15 万 hm²,达到了 1.2 万 hm²,2000 年、2001 年也一直处于快速发展阶段,优质专用小麦的种植面积逐年攀升,2000 年达到 2.67 万 hm²,2001 年达到 3 万 hm²。2002 年以后,随着农技服务中心、监测检验中心的相继建立以及期货经营和种子经营等业务范围的拓宽,逐渐进入稳步完善提高阶段。发展至今,不仅形成了一套非常成熟和完善的运作模式,而且从数量上来讲也已经具备了相当的规模。到 2006 年,公司的订单规模已经达到 4.67 万 hm²,带动本县及周边的近 10 万个农户加入订单(表 8-1)。

表 8-1　1998—2006 年金粒公司与农户订单小麦种植面积

年　份	订单面积 (万 hm²)	订单产量 (万 t)	订单农户 (万户)
1998	0.05	0.3	0.1
1999	1.20	7.2	2.6
2000	2.67	12.2	5.6
2001	3.00	16.6	6.4
2002	3.07	18.6	6.6
2003	3.33	20.5	7.1
2004	4.00	24.6	8.7
2005	4.33	26.5	9.3
2006	4.67	28.4	10

三、优质小麦产业化的模式与机制

(一)"公司＋协会＋农户"模式

延津县下辖 12 个乡镇 336 个行政村,中等规模的乡镇平均 5 000 多个农户、2 000hm² 左右的耕地面积。为克服单个农户为基础的订单农业中,企业自有的人力、物力、财力等运作力量不足的问题,金粒公司在小麦订单生产的实施过程中,构建了"公司＋协会＋农户"的组织模式,把小麦协会引入公司与农户的合作链条上,并作为公司与农户之间具体实施订单的主体协会在其中起到"联姻搭桥、产品交易、信息交换、技术服务"的中介作用(图 8-10)。

该模式中的"协会"由金粒公司发起并组织运作。为了运作的方便,该协会还依托县域内各个乡镇的粮管所设立了分会,粮管所所长担任各个分会的会长,分会又根据实际情况在各个村联系了一批有一定协调能力、在当地有一定威望的农民作为协会的中心会员,中心会员不仅要负责落实公司与农户之间签订合同文本,而且还要负

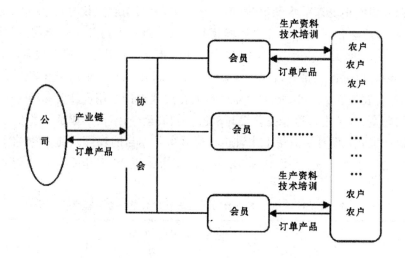

图 8-10　金粒公司实行小麦订单收购的组织模式

责搞好公司向农户提供的从播种到收割的全过程服务,即所谓"统一供种、统一机播、统一管理、统一机收、统一收购"的"五统一"服务。公司与农户之间的联系主要就依靠分布于各个村庄的中心会员,而农户对公司的各项要求也主要是通过这些中心会员传递的。金粒公司订单组织模式下的协会属于典型的官办与民办相结合的类型,在协会的组建和运作过程中,龙头企业起主导地位,政府起到宏观管理和辅助推动作用。

(二)订单收购运作机制

金粒公司的专用小麦包括优质强筋麦、种子麦和富硒麦。三种小麦有不同的市场结构,强筋麦近似完全竞争市场,种子麦种子经营公司竞争,富硒麦针对高端消费人群为金粒公司完全垄断市场。金粒公司针对三种小麦,实行了订单安排。围绕小麦产前、产中和产后开展的"五统一"管理模式的运作,基本上界定了双方协作过程中的责任和义务,金粒公司通过小麦协会向农户提供优质良种以及化肥、农药以及一系列的社会化服务等;而对农户来说,则要统一使用公司提供的生产资料,并按要求的操作规范作业。双方承诺的主要责任:小麦在没有明显自然灾害的情况下歉收,公司方面要承担责任,要给农户提供相应的赔偿;农户要按照约定给企业提供合乎要求的产品。

1. 通过协会落实书面合同　为了强化农户的合同意识,提高履约率,企业在每年的麦播之前都要通过协会中心会员与农户签订书面订单。小麦订单中要明确产品数量(以亩为单位)、品质要求、产品价格确定方式、产品交售时间及验收方式、价款结算方式等内容。另外,订单中还就双方的违约责任等方面进行了说明。

2. 提供农资及技术指导　为了保证产品质量,公司通过协会与农户约定了要提供包括种子、化肥、农药、技术指导等在内的服务内容。公司许诺给农户提供优质小麦种子达到原种化,以不高于市场价向农民配送种植订单良种,确保小麦所需的肥料和农药。农户也向公司承诺：第一，按照公司指导的技术措施进行农事操作；第二，连片种植，确保优质小麦的品质不退化；第三，足额上交所产优质小麦；第四，小麦收获时，单收、单打、单晒、单放，绝不混杂。

为了提高小麦品质、增强市场竞争力，金粒公司还组建了专门的农技服务中心，制定了《质量管理手册》，编印了《优质专用小麦无公害生产技术明白纸》，并通过协会发放给每一个订单农户。此外，协会还与公司农技中心联手，采用举办电视讲座、开办农民夜校、分发农技光盘、田间地头现场指导等措施，建立了"农技110"的农业技术推广模式，解决了农业技术推广的"最后一公里"问题。

3. 建立双层利益联结模式　订单价格是双方实现订单收益的关键，同时也是促使双方履约的关键条款，金粒公司采取的价格模式是"加成价格"辅之以"二次返利"的双层利益联结模式。具体做法是：公司首先在小麦的交售期，以每kg高出市场价格0.04～0.20元不等的价位回收农户的订单小麦，在公司参与期货市场套期保值的前提下，把在期货市场上实现的部分利润再分配给订单农户。金粒公司所采用的这种价格条款设计模式，不仅可以保证农户获得略高的产品价格，使农户获得部分流通环节的利润，有利于对农户形成足够的激励，并有助于维持订单农户的稳定性，实现了金粒公司的小麦订单能保持一个较高的履约率。

4. 实行灵活的产品交售方式　金粒公司收购订单小麦，主要是采取中心会员上门收购再向公司集中交售的方式。中心会员组织订单农户售粮有3种形式：一是由中心会员到购销企业预约统一收购时间，购销企业根据各村情况分村排日，分品种、分级别单仓收购。收购日期一旦确定，中心会员就对本村的订单农户逐户上门，组织统一收购，督促订单履约。订单农户在中心会员的组织下，集中时间卖粮，简便了化验和结算程序，减少了等待时间，而且在定等定级、过磅称量等环节让农民满意放心，确保优质优价、增产增收。二是中心会员根据统一的定价先在村内设点收购，然后再到企业集中交售。三是对于家中有困难的订单户，中心会员上门服务，帮助搬运，使他们不出家门就能解决售粮问题。

金粒公司在"五统一"的管理模式下，与订单农户之间形成的协作关系基本上涵盖了产前良种培育、产中技术指导、产后农产品收购与加工和销售的整个小麦产业链，公司与农户之间不再是单纯的市场交易关系，而是一种具有一定的互相约束力的、可以互相促进发展的准利益共同体。在这个利益共同体内，公司在责任承担、科研和专用性资产投资等方面的贡献都大于个体农户，在收益分配上相应地也占有较大分额，农户也可得到合理收益。

5. 激励机制　在这一组织模式下，金粒公司制订了一系列的激励机制和约束机制，协会成员可以得到个体无法生产而又需要的各种公共物品或集体物品。订单农户、种粮大户可获得协会提供的诸如产业规划、信息服务、技术推广、市场拓展、调节关系和维护权益等"公共物品"。在企业与农户的对接过程中，协会的作用正如金粒公司所总结的那样："一头为农业生产、农民增收服务，一头为龙头企业产业化经营服务,提高了生产的组织化程度,落实了关键技术,架起了优质小麦直通大市场的桥梁。"因此,在金粒公司所构建的小麦从田间到车间的这个产业链条中,协会及其下属的中心会员毫无疑问地起到了关键性的作用。

根据中心会员组织"统一供种、统一机播、统一管理、统一机收、统一收购"的数量和质量,给中心会员支付一定的报酬。每年对中心会员进行评比考核,颁发证书奖状进行精神奖励。发展订单会员多的中心会员,一年收入可高达万元,相当于多种了1.3hm² 地的收入,一般中心会员也能得到 5 000 元左右的收入。因为报酬较高,以至于这种制度设计在当地农村激活了一个新的职业——粮食经纪人。

6. 延津模式的发展前景 延津采用"订单农业＋期货市场"模式已经取得了多赢的效果。一方面,它使农民生产的小麦适应了市场的需要,农民收入得到了可靠的保证,一定程度上规避了小农户面临大市场的风险;另一方面,小麦龙头企业在与分散的农民签订小麦种植订单的同时,通过小麦期货市场开展套期保值,也规避了经营风险,确保了订单的履约,有力地促进了优质小麦产业化的快速发展。但是,随着市场竞争和综合因素的影响,该模式也需要在应对新的市场风险方面进一步完善。

(1)小麦企业对风险的承受能力 由于我国目前期货市场仍处于不成熟阶段,小麦企业在进行套期保值的同时也要承担期货市场的风险,而且市场之外的风险的复杂性可能会给小企业带来损失,如灾害减产。

(2)风险承受力较强的客户新的需求 该风险管理模式未考虑农户风险承受能力的差异,将风险统一转移给小麦企业,再由小麦企业参与期货市场,而一般农户则难以真正享受到期货市场潜在的收益,尤其对于风险承受力较强且有承受意愿的农户来说,他们新的需求说明风险和收益未能实现最优组合,这违背了风险管理的基本原则。

(3)模式的风险共担机制有待完善 该模式基本上是按照小麦产业链的过程将经营风险逐步向产业链的下游转移,未能实现各经营主体根据自身情况进行风险共担。模式的创新风险管理方式仍比较缺乏,从而未能实现风险管理效率的最大化。

主 要 参 考 文 献

[1] 盖钧镒．作物育种学各论．北京:中国农业出版社,1997.

[2] 王厚俊．农业产业化经营理论与实践．北京:中国农业出版社,2007.

[3] 杨文钰．农业产业化概论．北京:高等教育出版社,2005.

[4] 于振文．作物栽培学各论．北京:中国农业出版社,2003.

[5] 尹钧．小麦标准化生产技术．北京:金盾出版社,2008.

[6] 曹凯歌,汪国莲,等．种子市场存在问题及监管机制的探讨．中国种子,2008(2):25-26.

[7] 曹军,李安成,吴浩,李怀法．建立小麦种子繁殖基地的基本要求和措施．中国种业,2008-05.

[8] 曹清平．我国农业信息服务断层研究与对策,甘肃农业,2005-10:29.

[9] 陈青,刘红,于瑞忠,等．创新信息服务模式,加快进村入户步伐．各地农业,2006-11:16.

[10] 陈英杰,崔红兵,陈凤伟,等．农业信息体系在农业产业化建设中的作用．吉林蔬菜,2008-05:85~87.

[11] 丁华．河南省小麦产业化开发模式与实现途径研究．河南工业大学学报,2006-04:16-23.

[12] 丁俊声．中国粮业的走向与粮企的根本应对．粮食科技与经济,2004-04:1-4.

[13] 冯继红．农业经济合作组织发展中的政府职能定位．河南农业,2006,4:40~42.

[14] 冯继红．市场经济条件下农业经济合作组织的发展．信阳农业高等专科学校学报,2006-02:16-18.

[15] 樊丰．以信息化促进我国农业产业化发展．山西农业科学,2008,36(2):15-16.

[16] 方建中．新型农业合作经济组织发展的理论探索．唯实,2008-4:62-65.

[17] 高明杰,丁晨芳,王瑞波．中国农业现代化水平的比较分析及政策建议．中国农学通报,2007-05:550-553.

[18] 何文玉,黄大学．实现我国农业规模化经营的途径．安徽农业科学,2007,35(28):9076-9078.

[19] 何剑伟,罗剑朝．农业政策性金融支持农业产业化的思考．九三论坛农村金融问题与新农村建设,268-271.

[20] 何中虎,林作楫,王龙俊,等．中国小麦品质区划的研究．中国农业科学,

2002,35(4):359-364.

[21] 韩一军．中国小麦产业发展分析．经济分析,2006-03:3-7.

[22] 贾敏．浅议县级种子管理工作中出现的问题及对策．甘肃农业,2009
(1):56-58.

[23] 金连春．关于发展农民专业合作组织的思考．农业经济,2008-08:70-
71.

[24] 黄社章,蔡士忻．充分发挥面粉企业在小麦产业化中的作用．面粉通讯,
2007-06:1-2.

[25] 李春生,张小惠,叶元林."国稻1号"品种开发经营新模式．现代农业科
技,2006(3):10-11.

[26] 李放．连锁经营初探．种子科技,2004(2):65-67.

[27] 李利民,郑学玲,孙志．小麦深加工及综合利用技术．现代面粉工业,
2009(2):45-48.

[28] 李里特．中国小麦产业发展的机遇在于传统主食现代化．粮食加工,
2006-04:5-8.

[29] 李文．加强农业高校创业教育为农业产业化服务．科教文汇,2008-11:
4.

[30] 刘宇,黄洁,马赛平．浅议湖南省农业龙头企业的核心竞争力．现代农业
科学,2009(2):143-145.

[31] 刘洪仁．农业产业化的现实矛盾与政策探析,新疆农垦经济,2005-6:27-30.

[32] 罗家传,张跃进,姜书贤．我国小麦良种繁育体系的特点与应用．种子,
2003(1):58-59.

[33] 卢起建,李明,朱根娣．农业科研院所科技种子成果转化与开发初探．上
海农业学报,2004(20):121-124.

[34] 卢岚,王敬．工业工程在农业生产管理中应用初探．工业工程,2004(9):
21-24.

[35] 孟全业,王圆荣,续建国．新形势下强化种子质量管理的思考．种子科
技,2008(3):26-27.

[36] 苗果园,常平凡,刘太廷,等．中国小麦产业化现状与发展对策初探．麦
类作物学报,2005,25(2):138-140.

[37] 牛宜生,王根来,汪慧燕,杨四军．农业科技成果产业化浅析．农业科技
管理,1998-10:30-33.

[38] 牛吉山,尹钧．小麦种子繁育的一般原则与通用程序．中国农学通报,
2009,25(15):109-112.

[39] 庞晓鹏．农业社会化服务供求结构差异的比较与分析．农业技术经济,
2006,4:35-40.

[40] 孙国生．发展优质小麦产业化,促进农民增产增收．中国农技推广,2006-22(4):14.

[41] 孙进先,杨晓燕,张美芳,等．昌邑市优质专用小麦产业化现状与发展对策．现代农业科技,2006-09:144-146.

[42] 六种模式保放心．农产品市场周刊,2005(41):15.

[43] 王天枝．加入 WTO 以后面粉加工企业的粮源策略．粮食科技与经济,2002(4):22-23.

[44] 韦小鸿,欧启忠．建立健全我国农业产业化社会服务体系．经济纵横,2002-05:20-22.

[45] 薛亮．从农业规模经营看中国特色农业现代化道路．农业经济问题,2008-06:4-9.

[46] 徐宝红．解决我国三农问题的指导思想与政策重点．科技信息,2008-17:264.

[47] 杨正中,杨旭．面粉加工企业的名牌战略．农产品加工,2007(3):56-57.

[48] 云红梅,陈明伟．浅析乌兰察布市农业产业化发展前景．农业经济,2007-11:128.

[49] 郁鹏．农业产业化与中国农业发展．当代经济管理,2008-06:50-53.

[50] 殷文红．浅议农业产业化经营中的政府职能．中国农垦,2006-06:57-58.

[51] 袁树军,李剑峰．种子管理工作的定位与开展．中国种业,2008(9):18-19.

[52] 王晓霞．浅谈加强种子管理的重要性．现代农业 2009(3):61.

[53] 王锋．以信息化助推农业产业化经营的对策思考．时代经贸,2008,6(109):5-6.

[54] 物亚云．论农业产业化信息服务体系建设．云南农业,2008-04:37-38.

[55] 朱致伟,于振文．我国小麦生产成本收益情况分析．山东农业科学,2007(4):61-64.

[56] 张照新．农业产业化经营政策变迁及其所产生的影响．中国科技成果,2008(20):8-10.

[57] 张冬科:粮食安全是确保国家安全的战略基础[N].中国经济时报,2008:10-29.

[58] 张红安．中国农业发展政策 30 年．淮阴师范学院学报:426-429.

[59] 张元培．中国小麦产业链现状与展望．中国小麦产业链发展论坛专刊:44-49.

[60] 周慧秋,李孝忠．价格支持、直接补贴与粮食政策改进．学习与探索,2008-04:172-174.

[61] 邵春杰.农业产业化过程中均分地权和规模化经营.华中科技大学博士学位论文,2005.

[62] 王爱群.吉林省农业产业化龙头企业发展研究[D].吉林农业大学博士学位论文,2007.

[63] 吕慧利.新中国农民经济组织的发展历程及思考.山西大学硕士学位论文,2007.

[64] 刘敏华.中国特色农业现代化道路研究.河北师范大学硕士学位论文,2008.

[65] 农业部.小麦优势区域布局规划(2008—2015年).2009.

金盾版图书,科学实用,
通俗易懂,物美价廉,欢迎直接邮购

农村规划员培训教材	8.00 元	瓜类蔬菜园艺工培训教材	
农村企业营销员培训教材	9.00 元	（南方本）	7.00 元
农资农家店营销员培训教材	8.00 元	瓜类蔬菜园艺工培训教材	
新农村经纪人培训教材	8.00 元	（北方本）	10.00 元
农村经济核算员培训教材	9.00 元	茄果类蔬菜园艺工培训教材	
农村气象信息员培训教材	8.00 元	（南方本）	10.00 元
农村电脑操作员培训教材	8.00 元	茄果类蔬菜园艺工培训教材	
农村沼气工培训教材	10.00 元	（北方本）	9.00 元
耕地机械作业手培训教材	8.00 元	豆类蔬菜园艺工培训教材	
播种机械作业手培训教材	10.00 元	（北方本）	10.00 元
收割机械作业手培训教材	11.00 元	豆类蔬菜园艺工培训教材	
玉米农艺工培训教材	10.00 元	（南方本）	9.00 元
玉米植保员培训教材	9.00 元	蔬菜植保员培训教材（南方本）	10.00 元
小麦植保员培训教材	9.00 元	蔬菜植保员培训教材（北方本）	10.00 元
小麦农艺工培训教材	8.00 元	油菜植保员培训教材	10.00 元
棉花农艺工培训教材	10.00 元	油菜农艺工培训教材	9.00 元
棉花植保员培训教材	8.00 元	蔬菜贮运工培训教材	8.00 元
大豆农艺工培训教材	9.00 元	果树植保员培训教材（北方本）	9.00 元
大豆植保员培训教材	8.00 元	果品贮运工培训教材	8.00 元
水稻植保员培训教材	10.00 元	果树植保员培训教材（南方本）	11.00 元
水稻农艺工培训教材		果树育苗工培训教材	10.00 元
（北方本）	12.00 元	苹果园艺工培训教材	10.00 元
水稻农艺工培训教材		枣园艺工培训教材	8.00 元
（南方本）	9.00 元	核桃园艺工培训教材	9.00 元
绿叶菜类蔬菜园艺工培训教材		板栗园艺工培训教材	9.00 元
（北方本）	9.00 元	樱桃园艺工培训教材	9.00 元
绿叶菜类蔬菜园艺工培训教材		葡萄园艺工培训教材	11.00 元
（南方本）	8.00 元	西瓜园艺工培训教材	9.00 元

甜瓜园艺工培训教材	9.00 元	肉牛饲养员培训教材	8.00 元
桃园艺工培训教材	10.00 元	家兔饲养员培训教材	9.00 元
猕猴桃园艺工培训教材	9.00 元	家兔防疫员培训教材	9.00 元
草莓园艺工培训教材	10.00 元	淡水鱼繁殖工培训教材	9.00 元
柑橘园艺工培训教材	9.00 元	淡水鱼苗种培育工培训教材	9.00 元
食用菌园艺工培训教材	9.00 元	池塘成鱼养殖工培训教材	9.00 元
食用菌保鲜加工员培训教材	8.00 元	家禽防疫员培训教材	7.00 元
食用菌制种工培训教材	9.00 元	家禽孵化工培训教材	8.00 元
桑园园艺工培训教材	9.00 元	蛋鸡饲养员培训教材	7.00 元
茶树植保员培训教材	9.00 元	肉鸡饲养员培训教材	8.00 元
茶园园艺工培训教材	9.00 元	蛋鸭饲养员培训教材	7.00 元
茶厂制茶工培训教材	10.00 元	肉鸭饲养员培训教材	8.00 元
园林绿化工培训教材	10.00 元	养蚕工培训教材	9.00 元
园林育苗工培训教材	9.00 元	养蜂工培训教材	9.00 元
园林养护工培训教材	10.00 元	怎样提高养肉羊效益	10.00 元
草本花卉工培训教材	9.00 元	怎样提高养长毛兔效益	10.00 元
猪饲养员培训教材	9.00 元	怎样提高养蛋鸡效益	12.00 元
猪配种员培训教材	9.00 元	怎样提高养鹅效益	6.00 元
猪防疫员培训教材	9.00 元	怎样提高养奶牛效益	11.00 元
奶牛配种员培训教材	8.00 元	怎样提高养肉鸡效益	12.00 元
奶牛修蹄工培训教材	9.00 元	怎样提高养獭兔效益	8.00 元
奶牛防疫员培训教材	9.00 元	怎样提高养鸭效益	6.00 元
奶牛饲养员培训教材	8.00 元	怎样提高养猪效益	11.00 元
奶牛挤奶员培训教材	8.00 元	怎样提高养狐效益	13.00 元
羊防疫员培训教材	9.00 元	怎样提高养貉效益	11.00 元
毛皮动物防疫员培训教材	9.00 元	怎样提高养水貂效益	11.00 元
毛皮动物饲养员培训教材	9.00 元	怎样提高大豆种植效益	10.00 元

以上图书由全国各地新华书店经销。凡向本社邮购图书或音像制品,可通过邮局汇款,在汇单"附言"栏填写所购书目,邮购图书均可享受9折优惠。购书30元(按打折后实款计算)以上的免收邮挂费,购书不足30元的按邮局资费标准收取3元挂号费,邮寄费由我社承担。邮购地址:北京市丰台区晓月中路29号,邮政编码:100072,联系人:金友,电话:(010)83210681、83210682、83219215、83219217(传真)。